CB079756

Crise e oportunidade

O Brasil e o cenário internacional

Antonio Corrêa de Lacerda
(organizador)

Crise e oportunidade

O Brasil e o cenário internacional

Antonio Corrêa de Lacerda
(organizador)

Lazuli
editora

Crise e oportunidade

O Brasil e o cenário internacional

Diretor editorial: Miguel de Almeida
Assistente editorial: Luciana Miranda Penna
Projeto gráfico: Werner Schulz
Diagramação: Eduardo Burato
Ilustrações: Editoria de Arte Lazuli
Revisão: Luis Carlos Cardoso

Dados Internacionais de Catalogação na Publicação (CIP)
(Câmara Brasileira do Livro, SP, Brasil)

Crise e oportunidade : o Brasil e o cenário internacional / [organizador Antônio Corrêa de Lacerda] . -- São Paulo : Lazuli Editora, 2006.

Vários autores.
Bibliografia.

1. Brasil - Condições econômicas 2. Comércio exterior 3. Competitividade (Economia) 4. Desenvolvimento econômico 5. Economia mundial 6. Macroeconomia 7. Mercado de capitais - Brasil I. Lacerda, Antônio Corrêa.

05-2078 CDD-338.981

Índices para catálogo sistemático:

1. Mercado de capitais : Economia financeira 332.6

Contatos:

Lazuli editora

Tel : (11) 3819-6077
Fax: (11) 3819-6077 ramal 119
www.lazuli.com.br
lazuli@lazuli.com.br

Todos os direitos reservados.
Proibida a reprodução sem prévia autorização.

sumário

Crise e oportunidade
O Brasil e o cenário internacional

Antonio Corrêa de Lacerda
Organizador

A questão da globalização e da inserção externa da economia brasileira é das mais polêmicas e instigantes. Decorrida uma década e meia da abertura comercial e financeira da economia brasileira prevalece o desafio de atingir o crescimento sustentado, o que certamente exige não só diagnósticos, mas análises e proposições sob os mais diferentes enfoques.

É esse o principal propósito dessa coletânea. Discutir o Brasil no cenário da globalização, seus principais riscos e desafios. Para isso, o livro se compõe de quatro partes: Investimento Direto Estrangeiro, Fluxos de Capitais, Macroeconomia e Competitividade e Comércio Exterior. Essas quatro partes estão organizadas em quatorze capítulos.

Na primeira parte, o **capítulo 1** – *Investimento Direto Estrangeiro no Brasil: Passivo Externo ou Ativo Estratégico?*, de Gustavo Franco, discute a questão, apresentando o ponto de vista de duas visões divergentes sobre os impactos dos investimentos estrangeiros para economia nacional. O autor defende que, mais do que a simplificação da idéia de aumento do passivo externo, os investimentos estrangeiros representam um verdadeiro ativo para os países hospedeiros.

No capítulo 2 – *Os acordos de Investimentos: Origens, Principais Tendências e Perspectivas*, Pedro da Motta Veiga analisa o papel crescente desses investimentos nos acordos comerciais, especialmente a partir de meados de década de 1980, embora muitas vezes nao façam parte, explicitamente, da pauta de discussao das negociações.

No capítulo 3 – Maria Helena Zockun analisa os- *Obstáculos ao Investimento Direto Estrangeiro no Brasil*, abordando os principais fatores inibidores dos investimentos e como eles afetam a tomada de decisão dos investidores.

Na segunda parte, que discute os *Fluxos de Capitais*, o **Capítulo 4** – *Risco Soberano e Prêmios de Risco em Economias Emergentes*, Otaviano Canuto e Pablo Fonseca

P. dos Santos discutem os determinantes do "risco-soberano" e o papel das agências de classificação de riscos de crédito que, no âmbito internacional, atuam como principais referências dos agentes econômicos nas suas avaliações.

No capítulo 5 – Marcos Antonio Macedo Cintra e Daniela Magalhães Prates analisam – *A Assimetria dos Fluxos de Capitais Internacionais para os Países "Emergentes" e a Volatilidade nos Fluxos para o Brasil na Virada do Século XXI.* Após discutir a dinâmica volátil dos fluxos internacionais de capitais direcionados aos países "emergentes", o artigo enfatiza as características do ciclo recente de liquidez internacional e os principais indicadores de liquidez e solvência externa brasileira para o período 1999-2004.

O capítulo 6 aborda a questão – *Brasil: Grau-investimento?*, no qual Carlos Kawall Leal Ferreira e Adriana Beltrão Dupita avaliam as perspectivas para o risco-Brasil, em uma visão de médio e longo prazo. A metodologia adotada é a um estudo comparativo dos principais indicadores de solvência externa entre o Brasil e países como México e Rússia, que alcançaram o nível de investimento (*investment grade*).

Na terceira parte, que discute macroeconomia, o **capítulo 7**, da autoria de Reinaldo Gonçalves, avalia- O *Impacto Macroeconômico de Empresas Transnacionais no Brasil.* O objetivo do artigo é analisar a questão, na economia brasileira no período 1995-2002, destacando, como foco principal de análise, os impactos das empresas transnacionais sobre a renda, o emprego e o balanço de pagamentos.

No capítulo 8 – *Crises Cambiais, Finanças Públicas e Estabilidade Financeira na América Latina: Algumas Lições da Experiência Recente*, Carlos Eduardo Carvalho destaca as fortes dificuldades enfrentadas pelos países em desenvolvimento para defender a estabilidade financeira interna e a moeda nacional, no contexto de elevada mobilidade de capitais e de desregulamentação financeira internacional.

Antônio Corrêa de Lacerda e Fernando Ribeiro Leite Neto analisam, no **capítulo 9** – *Déficit em Conta Corrente do Balanço de Pagamentos, Investimento e Poupança no Brasil*, as relações macroeconômicas entre a ocorrência de déficits na conta corrente do Balanço de Pagamentos e os fluxos de investimentos privados e de poupança pública e privada no Brasil, focadas no período 1994 e 2002.

Os Anos 90 e o Paradoxo da Perspectiva de Desenvolvimento são abordados por Renato Baumann, no **capítulo 10**. O autor sugere que os países da América Latina experimentaram, na década de 90 e, em certa medida, continuam a vivenciar hoje, um paradoxo, na medida em que a política econômica interna tem recuperado alguns aspectos da preocupação com o desempenho de médio a longo prazos.

Isso os remeteria para uma visão mais próxima das formulações desenvolvimentistas. No entanto, o instrumental teórico disponível para orientar as medidas de política – sobretudo no curto prazo – não é totalmente compatível com as preocupações com o desenvolvimento, ao considerar de maneira uniforme os agentes econômicos.

O Capítulo 11 – *Globalização: Notas sobre um Conceito Controverso* Luiz Carlos Delorme Prado discute a questão, destacando que o conceito nem sempre é definido com objetividade, sendo apresentado pelas suas consequências, terminando muitas vezes em sentenças normativas ou em afirmações genéricas.

Na parte quarta e última parte – *Competitividade e Comércio Exterior*, o **capítulo 12**, da autoria de Paulo Edgar Almeida Resende – Nova Europa e Mercosul: Dissonâncias e Convergências trata dos desafios e oportunidades para a União Europa recentemente ampliada, discutindo as questões sociais, políticas, econômicas e monetárias envolvidas. O trabalho argumenta que a substituição gradual, mas efetiva, de mercados nacionais por territórios, com fronteiras redefinidas, pela livre circulação de pessoas, mercadorias, serviços e capitais, desloca o eixo básico da construção do Estado na modernidade.

Já no **capítulo 13** – *Estratégia de Competitividade*, Rubens Barbosa avalia o papel da competitividade na inserção da economia brasileira na economia mundial. Esse processo passa pela adoção de uma nova agenda voltada à promoção de ganhos de competitividade que frutifiquem em elevações permanentes da renda per capita e na superação da diferença entre o Brasil e os países desenvolvidos.

Moacir de Miranda Oliveira Junior; Felipe Mendes Borini e Arnoldo José de Hoyos Guevara analisam, no **capítulo 14**, – *O Contexto Competitivo Nacional e a Relevância Estratégica das Subsidiárias Brasileiras de Corporações Multinacionais.* O propósito principal do artigo é analisar a influência das condições do contexto competitivo no desenvolvimento de Subsidiárias com Relevância Estratégica (SRE) no Brasil. Para isso, se valem de uma pesquisa, de caráter exploratório, em uma amostra de 118 das 1000 maiores subsidiárias de capital estrangeiro no Brasil. Os resultados concluem que as políticas do governo desempenham um papel central no Brasil e em grandes economias em desenvolvimento .

Parte I

INVESTIMENTO DIRETO ESTRANGEIRO

Investimento direto no Brasil

Gustavo H. B. Franco
Professor do Departamento de Economia da PUC-RJ e sócio-gerente da Rio Bravo Investimentos.

O ensaio procura avaliar a contribuição do investimento direto estrangeiro (IDE) para o crescimento brasileiro, identificando duas perspectivas diferentes: de um lado, há os que observam apenas os aspectos cambiais do IDE, como se esse não tivesse outras implicações. Para esses o IDE é parte do chamado "passivo externo", enquanto para outros analistas, historicamente mais afinados com os ideais da SOBEET, o IDE é um elemento fundamental no processo de construção do setor real da economia, veículo de transferência de tecnologia e capacidade gerencial, de estabelecimento de vínculos com a economia global, diretos e indiretos, comerciais e financeiros, e de criação de capacidade produtiva. Foi exatamente com o propósito de elucidar a contribuição do IDE para o desenvolvimento brasileiro que o Banco Central lançou o Censo do Capital Estrangeiro no Brasil, que já foi executado para os anos-base 1995 e 2000. Os censos capturaram um período especialmente rico da longa história do relacionamento entre o Brasil e a economia global através do IDE. O ensaio procurará destacar os principais aspectos dos dois censos e da "onda" de IDE que ocorreu exatamente nesse período, que transformou e transformará a economia brasileira nos próximos anos. Em resumo, não se trata de diminuir preocupações cambiais, mas de reduzi-las à dimensão que realmente possuem diante da miríade de outros aspectos, geralmente benéficos, do IDE no Brasil.

INTRODUÇÃO

Este ensaio procura situar a contribuição do investimento direto estrangeiro (IDE) para a economia brasileira entre duas perspectivas diferentes para o fenômeno. De um lado há os que observam apenas e tão-somente os aspectos cambiais do IDE, como se esse não tivesse outras implicações e apenas se prestasse ao financiamento do balanço de pagamentos. Para esses, o IDE é parte do chamado "passivo externo", ou da nossa "vulnerabilidade externa", enquanto para outros analistas, historicamente mais afinados com os ideais da SOBEET, é um elemento fundamental no processo de construção do setor real da economia, veículo de transferência de tecnologia e capacidade gerencial, de estabelecimento de vínculos com a economia global, diretos e indiretos, comerciais e financeiros, e de criação de capacidade produtiva. Sob esse ângulo, a presença do IDE no país deve ser contabilizada como um "ativo estratégico", e não como "passivo", uma vez que são inúmeros os "aportes" trazidos para o país pela presença das melhores e mais eficientes empresas do mundo em nosso território.

Na verdade, foi exatamente dentro dessa segunda perspectiva, e com o propósito de elucidar a contribuição do IDE para o desenvolvimento brasileiro, que o Banco Central do Brasil lançou em 1996 o Primeiro e, em 2001, o Segundo Censo do Capital Estrangeiro no Brasil, que já tiveram seus resultados publicados para os anos-base 1995 e 2000, e em ambos os casos foi importante a colaboração da SOBEET.

Os censos capturaram um período especialmente rico da longa história do relacionamento entre o Brasil e a economia global através do IDE. O ensaio procurará, nas duas seções que se seguem, destacar os principais aspectos dos dois censos e caracterizar a "onda" de IDE que ocorreu exatamente no período intermediário, e que transformou e transformará a economia brasileira nos próximos anos. Como se verá na seção 3 adiante, à luz de alguns dos principais fluxos cambiais associados ao IDE, não se trata de diminuir preocupações cambiais, mas de reduzi-las à dimensão que realmente possuem diante da miríade de outros aspectos, geralmente benéficos, do IDE no Brasil.

O Primeiro Censo: a "alavancagem" do IDE

Mede-se o IDE pelo valor contábil (ou histórico) da parcela do capital das empresas funcionando dentro do país cujos donos são residentes ou domiciliados no exterior. Esse estoque deve corresponder aos fluxos acumulados de IDE registrados a cada ano, havendo diferença apenas em razão de mudanças de paridade entre moedas. O registro de capitais estrangeiros existe há muitos anos, sendo que o FIRCE (departamento do BCB responsável pela fiscalização e registro de capitais estrangeiros) antecede, inclusive, a própria criação do BCB.

A reconhecida frugalidade das estatísticas publicadas pelo BCB a partir dos dados de registros do FIRCE, especialmente para informações que extravasem os aspectos estritamente cambiais do IDE, foi a motivação principal para que, em 1996, o BCB lançasse a iniciativa de promover o Primeiro Censo de Capitais Estrangeiros no Brasil. Sabe-se que o IDE tem múltiplas dimensões: muitos estudos já tinham sido feitos para avaliar seus impactos na organização industrial brasileira, como propensão a exportar, concentração, produtividade, entre outros fatores da tríade estrutura/conduta/desempenho, mas nunca a autoridade responsável pelo registro do IDE tinha se preocupado em produzir estatísticas que fossem além da entrada original de divisas e das outras movimentações cambiais dos titulares de investimentos registrados que sensibilizassem as autorizações para remeter. O BCB precisava ultrapassar sua função de gestor do "controle cambial" fixado pela Lei 4.131/62 para atuar, por exemplo, como o Departamento de Comércio norte-americano, que regularmente publica estatísticas e estudos sobre os investimentos do país no exterior. Nesse sentido, vislumbrava-se, inclusive, uma "mudança de vocação" na esfera administrativa do BCB, diminuindo-se a importância da atividade de "controle cambial" à moda antiga, transferindo parte dessa atividade para os departamentos de fiscalização bancária e de lavagem de dinheiro, e reciclando o "registro" para que se tornasse uma atividade estatística e não mais um instrumento de controle cambial. Os Censos eram parte desse processo, que ainda se desdobra nos dias de hoje.

Ao longo de 1996, tendo em mente a data-base de dezembro de 1995, 6.322 empresas com participação estrangeira de no mínimo 10% do capital votante, ou 20% do total, responderam a um questionário não muito ambicioso feito pelo BCB, visto tratar-se da primeira experiência, e os resultados superaram as expectativas que se tinham quanto à extensão e complexidade da presença do IDE no Brasil. As informações solicitadas foram principalmente as relativas às demonstrações financeiras, com mais algumas poucas perguntas sobre comércio exterior e emprego. E no BCB considerável esforço foi feito no sentido de eliminar "duplas contagens" em razão de vínculos societários e de compatibilizar os valores declarados com os registrados.

O resultado desse esforço foi uma espécie de "balanço consolidado" do conjunto das empresas estrangeiras no Brasil. Ficamos sabendo que essas empresas tinham um patrimônio líquido de cerca de R$ 105 bilhões, dos quais os sócios estrangeiros detinham cerca de R$ 40,5 bilhões, ou seja, 52% do total. O Censo mostrou também que essas empresas tinham ativos de R$ 272 bilhões e faturamento de R$ 223 bilhões, podendo-se assim estimar que eram responsáveis por cerca de 10% do valor adicionado gerado, ou seja, do PIB do Brasil.

De acordo com esses números, em 1995, para cada R$ 1,0 de IDE, eram gerados R$ 6,7 de ativos no Brasil. Ou seja, observando-se o IDE pela ótica do volume de ativos que criam no país hospedeiro, o que se tem é que o IDE tem muito mais impacto do que os fluxos de entrada podem sugerir quando vistos isoladamente.

As exportações dessas empresas foram de US$ 22 bilhões em 1995, correspondendo a 47% do total do país. Seguramente, esse pedaço do Brasil é bem mais exportador (e importador) que o resto: cada US$ 1.000 de valor adicionado gerado dentro do país nessas 6.322 empresas gerava US$ 275 em exportações e US$ 242 em importações. Para o resto do Brasil, os números correspondentes seriam US$ 33 de exportações e US$ 42 de importações. Ou seja, as propensões ao comércio exterior dessa população de empresas são cerca de 10 vezes maiores que as do resto das empresas brasileiras. Sabe-se que parte da diferença se explica por outros fatores, como, por exemplo, o tamanho da firma, mas a literatura econométrica especializada jamais deixou de encontrar evidência robusta para a associação entre propriedade estrangeira e desempenho exportador, e também para o fato de que as empresas estrangeiras têm melhor desempenho exportador que as empresas nacionais de iguais características.

As empresas do Primeiro Censo geravam 1.447 mil empregos diretos, cerca de 9% do total de empregos formais do país. Produziam US$ 55 mil de valor adicionado por trabalhador empregado, enquanto o resto do Brasil atingia US$ 49 mil. O *gap* de produtividade entre empresas nacionais e estrangeiras não era, portanto, tão significativo, o que não deixa de ser surpreendente especialmente tendo em conta a diferença nas propensões a exportar. Fica a conjetura de que o bom desempenho exportador dessas empresas não parece se explicar por diferenciais de competitividade, ao menos no que não dependem da propensão a importar, mas principalmente pela extensão dos laços com o exterior e em particular com as redes de filiais das próprias empresas.

É bastante ponderável, portanto, a contribuição para o desenvolvimento econômico brasileiro proporcionada pelos R$ 40,5 bilhões de IDE feitos no Brasil até dezembro de 1995. E pelo menos o mesmo pode ser dito sobre o fluxo de IDE feito nos cinco anos posteriores, até o censo de 2000, que ultrapassou a espantosa marca de US$ 100 bilhões, ou seja, mais que o dobro do estoque acumulado até 1995. São números expressivos que servem para demonstrar sem sombra de dúvida que uma etapa muito especial teve lugar nesses anos no histórico de relacionamento entre o Brasil e o IDE. Os próximos anos serão reveladores sobre o modo como essa nova "onda" de IDE, maior que tudo que tivemos antes, vai afetar a economia brasileira no futuro.

Muitas extrapolações sobre a contribuição das empresas estrangeiras para o crescimento brasileiro podem ser feitas, mas serão todas arbitrárias; mais importante é que se tenha em conta que o "novo" IDE tem muitas diferenças relativamente ao "velho". É muito mais concentrado em serviços, por exemplo, e compreende muitas aquisições de empresas existentes, em contraste com o "velho", que tinha que ver (em proporção maior, segundo se diz) com empreendimentos inteiramente novos (*greenfield*). Mas isso não é necessariamente mau; pelo contrário, quer dizer que o "novo" IDE veio para os setores mais atrasados da economia (empresas privatizadas, a maioria em dificuldades, e bancos quebrados, por exemplo), o que é ótimo. Ademais, é meio duvidosa a tentativa de diminuir a importância do IDE feito através de aquisições, especialmente porque deixa de observar que os brasileiros que venderam suas empresas vão reinvestir no país, criar novas empresas e empregos, porque acreditam mais no Brasil que os estrangeiros, o que é provável, mas mereceria uma pesquisa específica.

O Segundo Censo: o comércio intrafirma e a globalização

O Segundo Censo, em 2001, foi respondido por 11.404 empresas – cerca de 80% mais que em 1995 – que atendiam aos critérios acima (participação estrangeira de no mínimo 10% do capital votante, ou 20% do total) para o ano-base de 2000. Sabe-se pelas estatísticas de balanço de pagamentos que mais de US$ 100 bilhões em IDE entraram no Brasil nesses cinco anos, o que, como já observado, é mais que o dobro de todo o IDE acumulado até 1995 (cerca de US$ 42 bilhões) e expressou uma elevação da participação do Brasil nos fluxos mundiais de IDE de 0,37% em 1993 para um pico de 3,79% em 1998, como pode ser visto pela Tabela 2 adiante.

Vivemos, portanto, em decorrência do Plano Real, uma extraordinária "onda" de entrada de capital produtivo no Brasil que pouco se viu afetada pelas crises da Ásia e Rússia e mesmo pelos eventos mais recentes (crise na Argentina). Mais adiante, todavia, os efeitos dos atentados de 11 de setembro de 2001 se fariam sentir de forma dramática nos fluxos globais de IDE, cairiam à metade em 2002 relativamente a 2000. A participação brasileira sobre esses fluxos se manteria estável ao redor de 2,5% nos anos posteriores à mudança do regime cambial, e apenas sofreria uma redução significativa em 2003.

O IDE no Brasil vinha sendo praticamente nulo durante o período da hiperinflação, e em poucos anos de estabilidade cresceu a 30 bilhões de dólares anuais, sendo que a privatização não foi responsável por mais de um quarto desses recursos. O Brasil se tornou o terceiro destino preferencial de investimentos diretos no mundo, perdendo apenas para os EUA e para a China, posição que se consolidou em 2001, conforme o *survey* regularmente conduzido pela A. T. Kearney entre as 1.000 maiores corporações do planeta. É sempre bom lembrar desses fatos quando se fala em "risco Brasil": enquanto o investidor financeiro aloca recursos ao Brasil de forma marginal e nos atribui classificações de risco muito ruins, o investidor não financeiro, a empresa multinacional, tem no Brasil um de seus destinos preferenciais.

O Segundo Censo não apenas confirma esses números como traz algumas importantes revelações sobre uma economia que se torna cada vez mais "globalizada". Novamente foi construído um "balanço consolidado" para o conjunto das empresas estrangeiras funcionando no Brasil, dessa vez permitindo uma interessante comparação das posições em 1995 e em 2000. O capital integralizado pertencente a não-residentes praticamente quintuplica em relação a 1995, passando de R$ 40,5 bilhões para R$ 201,4 bilhões. Os ativos totais dessas empresas crescem de R$ 272,6 bilhões para R$ 914,0 bilhões, e o faturamento de R$ 223,1 bilhões vai para R$ 509,9 bilhões. A "alavancagem" entre IDE e ativos de empresas estrangeiras (nos critérios dos Censos) cai de 6,7 para 4,5.

As mudanças cambiais ocorridas a partir de 1999 trazem importantes implicações sobre o modo de ler esses números. Medidos em dólares, os valores seriam outros para o balanço das empresas estrangeiras, o que distorceria a avaliação do crescimento desse conjunto de empresas. Na verdade, a desvalorização cambial representou uma significativa perda patrimonial para os investimentos feitos antes de 1999. Nada muda do ponto de vista das empresas e sua dinâmica operacional quando observadas sob um ângulo local, mas nos livros do exterior o investimento teve seu valor consideravelmente reduzido. As boas práticas contábeis não são muito criativas nem flexíveis no capítulo referente à tradução de balanços, de modo que as "perdas" cambiais acabaram sendo tratadas como se operacionais fossem, o que teve lá os seus efeitos sobre a decisão de investir no Brasil. A relação IDE e taxas de câmbio é um tema antigo na literatura especializada.

As exportações das empresas do censo de 2000 somaram US$ 33,2 bilhões, representando 60,4% de nossas exportações totais, tendo sido de US$ 21,7 bilhões em 1995, equivalentes a 46,8% do total. As exportações das empresas do censo cresceram, portanto, bem mais que as vendas externas das empresas nacionais, o mesmo valendo para as importações: em 1995, as empresas do censo importaram US$ 19,4 bilhões, ou 38,8% do total, e em 2000 importaram US$ 31,5 bilhões, ou 56,6% do total. Esses números confirmam mais uma vez um velho e conhecido resultado de muitos estudos sobre a conduta das empresas estrangeiras, ou seja, o de que essas empresas têm maior propensão a exportar e a importar que as nacionais de mesmas características, conforme já mencionado com respeito ao Primeiro Censo.

Outro resultado muito interessante, nesse contexto, é o notável crescimento do comércio "intrafirma" das empresas do censo. Trata-se aí de comércio exterior em que a contraparte no exterior é controladora ou coligada. As importações "intrafirma" crescem de US$ 8,5 bilhões para US$ 18,2 bilhões, ou seja, passam de 44,0% para 57,8% das importações das empresas do censo.

As exportações "intrafirma" vão de US$ 9,0 bilhões para US$ 21,0 bilhões, passando de 41,7% para 63,3% das exportações das empresas do censo. Ou seja, *todo* o acréscimo observado nas exportações das 11.404 empresas do censo durante o período 1995-2000 é explicado pelas exportações "intrafirma"! As exportações totais do Brasil cresceram US$ 8,6 bilhões no período, enquanto as exportações "intrafirma" por parte das empresas do censo cresceram US$ 11,9 bilhões, ou seja, caíram as exportações das empresas sem participação estrangeira no período!

Antes de retirar conclusões a respeito desses impressionantes achados sobre a importância crucial do comércio que tem lugar no contexto da racionalização internacional de atividades em redes de filiais de empresas globais, vale lembrar que a definição de "empresa do censo" inclui empresas controladas por residentes com participações estrangeiras pouco maiores que 10%, ou seja, trata-se de definição ampla que mistura grandes empresas nacionais, que geralmente têm pequenas participações estrangeiras, e filiais de grandes grupos multinacionais, que alguns gostam de chamar de "transnacionais". Deve-se lembrar, nessa linha, que o censo reporta que as exportações das empresas controladas por não-residentes atingiram US$ 22,7 bilhões em 2000, ou seja, 72% do total. As exportações "intrafirma" desse subuniverso de empresas do censo representam 70% do total, ou seja, uma proporção maior que a observada para o conjunto das empresas do censo.

A conclusão óbvia e importante é que nenhuma estratégia que busque o incremento significativo das exportações brasileiras pode deixar de considerar que as empresas estrangeiras são um elemento crucial, talvez o principal, do desempenho exportador brasileiro. Os que exibem predileção pelo que se conhece como "política industrial" deviam prestar atenção a esses resultados do censo e ao fenômeno do comércio "intrafirma" em particular, e da globalização de forma mais geral.

Com efeito, não se deve perder de vista que ao final dos anos 1940 praticamente não existiam empresas multinacionais (EMNs) e em 1993 cerca de um terço do comércio mundial tinha lugar entre *empresas do mesmo grupo*, e outro terço entre EMNs e empresas não relacionadas. Portanto, se em 1993 dois terços do comércio mundial eram conduzidos por EMNs, é legítimo afirmar que uma porção dominante, senão a totalidade, do crescimento do comércio internacional na segunda metade do século XX foi gerado pelo advento das EMNs. Note-se, ademais, que a natureza desse "novo" comércio estava e está ligada à racionalização internacional de atividades dentro das redes de EMNs, como abundantemente foi demonstrado pela crescente propensão a exportar das filiais de EMNs mundo afora. A linguagem mais utilizada para se descrever esse fenômeno é "globalização", mas mais correto seria usar, como é comum na academia, "produção internacional", ou "produção internacionalizada", algo que temos que entender melhor, pois não é muito consistente com "substituir importações com vistas à auto-suficiência", um velho hábito brasileiro que resiste ao desuso. A "produção internacional" se dá quando as EMNs fazem uma transição de uma situação em que funcionam como uma espécie de federação de filiais independentes para uma outra em que a EMN assume uma identidade singular, essencialmente internacional, onde o todo é maior que a soma das partes. Trata-se aí de racionalização administrativa, financeira e tecnológica e não de se destruir ou enfraquecer os estados nacionais ou os vínculos de origem das matrizes, como sugerem algumas teorias conspiratórias. O fato é que a produção industrial se torna essencialmente um fenômeno internacional, e que a forma cada vez mais dominante de comércio exterior é a do comércio "intrafirma", ambas constituindo expressões muito objetivas do fenômeno da globalização.

O impacto cambial e o "passivo externo"

Qualquer empresário sabe a diferença entre o capital que chega como participação acionária e o que chega como dívida; são imensamente diferentes seja quanto à natureza, seja quanto ao custo. Numa ótica estritamente contábil, ambos são parte do "passivo", porém o capital integralizado é "não exigível", pois é conta de natureza patrimonial. O mesmo vale para países. Incluir os estoques de IDE no "passivo externo" é uma maneira tola e depreciativa, além de conceitualmente equivocada, pela qual muitos observadores gostam de se referir, ou mais precisamente diminuir a importância do crescimento do IDE no Brasil, confundindo indevidamente "internacionalização" com "vulnerabilidade externa" e, de forma mais genérica, expressando má vontade com relação ao fenômeno da globalização. Dentre as muitas atividades do FMI, uma sobre a qual paira pouquíssima controvérsia é a referente à homogeneização de normas de apresentação dos balanços de pagamento dos países-membros. Nesses manuais o "passivo externo" é a dívida externa, e dele não consta o IDE. Esse entendimento está bastante sedimentado e não há cabimento em pretender que isso deixe de ser apropriado para o Brasil ou para qualquer outro país.

No Brasil de nossos dias, todavia, o que temos são correntes de pensamento "alternativo" que manifestam seu amplo e legítimo direito de exibir desconforto com respeito ao fenômeno da globalização. O direito à manifestação não deve se misturar com o fato de que essas manifestações se servem de uma vasta gama de falácias. Uma delas, já mencionada, é o argumento de que o investimento estrangeiro via aquisições "nada cria", pois "compra feito". Convém repetir: o erro está em ignorar o que os cidadãos brasileiros, o Estado inclusive, vendedores das empresas "desnacionalizadas", fazem com o dinheiro recebido. Diversas matérias na imprensa têm mostrado exemplos interessantes sugerindo que a maior parte do dinheiro é reinvestida em novas empresas ou em ações de empresas existentes, e também em títulos públicos. Exceto para o caso em que o vendedor põe todo o dinheiro no exterior, e comprando títulos do Tesouro americano e não do Tesouro brasileiro, o argumento nacionalista é simplesmente errado. Tanto que a literatura acadêmica não diferencia IDE via aquisições de qualquer outra modalidade.

De toda maneira, vale avaliar em detalhe a natureza do IDE ocorrido nos anos de 1996 e 1997, como se faz na Tabela 1.

Tabela 1

IDE NO BRASIL: NATUREZA DO INGRESSO, 1996-97

	1996		1997	
	US$	casos	US$	casos
Total de IDE	9,759	2,520	17,712	3,030
Ingressos menores que US$ 10 M	1,914	2,370	2,401	2,823
Ingressos maiores que US$ 10 M	7,665	141	15,311	207
Composição dos ingressos				
PND	2,339	30.5%	5,543	36.2%
Setor financeiro	772	10.1%	1,749	11.4%
EMNs conhecidas	1,605	20.9%	4,245	27.7%
Empresas brasileiras conhecidas	671	8.8%	188	1.2%
Outras empresas já com IDE registrado	924	12.1%	2,087	13.6%
Outras empresas	1,353	17.7%	1,499	9.8%

Fonte: Firce-Bacen

A Tabela 1, construída a partir de registros no FIRCE-BCB, fornece algumas informações inéditas sobre a natureza dos fluxos que se observavam em 1996 e 1997, quando a "onda" se avolumava e as autoridades se perguntavam quanto à natureza do IDE que entrava no país. Destaque-se em primeiro lugar a quantidade de "pequenos registros", ou seja, de casos de IDE abaixo de US$ 10 milhões, que representam cerca de 93,5% dos casos, embora respondam por apenas 19,6% do volume em 1996 e 13,5% em 1997. A tabela procura identificar especificamente o *greenfield* e para tanto isola casos de IDE que têm motivação setorial ou regulatória específica, como os IDEs relativos ao PND e ao sistema financeiro, que em conjunto respondem por 40,6% e 47,6% em 1996 e 1997, respectivamente. A rubrica "empresas brasileiras conhecidas" procura capturar o fenômeno conhecido como *joint ventures*, ou seja, empresas brasileiras que recebem aportes de capital estrangeiro, com ou sem assunção de controle. A rubrica "EMNs conhecidas" deve ser lida em conjunto com a rubrica "Outras empresas com IDE já registrado". Essas são empresas multinacionais já presentes no Brasil, aquelas referem-se a multinacionais ainda sem presença no Brasil. Em conjunto as rubricas somam US$ 2,5 bilhões em 1996 e US$ 6,3 bilhões em 1997, respectivamente 33,0% e 41,3% do total, apresentando um crescimento de volume da ordem de

150% de um ano para o outro. Ao que parece, no IDE que ocorre nesses anos há uma parcela maior de aquisições do que se observa no passado, mas é de se notar que essa nova onda de investimentos estrangeiros está penetrando em s etores que não estavam propriamente expostos à luz do dia: serviços, como telecomunicações, distribuição de eletricidade, portos, bancos, seguros, varejo e saneamento são áreas "novas" em que o capital estrangeiro está entrando sim através de aquisições, normalmente seguidas de capitalizações, e em que os níveis de produtividade estavam muito abaixo da média nacional. O resultado será, seguramente, um aumento rápido da produtividade nas áreas mais atrasadas da economia, como de fato tem ocorrido. E ademais, como já observado, se os brasileiros que venderam suas empresas investirem em novas empresas, então o investimento estrangeiro via aquisições será tão "produtivo" quanto o que veio abrir um negócio novo. Se o vendedor comprou títulos públicos, ou ações de companhias brasileiras, acabou fazendo a mesma coisa, de forma mais indireta. Se é o Estado que cancela dívidas com o produto das privatizações, a lógica é ligeiramente diferente, pois tem a ver com o saneamento das finanças públicas e, em última instância, a recuperação da capacidade de investimento do setor público. Está bem estabelecida na literatura a noção de que o melhor destino a ser dado aos recursos obtidos na privatização é o cancelamento de dívida pública; se o dinheiro vem do exterior e o influxo é esterilizado, o que se passa é troca de um ativo na forma de ações por reservas internacionais.

Outro ataque, igualmente infundado, ao IDE é o que procura levar para esse terreno um argumento freqüentemente levantado com relação a empréstimos externos: a fim de evitar problemas de desequilíbrio externo, o país que eleva sua dívida externa deve alocar os recursos dos empréstimos em projetos que geram não apenas receitas em moeda nacional, mas divisas para amortizar a dívida. Perfeito nesse caso, mas existem dois problemas sérios em transpor esse raciocínio para o IDE: (i) não há "amortização", como no caso do empréstimo, ou seja, se é para fazer uma comparação de "fluxos cambiais", o IDE deve ser comparado a uma perpetuidade, coisa rara no mundo dos empréstimos; (ii) vale aqui também o argumento dos efeitos indiretos, mencionado no parágrafo anterior: o IDE pode não gerar divisas diretamente, mas pode, por exemplo, baratear um insumo básico para as exportações brasileiras, proporcionar infra-estrutura essencial, ou elevar a produtividade geral ou a competitividade sistêmica da economia e com isso "gerar", em outros setores, as divisas que vão "financiar" os pagamentos de dividendos.

Tabela 2

IDE, IMPACTOS CAMBIAIS, 1993-2003

	1993	1994	1995	1996	1997	1998	1999	2000	2001	2002	2003
IDE no Brasil (bruto)	811	1,615	3,552	10,720	17,200	25,978	27,189	29,393	20,129	14,724	10,144
privatizações	0	0	0	2,345	5,249	6,121	8,786	7,051	1,079	280	0
% do total	0.0%	0.0%	0.0%	21.9%	30.5%	23.6%	32.3%	24.0%	5.4%	1.9%	0.0%
conversões	239	150	314	322	713	2,010	4,425	1,792	4,276	8,560	5,213
% do total	29.5%	9.3%	8.8%	3.0%	4.1%	7.7%	16.3%	6.1%	21.2%	58.1%	51.4%
IDE (líquido)	571	1,465	3,238	8,053	11,238	17,847	13,979	20,549	14,775	5,885	4,931
Fluxo mundial	218,094	238,738	316,524	386,140	481,911	686,028	1,079,083	1,392,957	823,825	651,188	653,000
% para o Brasil	0.37%	0.68%	1.12%	2.78%	3.57%	3.79%	2.52%	2.11%	2.44%	2.26%	1.55%
Fluxos para Am. Latina	18,072	26,974	25,424	52,856	73,275	82,040	108,255	95,358	83,725	56,019	42,000
% para o Brasil	4.49%	5.99%	13.97%	20.28%	23.47%	31.67%	25.12%	30.82%	24.04%	26.28%	24.15%
Dividendos (líquido)	-1,431	-1,923	-1,818	-1,295	-3,845	-4,673	-2,832	-2,173	-3,438	-4,034	-5,098
% do estoque	-3.9%	-5.0%	-4.4%	-2.5%	-5.5%	-4.9%	-2.3%	-1.4%	-2.0%	-2.2%	-2.6%
Memo											
Estoque estimado	36,529	38,143	41,696	52,415	69,616	95,594	122,783	152,175	172,305	187,029	197,173
Contrib. cambial líquida	-860	-458	1,421	9,103	12,642	19,296	19,932	25,427	12,416	2,131	-167

Estoque é calculado com base nos valores em dólares para 1995 e acrescidos e diminuídos dos fluxos anuais posteriores e anteriores.
Não inclui empréstimos inter-companhia.
A Contribuição cambial líquida é o IDE líquido de conversões de dívida menos as remessas de lucros e dividendos (que incluem os juros sobre os empréstimos inter-companhia)
Fonte: BCB

Tudo isso não obstante, é claro que o IDE gera um fluxo futuro de dividendos que é sempre lembrado como justificativa para que o IDE faça parte do "passivo externo", embora gere outros fluxos, como exportações, importações, royalties, empréstimos, de tal sorte que para se aferir o impacto estritamente cambial do IDE seria necessário construir um balanço de pagamentos exclusivamente para as empresas estrangeiras. Os dados da Tabela 2 são reveladores da magnitude dessas preocupações: os dividendos pagos a não-residentes, incluindo os juros sobre empréstimos intercompanhia, como proporção do estoque de investimento estrangeiro nas empresas do censo foram equivalentes a modestos 3,3% em média para o período 1993-2003[1], confirmando amplamente a conjetura de que, do ponto de vista "estritamente cambial" e abstraindo as exportações, importações e outros pagamentos e recebimentos cambiais gerados pelo IDE, o que se pode afirmar com certeza é que o IDE é um capital muito "barato" e que não deveria ser tomado como um ônus para a economia, nem mesmo segundo essa obtusa ótica "estritamente cambial".

De toda maneira, os dados da Tabela 2 nos permitem enxergar uma notável e até certo ponto inesperada volatilidade na "contribuição cambial líquida" do IDE, tal como definida na tabela, ou seja, abstraídos os outros fluxos de divisas, notadamente comerciais, gerados por empresas estrangeiras. A contribuição era negativa até 1994, chegou a superar US$ 25 bilhões em 2000 e voltou a ser negativa em 2003, que, sem dúvida, é um ano particularmente ruim para os fluxos de capital para o Brasil, não apenas em razão do encolhimento global do IDE, mas pela turbulência eleitoral no Brasil, que fez encolher nossa participação sobre o todo para 1,5% apenas e elevou as conversões de dívida a mais da metade do IDE em 2002 e 2003. Mesmo o IDE, portanto, reage fortemente a variações relevantes no "clima de investimento" dos países hospedeiros.

Resta chamar a atenção para o fato de que o valor do estoque de IDE no Brasil em 2003 está estimado na Tabela 2 em cerca de US$ 197 bilhões, o que deve ser visto como um número arbitrário, como são todos os que se publicam sobre isso. O próprio BCB, para anos anteriores a 1995, trabalha com três critérios diferentes para o cálculo do estoque: (i) valores históricos convertidos em dólares pelas paridades originais; (ii) valores históricos convertidos em dólares por paridades específicas para 1985 e 1995; e (iii) valores históricos convertidos em dólares pelas paridades originais mas atualizados pelos índices de preços ao

1. Proporção essa superestimada, pois o estoque não inclui os empréstimos intercompanhia.

consumidor dos EUA. Os valores do estoque existente em 1995 segundo esses três critérios são US$ 52,7 bilhões, US$ 58,1 bilhões e US$ 98,8 bilhões, todos diferentes dos US$ 41,7 bilhões apurados pelo Primeiro Censo. Problemas metodológicos sempre fornecerão explicações para essas diferenças; o que não se deve perder de vista é que, independentemente do número exato, o ativo dessas empresas é um múltiplo expressivo desse número e representa uma parcela fundamental e estratégica do acervo produtivo do país, sem a qual nossas possibilidades de desenvolvimento seriam muito menores.

Os acordos de investimentos: origens, principais tendências e perspectivas

Pedro da Motta Veiga
Consultor da Confederação Nacional da Indústria (CNI) e da Fundação Centro de Estudos do Comércio Exterior (Funcex) e ex-diretor do Banco Nacional do Desenvolvimento Econômico e Social (BNDES).

Em meados da década de 1980, os investimentos internacionais apareciam, juntamente com o comércio de serviços e os direitos de propriedade intelectual (DPI), como um dos "novos temas" da agenda de negociações comerciais internacionais a ser tratada pela Rodada Uruguai do GATT. Desde então, o tema adquiriu uma posição crescentemente relevante nas negociações comerciais, em que pese o fato de ainda não ter sido "oficialmente" integrado à agenda multilateral, exceto no que se refere às "medidas de investimento relacionadas com o comércio" (Trade-related Investment Measures – TRIMs), objeto de um acordo na Rodada Uruguai. O Acordo de TRIMs restringe-se a medidas que afetam o comércio de bens, ao passo que os investimentos internacionais em serviços são regulados multilateralmente pelo GATS, na medida em que se identificam ao modo 3 de prestação de serviços (presença comercial), tal como definido por esse acordo.

INTRODUÇÃO

Em meados da década de 1980, os investimentos internacionais apareciam, juntamente com o comércio de serviços e os direitos de propriedade intelectual (DPI), como um dos "novos temas" da agenda de negociações comerciais internacionais a ser tratada pela Rodada Uruguai do GATT. Desde então, o tema adquiriu uma posição crescentemente relevante nas negociações comerciais, em que pese o fato de ainda não ter sido "oficialmente" integrado à agenda multilateral, exceto no que se refere às "medidas de investimento relacionadas com o comércio" (*trade-related investment measures* – TRIMs), objeto de um acordo na Rodada Uruguai. O Acordo de TRIMs restringe-se a medidas que afetam o comércio de bens, ao passo que os investimentos internacionais em serviços são regulados multilateralmente pelo GATS, na medida em que se identificam ao modo 3 de prestação de serviços (presença comercial), tal como definido por esse acordo.

Ou seja, em âmbito multilateral, o tema de investimentos ainda não definiu um campo autônomo de negociações: a normativa multilateral restringe-se a regular o uso de TRIMs que afetam o comércio de bens, apresentando, no anexo do Acordo, uma Lista Ilustrativa de medidas inconsistentes com os artigos III: 4 e XI: 1 do GATT 1994. Já os investimentos em serviços são tratados como uma modalidade de comércio de serviços e submetem-se a disciplinas e à metodologia de liberalização concebidas para dar conta dos quatro modos de prestação considerados no GATT.

No entanto, também no âmbito da OMC o tratamento do tema vem ganhando densidade de forma gradativa. Os investimentos em serviços financeiros e em telecomunicações foram objeto de acordos multilaterais setoriais, como parte das negociações sobre serviços no pós-Rodada Uruguai. Além disso, a Conferência Ministerial de Cingapura, realizada em dezembro de 1996, criou um grupo de trabalho para examinar as relações entre comércio e investimentos. O mandato de Doha, estabelecido em novembro de 2001, além de prever a continuação das negociações de serviços – o que tem implicações diretas para as negociações de investimentos nesses setores –, estabelece que o início das negociações sobre "comércio e investimentos" deverá ocorrer após a Quinta Conferência Ministerial da OMC (a se realizar no final de 2003) com base em modalidades de negociação a ser definidas nessa Conferência.

Na realidade, a negociação do tema de investimentos avançou principalmente nas instâncias regionais/sub-regionais e por meio de acordos bilaterais, envolvendo essencialmente, de um lado, países desenvolvidos e, de outro, países em desenvolvimento. Assim, o capítulo de investimentos ocupa lugar de destaque no NAFTA (Acordo de Livre-Comércio da América do Norte) e o tema é objeto de dois protocolos do Mercosul – o de Buenos Aires e o de Colônia – referentes a investimentos originários de extrazona e dos países-membros, respectivamente. Mais recentemente, o tema faz parte, como tal, de acordos comerciais bilaterais firmados pela União Européia com México e Chile, entre outros, e é parte integrante do processo negociador da Alca e do Mercosul com a União Européia.

Por outro lado, proliferaram, em todo o mundo, inclusive no continente americano, os acordos bilaterais de investimento de nova geração (os APPIs – acordos de promoção e proteção de investimentos). Além disso, os países-membros da OCDE negociaram, até 1998, um abrangente e ambicioso Acordo Multilateral de Investimentos (MAI – *Multilateral Agreement on Investments*), a que deveriam poder aderir também países não-membros da Organização. A negociação foi "implodida" em outubrode 1998, em função do grande número de reservas formuladas pelas partes, da oposição explícita dos governos de algumas dessas e da pressão de grupos da sociedade civil nos países-membros da OCDE.

OS INVESTIMENTOS NA AGENDA DE NEGOCIAÇÕES INTERNACIONAIS

Abstraindo o fato de que a Carta de Havana de 1948 pretendia criar uma Organização Internacional do Comércio para lidar com temas comerciais, mas também com as "regulações nacionais relativas a firmas internacionais e com as práticas empresariais restritivas" (Sarafian, 1992), pode-se afirmar que datam da década de 1970 as primeiras propostas para o estabelecimento de um marco internacional para o tratamento de investimentos transfronteiras[1].

Antecedentes e fatores condicionantes da emergência do tema

Em consonância com a clivagem entre países desenvolvidos e em desenvolvimento (entre Norte e Sul) que caracterizava as negociações internacionais na década de 1970, desenvolvem-se, ao longo do período, dois esforços contrastantes de regulação dos fluxos de IDI – um no âmbito da OCDE, outro sob a égide das Nações Unidas e, em especial, da UNCTAD.

1. Em 1961, os países da OCDE adotaram o Código sobre a Liberalização dos Movimentos de Capitais, regulando as transações entre residentes e não-residentes. O Código foi atualizado sucessivas vezes, tendo sido reforçado e expandido no que se refere a serviços, especialmente os financeiros.

A iniciativa da OCDE se materializou pela adoção em 1976, por seus países-membros, da Declaração sobre Investimento Internacional e Empresas Multinacionais e, em especial, de seu Anexo I, denominado Diretrizes para Empresas Multinacionais.

A adesão às Diretrizes era voluntária e os membros da OCDE apelavam coletivamente para a "responsabilidade social" das empresas, além de requerer destas disclosure de suas informações, evitar práticas e comportamentos anticompetitivos, etc.

Do lado da UNCTAD, as preocupações com as práticas empresariais também eram dominantes, mas – neste caso – o objetivo central, definido pelos países em desenvolvimento, era chegar a um instrumento mandatório capaz de supervisionar a atuação das empresas transnacionais, coibindo seus possíveis excessos. Apesar de praticamente concluído no início dos anos 1980, integrando, por pressão dos países da OCDE, regras para o tratamento das ETNs pelos países receptores, o Código nunca chegou a ser implementado e, em 1992, foram suspensas as negociações em torno desse instrumento.

No âmbito da OCDE, as sucessivas revisões das Diretrizes refletiram a crescente preocupação, nos países industrializados, com o tratamento dispensado pelos governos dos países receptores às empresas transnacionais: o tema do tratamento nacional aos investimentos externos nos países da OCDE ganhou prioridade, sendo incluído na Declaração o Instrumento sobre Tratamento Nacional e devendo os Estados-membros registrar explicitamente suas exceções a esse tipo de tratamento aos inversores estrangeiros.

A Declaração incluiu, ainda, um Instrumento sobre Incentivos e Desincentivos aos investimentos internacionais, buscando tornar transparentes as medidas adotadas pelos signatários nessa área e prevendo consultas, procedimentos de revisão e estudos com vistas a estreitar a cooperação entre os Estados-membros nesse tema politicamente sensível.

Por outro lado, já no início da década de 1990, as Diretrizes incorporaram a seu texto as questões da proteção ambiental e do emprego e relações industriais, sinalizando a emergência de uma novíssima geração de temas na arena das negociações econômicas internacionais (OCDE, 1997a).

Até o momento, as Diretrizes já tiveram quatro revisões – em 1979, 1984, 1992 e 2000. A última revisão, iniciada pelo Comitê de Investimentos Internacionais e de Empresas Multinacionais (CIME), da OCDE, em 1998, e concluída em 2000, "é considerada a mais importante ao propor novos capítulos sobre a luta contra a corrupção e sobre a proteção dos consumidores como parte do tema da responsabilidade social das empresas". Na realidade, o novo texto das Diretrizes contém "recomendações para acabar com o trabalho infantil e o trabalho forçado e todas as normas fundamentais do trabalho internacionais. Em relação ao meio ambiente são feitas recomendações para que as empresas multinacionais melhorem seu comportamento do ponto de vista ambiental adotando medidas tais como uma melhor gestão ambiental interna, regras mais rígidas envolvendo a publicação de informações ambientais e medidas de intervenção mais eficazes sobre os efeitos no meio ambiente" (Vilmar, 2002). Além dos países-membros da OCDE, as Diretrizes foram adotadas por quatro países não-membros: Argentina, Brasil, Chile e Eslováquia.

Também no início dos anos 1990, a *Multilateral Investment Guarantee Agency* (MIGA), do grupo do Banco Mundial, elaborou um conjunto de princípios para a promoção e proteção do investimento estrangeiro, no qual se estabelecem obrigações de tratamento relativas a licenças de importação e exportação, concessão de vistos de entrada e de saída do país e, até mesmo, aspectos de propriedade intelectual.

Finalmente, ao longo da década de 1980, intensificando-se nos anos 90, desenvolveu-se, inclusive no continente americano, uma densa rede de acordos bilaterais de investimentos, voltados para a proteção e promoção recíproca de inversões entre os signatários, os chamados "APPIs de nova geração".

Esse conjunto de iniciativas heterogêneas, quanto ao seu escopo geográfico, objetivos e motivações, pode, no entanto, ser visto como *stepping stones* na direção do estabelecimento de um regime internacional aplicável aos investimentos transfronteiras.

Uma característica comum a todos eles é o fato de se terem desenvolvido à margem do quadro institucional de regulação multilateral do comércio – o GATT – determinando a formação de um *patchwork* de centenas de acordos bilaterais. Foi preciso esperar a Rodada Uruguai para que se começasse a negociar no GATT, e mesmo assim de forma parcial, a interface de comércio e investimentos internacionais (Acordo de TRIMs) e para que se esboçasse, em relação aos mecanismos regulados por esse Acordo, a multilateralização de regras aplicáveis às relações entre IDI e países receptores.

O que essas iniciativas atestam, em seus fracassos e sucessos, é o deslocamento gradual do enfoque dominante em relação ao tratamento do tema nas negociações entre Estados. Enquanto as iniciativas típicas da década de 1970 eram motivadas pelo objetivo de impor limites e regras às práticas empresariais das multinacionais, assiste-se, ao longo dos anos 1980, a um processo – que se consolida nos anos 90 – por meio do qual a prioridade passa a ser a definição de regras internacionais aceitáveis para o tratamento, pelos países receptores, dos investimentos externos. O foco desloca-se da regulação das práticas empresariais para a codificação da convergência entre as políticas e regulamentações governamentais aplicáveis a investimentos internacionais, fazendo dos IDI um dos temas da nova agenda de negociações comerciais internacionais.

Além disso, o escopo e a abrangência dos acordos de investimentos se expandem, evoluindo para um conceito amplo de investimentos que não se limita aos fluxos de IDE – adotando, ao contrário, um conceito de investimentos *asset-based* –, e para incluir não apenas a proteção aos investimentos feitos, mas o direito de estabelecimento em bases compatíveis com o tratamento nacional e de NMF.

Esse duplo deslocamento – de foco e de escopo – no tratamento do tema de investimentos reflete uma significativa mudança "ambiental", que se expressa genericamente como redefinição das relações (de poder, inclusive) entre os Estados nacionais e as empresas transnacionais.

Tal mudança parece decorrer da convergência de dois processos:

- Primeiro, o crescimento exponencial dos fluxos de investimento privado internacional e a simultânea intensificação das relações entre produção de bens e serviços e entre fluxos de comércio e de investimentos internacionais.
- Segundo, a revisão unilateral, nos países da OCDE (Sarafian, 1992) e em diversos países em desenvolvimento, de regimes de investimento restritivos em relação ao capital estrangeiro em setores de bens e serviços.

A convergência desses fatores determinou uma nova e intensa demanda das empresas transnacionais por regras estáveis e previsíveis, aplicáveis internacionalmente e que lhes permitissem organizar sem restrições suas atividades, combinando fluxos comerciais e de IDI e reduzindo custos de transação[2]. Simultaneamente, cresceram os incentivos para que os Estados nacionais buscassem atrair investimentos externos, enquanto acordos regionais e bilaterais

2. Na ausência de regras internacionais, pode-se supor que as empresas compensem custos relativamente elevados de transação e a falta de previsibilidade, beneficiando-se com a competição dos Estados nacionais e das entidades subnacionais para atrair investimentos externos – ela mesma viabilizada pela inexistência desse tipo de regras.

de proteção e promoção de investimentos foram percebidos como mecanismos capazes de contribuir para esse objetivo.

Assim, desenvolve-se, nos anos 1990, uma nova geração de acordos de investimentos, que traduzem claramente a prioridade concedida aos objetivos (i) de prover aos investidores externos proteção e garantias ampliadas, inclusive com novos mecanismos institucionais e com novas disposições substantivas incluídas nos acordos; e (ii) de definir regras liberais de admissão e de estabelecimento dos investidores estrangeiros nos países receptores e, se possível, de ampliar o grau de liberalização aplicável aos fluxos de investimentos entre as partes contratantes dos acordos.

Esta dinâmica de assinatura de acordos de nova geração baseados na proteção ampliada dos direitos do investidor e na liberalização das regras aplicadas aos fluxos de investimentos começa a perder fôlego em 1997, sob a pressão de tendências que emergem e se consolidam nos países desenvolvidos e em desenvolvimento. Naquele ano, o quadro marcado pelo sucesso da Rodada Uruguai e pelas demais tendências favoráveis à liberalização dos fluxos de comércio e de investimentos começa a se desestabilizar, com a crise financeira e cambial de vários países da Ásia e com a deterioração da situação da economia japonesa.

Além disso, explicita-se, mais ou menos ao mesmo tempo, o peso político que adquiriam, nos principais países da OCDE, as forças sociais e as posições políticas que se pautam por uma avaliação genérica de que "a globalização foi longe demais" – para utilizar a expressão de Rodrik (1997) – e de que a competição regulatória ensejada pelo crescimento da interdependência econômica, além de produzir desemprego nos países da OCDE, estaria gerando uma convergência de política em torno de padrões baixos e de critérios mínimos, ameaçando normas sociais e valores culturais consagrados nesses países.

O fracasso das negociações do Acordo Multilateral de Investimentos (*Multilateral Agreement on Investments* – MAI) da OCDE, em 1998, é um momento emblemático da reversão de tendências que sinalizava o esgotamento do impulso liberalizante que os acordos de investimentos de nova geraçao traduziam melhor e de forma mais completa do que qualquer outro tipo de acordo comercial. No caso do AMI/OCDE, os grupos que se opunham ao acordo manejaram politicamente a idéia de que "a integração econômica internacional é administrada por um pequeno grupo de governos e de grandes corporações, excluindo os demais interesses, como aqueles ligados ao trabalho, ao meio ambiente e aos consumidores" (Kahler, 1995).

Se, nos países da OCDE, os acordos de investimentos tornaram-se o alvo privilegiado dos críticos da "globalização", nos países em desenvolvimento assistia-se a uma reavaliação crítica dos resultados da Rodada Uruguai e, em especial, do Acordo de TRIMs. Assim, nos meses que antecederam a frustrada reunião da OMC, em Seattle, no final de 1999, diversos países em desenvolvimento defenderam a revisão do Acordo de TRIMs como parte de um conjunto de medidas destinadas a incorporar a "dimensão do desenvolvimento" ao arcabouço regulatório herdado da Rodada Uruguai e à agenda de uma nova Rodada de negociações multilaterais. Não cabe discutir aqui os fatores que estiveram na origem desse revisionismo crítico em relação aos resultados da Rodada Uruguai – postura que se difundiria nos países em desenvolvimento entre as reuniões de Seattle e Doha.

Vale, porém, registrar, em relação especificamente ao tema de TRIMs, que a publicação, em 1999, do livro de Moran, em que eram avaliados os impactos sobre as economias receptoras de investimentos da imposição de requisitos de desempenho relacionados com a exportação e o conteúdo nacional, ajudou a reabrir a discussão sobre o tema.

De fato, esse autor avaliou positivamente a experiência de utilização, por diversos países em desenvolvimento, de requisitos de exportação para investimentos diretos estrangeiros, contrastando tais resultados com uma avaliação negativa das medidas de conteúdo nacional e dos requerimentos de licenciamento de tecnologia. Segundo Moran, a história dos requisitos de exportação mostra que estes "desempenham papel crucial ao impelir investidores internacionais (...) a estabelecer redes de fornecimento que incluíram unidades em países em desenvolvimento e economias em transição, com resultados que beneficiaram não somente a firma e o bem-estar do país receptor do investimento, mas também o bem-estar global". Essas conclusões sugeririam que há fundadas razões econômicas para que os países desenvolvidos negociem com investidores estrangeiros requisitos de desempenho exportador. Tais requisitos teriam permitido, em muitos casos, superar falhas de mercado que gerariam, entre muitos investidores estrangeiros, "relutância em realizar investimentos orientados para a exportação, mesmo depois de se haver evidenciado claramente que sua lucratividade global e posição competitiva poderiam melhorar se eles o fizessem"[3].

3. Recentemente, o Brasil apresentou formalmente à OMC, junto com outros países em desenvolvimento, proposta de negociação com vistas à flexibilização das disciplinas do Acordo de TRIMs, quando aplicadas a países em desenvolvimento.

Portanto, a revisão crítica do legado liberalizante dos anos 1990, nas relações comerciais internacionais, e dos acordos que o concretizam atingiu em cheio os acordos de investimento de nova geração, reduzindo drasticamente o ritmo de negociação de novos acordos. A rigor, as principais negociações em curso, nessa área, por seus impactos sistêmicos potenciais, envolvem hoje o tratamento das relações entre comércio e investimentos e o mandato de Doha – marcado pelo gradualismo e a cautela – e as negociações da Alca, em que se enfrentam posições típicas de afirmação do paradigma dos acordos de investimentos dos anos 1990 e de revisão desse modelo.

A normativa multilateral relativa a investimentos

a) O Acordo sobre TRIMs

A inclusão do tema dos investimentos na agenda da Rodada Uruguai suscitou fortes controvérsias entre os participantes na negociação. Muitos países em desenvolvimento opunham-se à definição de qualquer tipo de disciplina multilateral nessa área, argumentando que o tema se encontra fora do escopo do GATT, não sendo este, portanto, o foro adequado para negociá-lo (Messerlin, 1995; Hoekman e Kostecki, 1996). Os EUA foram os principais defensores da adoção de disciplinas multilaterais para reduzir distorções induzidas pelas políticas nacionais de investimento sobre os fluxos de comércio internacional. Dentro da OCDE, no entanto, a posição dos EUA não era compartilhada por diversos países, especialmente aqueles – como Canadá, Austrália e alguns Estados da União Européia – onde as TRIMs "eram vistas como medidas legítimas de política, voltadas para a apropriação (pelo país) dos benefícios do IDE" (Lawrence, 1997).

Nessas condições, o mandato do grupo de negociação definido em Punta del Este, em 1986, ficou aquém da idéia de estabelecimento de uma ampla gama de disciplinas multilaterais sobre o tema dos IDI (tratamento nacional, proteção dos investimentos, solução de controvérsias, etc.), restringindo-se às chamadas medidas de investimento relacionadas com o comércio – TRIMs. O conteúdo e abrangência das TRIMs a serem considerados seriam objeto de negociação e ao final da Rodada o Acordo incluiria tão-somente algumas das TRIMs cuja regulação (e eventual interdição) fora sugerida, no início das negociações, pelos EUA.

Ao longo das negociações da Rodada, a mudança "ambiental" a que se fez referência anteriormente reduziu a resistência ao Acordo de vários países em desenvolvimento – que liberalizaram seus regimes nacionais de investimento e/ou se tornaram exportadores de capital – e ampliou a convergência entre países da OCDE, no que se refere a princípios e instrumentos de política industrial. Paradoxalmente, nesse mesmo período, cresceram de maneira exponencial os investimentos japoneses nos EUA e na UE, suscitando nos maiores exportadores de capital preocupações inéditas quanto aos impactos destes investimentos sobre os produtores locais.

Nesse quadro, os incentivos para o desenvolvimento das negociações do Acordo eram claramente contraditórios e, embora as resistências mais intensas se tenham atenuado, também se reduziu o entusiasmo dos EUA e de seus principais aliados com a perspectiva de um Acordo nessa nova área.

Daí que, apesar da forte mudança ambiental em curso, refletindo um processo de transformação estrutural no que se refere aos fluxos de IDI, o Acordo das TRIMs tenha traduzido, em seu escopo e nas restritas disciplinas veiculadas, mais a herança do passado e as contingências do presente da negociação do que a perspectiva de estabelecimento de uma ampla codificação multilateral das relações entre países receptores dos investimentos e os investidores internacionais, ou, em uma visão mais ambiciosa, da criação "de um regime internacional no qual os mercados internos sejam internacionalmente contestáveis" (Lawrence, 1996).

De acordo com Messerlin (1995), o Acordo sobre as TRIMs é essencialmente "uma simples reafirmação da aplicação das regras do GATT às TRIMs". Dito de outra forma, o Acordo "não faz mais do que codificar a jurisprudência existente do GATT e conclamar os países a eliminar progressivamente as medidas que são [desde já] incompatíveis com as regras do GATT" (Graham, 1996).

As disciplinas do GATT são consideradas passíveis de aplicação às políticas de investimento na medida em que estas afetam diretamente os fluxos de comércio (Hoekman e Kostecki, 1996). Assim, da longa lista de TRIMs cuja eliminação foi sugerida pelos EUA no início das negociações[4], o Acordo só reteve aquelas que violam os artigos III (tratamento nacional) e XI (proibição do uso de restrições quantitativas) do GATT.

O Acordo não especifica a totalidade das medidas que se pretende eliminar, apenas indicando, à guisa de ilustração, medidas que são consideradas incompatíveis com as regras do GATT, essencialmente as de conteúdo local – assimiladas a restrições quantitativas às importações – e as obrigações de equilíbrio

4. A lista de TRIMs apresentada pelos EUA incluía: obrigações de conteúdo local; de desempenho exportador e de equilíbrio comercial; de produção local; de transferência de tecnologia, além de restrições cambiais e de limites à participação acionária do capital externo em empresas locais.

comercial[5] – cujos efeitos combinam os de restrições quantitativas às importações e os de subsídios às exportações. Alguns autores assinalam que, apesar do Art. XVI do GATT explicitamente proibir os subsídios às exportações, o Acordo das TRIMs não foi suficientemente claro e incisivo quanto à eliminação de requisitos de desempenho exportador (Messerlin, 1995; Hoekman e Kosecki, 1996) aplicáveis a investimentos externos[6].

A maioria dos analistas do Acordo, embora reconhecendo como relevante o fato de o tema dos investimentos internacionais ter sido incluído na agenda do GATT/OMC, sublinham os limites dos resultados alcançados, tanto em termos de abrangência quanto de disciplinas desenhadas especificamente para tratar do tema:

- O Acordo não trata dos direitos genéricos das empresas estrangeiras ao "tratamento nacional", questão que só é considerada para o caso das TRIMs. Nesse sentido, o Acordo da OMC não é, a rigor, um acordo sobre investimentos, na medida em que não aborda questões como o direito de estabelecimento das empresas estrangeiras, o tratamento nacional (e suas exceções e reservas nacionais), a proteção dos investimentos e a solução de controvérsias.
- O Acordo só se refere às TRIMs que afetam o comércio de bens, uma vez que a Rodada Uruguai gerou também um Acordo sobre o Comércio de Serviços (GATS) e que este contempla, entre as modalidades de prestação consideradas, a presença comercial de firmas estrangeiras, ou seja, o investimento. No entanto, Messerlin (1995) observa que a existência de dois acordos tratando de um

5. Esse tipo de obrigação impõe à empresa estrangeira a manutenção de determinada relação entre importações e exportações.
6. Um estudo conjunto dos secretariados da OMC e da UNCTAD, recentemente publicado (WTO, 2002), examinou o uso feito pelos governos de TRIMs e de outros requisitos de desempenho e avaliou o impacto desses instrumentos sobre o comércio internacional e os fluxos de investimentos, assim como sobre o crescimento econômico e o desenvolvimento. O estudo revela que TRIMs e requisitos de desempenho foram amplamente utilizados por países desenvolvidos e em desenvolvimento, em suas estratégias nacionais de industrialização, tanto como instrumentos de política industrial setorial quanto como medidas de aplicação horizontal, derivadas das disposições gerais dos regimes nacionais aplicados a investimentos externos. No que se refere às políticas setoriais, o setor automotivo foi, em diferentes países, objeto privilegiado do uso desse tipo de instrumento, com ênfase em TRIMs relacionadas com o conteúdo nacional e, secundariamente, com o desempenho da balança comercial (trade balance requirements), ambas medidas proibidas pelo Acordo de TRIMs. Já as medidas de âmbito horizontal envolviam principalmente procedimentos para autorização de investimentos estrangeiros, caso a caso, avaliação prévia dos impactos dos investimentos sobre o desempenho exportador do país, o uso de produtos e serviços domésticos e o desenvolvimento tecnológico do país receptor. Nesse caso, a liberalização dos regimes nacionais de investimentos nos anos 1980 e 90, nos países desenvolvidos e em desenvolvimento, reduziu significativamente o uso desses mecanismos horizontais, eliminando-os, tornando seu escopo de abrangência mais limitado ou ainda flexibilizando os critérios de avaliação dos impactos domésticos do investimento.

mesmo fenômeno (os investimentos) poderá ser algo bastante negativo para os investimentos que visem a produção conjunta de bens e serviços, como ocorre com freqüência.

Mesmo enquanto instrumento que se limitou às TRIMs, o Acordo só baniu medidas que confrontassem dois de seus artigos.

No que se refere às TRIMs proibidas, o Acordo proíbe tanto as medidas mandatórias quanto as que vinculam a obtenção de uma vantagem (incentivo fiscal ou subsídio) ao cumprimento de determinado requisito de desempenho.

Em termos de implementação do Acordo, os países signatários devem notificar à OMC todas as TRIMs não conformes por eles aplicadas, no prazo de 90 dias a partir da sua entrada em vigor. Os países desenvolvidos tiveram dois anos para eliminar tais medidas, os países em desenvolvimento tiveram cinco anos e os "países menos desenvolvidos", sete anos. Alguns países em desenvolvimento e menos desenvolvidos tiveram os prazos de *phasing out* de alguns dos regimes notificados ampliados, na revisão do Acordo, em 2000. Além disso, o Acordo "menciona explicitamente que um país em desenvolvimento está autorizado a impor TRIMs em caso de dificuldades de balanço de pagamento" (Messerlin, 1996). Finalmente, cabe registrar que, no período de transição, os países signatários estão autorizados a introduzir novas TRIMs, caso tais medidas sejam necessárias para não distorcer as condições de concorrência entre o novo investimento e as empresas já implantadas.

Além das revisões regulares previstas pelo Acordo de TRIMs, estabeleceu-se, ao final da Rodada Uruguai, que uma revisão especial deveria ser feita, tendo como objeto a avaliação da operação do Acordo, bem como que havia necessidade de complementá-lo com provisões sobre políticas de investimento e de competição, até cinco anos após o estabelecimento da OMC, cabendo ao Conselho sobre o Comércio de Bens, no curso dessa revisão, considerar se o Acordo deve ser complementado com disposições sobre políticas de investimento e de competição. O monitoramento do Acordo pelo Comitê de TRIMs da OMC e a revisão do Acordo, considerando a sua eventual complementação, fazem parte da *built-in agenda* herdada pela OMC da Rodada Uruguai.

b) O tema das relações entre comércio e investimentos

Como já se observou, a Conferência Ministerial de Cingapura, realizada em dezembro de 1996, criou um grupo de trabalho para examinar as relações entre comércio e investimento e um outro para analisar a interação entre comércio e política de competição, incluindo-se aí práticas anticompetitivas das empresas. Naquele momento, com a "concorrência" gerada pelas negociações, no âmbito da OCDE, de um amplo acordo de investimentos, as preocupações com o tema ganhavam peso na OMC, focalizando-se os esforços no objetivo de estender as disciplinas fundamentais do GATT – transparência, tratamento nacional, nação mais favorecida e a obrigatoriedade (*binding*) dos compromissos – à área de políticas de investimentos (Hoekman e Kostecki, 1996).

Mais recentemente, na Quarta Conferência Ministerial da OMC, que lançou em Doha a nova Rodada de negociações multilaterais, o tema das relações entre comércio e investimentos foi objeto de três parágrafos específicos na Declaração Ministerial. O mandato de Doha, além de prever a continuação das negociações de serviços – o que tem implicações diretas para as negociações de investimentos nesses setores –, estabelece, naqueles três parágrafos, que o início das negociações sobre "comércio e investimentos" deverá ocorrer após a Quinta Conferência Ministerial da OMC (a se realizar no final de 2003) com base em modalidades de negociaçao a ser definidas nessa Conferência.

Até a realização da Quinta Conferência, as atividades no grupo de trabalho sobre Comércio e Investimentos deverão estar voltadas para esclarecer questões como: "escopo e definição, transparência, não-discriminação, modalidades para compromissos de pré-estabelecimento baseados em um *approach* do tipo GATS, de listas positivas, provisões relacionadas com o desenvolvimento, exceções e salvaguardas de balanço de pagamentos, consultas e solução de disputas entre membros". Esse mandato sugere que o objetivo de tais atividades é evoluir para a negociação de um acordo de investimentos à *part entière*, embora com características que o diferenciariam de grande parte dos acordos de investimentos em vigor. A opção por listas positivas de compromissos (de pré-estabelecimento) é um desses traços distintivos, sendo outro a explícita referência, feita no mandato de Doha, aos "investimentos transfronteiras de longo prazo, particularmente os IDE", como objeto central do possível acordo multilateral que se negociaria – o que abre a possibilidade de que se evolua para um acordo de âmbito mais restritivo do que outros em vigor, no que se refere aos investimentos e investidores cobertos por suas disposições.

Até que ponto esse tratamento amplo das políticas de investimento, no âmbito da OMC, exigiria uma reordenação da estrutura de textos gerada pela Rodada Uruguai – como sugere Messerlin (1996) –, é matéria de controvérsia. O fato, porém, é que a estrutura do GATT 1994 é diretamente tributária das opções negociais feitas e dos diferentes resultados obtidos nos vários temas negociados. Messerlin propõe que, ao integrar o tema dos investimentos à estrutura do GATT 1994, se distinga claramente entre o acordo referente ao comércio de bens, o GATS – que se referiria somente ao comércio transfronteiras de serviços, excluindo os investimentos em serviços – e um texto exclusivamente dedicado aos investimentos internacionais em bens, serviços e atividades intelectuais.

c) O GATS – Acordo sobre Comércio de Serviços

O Acordo de Serviços da OMC é relevante para o tema de investimentos porque inclui, entre as modalidades comerciais de prestação de serviços, a presença comercial, que caracteriza a rigor um investimento internacional em serviços dirigido a um determinado país. Ou seja, as disciplinas do GATS se aplicam multilateralmente à modalidade 3 de prestação de serviços, a presença comercial, e os compromissos específicos de liberalização apresentados pelos diferentes países para diversos setores e subsetores nessa modalidade definem as condições de acesso a mercado e de tratamento nacional garantido a provedores de serviços estrangeiros que se estabeleçam, na modalidade de presença comercial, nos territórios dos países que formulam tais compromissos.

A complexidade do tratamento do tema do comércio de serviços nas negociações comerciais deriva, em boa medida, do fato de que ele interage de forma estreita com outros temas da agenda, sendo a inter-relação mais óbvia a que existe com o tema de investimentos diretos em serviços, tratado no GATS – o Acordo sobre Comércio de Serviços da OMC – como uma modalidade de prestação comercial de serviços (o modo 3 de prestação – presença comercial) e no NAFTA, como parte integrante do capítulo de investimentos, e não de serviços. Independentemente do tratamento que se confira ao tema, parece óbvio que os regimes nacionais aplicáveis a investimentos externos afetam diretamente as condições de acesso a mercado por parte de fornecedores estrangeiros de serviços, principalmente naqueles setores em que estes prestam seus serviços por meio da presença comercial (ou do investimento direto) no mercado visado[7].

Por outro lado, as negociações de serviços revelaram que boa parte das restrições aos fluxos comerciais deriva de regulações e medidas domésticas que não discriminam explicitamente fornecedores estrangeiros, mas introduzem distorções que restringem a atuação dos fornecedores não nacionais e, muitas vezes, reduzem na prática o alcance das concessões negociadas. Assim, por exemplo, o setor de distribuição é afetado por uma vasta gama de regulações governamentais, relacionadas com a saúde e a segurança dos consumidores, planejamento urbano e proteção ambiental, e voltadas para suprir falhas de mercado. Há restrições à implantação de grandes estabelecimentos, há regulações sobre preços de promoção, sobre controle de mercado e relacionadas com o mercado de trabalho. Muitas dessas regulações são aplicadas pelos governos subnacionais, de tal forma que os provedores de serviços são confrontados não apenas com diferenças nacionais, em termos de políticas e regras, mas também com posturas diversas em nível subnacional. No setor de engenharia, há regulações domésticas relacionadas com o uso do solo, a legislação de edificações, as licenças para construir, os sistemas de inspeção de obras, registros de empresas e profissionais, normas ambientais, etc. Essas medidas têm motivações relacionadas com a segurança da construção e com os trabalhadores aí empregados, com objetivos de planejamento urbano, saúde dos trabalhadores e usuários da construção e proteção ambiental.

O que torna particularmente complexa a negociação internacional das regulações e medidas domésticas com impactos sobre o comércio de serviços é o fato de que tais medidas envolvem a promoção de valores não econômicos, ou seja, valores que têm dimensão societal e cultural. Ou seja, tais medidas dispõem, em geral, de ampla legitimidade social nos países que as empregam e sua eliminação teria implicações não apenas econômicas nesses países.

O Acordo Geral sobre Comércio de Serviços (General Agreement on Trade in Services) tem três componentes principais:

- Um conjunto de princípios, regras e obrigações gerais que se aplicam a todas as medidas que afetam o comércio de todos os setores de serviços.
- Um conjunto de compromissos específicos relacionados com o acesso ao mercado e ao tratamento nacional, assumidos por cada Estado-membro e aplicáveis exclusivamente aos setores e subsetores e aos modos de provisão explicitados na lista nacional de compromissos.

7. Além disso, para alguns setores, como o de distribuição, a relação entre negociação de serviços e de bens é muito clara. Nesse setor, o regime de comércio aplicável a bens tem um impacto importante sobre a prestação de serviços de distribuição. Restrições sob a forma de diferenças em padrões de produtos, práticas onerosas de certificação e teste de produtos e práticas complexas de liberação de produtos nas alfândegas atuam como barreiras não tarifárias que afetam adversamente o comércio de serviços de distribuição. Em outros setores, como o de serviços de engenharia, como os governos são, em todos os seus níveis e na grande maioria dos países, clientes relevantes das empresas do setor, as legislações nacionais de compras governamentais também tendem a impactar os fluxos de comércio.

- Uma série de anexos setoriais para o tratamento das especificidades de alguns setores considerados mais sensíveis.

Segundo Solé (2001), a adoção de um acordo de amplo espectro, como o GATS, em uma nova área de negociação multilateral somente foi possível porque se aceitou que o acordo seria "relativamente pouco exigente no que diz respeito às obrigações que estabelece", a principal delas sendo de caráter geral, ou seja, a aceitação do princípio do multilateralismo – a cláusula de NMF – mesmo se os países podem impor limites e definir exceções ao alcance desse princípio.

No caso do GATS, as condicionalidades aplicadas a esses princípios são ainda mais importantes que no caso do GATT (comércio de bens). De fato, o Anexo ao Artigo II (cláusula de NMF) do GATS lista as exceções nacionais dos Estados-membros a esse princípio (listas negativas), as quais poderão ser mantidas por um período de dez anos. As exceções definidas pelos Estados-membros foram numerosas, inclusive no caso dos países da OCDE, atingindo serviços financeiros, transportes e audiovisual, principalmente. Isso significa que os países podem seguir mantendo medidas nacionais não consistentes com o princípio da NMF – e, portanto, discriminatórias entre seus parceiros –, desde que as incluam no Anexo ao Art. II do GATS.

No que diz respeito ao princípio de tratamento nacional e de acesso aos mercados, as condicionalidades introduzidas no GATS são muito relevantes. Na realidade, o princípio de tratamento nacional somente se aplica aos setores incluídos nas listas de compromissos específicos dos Estados-membros e para as formas de provisão de serviços explicitamente referidas. Há, portanto, um mecanismo de liberalização baseado em listas positivas de oferta elaboradas por cada país, mas condicionado por restrições que se pretende manter.

De maneira geral, essa metodologia incentivou os Estados-membros a adotar uma estratégia de consolidar, no GATS, o status quo das regulações nacionais aplicáveis ao comércio e aos investimentos de serviços, evitando comprometer-se com liberalizações adicionais. Em função disso, há diferenças significativas entre as listas nacionais de ofertas específicas e de isenção ao princípio de NMF, refletindo essencialmente o grau de liberalização já autorizado pelas regulações nacionais.

Tradicionalmente, as regulações nacionais de serviços são restritivas em relação às formas de prestação 1 e 4. Enquanto a forma 1 se traduz em importação de serviços, a 4 (movimento de pessoas naturais) coloca problemas políticos envolvendo emprego, regras de imigração, etc. Vis à vis essas duas formas de provisão, a de nº 3, a presença comercial – que, em outros acordos, é tratada como investimento –, é relativamente incentivada, ainda que com condicionalidades, por ser o investimento externo considerado em geral superior, para o "país consumidor", à importação de serviços. Já o caso nº 2 não sofre, em geral, restrições, exceto em situações de crise do balanço de pagamentos do "país consumidor", em que o governo deste pode desestimular as viagens internacionais e o turismo no exterior[8].

As negociações de serviços tiveram importantes desdobramentos setoriais na OMC, após a conclusão da Rodada Uruguai. Assinaram-se dois acordos de liberalização em setores de serviços que foram objeto de medidas domésticas de desregulamentação em um grande número de países-membros da OMC, na década de 1990, e cuja importância é crescente nas economias nacionais: serviços financeiros e de telecomunicações.

Como os serviços faziam parte da *built in agenda* da Rodada Uruguai, o tema continuou em pauta de Genebra, independentemente do lançamento de uma nova Rodada de negociações. Quando a Rodada foi lançada em Doha, em novembro de 2001, definiu-se, para o tema de serviços, um cronograma acelerado de negociações: de fato, no que se refere às negociações de acesso a mercados (há também a negociação de disciplinas, é bom não esquecer), os pedidos de liberalização foram apresentados pelos países-membros no início de julho de 2002, enquanto as ofertas deverão ser formuladas até 31 de março de 2003.

No curso das negociações, o Brasil apresentou, sozinho ou como membro do Mercosul, propostas de liberalização para cinco setores: construção e engenharia, distribuição, serviços audiovisuais, turismo e serviços de computação.

Além disso, o Mercosul apresentou, em março de 2002, uma comunicação sobre testes de necessidade econômica, que identifica nesse tipo de medida doméstica – muito aplicada na Europa e no Japão em setores como os de distribuição, turismo, serviços financeiros e de telecomunicações – uma das mais importantes barreiras ao comércio internacional de serviços, com impactos especialmente relevantes sobre a modalidade 3 de comércio (presença comercial) e sobre o

8. O Departamento de Comércio dos Estados Unidos somente identificou dois setores de serviços – de um total de dezoito – em que os fluxos de comércio predominam sobre os de investimentos diretos: são os de transporte aéreo e marítimo. Em oito setores, o investimento é o único modo de prestação internacional (contabilidade, publicidade, aluguel de carros e caminhões, bancos, serviços legais, hotéis, etc.) e em outros oito os fluxos de comércio e de investimentos estão associados: comunicações, serviços de computação, construção e engenharia, seguros, serviços médicos e hospitalares, serviços educativos, etc.

movimento de pessoas naturais (modo 4 de prestação de serviços). A proposta do Mercosul em relação aos testes de necessidade econômica aponta para a eliminação desse tipo de medidas nos setores e modos de prestação de serviços em que os países em desenvolvimento têm interesse exportador.

Outro tema relevante de negociação e sobre o qual o Brasil se manifestou, dessa vez em companhia de 17 países em desenvolvimento, refere-se ao tratamento a ser dispensado, nas negociações em curso, à liberalização autônoma (ou unilateral) introduzida pelos diferentes países em diversos setores de serviços, desde o final da Rodada Uruguai.

Nessa área, os países em desenvolvimento defendem que a concessão de créditos por conta da liberalização autônoma efetuada após a Rodada Uruguai seja apenas em seu benefício e não para os desenvolvidos. Outra questão, nessa área, é determinar se o crédito deve ou não estar condicionado à consolidação das medidas de liberalização nas listas de compromissos. O temor dos países em desenvolvimento é que tenham que "pagar" pela liberalização autônoma dos desenvolvidos, isto é, sejam forçados a abrir mais setores do que desejariam em troca da consolidação de compromissos por parte dos países desenvolvidos.

Como se pode constatar, as propostas brasileiras envolvem demandas setoriais de liberalização, o tratamento de disciplinas comerciais em serviços e a questão das regulações e medidas domésticas que restringem o comércio de serviços, cobrindo, portanto, o leque de questões em discussão na OMC nessa área temática.

O tema de investimentos em instâncias regionais e minilaterais

a) O capítulo sobre investimentos do NAFTA

A importância que o tema dos investimentos tem no NAFTA traduz, em primeiro lugar, o elevado grau de integração que os sistemas produtivos da América do Norte haviam alcançado no início dos anos 1980, por meio dos fluxos comerciais e de investimento. Traduz, também, o resultado das reformas introduzidas pelo México em seus regimes de comércio e investimento, a partir da metade dos anos 80, e o interesse desse país em assegurar, para os inversionistas nele baseados ou por ele atraídos, o acesso seguro e permanente aos mercados dos EUA e Canadá. Reflete, ainda, a estratégia dos EUA de usar o regionalismo como via alternativa para a negociação e implementação de disciplinas e temas cujo tratamento enfrenta resistências nas instâncias multilaterais.

O resultado desse conjunto de interesses e incentivos é um Capítulo sobre Investimentos marcado por padrões considerados elevados de disciplinas e por um amplo escopo de abrangência (inclui bens e serviços) – ambas características típicas de um acordo de investimentos de nova geração – e que se encontra inserido em um Acordo cuja visão geral "exprime a interconexão entre o investimento, o comércio, a política de concorrência, a proteção da propriedade intelectual e os serviços" (Gestrin e Rugman, 1996).

O âmbito de aplicação do NAFTA é abrangente no sentido em que se baseia no conceito de "ativos" e não de "atividades da empresa" para caracterizar os investimentos cobertos pelo Acordo. O conceito de "ativo" é mais amplo e inclui não só bens móveis e imóveis, mas ações e diferentes formas de participação em empresas, títulos de crédito, direitos de propriedade intelectual, etc. Além disso, o NAFTA considera como investidores cobertos pelo Acordo tanto pessoas naturais cidadãs ou residentes permanentes nos países de origem do investimento quanto pessoas jurídicas constituídas naquele país. Em conseqüência, empresas de países não-membros constituídas sob as leis de um dos países-membros e aí exercendo "atividade comercial importante" beneficiam-se das disposições do Acordo em seus investimentos no NAFTA.

A pedra angular das disposições do NAFTA em matéria de investimentos é a obrigação relativa ao tratamento nacional, enunciada nos artigos que tratam dos investimentos, dos serviços e dos serviços financeiros, e que inclui as instâncias subnacionais. O NAFTA vai, porém, além da simples obrigação do tratamento nacional entre os países-membros ao estabelecer normas comuns de tratamento dos investimentos internacionais, independentemente de sua origem.

As reservas apresentadas por cada país signatário ao princípio de tratamento nacional podem permanecer em vigência, desde que explicitadas na "lista negativa" que faz parte do Acordo e que indica expressamente as disposições do Acordo atingidas por cada medida. Em compensação, medidas não listadas e que restrinjam o tratamento nacional devem ser eliminadas e as listas negativas não podem ser ampliadas na vigência do Acordo. Para Gestrin e Rugman (1996), a elaboração de listas negativas atende ao princípio de transparência, garante o "congelamento" das restrições e pode também servir de base para a continuação do processo de liberalização, se a transparência que elas proporcionam for capaz de dar origem a uma dinâmica de negociações centrada na redução de reservas e exceções.

As restrições impostas pelo NAFTA ao uso, pelos países signatários, de requisitos de desempenho como critério para autorizar o estabelecimento de empresas estrangeiras são consideradas mais amplas e mais detalhadas do que as geradas pelo Acordo sobre as TRIMs da OMC, especialmente no que se refere a requisitos mandatórios (ou seja, não vinculados à concessão de um benefício ao investidor). Os requisitos de desempenho ditos mandatórios são proibidos pelo NAFTA para uma lista de medidas nitidamente mais ampla do que as medidas proibidas no Acordo de TRIMs[9]. Por outro lado, o Acordo permite a oferta de um incentivo por uma parte em troca do cumprimento pelo investidor de determinado requisito relativo a localização da produção, a provisão de um serviço, a execução de atividades de P&D, a treinamento e emprego de trabalhadores, entre outros[10].

O NAFTA é também considerado um instrumento que desenvolveu padrões elevados de proteção aos investimentos e aos investidores externos, lidando com a questão da expropriação e das transferências de fundos relacionados com os investimentos, bem como com o tema de solução de controvérsias.

No que diz respeito à expropriação, o NAFTA somente a admite por razões de "utilidade pública", devendo ser compensada por meio do pagamento de uma indenização "rápida, adequada e efetiva". A liberdade de efetuar pagamentos e transferências transfronteiras, vinculadas aos investimentos, é afirmada no texto do NAFTA (Artigo 1.109), estabelecendo-se que as transferências poderão

9. "Specifically, Article 1106(1) proscribes the imposition or enforcement of mandatory requirements and the enforcement of any undertakings or commitments: (1) to export a given level or percentage of goods or services; (2) to achieve a given level or percentage of domestic content; (3) to purchase, use or accord a preference to goods produced or services provided in the territory of a Party or to purchase goods or services from persons in its territory; (4) to relate the volume or value of imports to the volume or value of exports or to the amount of foreign exchange inflows associated with investment; (5) to restrict sales of goods or services produced or provided by an investment in a Party's territory by relating such sales to the volume or value of exports or foreign exchange earnings of the investment; (6) to transfer technology, a production process or other proprietary knowledge; and (7) to act as the exclusive supplier of the goods produced or services provided by an investment to a specific region or world market. [NAFTA Article 1107 prohibits a Party from requiring that an enterprise of that Party that is an investment of an investor of another Party appoint individuals of any particular nationality to senior management positions. A Party may require, however, that a majority of the board of directors, or any committee thereof, of an enterprise of that Party that is an investment of an investor of another Party be of a particular nationality or resident in the territory of that Party, provided that the requirement does not materially impair the ability of the investor to exercise control over its investment. Parties have been allowed to make country-specific reservations in accordance with Article 1108 in respect of this prohibition." (WTO, 2002).

10. "Parties have also been allowed to lodge country-specific reservations under Article 1108 in relation to the obligations of Article 1106. Additionally, Article 1108(8) provides that certain prohibitions in Article 1106 do not apply to qualification requirements for goods or services with respect to export promotion and foreign aid programmes, government procurement, and requirements imposed by an importing Party relating to the content of goods necessary to qualify for preferential tariffs or preferential quotas" (WTO, 2002).

ser efetuadas em uma "divisa de livre utilização". As restrições a pagamentos e transferências vinculam-se à aplicação, por uma das partes, de suas leis referentes à falência e à proteção dos direitos dos credores, às infrações criminais e penais, etc. Além disso, o NAFTA admite a adoção de medidas de restrição às transferências se uma das partes enfrenta uma crise de balanço de pagamentos, o que está de acordo com o Artigo XV do GATT e com os Estatutos do FMI.

Os mecanismos de solução de controvérsias do NAFTA foram concebidos para tratar dos contenciosos entre os Estados-membros e entre um investidor e um Estado-membro. Nesse último caso, quando "um investidor entende que um Estado faltou às obrigações previstas nas disposições do Acordo relativo ao investimento" (...), ele pode pedir a instauração de um procedimento de consulta e negociação amigável direta entre as partes envolvidas. Se estas não permitem chegar a uma solução, o investidor pode submeter a questão à arbitragem de instituições internacionais, como o Centro Internacional para a Resolução de Controvérsias Relativas aos Investimentos, do Banco Mundial, ou a Comissão das Nações Unidas para o Direito Comercial Internacional". A instância arbitral pode ordenar medidas provisórias para proteger os direitos do investidor e compensações monetárias e/ou restituição de bens. No entanto, não se admite que o tribunal arbitral ordene a um governo de Estado-membro a anulação ou revogação de medida que se entenda constituir violação às obrigações previstas no NAFTA (Graham, 1996).

O NAFTA contempla, ainda, outro tema relacionado com investimentos (e com serviços) e cujo tratamento, no âmbito multilateral, enfrenta dificuldades: trata-se da movimentação transfronteiriça de "pessoal-chave" empregado por empresas dos Estados-membros que tenham atividade em outra(s) parte(s) contratante(s). O Capítulo 16 do NAFTA trata das condições de admissão temporária de quatro categorias de homens (e mulheres) de negócios: em visita, investidores e negociantes, profissionais e pessoas que são deslocadas geograficamente, mas dentro da mesma empresa.

Se é verdade que o NAFTA é, no que se refere a investimentos, um acordo abrangente e GATT-plus sobre a proteção e a liberalização dos fluxos de IDI, em âmbito regional, seus limites são definidos, tanto pelas reservas setoriais apresentadas pelos governos nacionais e subnacionais quanto por algumas fragilidades, no que diz respeito às disciplinas acordadas.

Assim, por exemplo, ao excluir da abrangência do mecanismo de soluções de controvérsias as questões relativas às práticas anticoncorrenciais (Artigo 1.501), ela preserva plenamente a capacidade de uso, pelos governos nacionais, de mecanismos de proteção contingente e, em especial, das medidas anti-dumping.

Por outro lado, excluíram-se do tratamento nacional os programas de apoio governamental e de formação de consórcios subvencionados nas indústrias de alta tecnologia, praticados pelos EUA, ao mesmo tempo em que o Acordo não estabelece regras claras no que se refere ao uso de subsídios.

Finalmente, as regras de origem setoriais, aplicáveis a automóveis, têxteis e confecções e eletrônica de consumo, visam explicitamente a beneficiar – pela via da proteção – os produtores locais e tendem a produzir efeitos distorcivos sobre os fluxos de comércio e de investimento.

Apesar desses limites, o NAFTA consolidou uma posição paradigmática no que se refere a acordos internacionais de investimento, influenciando diretamente o desenho de diversos acordos bilaterais firmados no continente americano na corrente década e estabelecendo os "padrões básicos" para o tratamento do tema no âmbito da OCDE. Os acordos de livre-comércio firmados entre Chile e Canadá e entre Chile e México, ambos na segunda metade dos anos 1990, contêm provisões de investimentos praticamente idênticas às que constam do Capítulo 11 do NAFTA. Esse também é o caso dos acordos bilaterais de livre-comércio firmados pelo México com a Bolívia, a Costa Rica e a Nicarágua.

b) O Multilateral Agreement on Investment da OCDE

Nos países da OCDE, onde era, desde a década de 1980, indiscutível a tendência à liberalização dos regimes nacionais de investimento, persistia uma série de restrições e reservas ao tratamento nacional ao IDE, que eram objeto de intensas negociações no âmbito da Organização.

Segundo Graham (1996), os principais mecanismos de política vigentes nos países da OCDE à época em que se negociava o MAI e que feriam o princípio de tratamento nacional ao investimento externo seriam as seguintes:

- A "seleção" de investimentos estrangeiros, em função de considerações econômicas e de interesse público: essa prática ainda é autorizada por textos legais em países como a França, Canadá, México e Bélgica, mas seus efeitos concretos sobre os direitos de estabelecimento e operação das ETNs são cada vez menos importantes.
- Exceções justificadas por razões de segurança nacional. Sempre houve consenso, na OCDE, sobre a legitimidade desse tipo de exceções, mas também havia divergências quanto à abrangência de tais exceções. Assim, por exemplo,

há forte oposição, na OCDE, a medidas como a emenda Exon-Florio, que autoriza o presidente dos EUA a impedir a aquisição de uma empresa local por investidores estrangeiros, "se ele considerar que esta aquisição ameaça atentar contra a segurança nacional e que essa ameaça não pode ser afastada por nenhum outro instrumento jurídico" (Graham, 1996).

- Exceção ao tratamento nacional para as indústrias culturais. Justificada pelas preocupações com a "identidade cultural" dos países e regiões, essa exceção era (e é ainda hoje) aplicada por alguns países, que reservam tempo de difusão, por exemplo, para as produções nacionais.
- Acesso aos programas públicos de desenvolvimento tecnológico. Vários países da OCDE, inclusive os EUA, têm importantes programas de desenvolvimento tecnológico organizados e/ou financiados pelos seus governos. Em alguns desses países, a participação nos programas é restrita a empresas nacionais ou condicionada, para as empresas estrangeiras, a critérios de reciprocidade bilateral em programas semelhantes. Dado o papel crescentemente relevante dos consórcios de desenvolvimento tecnológico para as estratégias das empresas líderes dos setores de alta tecnologia nos diferentes países, as dificuldades para encontrar soluções para esse tipo de situação tendem a fomentar, entre os países da OCDE, o "tecnonacionalismo" (Ostry e Nelson, 1995) e os conflitos a ele associados.
- Monopólios reconhecidos pelo Estado e outras reservas setoriais específicas. Esses monopólios e reservas setoriais incluem, em diversos países da OCDE, alguns dos setores mais dinâmicos da economia. A recusa do direito de estabelecimento e do tratamento nacional a investidores estrangeiros nesses setores constitui, seguramente, um dos maiores obstáculos a uma ampla liberalização dos fluxos de IDI entre os países da OCDE.

Além dessas reservas e exceções ao princípio de tratamento nacional, os investimentos na "zona OCDE" são afetados por políticas públicas relacionadas com requisitos de desempenho (demandados aos investimentos estrangeiros pelos governos dos países receptores) e com incitações governamentais ao investimento. Enquanto os requisitos de desempenho foram explicitamente tratados – e apenas alguns deles foram proibidos – no âmbito das negociações do Acordo de TRIMs da OMC e do NAFTA, as dificuldades para tratar as incitações aos investimentos, praticadas por governos nacionais e subnacionais, parecem muito maiores, inclusive no âmbito da OCDE.

Portanto, o quadro em que os países da OCDE começam a negociar, em 1995, um abrangente e ambicioso acordo de investimento – o MAI – é marcado por uma nítida tendência de "liberalização condicionada" dos regimes nacionais de investimento nos países-membros, em que persistem vigentes políticas que limitam o tratamento nacional aos investimentos estrangeiros. Mas também é marcado pela conclusão das negociações do NAFTA – cujo capítulo de investimentos é erigido em paradigma de um acordo de liberalização dos fluxos de investimentos entre os países-membros – e pela multiplicação de APPIs bilaterais, envolvendo sistematicamente de um lado um país desenvolvido e de outro um país em desenvolvimento ou uma ex-economia socialista.

O MAI foi negociado na OCDE, por grupo negociador específico, a partir de 1995, e o mandato negociador definido pelos ministros dos Estados-membros da OCDE previa para abril de 1998 a conclusão das negociações. Sobretudo a partir de 1997, as negociações evoluíram diferentemente do previsto: a definição das listas nacionais de exceções e do próprio conceito de reserva gerou um sério impasse na negociação. Além disso, as pressões de organizações não-governamentais e de sindicatos de trabalhadores contra a assinatura do MAI contribuíram para dificultar a conclusão das negociações.

Uma vez aprovado pelo Conselho Ministerial da OCDE, o MAI deveria ser aberto à assinatura, inclusive de países não-membros. Dada a composição da OCDE e do conjunto de países não-membros que acompanhavam, como observadores, as negociações do Acordo[11], o que levava a crer que o MAI seria assinado pela grande maioria de países que respondem pelos fluxos internacionais de investimento, seja na qualidade de pólos de origem, seja como pólos de recepção desses fluxos.

Nesse sentido, considerava-se que o MAI poderia representar um passo importante no caminho da "multilateralização" da rede de acordos bilaterais e regionais existentes, influenciando direta e intensamente as discussões sobre o tema que se desenvolvem nos foros multilaterais, especialmente na OMC, que se verá confrontada com o desafio de elevar os padrões e disciplinas que emanam dos acordos sobre as TRIMs

Os objetivos gerais da negociação em curso na OCDE envolviam: (i) o estabelecimento de padrões elevados de tratamento e a proteção dos investimentos;

11. Argentina, Brasil, Chile, Hong Kong e República Eslovaca foram os cinco países não-membros admitidos como observadores no Grupo Negociador, em setembro de 1997.

(ii) o aprofundamento dos compromissos de liberalização existentes, aplicáveis às fases de pré e pós-estabelecimento do investidor, com amplas obrigações sobre tratamento nacional, *stand-still* das reservas, desmantelamento gradual das exceções, não discriminação/NMF e transparência; e (iii) o estabelecimento de disciplinas em áreas não cobertas de forma satisfatória pelos instrumentos da OCDE vigentes até então.

Ademais, o MAI seria "juridicamente vinculante", ao contrário de vários outros instrumentos da OCDE, e teria disposição para garantir seu cumprimento, levando também em conta as medidas adotadas no âmbito de acordos de integração regional e as obrigações multilaterais firmadas pelos signatários na OMC, tanto no acordo sobre TRIMs quanto no GATS e no acordo sobre Direitos de Propriedade Intelectual (OEA, 1997).

O escopo do MAI era extremamente abrangente: deveria cobrir todas as formas de investimento (diretos, de *portfolio*, financeiros e em propriedade intangível), em todos os seus estágios, e todos os setores de atividade econômica.

Em princípio, todos os setores estariam no escopo de abrangência do Acordo e somente a introdução de uma reserva específica autoriza uma das partes contratantes a suspender a aplicação do Acordo a um setor particular. As reservas deveriam ser todas listadas no Acordo, constituindo uma lista negativa ou de exceções, que não poderia ser ampliada. Além disso, o grau de restrição aos investidores e aos investimentos estrangeiros definido por cada reserva também não poderia ser ampliado, constituindo o limite mínimo de liberalização (*standstill*). Durante as negociações, discutiu-se a inclusão de uma segunda lista de reservas, a chamada "lista B" , em que nem sequer existiria o compromisso de *standstill*, podendo, nos setores e áreas de políticas incluídos nesta lista, ser ampliadas as restrições aos investimentos estrangeiros. A tese de estabelecimento de uma "lista B" de exceções foi defendida pelos países do NAFTA e era rejeitada pela maioria dos países negociadores do MAI.

O MAI devia cobrir todos os tipos de medidas que uma parte contratante possa adotar para restringir a liberdade de investimento, ou seja, todos os diferentes instrumentos normativos (leis, regulações, decisões judiciais, etc.) a que um Estado-membro possa eventualmente recorrer.

Os limites explícitos do Acordo referiam-se: (i) à inclusão de exceções gerais a seus dispositivos, relacionadas com razões de segurança nacional e de ordem pública; (ii) à definição de uma cláusula de salvaguarda temporária, que permitiria às partes contratantes suspender a aplicação de certas disciplinas do Acordo, em função da ocorrência de sérias dificuldades de balanço de pagamentos ou de financiamento externo enfrentadas por um dos signatários. O recurso a essa cláusula estaria, no entanto, sujeito à supervisão do FMI e do Grupo de Partes Contratantes, encarregado da implementação do Acordo; (iii) à exclusão das questões impositivas de seu âmbito, em benefício da manutenção dos acordos bilaterais para evitar bitributação. A OCDE trata do assunto com base na sua *model tax convention on income and capital*, que serviu de modelo para mais de 1.400 acordos de bitributação em todo o mundo; e (iv) a uma relativa flexibilização das regras e disciplinas aplicáveis, quando se trata de serviços financeiros, setor que recebeu tratamento diferenciado em capítulo específico do Acordo. Em relação a esses serviços, o Acordo admitia restrições à liberdade de investimento, por razões prudenciais, e qualificava a obrigação de transparência, para que esta não interferisse na confidencialidade requerida por determinadas informações financeiras (OCDE, 1997a).

Durante as negociações, submeteu-se à consideração dos negociadores um texto que, incluído no MAI, estabeleceria condições diferenciadas no tratamento dos países em desenvolvimento que pretendessem aderir ao MAI, de forma a levar plenamente em consideração os "interesses de desenvolvimento" desses países.

Os "tópicos especiais" do Capítulo III, sobre tratamento dos investidores e investimentos, referem-se a obrigações complementares ao princípio básico de não-discriminação, indo além da regra de tratamento nacional e de tratamento de NMF.

No que se refere aos requisitos de desempenho, o MAI proibia o uso de doze modalidades de medidas, proibição essa que se aplica ao tratamento dos investimentos provenientes de outros países signatários do Acordo, mas também – como ocorre no NAFTA – de países não signatários. As medidas proibidas incluíam aquelas já contempladas pelo Acordo sobre TRIMs, mas a elas se adicionam várias outras, cabendo diferenciar entre:

- Os requisitos relacionados com a exportação e a manutenção de determinada relação entre importações e exportações (ou entrada de divisas associada aos investimentos), com o atingimento de certos níveis de conteúdo nacional, a obrigatoriedade de compra de bens e serviços produzidos no território do país receptor e a restrição de vendas domésticas e/ou com o condicionamento dessas ao cumprimento de determinada meta de exportação (ou geração de divisas). Esses requisitos eram proibidos em quaisquer

circunstâncias (estivessem eles relacionados ou não com a obtenção, pelo investidor, de alguma vantagem (incentivo fiscal, crédito, subsídios, etc.).
- Os requisitos relacionados com as obrigações de transferir tecnologia, de atingir determinados níveis de produção, vendas, emprego, P&D no território do país receptor, de empregar determinada proporção de pessoal local, de estabelecer *joint-ventures* e de assegurar um nível mínimo de participação local no capital de investimento não eram proibidos quando vinculados a vantagens, mas não eram admitidos quando apresentados como *straight performance requirements*.

As disposições do MAI em relação à privatização – que não se encontram em outros acordos de investimento – previam o princípio de não-discriminação aplicável a todas as fases da privatização e continham regras de transparência especificamente desenhadas para esse tipo de processo.

As regras relativas a monopólios centravam-se no princípio de não-discriminação, enquanto, no tema das empresas estatais, a preocupação central era evitar que tais entes atuem de forma contrária às disposições do Acordo quando eles desempenham funções regulatórias.

O tema dos incentivos aos investimentos parece ser um daqueles em que se concentraram as maiores dificuldades de negociação, como já previa Graham (1996). Alguns países foram contrários à inclusão, no MAI, de disposições específicas aplicáveis aos incentivos, enquanto os que defendiam a inclusão desse tema dividiam-se quanto ao tratamento que deveria ser-lhe concedido no âmbito do Acordo.

Entre os "tópicos especiais", previa-se a inclusão de um artigo que vedaria (ou, no mínimo, desincentivaria) a redução, pelo país receptor, de normas relacionadas com a saúde, segurança, meio ambiente e trabalho, como maneira de atrair ou reter investimentos externos em seu território.

No que se refere à proteção dos investimentos, o MAI retomava as diretrizes típicas do novo paradigma de acordos na área: restrições à expropriação, direitos precisos e detalhados à compensação, livre transferência de recursos vinculados aos investimentos e mecanismos de solução de controvérsias que prevêem a arbitragem de conflitos entre Estados e entre um investidor e um Estado. Para as controvérsias entre Estados não solucionadas amigavelmente, previu-se o estabelecimento de "painéis arbitrais", cujas decisões serão definitivas e mandatórias.

Embora o MAI previsse um mecanismo de solução de controvérsias entre investidor e Estado, não estava claro, quando as negociações foram interrompidas, se esse mecanismo deveria cobrir todas as disciplinas do Acordo, nem quais as respostas admitidas para países confrontados com o não-cumprimento, por outro signatário, de decisão arbitral adotada no marco do mecanismo de solução de controvérsias do Acordo.

A paralisação, primeiro temporária, em seguida definitiva, das negociações do MAI, em outubro de 1998, está diretamente relacionada com o esgotamento da dinâmica de liberalização que viabilizou, entre outras coisas, a conclusão bem-sucedida da Rodada Uruguai e a implementação das reformas dos regimes nacionais aplicáveis aos investimentos externos, em países desenvolvidos e em desenvolvimento.

Na realidade, o fracasso dessas negociações é citado como um sinal da "mudança de ventos" no cenário internacional. É interessante analisar por que as negociações do MAI se prestaram tão adequadamente a desempenhar de forma pioneira o papel de bode expiatório da globalização. Para Glimet (2001), a opção por um *state of the art agreement*, um acordo que reuniria e aperfeiçoaria o que de mais "avançado" havia nos acordos regionais e APPIs bilaterais, tornou o MAI um projeto dificilmente "reformável" e transformou-o como um todo em objeto de críticas e de rejeição em vários países da OCDE.

Entre as características que se tornaram crescentemente polêmicas nas negociações do MAI, incluem-se as seguintes:

- Uma definição muito ampla (asset-based) de investimentos.
- Uma metodologia top-down (listas negativas) de assunção de compromissos, fortalecida por uma cláusula ratchet que consolidava automaticamente qualquer nova medida de liberalização adotada unilateralmente no futuro pelos países-membros. Essa metodologia acabou incentivando a elaboração, pelos países-membros, de longas listas de reservas.
- Disposições amplas em matéria de proteção de investimentos, tiradas de tratados bilaterais. Como observa Solé (2001), "o conteúdo dos APPIs vai muito além da mera promoção e proteção dos investimentos. Eles criam obrigações muito amplas (de fato, quase ilimitadas) em relação ao 'tratamento do investimento': tratamento nacional e de NMF". Essas obrigações tornam-se ainda mais abrangentes se também se estendem ao estágio de pré-estabelecimento.
- O duplo mecanismo de solução de controvérsias e, em especial, o mecanismo investidor – Estado.

Segundo Glimet (2001), esta combinação deu origem a um questionamento das bases sobre as quais se organizou a negociação do MAI, "em nome das ameaças à soberania dos Estados", que se concretizaria, na visão dos críticos do Acordo, no mecanismo de solução de controvérsias investidor–Estado e no fato de que o projeto de Acordo ia além do conceito de não-discriminação implícito nas cláusulas de TN e de NMF, na medida em que os Estados também se comprometiam "a tratar os investidores de maneira 'justa' e a não tomar nenhuma medida suscetível de constituir uma medida equivalente a uma expropriação", inclusive medidas regulatórias que pudessem ser assimiladas pelos investidores à expropriação.

Em um quadro em que organizações governamentais contestavam o conteúdo do Acordo e os próprios países da OCDE se davam conta da distância que separava as pretensões do MAI da realidade de suas políticas nacionais – distância diretamente proporcional ao tamanho das listas de reservas apresentadas ao MAI pelos países que o negociavam – reduziam-se as probabilidades de que os parlamentos desses países viessem a aprovar um acordo percebido como a codificação de uma nova relação de poder entre empresas transnacionais e Estados nacionais, que supostamente beneficiaria aquelas[12].

Buscando tirar as conclusões do fracasso do MAI, Glimet sugere que um acordo "realista" de investimentos, no plano multilateral ou plurilateral, deveria:

- Limitar-se a tratar de IDE, excluindo outros movimentos de capitais.
- limitar-se ao conceito de não-discriminação, evitando conceitos amplos e ambíguos, como "medida equivalente à expropriação".
- Limitar-se à solução de controvérsias entre Estados.
- Cuidar das relações entre os acordos existentes da OMC (GATS, TRIMs, TRIPs) e um acordo de investimentos.

OS ACORDOS DE INVESTIMENTO: A HERANÇA DOS ANOS 1990 E AS IMPLICAÇÕES PARA O BRASIL

O tratamento do tema de investimentos na OMC caracterizou-se, até o momento, pela adoção de acordos de escopo limitado, como TRIMs, ou de escopo amplo, mas implicando, para os signatários, poucas obrigações e compromissos

12. Solé (2001) faz uma observação interessante acerca da importação, para o MAI, de disposições típicas dos APPIs bilaterais, envolvendo sistematicamente países desenvolvidos, de um lado, e em desenvolvimento, de outro. Segundo a autora, esses acordos eram feitos para ser cumpridos pelos países em desenvolvimento e, portanto, "o problema de cumprimento (de suas disposições) pelos países desenvolvidos nunca se colocou". Nesse sentido, as negociações do MAI teriam explicitado que "os países desenvolvidos (especialmente os europeus) sistematicamente violavam os acordos bilaterais que haviam firmado" com países em desenvolvimento.

de ordem geral. Ao contrário, os acordos especificamente dirigidos ao tema de investimentos, firmados em âmbito regional e bilateral, caracterizam-se por uma ambição muito maior, traduzida em provisões e disciplinas aplicáveis à proteção dos investimentos externos e à liberalização dos fluxos de investimentos internacionais entre os signatários. Dessa evolução resulta uma forte disparidade entre, de um lado, obrigações e compromissos que emanam das instâncias multilaterais e de seus acordos e, de outro, as disciplinas derivadas dos acordos não-multilaterais.

No que se refere a estes últimos, a evolução do desenho dos acordos internacionais de investimentos, desde a assinatura dos primeiros APPIs bilaterais, no início dos anos 1960, até as negociações do NAFTA e do MAI, na década de 1990, define uma clara trajetória de ampliação do escopo e da abrangência desses acordos. Essa tendência se materializou, antes de mais nada, na redefinição, nos acordos típicos dos anos 1990, do padrão de relacionamento da legislação doméstica dos países signatários com o texto dos acordos.

Nos primeiros APPIs bilaterais, a admissão e operação dos investimentos (e investidores) estrangeiros subordinavam-se às leis e regulações domésticas dos países receptores – e a suas eventuais mudanças – e tais acordos eram essencialmente voltados para a proteção de investimentos já estabelecidos.

O NAFTA, o MAI e muitos APPIs bilaterais ditos "de nova geração" – especialmente aqueles firmados no continente americano, mas não apenas esses – regulam as condições de admissão e estabelecimento dos investimentos estrangeiros, aplicando-se a investimentos já feitos e por fazer. O princípio de tratamento nacional e a cláusula de NMF tornam-se elementos-chave na definição das condições de acesso aos mercados garantidas aos investidores estrangeiros e, embora as restrições derivadas das leis e regulações nacionais possam se traduzir em reservas e exceções horizontais e setoriais, tais acordos têm a vocação de, no mínimo, "congelar" o alcance das restrições e, indo além, de reduzi-las ao longo do tempo.

Ou seja, tais acordos não apenas protegem direitos dos investidores estrangeiros já estabelecidos, como também regulam o direito de acesso para novos investidores externos – segundo os princípios de tratamento nacional e de NMF – e visam a uma liberalização crescente das condições de acesso a mercados aplicadas a investimentos externos. Nesses acordos, a legislação doméstica restritiva aos investimentos estrangeiros deixa de ser uma restrição absoluta, transformando-se em "alvo" dos mecanismos de liberalização nele embutidos. Além disso, a legislação doméstica é, nesses acordos, objeto de uma obrigação de transparência, materializada em certos compromissos de ordem institucional.

Nesse processo de ampliação do escopo e da abrangência dos acordos de investimentos também se redefiniu o conceito de investimentos cobertos: de maneira geral, o conceito de investimento aí adotado é amplo, cobrindo uma grande gama de ativos (definição asset-based) e indo além do conceito de IDE ou até mesmo de investimento de longo prazo.

Também a idéia de proteção ao investimento é consideravelmente ampliada nesses acordos: como já se observou, os APPIs de nova geração podem ir mais além dos princípios de TN e de tratamento de NMF, que são padrões comparativos ou relativos (pois se referem a tratamento de investidores estrangeiros em comparação com o tratamento de investidores domésticos e/ou de outras partes), buscando definir padrões "absolutos" de tratamento: "em relação a expropriações, por exemplo, o tratamento nacional não é suficiente; os investidores estrangeiros querem garantias absolutas, não simplesmente ser tratados como nacionais" (Torrent, 2001).

Nesse sentido, os acordos de investimento de nova geração introduziram uma importante – e crescentemente controversa – inovação institucional na história dos instrumentos regulatórios internacionais: trata-se do estabelecimento do mecanismo de solução de controvérsias entre uma parte privada (o investidor) e um Estado nacional. Ausente da tradição multilateral e do mecanismo de solução de disputas da OMC, esse sistema faz parte do NAFTA e de outros APPIs bilaterais nas Américas, além de ter sido incluído no texto do MAI.

Os impactos da inclusão desse mecanismo no texto dos acordos são potencializados pelo fortalecimento, neles, dos dispositivos relacionados com a expropriação – cujo alcance foi estendido, em alguns acordos, graças ao conceito de "medidas equivalentes (ou semelhantes) à expropriação"[13] – e pela própria extensão da maioria das suas disciplinas à fase de "pré-estabelecimento" dos investimentos[14].

13. Todos os APPIs firmados pelo Brasil incluem esse conceito, também presente no NAFTA e em diversos outros acordos de nova geração. Alguns acordos bilaterais firmados pelos EUA dão exemplos de casos que caracterizam "expropriação indireta".

14. O conceito de pré-estabelecimento é ambíguo, podendo ser interpretado tanto como uma decorrência lógica do fato de que os acordos de nova geração definem condições de acesso aos mercados e beneficiam investidores reais e potenciais quanto como uma assunção, pelos países signatários, de compromissos com investidores que tencionem estabelecer-se no país, antes mesmo que estes o façam.

Em relação a requisitos de desempenho e TRIMs, a evolução recente dos acordos de investimentos nas Américas e a própria negociação do MAI confirmam a tendência a uma ampliação das restrições ao uso desses instrumentos, embora, em determinados acordos, a vinculação de tais requisitos à concessão de benefícios pelo Estado receptor torne-o admissível.

No entanto, até mesmo os acordos de nova geração avançaram pouco na regulação de incentivos para atrair investimentos, em grande parte devido à resistência de países desenvolvidos. Não por acaso, as negociações do MAI foram marcadas por intensas controvérsias intra-OCDE relacionadas com o tratamento dessa questão no texto do Acordo. Na realidade, até hoje, apenas um projeto de integração regional profunda, a União Européia, foi capaz de definir e implementar regras e disciplinas especificamente aplicáveis à competição internacional para atrair investimentos.

Um traço comum a acordos de nova geração é o tratamento diferenciado por eles conferido ao setor de serviços financeiros – por razões prudenciais – e a inclusão de cláusula de salvaguarda geral para lidar com desequilíbrios graves e repentinos de balanço de pagamentos. Essas limitações (auto) impostas apenas apontam para um aspecto muito relevante dos acordos de investimentos de nova geração: eles não introduzem necessariamente, do ponto de vista do acesso a mercados, um *big bang* liberalizante, nem, do ponto de vista das regras, um vetor de harmonização rígido das legislações nacionais. Os países signatários impõem, por meio de reservas e exceções, seus limites nacionais à validade das regras e disciplinas negociadas e às condições horizontais e setoriais de acesso a mercados e a própria metodologia de ampliação da liberalização é matizada por regras de transição, exceções específicas, etc.

À guisa de síntese, o Quadro 1 apresenta os principais elementos que compõem um acordo de investimentos de nova geração. Na primeira coluna, encontram-se as áreas temáticas que compõem praticamente todos os acordos desse tipo; na segunda coluna, descrevem-se as issues ou os objetivos a que se refere cada área temática, e, na terceira coluna, apresentam-se as questões que podem ser tratadas em cada área mas não necessariamente o são nos acordos existentes.

A partir de um conjunto de publicações da UNCTAD – *Series on International Investment Agreements* – e de um documento do presidente do Grupo de Negociação sobre Investimentos da Alca (FTAA.ngin/inf/06), elaborou-se o Quadro 2 seguinte, em que se apresentam as alternativas de tratamento de cinco temas centrais nos acordos de investimentos existentes: escopo e definição, admissão e estabelecimento, tratamento nacional, tratamento de NMF e reservas e exceções.

Quadro 1
Temas centrais dos acordos de investimentos e seus componentes principais

Definição	Ativos cobertos pelo acordo	Empresas (controle) Asset-based (inclui todos ou alguns dos seguintes tipos de inversões: portfólio, DPI, financiamentos de longo prazo, etc.)
Cobertura	Práticas e entidades cobertas	Medidas nacionais Medidas subnacionais Empresas estatais
Acesso a mercados e liberalização de investimentos	Promoção e garantia de tratamento não discriminatório para investidores reais e potenciais	Transparência Direitos de admissão e preestabelecimento: direito de entrada e de presença para investimentos a fazer Direito de estabelecimento e operação em condições de TN e NMF: define o tipo de presença permitido aos investimentos externos Reservas e exceções horizontais e setoriais Tratamento de TRIMs e outros requisitos de desempenho Movimentação de pessoal-chave Monopólios, concessões e privatizações Incentivos ao investimento
Proteção de investimentos	Certeza legal e proteção de medidas arbitrárias	Pagamentos e transferências Expropriação direta e indireta
Solução de controvérsias	Enforcement das regras e dos compromissos	Mecanismo Estado–Estado Mecanismo investidor–Estado

Quadro 2
Temas centrais dos acordos de investimentos: modelos de tratamento, interações e opções para os PVDs, segundo a UNCTAD

	Modelos de tratamento	Principais interações com outros temas	Opções de tratamento para PVDs
Escopo e definição	Definição de investimentos: a) *broad asset based.* b) *asset-based condicionada por:* 1) leis nacionais do país receptor 2) período de tempo, porte ou setor onde é feito o investimento. 3) Natureza do investimento (IDE). c) *enterprise-based: próxima de 3) acima.* d) *transactions-based.* Definição de investidor – pessoa jurídica. Critérios para determinar nacionalidade: a) país de constituição; b) país-sede da empresa; e/ou c) país de controle ou propriedade.	Admissão e estabelecimento, TN, NMF, tratamento justo e eqüitativo, expropriação, transferência de fundos, controvérsias i nvestidor –Estado e incentivos.	a) Adoção de definição ampla de investimentos. b) Adoção de definição mais limitada de investimento: exclusão de certos ativos, de certas etapas do investimento (pré-estabelecimento, p.ex.). c) Adoção de definição ampla, condicionada ao direito de screen, ou impor condições em relação a investimentos específicos. d) Adoção de definição ampla, mas limitando as provisões substantivas relacionadas com expropriação, transferência de fundos, solução de controvérsias, etc. e) Adoção de um *approach* híbrido, combinando elementos das opções anteriores.
Admissão e estabelecimento	a) Modelo de controle dos investimentos: primazia das leis nacionais (protocolo de Buenos Aires do Mercosul). b) Modelo de liberalização seletiva (GATS, por exemplo). c) Modelo de TN mútuo (acordo de constituição da UE). d) Modelo de TN/TNMF combinados (NAFTA, Protocolo de Colônia do Mercosul e modelo de APPIs dos EUA).	Escopo e definição, TN e TNMF, transparência, controvérsias investidor–Estado, incentivos.	a) Discricionalidade do Estado e controle dos investimentos. b) Liberalização seletiva. c) TN mútuo. d) TN e TNMF com lista negativa de exceções. Modelo híbrido, combinando elementos das opções acima.

Tratamento nacional	a) Não menção ao TN. b) Cláusula geral de TN. c) Regime específico de não-discriminação (UE). Aplicação do TN: – Estágios do processo de investimento (pós x pré e pós-estabelecimento). – Extensão (ou não) a esferas subnacionais de governo. – Situações "idênticas" ou atividades especificadas (fórmula restritiva) x *like circunstances* (fórmula menos restritiva, sujeita ou não a reservas e exceções). – Padrões de comparação com nacionais: estrita igualdade (*same or as favorable as treatment*) x possibilidade de tratamento mais favorável aos IDE (no *less favourable treatment*)	Escopo e definição, admissão e estabelecimento, incentivos, TNMF, tratamento justo e eqüitativo, medidas operacionais no país receptor (TRIMs, inclusive), competição, expropriação, incentivos, solução de controvérsias (investidor–Estado e Estado–Estado).	a) Nenhuma provisão de TN. b) TN aplicável ao pós-estabelecimento, com restrições setoriais e a certas provisões (circunstâncias similares, aplicação a governos subnacionais, etc.). c) TN aplicável, sem restrições, ao pós-estabelecimento. d) TN aplicável também ao pré-estabelecimento, com restrições. e) TN aplicável também ao pós-estabelecimento, sem restrições. f) Combinações de elementos dos *approaches* acima.
Reservas de NMF	a) Modelo de pós-estabelecimento. b) Modelo de pré e pós-estabelecimento.	Admissão e estabelecimento, TN, tratamento justo e equitativo, medidas operacionais do país receptor (TRIMs, inclusive), competição, expropriação, incentivos.	Ver opções de TN. Restrições de TNMF para preservar preferências negociadas em acordos de integração econômica são usuais.
Reservas e exceções	Reservas e exceções permanentes x temporárias (sujeitas ou não a eliminação/phase out). Listas negativas de reservas e exceções (NAFTA) x listas positivas de oferta de liberalização (GATS). Principais exceções e reservas a TN: exceções gerais (saúde e ordem pública, segurança nacional), exceções temáticas (taxação, IPR, prudenciais, culturais, incentivos e subsídios, compras governamentais, etc.), setoriais.	Escopo e definição, TN e TNMF, transparência, solução de controvérsias investidor–Estado, incentivos, medidas operacionais do país receptor (TRIMs, inclusive), expropriação, transferências.	Reservas e exceções gerais fazem parte de todos os acordos. As opções principais a considerar incluem: – adoção de listas negativas de oferta x listas positivas de liberalização. – inclusão de regra de *stand still* e, mais além, de eliminação de restrições existentes x não inclusão dessas regras.

	Principais exceções e reservas a TNMF: gerais, temáticas, setoriais e derivadas de acordos bilaterais e regionais. As reservas e exceções podem se dirigir a certas obrigações dos acordos, limitando o alcance destas, mas alguns acordos proíbem exceções em relação a certas provisões básicas: mínimo padrão de tratamento, transferências, expropriação, etc. (NAFTA).		– Definição ou não de limites para exceções e reservas a provisões substantivas dos acordos.

Fonte: UNCTAD. Elaboração própria.

Como se viu, um traço central da arquitetura atual dos acordos internacionais de investimento refere-se ao fato de que os acordos bilaterais e regionais foram além, em termos de disciplinas e de acesso aos mercados, da normativa multilateral. No momento em que se negocia, na OMC, a entrada formal do tema de investimentos na agenda multilateral de comércio e em que o Brasil se encontra envolvido em negociações sobre esse tema com seus principais parceiros comerciais do Norte – os EUA e a União Européia –, é oportuno destacar esse dualismo, que tende a se fortalecer, em torno precisamente do desenvolvimento previsível em âmbito multilateral e daquele que se desenha nas negociações preferenciais envolvendo especialmente os EUA.

Na OMC, documento recente da União Européia, apresentado no Grupo de Trabalho sobre Comércio e Investimentos, propõe a adoção do modelo GATS – listas positivas, obrigações de pré-estabelecimento (acesso a mercados) definidas apenas para os setores e subsetores escolhidos pelos países ofertantes, esquema de liberalização progressiva, etc. – com o argumento de que tal estrutura é mais flexível para acomodar interesses de um grande número de países, além de já se aplicar aos investimentos em serviços (modo 3 do GATS). Aliás, o mandato de Doha já estabelecia o princípio das listas positivas para as eventuais futuras negociações de investimentos e se refere somente a investimentos diretos. A proposta da União Européia tem boas probabilidades de contar com o apoio de vários países em desenvolvimento, contribuindo para que se forme uma forte coalizão no sentido de fazer do GATS o paradigma de um acordo multilateral de investimentos menos ambicioso, no que se refere à proteção de investimentos, do que o modelo do NAFTA e de muitos APPIs.

Na Alca, a ambição dos EUA era claramente reproduzir o modelo NAFTA e dos APPIs mais protetores dos interesses dos investidores. Essa hipótese se tornou inviável após a Reunião Ministerial de Miami (outubro de 2003), que reestruturou o processo de negociação hemisférica, "fatiando-o" em duas partes: uma primeira envolverá um acordo básico em que direitos e obrigações serão partilhados por todos os países e uma segunda será composta de acordos plurilaterais negociados, em diferentes áreas de negociação, pelos países que assim o desejarem. Nesse novo quadro, a ambição dos EUA na área de investimentos se translada para acordos bilaterais e para um acordo plurilateral "de segundo piso" no âmbito da Alca.

Do ponto de vista do Brasil – que tem um nível baixo de compromissos na área de investimentos e não é signatário de nenhum acordo bilateral de proteção dos investimentos – as preocupações maiores com o estabelecimento de um acordo hemisférico de investimentos que siga o modelo NAFTA e dos APPIs bilaterais firmados pelos EUA relacionam-se com a própria ambição de um acordo hemisférico acorde com esse paradigma, que prevê dispositivos de proteção ao investimento que hoje tendem a ser percebidos crescentemente, inclusive no Brasil, como geradores de assimetrias e de restrições indesejáveis.

Nesse sentido, temas que concretizam essa ambição, como o tratamento a ser concedido ao pré-estabelecimento, a definição de conceitos ambíguos como "circunstâncias similares", "tratamento justo e eqüitativo" e "medidas de efeito similar à expropriação" – cuja capacidade de gerar problemas está diretamente relacionada com a abrangência do escopo do acordo (e portanto às definições básicas por ele adotadas) – e a instituição (ou não) do mecanismo de solução de controvérsias investidor–Estado adquirem prioridade para o Brasil.

No que se refere especificamente a bens, uma preocupação relevante envolve a eventual expansão, no Acordo da Alca, da proibição de requisitos de desempenho hoje definida pelo Acordo de TRIMs da OMC. Na área de serviços, a convivência de compromissos multilaterais baseados no modelo GATS – e no tratamento de pré-estabelecimento previsto por esse Acordo – com um acordo NAFTA-based colocará problemas não triviais, principalmente se, como propõe hoje a União Européia, as futuras negociações multilaterais sobre investimentos tomarem o GATS como modelo. Tanto para bens quanto para serviços, o tratamento do tema da concessão de serviços públicos pelo Acordo também aparece como de extrema relevância para o Brasil.

Para bens e para serviços, mas certamente de forma mais intensa para estes últimos – que passam, no Brasil, por período de intensa mudança regulatória –, o estabelecimento de regras e disciplinas típicas de um acordo abrangente de investimentos, com um conceito amplo de pré-estabelecimento, e a criação de um mecanismo investidor–Estado de solução de controvérsias também tendem a ser percebidos essencialmente como uma fonte de riscos e ameaças não desprezíveis.

Finalmente, é importante lembrar que os impactos potenciais de um acordo de investimentos na Alca também são modulados por fatores setoriais e por regimes setoriais de regulação, como se viu na seção anterior. Esses impactos podem adquirir características muito variadas, envolvendo indiretamente outras áreas de negociação que não o binômio investimentos/serviços e essa ampliação potencial das áreas impactadas somente fortalece a percepção de que as negociações de investimentos merecem da parte do Brasil, especialmente na Alca, atenção especial. Tanto mais que os resultados dessas negociações no âmbito hemisférico podem ter desdobramentos sistêmicos não desprezíveis no âmbito multilateral, na medida em que os EUA e países do hemisfério com eles alinhados pretendam transformar um eventual acordo da Alca nessa área em paradigma para as negociações multilaterais sobre investimentos na OMC.

REFERÊNCIAS BIBLIOGRÁFICAS

Almeida, P. R. (1997) – *Os investimentos na agenda econômica internacional:* os debates nos diferentes fóruns. Em Carta da Sobeet nº 2, ano 01.

Berlinski, J. (2001) – *La liberalización del comercio de servicios en los países del MERCOSUR.* Em Chudnovsky, D. e Fanelli, J. M. (org.), *El desafío de integrarse para crecer: balance y perspectivas del Mercosur en su primera década,* Siglo XXI / Red Mercosur / BID.

Dunning, J. H. (1997) – The advent of alliance capitalism. Em Dunning, J. H. e Hamdami, K. A. (eds.), The new globalism and developing countries, United Nations University Press.

Gestrin, M. e Regman, A. (1996) – Les dispositions relatives à l'investissement de l'ALENA; prototype de règles multilaterales en matière d'investissement. Em OCDE (1996), L'accès au marché aprés le Cycle d'Uruguay.

Glimet, E. (2001) – L'Accord multilatéral sur l'investissement: les leçons d'um échec trois ans après – paper apresentado no seminário The Regulatory Framework of Globalization, Barcelona, 5 e 6 de outubro.

Graham, E. M. (1996) – L'investissement et le nouveau contexte commercial multilateral. Em OCDE (1996), op. cit.

Hoekman, B. e Kostecki, M. (1996) – The political economy of the world trading system: from GATT to WTO. Oxford University Press.

Kahler, M. (1995) – Regional futures and transatlantic economic relations – Council on Foreign Relations Press.

Lawrence, R. Z. (1996) – Vers des marchés globalement contestables. Em OECD (1996), op. cit.

Lawrence, R. Z. (1997) – The world trade and investment system and developing countries. Em Dunning, J. H. e Hamdami, K. A (eds.), op.cit.

Marconini, M. (2000) – O comércio de serviços brasileiro. Relatório do Projeto BRA/94/002, elaborado para o Ministério das Relações Exteriores.

Messerlin, P. (1996) – La nouvelle organisation mondiale du commerce. Ed. Dunod.

Moran, T. (1999) – FDI and economic development. Institute for International Economics.

OEA (1997) – Acuerdos de inversión en el Hemisferio Occidental: un compendio. Abril.

OECD (1997a) – Proceedings on the special session on the MAI, held in Paris on 17 sept. 1997. Working paper nº 96.

OECD (1997b) – Multilateral Agreement on Investment: consolidated text and commentary, 22 April.

Oman, C. (1994) – Globalisation and regionalisation: the challenge for developing countries. Development Centre Studies – OECD.

Ostry, S. e Nelson, R. (1995) – Techno-nationalism and techno-globalism – Conflict and cooperation. The Brookings Institution.

Sarafian, A. E. (1992) – Direct investment issues for the 1990's: an overview. Centre for International Studies, Univ. of Toronto.

Solé, M. (2001) – Investment regulation at the domestic, bilateral, regional and multilateral levels: why so much confusion? Paper apresentado no seminário The Regulatory Framework of Globalization, Barcelona, 5 e 6 de outubro.

Torrent, R. (2001) – Four short notes on the misleading notion of "investment"; the misleading notion of "trade in services"; the myth of "mutual recognition" of standars; the "true" regions and preferential trade agreements. Paper apresentado no seminário The Regulatory Framework of Globalization, Barcelona, 5 e 6 de outubro.

UNCTAD (1997) – World Investment Report – Transnational Corporations, Market Structure and Competition Policy – U. Nations.

UNCTAD (1999) – Scope and definition, UNCTAD series on Issues in International Investment Agreements.

– Admission and establishment, UNCTAD series on Issues in International Investment Agreements.

– National treatment, UNCTAD series on Issues in International Investment Agreements.

– Most favoured nation treatment, UNCTAD series on Issues in International Investment Agreements.

Vocke, M. (1997) – Investment implications of selected WTO agreements and the proposed Multilateral Agreement on Investment – IMF Working Paper, WP/97/60, International Monetary Fund, may.

Vilmar, M. L. (2002) – A Regulação Internacional sobre as Práticas Trabalhistas e Ambientais de Empresas Transnacionais, COPPE/UFRJ, processado, abril.

WTO (2002) – Trade-related investment measures and other performance requirements – joint study by the WTO and UNCTAD Secretariats, Part I and Part II.

WTO (1998) – Energy services – Background note by the Secretariat, S/C/W/52, 9 September.

Investimento estrangeiro: obstáculos e sugestões

Maria Helena Zockun

Economista pela Faculdade de Economia e Administração da Universidade de São Paulo (FEA-USP); mestre em Teoria Econômica; professora e pesquisadora senior da Fundação Instituto de Pesquisas Econômicas (FIPE) da FEA-USP; consultora econômica de entidades de classe empresarial; ex-secretária da Administração do município de São Paulo; autora de livros e artigos sobre a economia brasileira; membro da diretoria da Ordem dos Economistas de São Paulo, do Instituto Fernand Braudel de Economia Mundial e da SOBEET.

Analisa os principais obstáculos que inibem os investimentos que poderiam atuar nessa direção, procurando ordená-los pela importância que têm na tomada de decisão do investidor. Em duas palavras, os obstáculos são derivados do excesso de burocracia e da organização federativa do Brasil, em que União, estados e municípios criam seus próprios procedimentos num cipoal de regras que confunde o tomador de decisão e onera os custos do investimento.

* Trabalho elaborado a pedido do Ministério do Desenvolvimento, Indústria e Comércio Exterior, em 2002, cuja responsabilidade é inteiramente da autora.

INTRODUÇÃO

A atratividade do Brasil para o Investimento Direto Estrangeiro (IDE) tem sido basicamente o tamanho do mercado interno. Mas seria altamente desejável que as empresas de capital estrangeiro já instaladas no país, ou que vierem a se instalar aqui, utilizassem o maior conhecimento e acesso de que dispõem sobre mercado internacional e contribuíssem de forma mais intensa para a ampliação das exportações brasileiras.

Sem dúvida, em alguma medida isso vem ocorrendo no Brasil. Em 2000, as exportações das empresas com capital estrangeiro responderam por 60% da exportação total brasileira; as exportações dessas empresas para suas coligadas no exterior representaram 63% do total que exportaram naquele ano, ou 38% do total exportado pelo Brasil[1]. Foi um avanço em relação ao que se observou em 1995 (em que as participações foram, respectivamente, de 47%, 42% e 20%), mas os valores absolutos podem ser muito maiores levando em conta outras vantagens que o país oferece, como estabilidade política, boa oferta de trabalhadores qualificados, abundância de recursos naturais e matérias-primas, boa oferta de infra-estrutura de serviços de transporte, de telecomunicações e financeiros, algumas cidades com oferta de serviços culturais equiparáveis às melhores do mundo, clima agradável, etc.

Seria particularmente importante que os novos IDEs que ingressassem no Brasil fossem mais voltados para as exportações, também porque tudo indica que o mercado interno tende a reduzir a sua importância como fator de atração dos investimentos externos. Isso vem ocorrendo porque, na atual estratégia das empresas transnacionais, produtores de um número crescente de ramos de atividade podem alcançar qualquer mercado do planeta. Não há mais mercados incontestáveis; nenhuma firma dinâmica pode focalizar apenas os seus mercados familiares, pois seus concorrentes podem contestá-la em qualquer lugar do globo[2].

Por isso, dado o extraordinário aumento da concorrência em escala global, o maior poder de atração que um país pode oferecer ao IDE é dispor das condições que elevem sua competitividade.

As empresas transnacionais são responsáveis por mais da metade do comércio mundial, estando na fronteira da competitividade. Ao lado de outros fatores,

1. Banco Central, "Censo de Capitais Estrangeiros 2000".
2. UNCTAD, World Investment Report, 1996.

essas empresas têm aumentado sua capacidade competitiva pela eficiência que obtêm com a divisão internacional do trabalho da corporação, localizando as várias partes da produção em plantas em todo o mundo, de acordo com as vantagens comparativas de cada localidade e a logística disponível.

O processo de crescente especialização em sistemas internacionais de produção tem sido impulsionado por três fatores principais. Primeiro, pelas políticas de liberalização que abrem os mercados nacionais tanto para o comércio quanto para os investimentos estrangeiros, possibilitando todos os arranjos empresariais possíveis entre empresas. Segundo, pelas rápidas mudanças tecnológicas que elevam o risco de obsolescência dos produtos, estimulando inovações contínuas; como esse risco atinge todas as empresas envolvidas no processo de produção, o interesse comum as leva a compartilhar os custos das inovações, estreitando os laços entre elas. Por outro lado, a integração de atividades desenvolvidas separadamente em todo o planeta tem sido viabilizada economicamente pelo aumento da eficácia e eficiência dos transportes e das comunicações, áreas objeto de profundo desenvolvimento tecnológico nos últimos tempos; em particular, o advento da internet reduziu a importâncias insignificantes o custo da troca de informações entre grandes distâncias. Terceiro, pelo aumento da concorrência em escala mundial, como conseqüência dos fatores anteriores, que tem estimulado e ampliado as oportunidades de investimento e arranjos entre as empresas.

A concorrência nos mercados mundiais está ocorrendo, por isso, não entre fábricas individuais, mas entre complexos sistemas internacionais de produção, organizados (ou coordenados) por empresas transnacionais[3].

O subconjunto desses sistemas internacionais de produção, que está localizado em cada país, é formado pela subsidiária da empresa transnacional e por empresas independentes, que lhe fornecem insumos, serviços ou são parceiras estratégicas. Num dos extremos do espectro dessas possibilidades, há empresas que optam por produzir globalmente através de subsidiárias situadas em outros países, especialmente se sua vantagem competitiva estiver situada na detenção da tecnologia. Mas essa estratégia não é a única, sendo crescente a tendência de contratarem um número de funções cada vez maior junto a empresas independentes em diferentes países. Isso é especialmente observado nas atividades trabalho-intensivo, contratadas em empresas localizadas em países onde os salários, levando

3. UNCTAD, World Investment Report, 2002.

em conta a produtividade, são menores. Há transnacionais que, no outro extremo do espectro de possibilidades, optam por não produzir nenhuma parte material do bem, focalizando suas atividades nas inovações e no marketing, deixando que a produção propriamente dita seja realizada por produtores contratados. Esses produtores podem ser outras transnacionais que, por sua vez, produzem ou subcontratam outros produtores transnacionais ou nacionais. Nessa cadeia de muitas empresas se incluem até aquelas que se juntam para realizar pesquisa e inovações. Na tarefa podem se encontrar ligações com fornecedores, clientes e mesmo concorrentes, ao lado de laboratórios de pesquisa e universidades.

De tudo isso o importante a registrar é que, mais do que no passado, estão se intensificando as ligações das empresas transnacionais com as empresas domésticas dos países hospedeiros. Essas ligações podem constituir importantes canais de transferência de ativos tangíveis e intangíveis daquelas para estas, contribuindo tanto para o aprimoramento das empresas domésticas quanto para aprofundar os laços das transnacionais no país hospedeiro[4].

E essas ligações constituem o segundo motivo pelo qual o Brasil deveria procurar atrair com mais intensidade o IDE voltado para as exportações (o primeiro motivo é o próprio aumento das exportações).

O objetivo deste trabalho é analisar os principais obstáculos que inibem os investimentos que poderiam atuar nessa direção, procurando ordená-los pela importância que têm na tomada de decisão do investidor. Em duas palavras, esses obstáculos são derivados do excesso de burocracia e da organização federativa do Brasil, em que União, estados e municípios criam seus próprios procedimentos num cipoal de regras que confunde o tomador de decisão e onera os custos do investimento.

OBSTÁCULOS PARA ATRAIR O IDE

Os obstáculos institucionais criados voluntária ou involuntariamente à entrada do IDE exportador estão muito bem diagnosticados em várias fontes, que se basearam em exaustivos levantamentos junto às próprias empresas. Na verdade, esses obstáculos não se restringem ao IDE, mas afetam negativamente todas as empresas que atuam no Brasil, sejam nacionais ou de capital estrangeiro.

4. UNCTAD, World Investment Report, 2002.

Dois estudos se destacam nesse diagnóstico. O mais abrangente foi realizado pelo Serviço de Assessoramento sobre Investimentos Estrangeiros, um serviço conjunto da Corporação Financeira Internacional e do Banco Mundial[5]. Todavia, esse levantamento não ordena as barreiras identificadas por grau de importância na decisão dos investidores, o que dificulta a adoção de uma estratégia de ação destinada a atenuá-los num horizonte de curto e médio prazo. O outro foi realizado pela Confederação Nacional da Indústria, focalizando especificamente os problemas da empresa exportadora brasileira, já que periodicamente realiza estudos visando a identificar de maneira ampla os fatores que afetam negativamente a competitividade da indústria brasileira[6].

O objetivo do presente estudo não é realizar mais um levantamento, mas ordenar os obstáculos já identificados pela importância que devem ter na percepção dos investidores.

PRIORIZANDO AS SOLUÇÕES SUGERIDAS

Se o interesse do país é atrair investimento direto estrangeiro em novas plantas (*greenfield*) voltadas principalmente para as exportações, as soluções dos obstáculos identificados devem ser priorizadas de acordo com os passos do processo de tomada de decisão por um investidor estrangeiro potencial.

Assim, a prioridade básica é solucionar os problemas que as empresas encontram para realizar comércio com o exterior. Como foi visto na introdução, a estratégia das transnacionais vem assumindo a característica de um sistema internacional de produção, em que elas optam por fazer partes do produto em localidades diferentes do mundo, deslocando-as internacionalmente para realizar o produto final. Logo, é fundamental nesse processo que as importações e exportações ocorram com a maior facilidade possível. Nas próximas seções os obstáculos e as soluções nessa área serão detalhados. Por ora basta mencionar que os maiores obstáculos são os elevados custos de transação, identificados i) na burocracia na aduana e ii) num amplo conjunto de entraves burocráticos e de custo nas questões tributárias, de transporte interno, de financiamento, etc.

Suponha-se que as questões do comércio exterior brasileiro tenham sido solucionadas e que o IDE potencial verificasse que de fato há oportunidades de ex-

5. FIAS, "Brasil – Barreiras jurídicas, administrativas e políticas aos investimentos no Brasil", volumes 1 e 2, junho 2001.
6. CNI, Os problemas da empresa exportadora brasileira, Brasília, 2002.

portar a partir do Brasil – e decidisse se instalar no país. Sua próxima decisão seria sobre o lugar onde se instalar dentro do país. Para tanto, o investidor precisa: iii) conhecer os incentivos disponíveis em âmbito municipal e estadual e iv) saber se a legislação ambiental permite que se instale na localidade escolhida. (Vamos em seguida reproduzir os obstáculos percebidos nessas áreas.)

Tomada a decisão sobre em qual município localizar a nova planta, o investidor terá que: v) adquirir o terreno; vi) construir a fábrica; vii) constituir a sociedade; viii) fazer a inscrição nos órgãos fiscais; ix) fazer registro do investimento no Banco Central. E enfrentar as dificuldades para realizar essas ações.

Superadas as dificuldades associadas a esses procedimentos, o investidor terá que enfrentar os obstáculos para: x) trazer pessoal do exterior para iniciar a operação da empresa.

Se todas as etapas anteriores foram bem-sucedidas, será necessário consolidar a posição competitiva da empresa exportadora no Brasil. Para tanto será preciso: xi) retirar as dificuldades para a contratação de mão-de-obra local; xii) melhorar a aplicação da lei sobre direitos de propriedade intelectual; xiii) melhorar o registro de padrões dos produtos; xiv) simplificar e estabelecer racionalidade ao sistema tributário nacional.

Desse modo, seguindo essas etapas do processo de tomada de decisão do investidor, será possível agora priorizar os 14 problemas identificados pelos dois levantamentos mencionados, assim como as soluções que o poder público pode empreender para atrair o investimento estrangeiro que melhor atende aos interesses do país.

Sendo o objetivo deste trabalho a ordenação dos obstáculos, sugere-se a consulta direta aos estudos da FIAS e CNI para o detalhamento de cada um. Tal detalhamento é omitido deste relatório para não desviar o foco ao qual ele se destina.

PRINCIPAIS OBSTÁCULOS POR ORDEM DE IMPORTÂNCIA NA ÓTICA DO INVESTIDOR

A burocracia alfandegária no comércio exterior

No processo de exportação, as principais dificuldades apontadas pelas empresas se encontram depois que as mercadorias chegam ao porto de saída. A burocracia alfandegária foi assinalada por 41% das empresas consultadas pela CNI como o entrave mais importante. Os prazos da alfândega para liberação são mais longos do que o desejável, representando um obstáculo que prejudica o esforço de entrega rápida e dentro do prazo que as empresas precisam cumprir junto a seus clientes no exterior, além de onerar os custos de armazenamento, transporte e financeiro dos estoques. O estudo FIAS aponta que os prazos de processamento das importações e exportações são em média de 99 dias e poderiam se reduzir para 55 dias: estima-se que tal redução de tempo nessa fase reduziria substantivamente os custos para as empresas exportadoras de todos os portes, melhorando sensivelmente a sua competitividade.

Aponta também a conveniência de algumas medidas:

- Simplificação dos procedimentos burocráticos.
- Simplificação do Siscomex.
- Operação contínua das aduanas, prolongando o horário de expediente nos pontos de entrada/saída do país das atuais 8h/dia e 5 dias/semana para 24h/dia, 7 dias/semana.
- Simplificação dos regimes aduaneiros especiais.
- Compatibilização do Siscomex Exportação e Importação.
- Permissão do processamento do pagamento dos direitos alfandegários e impostos por meio de transferências bancárias eletrônicas.
- Acesso facilitado à Linha Azul.

Outros entraves às exportações

O estudo da CNI relaciona pelo menos mais sete entraves cuja solução está na alçada do governo, apresentados abaixo em ordem decrescente de importância:

- Dificuldade de acesso ao financiamento das exportações.
- Burocracia tributária[7].
- Dificuldade de acesso ao financiamento da produção.
- Barreiras externas (cuja eliminação depende de negociações oficiais internacionais).
- Dificuldade de ressarcimento de créditos tributários.
- Acesso e qualidade dos serviços de promoção comercial.
- Custo do transporte interno (inclui a infra-estrutura dos portos e aeroportos).
- Dificuldade de contratação de seguro de crédito.

7. Inclui a desoneração tributária; é interessante notar que, no levantamento da FIAS, a maioria dos entrevistados não mencionou o tamanho da carga tributária como obstáculo, mas sim a complexidade do sistema. Já no levantamento da CNI o ônus tributário foi explicitamente apontado como obstáculo às exportações.

Incentivos aos investimentos

Os incentivos aos investimentos concedidos por estados e municípios muitas vezes não informam as decisões dos investidores, por falta de transparência e divulgação abrangente. As sugestões são:

- Desenvolver uma política nacional de incentivo a investimentos, regulando e estabelecendo normas sobre quais incentivos os estados e municípios podem conceder.
- Estabelecer um sistema central de informações sobre os incentivos disponíveis nas três esferas de governo; essa central poderia estar situada na agência nacional de promoção de investimentos Investe Brasil.

Licenças ambientais

A construção, instalação, expansão e operação de qualquer empresa potencialmente poluidora requer o licenciamento de múltiplas agências ambientais, cujas jurisdições muitas vezes se sobrepõem. As sugestões são:

- Tornar mais claras as competências e responsabilidades das agências ambientais que operam nas áreas federal, estaduais e municipais.
- Permitir que os pedidos e concessões de licenças ambientais, licenças de instalação e licença de operação sejam fundidos num único documento e procedimento a ser adotado pela empresa.

Aquisição de imóvel

A aquisição de bens imóveis constitui um dos componentes mais complicados do processo de investimento, com a exigência de procedimentos que variam entre localidades e demoram de 3 a 12 meses, dependendo do município escolhido e da atividade. Tal complexidade e morosidade dificultam a tomada de decisão e oneram o investimento. As sugestões para desfazer esses obstáculos são:

- Homogeneizar e desenvolver um sistema racional e transparente de processamento de pedidos de uso do solo em todo o país.
- Estabelecer diretrizes nacionais para a elaboração dos planos locais de zoneamento e ocupação do solo.
- Desenvolver programa para elaborar buscas imobiliárias precisas e detalhadas de apoio ao sistema de registro imobiliário.

Construção da fábrica

O processo de autorização e aprovação de projetos de construção é muito complexo e oneroso no Brasil. Cada alvará ou licença envolve um processo de aprovação com múltiplas partes e níveis, que pode demorar cerca de 30 meses para ser concluído. O levantamento da FIAS indica que não raro os processos só são agilizados mediante propina. As sugestões para superar esse obstáculo são:

- Os estados deveriam estabelecer um claro plano de zoneamento do seu território, baseado em diretrizes emanadas do poder central, visando a facilitar o processo de aprovação de construções.
- Estimular o zoneamento de novas áreas para uso industrial e comercial nos municípios com essa vocação, também visando a facilitar o processo de aprovação de construções.
- Estimular o desenvolvimento de parques industriais que, com a cooperação dos setores público e privado, tornem disponível o acesso a imóveis industriais atendidos por serviços públicos, sem entraves burocráticos.

Constituição da sociedade

O Brasil não permite, segundo o estudo da FIAS, que subsidiárias de empresas estrangeiras operem no país, mas sim que pessoas jurídicas estrangeiras abram filiais, cujo processo é excessivamente oneroso e demorado. As recomendações seriam:

- Criar um sistema com um único número de identificação das empresas, válido para as administrações federal, estadual e municipal.
- Reduzir o número de documentos exigidos nas três esferas administrativas do governo; depois de rigorosa análise da racionalidade do processo de constituição e registro de empresas, seria muito desejável que o resultado culminasse com o fornecimento das informações necessárias ao registro da empresa apenas a uma única unidade de processamento central.

Inscrição nos órgãos fiscais

Apesar dos melhoramentos na área, os procedimentos associados a todo o processo de inscrição fiscal da empresa são muito onerosos no Brasil, considerando a necessidade de atender às exigências – muitas vezes repetidas – nas três esferas administrativas de governo. As sugestões para superar esse obstáculo são:

- Fundir os processos de registro da empresa e de inscrição fiscal em um único processo. Melhor ainda seria fundir num só processo o registro e a inscrição fiscal da empresa, como é feito na França e na Alemanha.

- Se a solução anterior for considerada muito ambiciosa, eliminar a exigência de apresentação dos mesmos documentos nas três esferas administrativas, evitando a redundância de análises.

Registro do investimento no Banco Central

O registro do investimento direto estrangeiro no Banco Central é necessário por vários motivos, segundo a FIAS: i) facilita para a empresa a remessa de capital, lucros, dividendos e juros ao exterior pela taxa de câmbio comercial; ii) as remessas são realizadas sem retenção de imposto; iii) o registro é um dos documentos exigidos para a obtenção do visto de residência permanente dos executivos estrangeiros. O tempo para a expedição do Certificado de Registro tem diminuído nos últimos anos. A questão é aproveitar tal registro para outras finalidades ligadas ao investimento. Concretamente, a sugestão é a seguinte:

- Desenvolver um sistema de troca de informações entre o Banco Central e os demais órgãos públicos, reduzindo a exigência de autorizações e aprovações ao longo do processo de investimento.

Vistos e licenças de trabalho para profissionais estrangeiros

As empresas que se instalam no país e precisam de pessoal especializado do exterior para realizar o investimento se defrontam com muitas dificuldades de ordem burocrática. É o conhecimento desses profissionais que permite realizar a transferência de tecnologia, sem a qual o investimento não produz resultados positivos. As dificuldades se multiplicam no caso da entrada de pessoal para prestar assistência técnica, porque o processo fica dependendo da aprovação do contrato de transferência de tecnologia pelo INPI. O processo de obtenção de vistos e licenças de trabalho pode demorar vários meses, encarecendo o investimento e mesmo inviabilizando sua operação, numa fase em que muitas despesas já foram realizadas. As sugestões para superar esse importante obstáculo são:

- Excluir o envolvimento do INPI do processo de licenças para o trabalho temporário de expatriados no Brasil, medida que, consta, depende do Ministério do Trabalho.
- Tornar mais flexível a concessão de licenças de trabalho para técnicos e administradores qualificados estrangeiros, considerando o interesse do país em absorver tecnologia.
- Reduzir as exigências burocráticas e desregular a obtenção de autorizações para residência de estrangeiros ligados ao investimento direto.

A contratação de mão-de-obra local

Apesar de a abundante oferta de trabalho constituir uma vantagem comparativa do Brasil, revelada pelo baixo valor do salário recebido pelo trabalhador, ajustado pela produtividade, o custo de contratação de pessoal local é muito elevado por causa da rigidez da legislação trabalhista. Essa é uma questão que afeta negativamente todas as empresas com atividades no país, e demanda reforma de longo prazo. Enquanto a reforma não se realiza, a sugestão da FIAS é a seguinte:

- Descentralizar o sistema legal que rege as relações do trabalho. Há exemplos de outros países, como a Dinamarca e a Holanda, que descentralizaram a justiça do trabalho; nos Estados Unidos, a legislação trabalhista e sua execução constituem responsabilidade compartilhada dos governos estadual e federal, havendo reclamações trabalhistas que são apreciadas por sistemas administrativos estaduais especiais.

Direitos de propriedade intelectual

As leis brasileiras que regulam a propriedade intelectual estão de acordo com os padrões internacionais e o Brasil é signatário de acordos e organizações internacionais nessa área. Do mesmo modo, a legislação brasileira sobre propriedade industrial (marcas, patentes, desenhos industriais, modelos de utilidade, direitos autorais) é atualizada. Todavia, o INPI é lento no processamento dos pedidos de registro, demorando de 1 a 5 anos para concluir o processo, tempo substancialmente maior do que o observado em outros países. As sugestões da FIAS são:

- Aumentar a capacidade do INPI de examinar os pedidos de concessão de patentes, marcas, modelos de utilidade, seja por meio da contratação de mais analistas, seja terceirizando a atividade de análise junto a entidades do setor privado, como faz o Chile.
- Abolir as exigências de aprovação dos contratos de transferência de tecnologia, franquia e licenciamento, como fazem o México e outros países, ou mesmo abolir o registro dos contratos de licenciamento, como faz o Chile.

Padrões técnicos dos produtos

A exclusividade do Inmetro para impor padrões técnicos está alinhada com as melhores práticas na área, inclusive com a separação de competência entre a autoridade que supervisiona a implementação dos padrões e a que emite os certificados. Todavia, constitui uma distorção o fato de fazerem parte do comitê técnico do órgão certificador representantes de associações de empresas locais que fabricam produtos similares. A participação de interessados no processo de certificação pode levar à não certificação de produtos similares ou idênticos oriundos do exterior, que fariam concorrência com produtos fabricados por empresas no Brasil. Outra questão que constitui obstáculo nessa área é a falta de transparência sobre os itens que exigem registro prévio, o que obriga a custoso e demorado processo de busca em muitos órgãos públicos. Para superar esses obstáculos a FIAS sugere:

- Rever o envolvimento de representantes do setor privado, fabricante de produtos do mesmo setor econômico, no comitê de certificação.
- Publicar em português e em outros idiomas, e tornar disponível pela internet, uma única lista de todos os produtos que devem ser registrados no órgão público competente antes que possam ser fabricados, importados ou comercializados no Brasil.

Regime tributário

A complexidade e as distorções do sistema tributário brasileiro são bem conhecidas e costumam ser apontadas como um dos principais obstáculos para as exportações, para os investimentos, para o crescimento econômico em geral. Por outro lado, também são reconhecidos os esforços bem-sucedidos na área administrativa dos fiscos federal e estadual (pelo menos dos estados do Rio de Janeiro e de São Paulo), com o desenvolvimento de sistemas informatizados de declaração e pagamento dos tributos. Levando em conta esses dois aspectos do sistema, as sugestões da FIAS são:

- Estender para os estados e municípios menos desenvolvidos da Federação o esforço bem-sucedido de informatizar o sistema de declaração e pagamento dos tributos.
- Simplificar o regime tributário, cuja estrutura é complexa e sem transparência.
- Manter a estabilidade das normas e regulamentos fiscais, sem prejuízo, é claro, de reformas que confiram racionalidade, eficácia e eficiência ao sistema.

CONCLUSÃO

As recomendações contidas nos estudos da FIAS e da CNI têm em comum o diagnóstico de que a burocracia em todas as instâncias da vida empresarial impõe custos muito elevados às empresas que operam no Brasil, quando confrontados com a burocracia de outros países. Se a questão é de competitividade, de atratividade de investimentos ao Brasil relativamente a outros países, esse diagnóstico precisa ser levado em consideração. Outro estudo aponta que a criação do "*Ministério do Desenvolvimento e da Camex poderia levar o observador menos atento [...] a imaginar que muitos impedimentos burocráticos tenham sido removidos* [das exportações], *mas análise preliminar mostra que ainda há inacreditáveis 320 (trezentas e vinte) jurisdições diferentes espalhadas por 6 (seis) ministérios, APEX – Agência de Promoção de Exportações, BNDES e Banco do Brasil*" (nem todas em atividade, é verdade), com competência sobre o comércio exterior, possivelmente residindo aí parte da complexidade, da falta de transparência e da burocracia reclamada pelos exportadores.[8] Outro levantamento sobre a burocracia no comércio exterior identificou a existência de 2.412 (!) atos legais em vigor regendo as exportações e importações do país: são 311 dispositivos na legislação básica, mais 919 na legislação complementar sobre as exportações e mais 1.182 na legislação complementar sobre as importações[9]. Como diz o autor do levantamento, "[essa] *enorme parafernália regulatória [é] o calvário dos empresários grandes e a inviabilização dos pequenos e médios, reféns de burocratas e fiscais*".

Desburocratizar é simplificar as relações do Estado com os cidadãos, diminuindo as etapas dos procedimentos administrativos para atingir determinada finalidade. Não se trata de mudar leis, muitas das quais se reconhece serem de boa qualidade e adequadas para os objetivos que se propõem, mas de consolidar a legislação, revendo todos os atos de hierarquia inferior, racionalizando e simplificando sua aplicação.

Outra grande área de obstáculos apontada pelos investidores estrangeiros deriva do caráter federativo do Estado brasileiro. Sem ferir o princípio federativo da autonomia dos estados e municípios, é possível simplificar a aplicação das leis nacionais, de caráter geral, que estabelecem diretrizes para todas as esferas de governo em muitos assuntos.

Essas tarefas não são triviais, porque a cultura brasileira é marcada pelo personalismo, em que a espontaneidade e o improviso são tendências mais fortes do que o respeito às regras e às instituições. A tendência natural no Brasil é valorizar

8. "Dying to Export", em The Prospectiva Digest, ed. Prospectiva Consultoria Brasileira de Assuntos Internacionais, october, 10, 2002, p. 4.
9. Benedito Fonseca Moreira, "Breve introdução aos fundamentos da burocracia brasileira", arquivo eletrônico contendo a legislação brasileira sobre o comércio exterior, em vigor em setembro de 2002.

mais os eventos e os processos (o ritual) do que os resultados, ao contrário das culturas anglo-saxônicas, em que as atividades são realizadas para atingir um resultado e, portanto, marcadas por estrutura, agendamento e divisão rigorosa do tempo. Há dificuldade também em evitar o baixo nível de identificação com a nação, pois os laços subnacionais e locais são mais fortes do que os compromissos nacionais[10].

Mas desburocratizar, simplificar e homogeneizar procedimentos são mudanças culturais que precisam ser iniciadas se o Brasil quiser ser competitivo e atrair capitais estrangeiros voltados para as exportações. No último Índice de Liberdade Econômica 2003 (ILE) – estudo anual elaborado pela Fundação Heritage, dos Estados Unidos, em parceria com o The Wall Street Journal, o Brasil ocupa um inglório 72º lugar num conjunto de 161 países. O ILE qualifica o Brasil como um país com uma economia *"predominantemente não-livre, marcada por problemas estruturais que prejudicam as perspectivas de crescimento de longo prazo, incluindo um intricado sistema tributário, barreiras para o investimento estrangeiro em alguns setores, gerenciamento governamental na maior parte dos setores petrolífero e energético e também de uma substancial parte do sistema bancário, um judiciário fraco e excessiva burocracia"*. No ranking que abrange apenas a América Latina, o Brasil ocupa um modesto 16º lugar[11].

Essa tarefa pode ser empreendida por áreas, e este trabalho identificou um caminho seguindo os mesmos passos que seriam percorridos por um investidor que estivesse cogitando de implantar um empreendimento no Brasil visando ao mercado externo. Aplicando esse roteiro aos obstáculos identificados pelo estudo da FIAS e CNI, resultou na priorização de áreas descrita na seção anterior: a burocracia para realizar transações com o exterior é a que demanda solução mais urgente e, sozinha, dada a dimensão das dificuldades que se impõem ao exportador, será tarefa para muito tempo.

10. Livre para crescer – propostas para um Brasil moderno, Documento FIESP, Cultura Editores Associados, agosto de 1990, pp.225-234: "As bases culturais do ativismo de Estado", "A psicologia social do brasileiro", "A fragilidade institucional no Brasil", "As funções das burocracias".

11. Agência Estado, em 12 de novembro de 2002. Hong Kong lidera o ranking, sendo considerada a economia mais livre do mundo, seguida por Cingapura, Luxemburgo, Nova Zelândia, República da Irlanda, Dinamarca, Estônia, Estados Unidos, Austrália e Reino Unido. O Chile é o país latino-americano melhor colocado no ranking, na 16ª posição; o México está na 56ª e a Argentina na 68ª. Os países classificados com a menor liberdade econômica são Cuba e Coréia do Norte.

Parte II
FLUXOS DE CAPITAIS

Risco-soberano e prêmios de risco em economias emergentes

Otaviano Canuto* e
Pablo Fonseca P. dos Santos**

* Secretario de Assuntos Internacionais do Ministério da Fazenda.
** Coordenador de Assuntos Econômicos e Financeiros da Secretaria de Assuntos Internacionais.

Após discutir a dinâmica volátil dos fluxos internacionais de capitais direcionados para os países "emergentes", associada às assimetrias do sistema monetário e financeiro internacional contemporâneo, o artigo enfatiza as características do ciclo recente de liquidez internacional. Em seguida, realiza uma retrospectiva dos fluxos voluntários de capitais para o Brasil entre 1995 e o início de 2004. Procura detalhar também os indicadores de liquidez e solvência externa para o período 1999-2004, que indicam a situação de elevada vulnerabilidade externa da economia brasileira, a despeito da flutuação cambial e do aumento das exportações. Seguem-se algumas considerações finais.

INTRODUÇÃO

O presente texto tem como objeto o conceito e os determinantes do "risco-soberano", bem como o papel cumprido pelas agências de classificação de riscos de crédito que, no âmbito internacional, atuam como principais referências usadas pelos agentes econômicos na avaliação daquele risco. Além de abordar as classificações de risco, o trabalho descreve o processo de avaliação de risco pelas agências e sugere a presença de um conjunto de variáveis macroeconômicas nele observadas.

O objetivo é duplo. O primeiro é delinear o que representa o "risco-soberano", mediante sua distinção e comparação com outros tipos de riscos. Além de descrever seu tratamento pelas agências de classificação de riscos (*ratings*), buscar-se-á estabelecer as razões da influência macroeconômica exercida por tal tarefa classificatória, particularmente no caso de economias emergentes consideradas como de risco elevado.

O segundo objetivo do trabalho é investigar se é possível localizar variáveis macroeconômicas com as quais se possa associar cada país aos correspondentes níveis de risco-soberano atribuídos pelas agências. Caso se revele possível tal exercício, seus resultados naturalmente fornecerão um guia de indicadores cuja melhora deveria ser buscada por economias emergentes, dado o fato de que a posição do país na classificação de riscos pelas agências traz implicações sobre sua gestão macroeconômica.

O primeiro item do texto apresenta o significado das classificações de risco-soberano, enquanto avaliação qualitativa das probabilidades de inadimplência por parte dos governos centrais dos países. Mostra-se então a consistência entre classes de risco e a freqüência de inadimplências de títulos privados e soberanos.

Nos mercados de ativos, é a presença de "prêmios de risco" que explica as taxas mínimas de retorno exigidas pelos compradores para a aquisição de cada ativo em particular. Nesse contexto, as classes de risco atribuídas pelas agências aos diferentes ativos ou a seus subconjuntos incluem-se entre os elementos que afetam a determinação dos prêmios de risco e a precificação de ativos pelos agentes econômicos.

A despeito das especificidades e do caráter idiossincrático dos riscos – e dos correspondentes prêmios – associados a qualquer ativo em particular, pode-se detectar fatores comuns a subconjuntos de ativos, fatores de risco que assumem então uma demarcação - e mensuração - de âmbito mais geral. Risco-soberano, risco-país, risco de conversibilidade, risco-cambial e outros são exemplos de tais demarcações mais amplas de riscos, presentes em subconjuntos de ativos dentro do sistema financeiro mundial.

O segundo item do texto recorda as diferenças conceituais entre risco-soberano e riscopaís, a despeito de seu "parentesco" e da freqüente convergência entre seus movimentos, dado que compartilham vários determinantes em comum. Por outro lado, a despeito das diferenças conceituais, no mesmo item mostramos a estreita relação entre as classificações soberanas e a margem soberana (sovereign spread) do índice EMBI+, indicador mais usado como referência de medida de prêmios de risco-soberano cobrados nos mercados secundários de títulos de dívida de economias emergentes e que, corriqueiramente, tem sido identificado como medida para os "riscos-país". Índices como o EMBI+ movem-se intensamente no curto prazo, ao passo que as classificações soberanas tenderiam a refletir mudanças de duração mais longa, bem como eventos com conseqüências amplas e profundas.

No longo prazo, a convergência entre eles seria esperada. No que diz respeito a índices como o EMBI+, construídos a partir dos movimentos de preços nos mercados secundários de ativos de economias emergentes, cumpre lembrar sua relação com os custos de captação de novos recursos via emissões soberanas ou privadas. Portanto, são importantes a correlação e a eventual causalidade entre, de um lado, classificações qualitativas de risco-soberano e, de outro, índices de prêmio cobrados nos mercados secundários de títulos soberanos, já que estes afetam as taxas de juros em economias emergentes. Este é um canal de influência direta exercida pelas classificações soberanas sobre a gestao macroeconômica das economias emergentes.

O item 3 descreve o processo da avaliação de risco-soberano pelas agências. Essa avaliação emerge como resultado final de um trabalho interdisciplinar onde se combina a análise por meio de métodos quantitativos com a sensibilidade dos analistas a parâmetros qualitativos.

Finalmente, o item 4 contempla possíveis variáveis macroeconômicas consideradas na avaliação do risco-soberano pelas agências e sua relação com as classificações. Depois de uma aproximação individual a esses indicadores, testa-se o potencial de seu conjunto como determinante da classe de risco-soberano em que se localizam as economias nacionais.

Confirmando outros estudos disponíveis na literatura internacional, o trabalho conclui então que, empiricamente, grande parte das diferenças entre as classificações de países, quanto ao risco-soberano, pode ser explicada por um conjunto relativamente pequeno de variáveis.

Os resultados mostram que uma classificação soberana alta (ou seja, um baixo risco soberano) está associada a: um nível elevado de renda per capita em dólares; inflação baixa (medida pelo índice de preços ao consumidor); taxa elevada de crescimento econômico; uma baixa relação entre a dívida externa total e as receitas em conta corrente; uma baixa relação entre dívida bruta do governo geral e receitas fiscais totais; a ausência de episódios de moratória a partir de 1975 e, finalmente; um elevado grau de abertura comercial, medida pela corrente de comércio, a saber, a soma de exportações e importações como percentual do PIB.

Como conclusão mais geral do trabalho, sugere-se então o esforço de melhora em tal conjunto de indicadores como um roteiro para a busca de melhor classificação de riscosoberano por economias emergentes. Além dos benefícios em termos de queda nas taxas reais de juros decorrentes de um upgrading nas classes de risco, vale realçar a própria saúde macroeconômica por si só associada à melhora nos correspondentes indicadores.

DEFINIÇÃO E NOMENCLATURA DAS CLASSIFICAÇÕES SOBERANAS

Transações financeiras são intrinsecamente marcadas por assimetrias de informação entre aplicadores e tomadores de recursos. Estes têm necessariamente um maior conhecimento sobre sua própria capacidade de pagamento e sua disposição a pagar do que aqueles que lhes repassam recursos. Portanto, do ponto de vista dos credores, a presença de tal assimetria afetará os prêmios pelos riscos de crédito exigidos em qualquer operação de crédito e aquisição de títulos financeiros.

As transações financeiras só se desenvolvem quando se fazem possíveis meios para atenuar o peso negativo das assimetrias de informação: coleta e processamento de informações antes das operações; firmação de contratos e monitoramento de sua execução de modo a controlar o uso dos recursos após o repasse; estabelecimento de garantias de modo a minimizar as perdas em caso de inadimplência ou falência do devedor e, assim, elevar a disposição a pagar por parte desse devedor etc. Contudo, tais mecanismos operam com custos e nem sempre com eficácia suficiente para contornar o problema.

Quando não há instrumentos legais-judiciários ou institucionais que sustentem o cumprimento de contratos e o exercício de garantias, a assimetria de informações e os prêmios cobrados como compensação pelos riscos de crédito encarecem e, no limite, inviabilizam a existência de transações financeiras. Por seu turno, as agências ou instituições – privadas e públicas – de classificação (*rating*) de riscos de crédito se inserem na coleta e processamento de informações antes das operações. Quer como centro gerador de informações para uso exclusivo, dentro de um grupo econômico, ou como fornecedores de serviços para clientes, tais unidades desenvolvem competências específicas e se beneficiam de economias de escala e escopo nas atividades de análise e classificação de riscos de crédito, o que as justifica e viabiliza economicamente.[1]

A rigor, a presença de agências supridoras de *ratings*, como mercadoria, constitui elemento necessário para que a oferta de recursos financeiros, em qualquer economia, não fique restrita a bancos, instituições com competência particular na coleta e processamento de informações sobre a qualidade de seus clientes, por conta da proximidade com estes que é intrínseca a suas operações. Dado o caráter distanciado e impessoal das relações entre aplicadores e captadores que diferencia os mercados de capitais – ações e títulos de crédito negociáveis em mercados secundários – das operações bancárias, o desenvolvimento de tais mercados supõe a disponibilidade dos serviços de *rating*.[2]

Neste contexto, um risco em particular é o risco soberano, ou seja, o risco de crédito associado a operações de crédito concedido a Estados soberanos. O exercício de garantias e o monitoramento e cumprimento de contratos adquirem, evidentemente, características distintas daquelas presentes nos casos de crédito para agentes privados ou mesmo de setores públicos infra-nacionais e não-soberanos. Além disso, os determinantes da capacidade de pagamento e da disposição a pagar são de outra natureza, reportando-se a variáveis macroeconômicas como reservas de divisas e fluxos no balanço de pagamentos, crescimento econômico e capacidade de arrecadação tributária, fatores políticos etc. As principais agências públicas e privadas internacionais de classificação de riscos de crédito – neste segundo caso, Moody's, Standard & Poor's (S&P) e Fitch – procedem regularmente ao *rating* de riscos soberanos, ainda que, no caso das agências privadas, não seja esta sua atividade

1. Um erro freqüente, entre leigos, é confundir a atuação de tais agências e seus ratings com recomendações de compra/venda de títulos, por parte de instituições financeiras a seus clientes, concernentes a ajustes de carteiras usadas como benchmarks.
2. Num extremo, quando a superação das assimetrias de informação se revela de alto custo ou difícil, não existe nem o crédito bancário e as operações de crédito se limitam ao âmbito da "vizinhança" (parentesco ou proximidade pessoal, informalidade etc.). Isto pode ocorrer com parcelas da economia (população pobre, microempresas etc.) ou até com economias inteiras.

econômica central. Agências classificam tanto um devedor, quanto uma emissão específica. Algumas vezes, caso haja garantias ou cláusulas contratuais que tornem mais seguro um determinado título do que a garantia dada pelo patrimônio geral do emissor, a classificação do título pode superar a classificação do emissor.[3]

Em relação à moeda de denominação da dívida, as classificações podem ser relativas a obrigações em moeda nacional ou estrangeira. Quanto ao prazo, as classificações podem ser divididas em obrigações de longo-prazo e de curto-prazo, com estas designando os títulos que vencem em menos de um ano.

Como nos demais casos, no risco-soberano as agências buscam avaliar a capacidade e a disposição de um governo servir integralmente a sua dívida nos prazos e condições acordados com os credores quando da contratação do empréstimo. O resultado desta avaliação é sintetizado em classificações, que são estimativas da probabilidade de um dado governo entrar em moratória, o que significa não apenas a suspensão do pagamento dos juros ou principal da dívida na data de seu vencimento, mas também sua troca ou reestruturação "involuntária". Dada a subjetividade do termo "involuntária", é difícil defini-lo precisamente, com as operações sendo avaliadas caso a caso. O principal fator considerado é a presença ou não de alguma redução substancial do valor presente do título após a operação de troca ou reestruturação.[4]

É importante notar que as classificações soberanas referem-se somente a capacidade e disposição do governo central honrar suas dívidas com credores privados. São, portanto, uma estimativa do risco-soberano e não se referem aos créditos bilaterais e de instituições multilaterais como o Banco Mundial e o FMI (Bhatia, 2002) ou diretamente à probabilidade de inadimplência dos governos subnacionais, empresas estatais ou privadas.

Dependendo da agência, as classificações podem também incorporar a expectativa de recuperação do principal. As classificações da Moody's são indicadores da perda esperada, que é uma função da probabilidade de moratória e da expectativa de

3. Esse foi o caso de uma emissão de US$ 250 milhões da Aracruz, realizada em 2002, que recebeu uma classificação "AAA" pela Fitch, a melhor possível, enquanto a classificação da própria empresa era "B", uma das mais baixas. A emissão de 2002 teve garantia incondicional de uma empresa estrangeira (Agência Estado, 7.08.2003).

4. Entretanto, mesmo que ocorra ganho em termos de valor presente, pode haver casos em que os credores são compelidos a participar da operação, devido a, por exemplo, uma sinalização tácita ou explícita do governo de que a opção à troca é a suspensão do serviço da dívida. A título de ilustração, as três agências não consideraram involuntárias as trocas ou reestruturações de dívida efetuadas pelos governos da Argentina, entre maio e junho de 2002, Venezuela, em 2002 e 2003, Turquia, em junho de 2002, e Rússia, em 1998. Já as trocas realizadas pelos governos do Uruguai, em maio de 2003, e da Argentina, em novembro de 2001 foram consideradas involuntárias. Para maiores detalhes sobre a definição de moratória ver Bhatia (2002), Moody's (2003a), Standard and Poor's (1999) e Fitch (2003a).

perda monetária em caso de inadimplemento (Moody's, 1999 e Bhatia, 2002). Já a Fitch avalia apenas a probabilidade de moratória até sua ocorrência, a partir de então diferenciando suas avaliações com base na perspectiva de recuperação do principal (Fitch, 1998 e Bhatia, 2002). No caso da S&P, as classificações buscam refletir simplesmente a probabilidade de moratória e não se referem a sua gravidade, o período em que o governo permanecerá em moratória, os termos de uma possível renegociação da dívida e o valor esperado de recuperação do principal (Bhatia, 2002).

Cada agência possui uma taxonomia própria de classificação, o que dificulta sua interpretação e comparação. De uma maneira geral, as classificações são variações da escala A, B, C, D. Na escala da S&P e da Fitch, a melhor classificação é "AAA" e a pior "D". Já na escala da Moody's, a melhor classificação é "Aaa" e a pior "C". Quanto pior a classificação, maior é a probabilidade de moratória e vice-versa. Os governos classificados acima de "BBB-" ou "Baa3" são chamados de "grau de investimento", enquanto os classificados abaixo são chamados de "grau de especulação".[5]

Para diferenciar governos em uma mesma categoria, a S&P e a Fitch adotam sinais aritméticos (+ e –) e a Moody's números (1, 2 e 3). As categorias mais elevadas (AAA e Aaa) e as mais baixas (CC, Ca, ou abaixo), não possuem tais símbolos de diferenciação.

Um procedimento freqüente, para tornar comparáveis os *ratings*, é adotar alguma transposição, linear ou não-linear, das escalas de classificação de risco para um escala numérica. A Tabela I, adiante, reproduz a transposição proposta por Bathia (2002). Para cada governo avaliado, as agências divulgam sua opinião sobre a direção provável da classificação de risco no médio prazo (um a três anos). Esse indicador é chamado de perspectiva (outlook), que pode ser positiva, negativa, estável e em desenvolvimento.[6]

Quando surge uma possibilidade de mudança na classificação de um soberano, as agências podem colocá-lo em uma listagem à parte. A Moody's a chama de "lista de aviso"(Watchlist) e fornece a possível direção da classificação nos próximos 90 dias: em revisão para elevação (upgrade), em revisão para rebaixamento (*downgrade*), ou indefinido.[7] A listagem da Fitch é chamada de "alerta de classificação" (*RatingAlert*) e a da S&P de "aviso de crédito" (CreditWatch), de caráter positivo, negativo ou indefinido.

5. As agências disponibilizam as definições das classificações em seus sítios em português na internet. Moody's: www.moodys.com.br; Standard and Poor's: www.standardandpoors.com.br; Fitch: www.fitchratings.com.br.
6. Esta perspectiva é raramente dada e significa que a modificação da classificação está sujeita a ocorrência ou não de determinado fato. Em maio, na lista de classificação da Moody's, por exemplo, apenas a Venezuela possuía uma perspectiva em desenvolvimento.
7. Historicamente, cerca de 70% de todas as classificações corporativas foram modificadas para a mesma direção indicada na "lista de aviso" (Moody's 2002b).

As classificações de risco são indicadores simples e públicos (as agências disponibilizam suas listagens regularmente em seu sítios da internet), que reduzem as incertezas com relação ao risco dos títulos governamentais. Para os agentes econômicos que usam tais *ratings* como substitutos de esforços próprios de coleta e processamento de informações sobre os riscos soberanos, as classificações viabilizam

TABELA I: ESCALA DE CLASSIFICAÇÃO DE RISCO

S&P	Fitch	Moody's	EscalaNumérica
		Grau de Investimento	
AAA	AAA	Aaa	1
AA+	AA+	Aa1	2
AA	AA	Aa2	3
AA-	AA-	Aa3	4
A+	A+	A1	5
A	A	A2	6
A-	A-	A3	7
BBB+	BBB+	Baa1	8
BBB	BBB	Baa2	9
BBB-	BBB-	Baa3	10
		Grau de Especulação	
BB+	BB+	Ba1	11
BB	BB	Ba2	12
BB-	BB-	Ba3	13
B+	B+	B1	14
B	B	B2	15
B-	B-	B3	16
CCC+	CCC+	Caa1	17
CCC	CCC	Caa2	18
CCC-	CCC-	Caa3	19
CC	CC	--	20
C	C	--	21
SD1	DDD3	Ca4	22
D2	DD	C	23
--	D	--	24

Fontes: Bathia (2002), Moodys, Standard and Poor's e Fitch.

1. Moratória parcial.

2. Moratória.

3.Moratória. As classificações de obrigações nesta categoria são baseadas na possibilidade de recuperação parcial ou total do empréstimo. Uma vez que a expectativa de recuperação dos montantes são estritamente especulativo se não podem s er estimados com precisão, as seguintes es timativas s ervem como diretriz: a classificação "DDD" representa o maior potencial de recuperação do s montantes inves tido s em título s inadimplentes, de 90% a 100% do principal e juros; o "DD" indica que a pro babilidade de recuperação é entre 50% e 90%; e o "D" a menor possibilidade de recuperação, por exemplo, inferiora 50%.

4. Os soberanos classificados como Ca e C geralmente encontram-se em moratória, oferecem pouca s egurança financeira e a probabilidade de recuperação integral do principal por parte dos investidores é muito baixa .

(--) Não aplicável.

operações com títulos soberanos, principalmente no caso de países emergentes que, na ausência das classificações, teriam acesso mais limitado a recursos externos e a custos maiores (Cantor e Parker, 1995). Títulos de governos classificados são preferíveis aos de governos não classificados e as classificações são parâmetros amplamente utilizados por investidores para determinar preços e tomar decisões de compra e venda de títulos da dívida externa pública.

Grandes investidores institucionais, como os fundos de pensão, possuem regras de gestão interna ou seguem determinações de órgãos reguladores que limitam a detenção de ativos classificados como "grau de especulação" (FMI, 1999). Outros montam suas carteiras de investimento com base nas classificações e em sua particular propensão ao risco. Bancos e outras instituições financeiras, seguindo regras próprias ou da legislação financeira de seu país, usam as classificações para determinar provisões e requisitos de capital (Canuto, 2002) (Canuto e Lima, 2002).[8]

O uso bastante difundido das classificações para administrar a exposição a riscos demonstra que os investidores as consideram indicadores adequados da probabilidade de moratória. A tabela II mostra as Taxas Acumuladas de Inadimplência (TI) de soberanos e empresas em períodos de 1, 5 e 10 anos por classificação, segundo a Moody's.[9] Cada TI responde ao seguinte tipo de pergunta: em média, qual percentagem de empresas ou soberanos classificados como B entraram em inadimplência passados até 5 anos? Na tabela abaixo, verifica-se que isto ocorreu com 22,2% dos soberanos e 33,2% das empresas. Para um número suficientemente grande de observações, a TI tende a tornar-se uma estimativa da Probabilidade de Inadimplência (PI), dada a classe de risco.

A julgar pela tabela II, a relação entre TIs e classes de *rating* é consistente.[10] A freqüência de inadimplência (default) nas categorias com "grau de especulação" é maior do que nas classes com "grau de investimento". Aquela freqüência aumenta na medida em que a classificação piora e em que o tempo considerado é

8. A respeito do papel das classificações nos mercados de capitais ver também Moody's (1997).

9. As três agências publicam estudos anuais onde são calculadas TIs para empresas, mas, até a conclusão deste trabalho, apenas a S&P e a Moody's haviam publicado as TIs de soberanos. As taxas de inadimplência de soberanos dadas pela Moody's são as mais recentes disponíveis. Ver Moody's (2003), Fitch (2003b) e Standard and Poor's (2002a).

10. Com uma ressalva para a TI das classificações soberanas Caa, Ca e C para o período de um ano, que é zero, quando se esperaria que fosse superior à da classe B. O tamanho relativamente pequeno da amostra de soberanos pode ser uma explicação para o surgimento deste problema. Enquanto o cálculo das TIs das empresas inclui milhares de observações e dezenas de episódios de moratória, a amostra de soberanos inclui apenas 88 observações, com 8 casos de moratória. As agências esperam que, com a passagem do tempo, as TIs de soberanos e empresas convirjam para valores mais próximos.

maior. As classificações não buscam prever a suspensão de pagamentos. São indicadores de risco relativo. Por exemplo, o fato de uma empresa ser classificada como Aa não significa que esta necessariamente permanecerá adimplente, mas apenas que isto tende a acontecer mais freqüentemente ao longo do tempo do que no caso das empresas de classificações inferiores.

As taxas de inadimplência são sensíveis à conjuntura do período em que são calculadas, variando consideravelmente em função de ciclos econômicos mundiais e domésticos (Moody's, 1997).

TABELA II: TAXAS ACUMULADAS DE INADIMPLÊNCIA[1], SEGUNDO CLASSIFICAÇÃO DE RISCO

(%; janeiro de 1985 a dezembro de 2002)

Classificação	Soberanos			Empresas		
	1 ano	5 anos	10 anos	1 ano	5 anos	10 anos
Aaa	0,00	0,00	0,00	0,00	0,00	0,07
Aa	0,00	0,00	0,00	0,02	0,20	0,43
A	0,00	0,00	0,00	0,03	0,56	1,21
Baa	0,00	0,00	0,00	0,19	2,16	4,70
Ba	1,56	12,62	40,59	1,39	12,99	23,13
B	7,89	22,22	53,38	6,44	33,18	51,14
Caa, Ca, C	0,00 2	n.s.3	n.s.3	22,82	59,44	82,51
Grau de inves timento	0,00	0,00	0,00	0,07	0,87	1,82
Grau de es peculação	3,87	16,59	45,39	5,45	25,06	37,77
Total soberano s/empresas	1,19	4,68	9,34	1,86	8,25	11,76

Fonte: Moody's (2003).

1. A taxa acumulada de inadimplência (TI) indica qual a percentagem média de empresas ou soberanos que entraram em inadimplência durante um certo perío do (neste cas o 1,5 ou 10 anos), dada a sua classificação. Por exemplo, em média, 40,59% dos soberano se 23,13% das empres as classificadas como Ba ficaram inadimplentes em até 10 anos. Para maio resdetalhes sobre metodologiade cálculo ver Moody's (1995).
2. Uma TIs ignificativamente menor nesta classificação em relação a classificação B po de ser reflexo do número limitado de observações (88 s oberanos classificado s e 8 eps ó dio s de moratória).
3. Não significativo. Nenhum emissor de dívida teve classificação Caa, Ca ou C, por mais de dois ano santes do final da amostra.

As agências e suas classificações são hoje um componente importante da dinâmica dos mercados financeiros internacionais. Até os anos 80, o principal fornecedor de crédito externo aos governos era um grupo restrito de grandes bancos internacionais. Hoje, com o uso dos bônus e títulos como principais instrumentos de captação, em substituição aos empréstimos sindicalizados, o conjunto de credores é maior, mais difuso e heterogêneo.[11] A profusão de países que recorrem ao mercado internacional de crédito regularmente, os problemas associados à dificuldade de comparação de dados macroeconômicos, bem como a complexidade e diversidade das economias desses países, tornam a tarefa de avaliação de risco-soberano demasiadamente dispendiosa individualmente para a grande maioria dos investidores.

Durante a crise asiática surgiram diversas críticas às agências (Reinhart, 2002) (Sy, 2003). Entre elas a principal foi a de que a classificação de Tailândia, Coréia e Indonésia como "grau de investimento" no início de 1997 não refletia adequadamente o risco de deter títulos da dívida externa dos governos desses países. Por outro lado, no caso dos três países mencionados, nenhum suspendeu o serviço dos seus títulos soberanos, apesar da gravidade das crises[12]. Segundo as agências, as classificações não têm como objetivo indicar quando uma moratória ocorrerá ou se o soberano enfrentará uma crise de balanço de pagamentos. Esperase que os soberanos com "grau de investimento" enfrentem menos crises e tenham maior capacidade para administrá-las do que os soberanos da categoria "grau de especulação".

No entanto, como as crises de balanço de pagamentos influenciam a capacidade de pagar títulos soberanos, as classificações de então dos países asiáticos deveriam estar refletindo adequadamente também esse risco.[13] Com efeito, os eventos de moratória da dívida externa dos governos centrais têm sido freqüentemente, embora nem sempre, acompanhados de crise no balanço de pagamentos, desvalorização cambial expressiva, recessão na economia doméstica e restrições à saída de capitais. Afinal, as economias emergentes se caracterizam por ser absorvedoras líquidas de capital externo, num contexto de alta mobilidade

11. Por exemplo, 43,5% dos títulos da dívida externa do governo argentino pertencem a indivíduos e o restante a investidores institucionais. Estes títulos estão denominados em 7 moedas diferentes e sujeitos a 8 jurisdições distintas (EIU, 2003).

12. Contudo, posteriormente suspenderam o pagamento de outros passivos classificados pelas agências: depósitos bancários, no caso da Coréia em 1998, e empréstimos bancários privados, no caso da Indonésia em 1999 e 2001 (Moody's, 2003).

13. Para uma discussão sobre o desempenho das agências durante as crises financeiras dos mercados emergentes nos anos 90, ver FMI (1999). Sy (2003), avaliando o período de 1994 a 2002, conclui que as classificações soberanas não antecipam crises cambiais, sendo normalmente ajustadas após o desencadeamento da crise. Também não foi encontrada uma relação estreita entre crises cambiais e a probabilidade de moratória soberana. Entretanto, as classificações soberanas e mudanças nas mesmas ajudam a prever crises de dívida externa, definidas como a elevação para acima de 10 pontos percentuais (ou, 1.000 pontos base) da diferença entre os rendimentos dos títulos soberanos denominados em dólares e os títulos do tesouro norte-americanos de características semelhantes (spread).

de capital e de dominância dos movimentos nas contas de capitais sobre as contas-correntes do balanço de pagamentos. Portanto, o natural é que as crises das economias emergentes em geral se manifestem como "crises gêmeas", combinando, de um lado, fuga de capitais e problemas cambiais com, de outro, alguma(s) instância(s) doméstica(s) às voltas com posições patrimoniais fragilizadas pela súbita secura nas fontes externas de sua sustentação. No caso da Ásia, em 1997-98, o lado fragilizado foi o sistema bancário e corporativo doméstico, ao passo que, na América Latina, o caso típico foi o de fragilidade no financiamento do setor público (Canuto, 2001).

Ainda em sua própria defesa, as agências argumentam que diversas informações importantes para avaliar a capacidade de pagamento dos países asiáticos não estavam disponíveis antes da crise. Especificamente, os dados oficiais disponíveis subestimavam a relação entre créditos inadimplentes e créditos totais do setor bancário, o nível negativo das reservas internacionais líquidas do Banco Central da Coréia, o estoque da dívida denominada em moeda estrangeira do setor privado da Indonésia e a dimensão das operações no mercado futuro de câmbio do Banco Central da Tailândia. Após a crise asiática, as agências passaram a dar maior atenção para passivos externos do setor privado financeiro, principalmente os de curto prazo, bem como para a possibilidade de que esses passivos se transformem em passivos públicos após uma crise. Também passaram a avaliar mais cuidadosamente os passivos contingentes do setor público (conforme veremos adiante, quando a metodologia de avaliação de risco será discutida em maiores detalhes). Não obstante as críticas e limitações da avaliação de risco soberano, as classificações têm crescido em importância. O seu uso como parâmetro de regulação financeira é bastante difundido nos EUA e vem se expandindo tanto em países desenvolvidos quanto em desenvolvimento. No Comitê para Revisão do Acordo da Basiléia discute-se a possibilidade do uso das classificações como referência para estabelecer os requerimentos mínimos de capital ponderados pelo risco, para créditos a soberanos. Atualmente, os pesos são determinados da seguinte maneira: se um país é membro da OCDE o peso de risco auferido é zero; caso contrário o peso é 100. Pela proposta em discussão, esses pesos variariam de acordo com a classificação de risco dada ao país pelas agências internacionais e pelas agências de seguro de crédito à exportação dos países desenvolvidos que formam o chamado G-10.[14]

14. Para maiores informações sobre o uso de classificações em processos regulatórios e sobre as propostas de revisão do acordo da Basiléia, ver FMI (1999) e Canuto & Meirelles (2002).

RISCO-SOBERANO, RISCO-PAÍS E PRÊMIOS DE RISCO

Risco-soberano e risco-país, embora fortemente relacionados, dizem respeito a objetos distintos.

O risco-país é um conceito mais abrangente que se reporta, para além do risco soberano, ao risco de inadimplência dos demais credores residentes em um país associado a fatores que podem estar sob o controle do governo, mas não estão sob o controle das empresas privadas ou dos indivíduos (Claessens e Embrechts, 2002). Este é o caso, por exemplo, de empresas privadas que detêm capacidade e disposição de realizar compromissos com credores externos, mas se defrontam com riscos de conversibilidade ou transferência de divisas decorrentes da possibilidade de controles de capitais serem subitamente estabelecidos pelo Estado soberano.

O risco-país diz respeito a todos os ativos financeiros do país, impondo-lhes uma carga compensatória de prêmio no retorno por eles oferecido. Evidentemente, os dois riscos guardam relação de parentesco, já que uma moratória na dívida soberana tende a exercer impacto negativo sobre os demais fluxos de capital para o país, afetando também dívidas externas privadas. No sentido inverso, sem disponibilidade de divisas o Estado soberano torna-se incapaz de cumprir seus compromissos devidos em moeda estrangeira. Ainda assim, vale guardar as diferenças: na Ásia, conforme observamos, a crise gêmea no mercado cambial e nas finanças privadas domésticas ocorreu sem riscos equivalentes na área de suas dívidas soberanas, enquanto na Rússia, como exemplo contrário, a crise na dívida pública não impediu a continuidade de alguns pagamentos privados ao exterior.

Com efeito, em contraste com a década de 80, a prática que tem atualmente prevalecido entre os governos durante crises de balanço de pagamentos, ainda que nem sempre bem sucedida, é tentar evitar uma moratória generalizada. Isto pode ser justificado pelo aprofundamento da integração econômica e financeira da década de 90, que fez com que o papel do setor externo crescesse substancialmente, sobretudo nos mercados emergentes.

Muitas empresas desses países utilizam extensivamente o mercado externo para se financiar e o investimento direto estrangeiro é um fator importante para o seu crescimento econômico. Controles cambiais extensivos podem gerar dificuldades duradouras para a captação de recursos no exterior pelas empresas e redução nos fluxos de investimento direto estrangeiro, causando danos importantes à economia do país (Claessens e Embrechts, 2002).

Como regra geral, a classificação soberana é um teto para os demais credores de um país, mas o teto pode ser ultrapassado em situações especiais, quando as agências entendem que determinados devedores estão menos vulneráveis ao risco de transferência. Por exemplo, a partir de junho de 2001, a Moody's flexibilizou sua política de teto soberano, tendo em vista os episódios recentes de moratória da dívida externa do Paquistão, Equador, Rússia e Ucrânia, quando os governos permitiram pagamentos em moeda estrangeira de algumas classes privilegiadas de devedores. Estes foram tipicamente companhias grandes e importantes que se financiavam extensivamente nos mercados internacionais e cujo cumprimento de obrigações, caso impedido, poderia agravar ainda mais a situação econômica desses países (Moody's, 2001).

Segundo a agência, são cinco os fatores avaliados que poderão levar a classificação de uma empresa para além do teto soberano: i) a probabilidade de moratória generalizada no caso de inadimplência do governo central; ii) valor da dívida, levando-se em conta as garantias; iii) condições de acesso a divisas através da exportação regular e em larga escala, ativos no exterior, proprietário estrangeiro ou outras fontes de apoio externo; iv) integração com as redes de produção global e de suprimento; e v) importância para a economia nacional e para os mercados de capitais internacionais.

Os *ratings* soberanos e de risco-país aplicados aos demais títulos de um país importam porque, além de determinarem a extensão da clientela possível para sua compra, afetam diretamente os preços dos ativos. Em cada momento, as condições gerais de liquidez, bem como o grau de aversão a riscos por parte dos aplicadores de recursos e sua percepção quanto aos riscos a ser atribuídos a cada ativo, determinam o rendimento diferencial em relação aos ativos sem riscos que cada ativo é obrigado a ofertar para ser comprado. A assimetria de informações, quando não atenuada, intensifica a aversão a riscos. Quando os *ratings* das agências são usados como referência para aproximação ao risco de crédito, tendem a refletir-se nos preços dos ativos e nos prêmios cobrados pelos riscos.

O indicador de mercado mais difundido no que diz respeito a prêmios de risco em títulos de economias emergentes é o EMBI+ do J.P.Morgan.[15] Este índice é composto por uma cesta de títulos denominados em moeda estrangeira emitidos pelos governos centrais de diversos países emergentes e que são

15. Emerging Markets Bond Index Plus (Índice dos Bônus dos Mercados Emergentes Mais).

negociados em mercados secundários. [16] O EMBI+ é composto principalmente por títulos da dívida externa (Bradies e Eurobônus), mas pode também incluir empréstimos negociados (traded loans) e títulos domésticos denominados em moeda estrangeira. [17]

O J.P.Morgan divulga os níveis do índice e as margens soberanas (sovereign spreads). O índice representa uma média ponderada, pelo volume negociado no mercado secundário, dos preços dos papéis que compõem a cesta; a margem soberana é dada pela diferença entre os rendimentos dos títulos governamentais e os títulos do Tesouro dos EUA com características semelhantes, considerados de risco zero (Aaa/AAA, na classificação das agências). O EMBI+ pode ser decomposto em sub-índices, um para cada país. A margem soberana desses sub-índices é usualmente referida como "risco-país".

A remuneração adicional em relação aos títulos do governo dos EUA é dada para compensar o maior risco dos títulos da dívida pública de países emergentes. Quanto maior a margem, maior é a probabilidade de inadimplência inferida pelos investidores. Como no cálculo da margem soberana são considerados apenas títulos emitidos pelos governos centrais, corresponde a um indicador de risco-soberano, sendo algo imprecisa sua denominação como "risco país".

Tendo em vista que a margem do EMBI+ e as classificações das agências são indicadores de risco-soberano, espera-se alguma relação direta entre ambos. O gráfico 1 mostra esses dois indicadores para os países que compõem o EMBI+, exceto Nigéria e Argentina. Observase que há de fato uma relação direta, mas imperfeita, entre a margem do EMBI+ e os *ratings*.

Uma notável exceção é a Ucrânia que possui a mesma classificação média do Brasil, mas a margem soberana era três vezes menor em 19 de setembro de 2003.

Não obstante, de um modo geral, os governos em "grau de especulação" enfrentam um custo mais elevado de captação de recursos no mercado internacional em relação aos "grau de investimento". Isto tem reflexos diretos sobre o

16. Em setembro de 2003, faziam parte do EMBI+: Argentina, Brasil, México, Rússia, Venezuela, Turquia, Filipinas, Colômbia, Malásia, Bulgária, Peru, África do Sul, Panamá, Equador, Polônia, Marrocos, Ucrânia, Egito e Nigéria. Para maiores detalhes sobre a metodologia de compilação do índice, ver J.P.Morgan (1995).

17. Em 30 de agosto, o EMBI+ era composto por 28,5% de Bradies, 70,8% de Eurobônus e 0,7% de empréstimos negociáveis, segundo o valor de mercado. Os critérios para que um título da dívida faça parte do EMBI+ são: um valor mínimo a vencer de US$ 500 milhões; classificação igual ou inferior a BBB+ (S&P) e Baa1 (Moody's); mais de um ano para o vencimento; e a possibilidade de ser compensado internacionalmente, por meio de sistemas como o Euroclear.

GRÁFICO I: MARGEM DO EMBI + CLASSIFICAÇÃO DE RISCO

(19 de setembro de 2003)

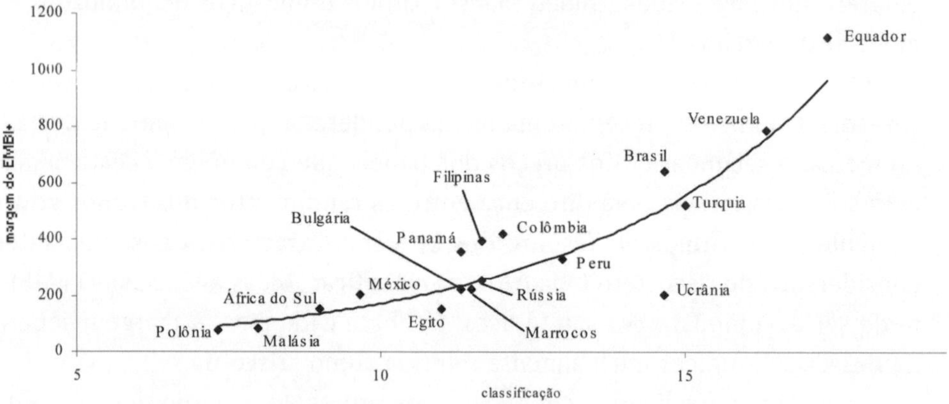

Fontes: J.P.Morgan, Moody's, S&P e Fitch.

Notas: 1. Média das classificações segundo a escala numérica des crita na tabela I.

2. Clas s ificação a c ima de 10 grau de es peculação; abaixo grau de investimento .

3. O Marrocos não é classificado pela Fitch.

custo de financiamento externo do setor privado, pois a margem, bem como a classificação soberana, são parâmetros importantes na determinação dos custos das captações externas dos residentes de um país.

Uma das razões para eventuais desacordos entre as avaliações de risco do mercado e das agências é que a margem é extraída dos preços de ativos, sujeitos a forças de oferta e demanda que são, por sua vez, influenciadas por diversos fatores que vão além das variações na percepção de riscos. Conforme observamos, influenciam nesse contexto as alterações de humor quanto à confiança dos aplicadores na qualidade de informações e nos parâmetros mais gerais de cálculo, o estado de sua aversão a riscos, a liquidez colocada pelas políticas monetárias de economias desenvolvidas e outros fatores de curto prazo.[18] Em contraste com a perspectiva mais estável e de maior alcance temporal buscada nos *ratings*, os índices de preços de mercado são sensíveis a eventos conjunturais, de curto prazo, o que lhes leva a flutuações gerais ou específicas a países.

Contudo, salvo por discrepâncias em períodos curtos, os estudos existentes apontam para uma relativa convergência entre índices de prêmios de riscos nos

18. Este problema se acentua para ativos mais líquidos, como é o caso dos C-Bonds brasileiros. Sua elevada liquidez, além da classificação em "grau de especulação" do governo brasileiro, tornam-lhes, por exemplo, candidatos naturais à venda em momentos de instabilidade nos mercados de títulos de emergentes (Canuto, 2002).

mercados e os *ratings* das agências, quando são tomadas como referência as médias de períodos longos. Variações de caráter geral, como, por exemplo, um aumento generalizado da aversão a riscos, queda na confiança ou redução na liquidez disponível, tendem a deslocar para cima e a tornar mais íngreme a Curva do Gráfico 1, sem, porém, subverter a escala crescente de prêmios conforme os *ratings*.

No longo prazo, a volatilidade exibida pelos prêmios de risco das economias com "grau especulativo" revela-se maior do que a equivalente nos casos de "grau de investimento", algo que acaba acentuando o caráter íngreme da curva. As economias na ponta mais especulativa apresentam maior sensibilidade, por exemplo, em relação às mudanças nas taxas de juros das economias desenvolvidas.

É freqüente a manifestação de dúvidas quanto à natureza da correlação e da direção da causalidade entre classes de risco e prêmios de risco no mercado. Os *ratings* balizam e estabilizam a direção tomada pelos mercados voláteis ou os primeiros seguem tendências que venham a ser sistematicamente mostradas pelo segundo, com as mudanças nas classificações vindo a reboque da mudança na percepção de risco pelo mercado? Os mercados se movem mais rapidamente e, quando exibem um curso sustentado em certa direção, no caso de um ativo em particular, tal direção vê-se freqüentemente acentuada por conta de anúncios de alterações no *rating* do ativo, sugerindo forte pró-ciclicalidade resultante do trabalho das agências.

Um estudo realizado pela Secretaria de Assuntos Internacionais do Ministério da Fazenda para Brasil, México e Argentina, cobrindo o período de 1994 a janeiro de 2001, concluiu que, na maioria dos períodos de flutuação, as agências de classificação de risco mantiveramse independentes em relação às oscilações da margem soberana. Há casos em que as agências seguem o mercado, casos em que as agências não o seguem e, ainda, outros onde ambos são surpreendidos com a súbita mudança na situação econômica e financeira de um país (SAIN, 2001). Reisen e von Maltzan (1999, citado em FMI, 1999) realizaram um estudo empírico, para 29 países no período de 1989 a 1997, que buscava verificar a existência de causalidade entre variações na margem soberana e variações nas classificações. Os autores concluíram que as margens soberanas precedem temporalmente as classificações no sentido de Granger e vice-versa. Em outras palavras, tanto as classificações podem ser vistas seguindo o mercado quanto o mercado pode ser tomado como seguidor das classificações. A conclusão desses estudos reflete a prática das agências – descrita no próximo item – e dos investidores. Conforme vimos anteriormente, os investidores tomam decisões de compra e venda com base nas classificações, devido a regras de auto-regulação ou governamentais. Portanto, é natural que, uma vez elevada ou rebaixada a classificação de um soberano, o preço de seus títulos varie na mesma direção, em função do aumento ou diminuição da oferta desses papéis.

Também veremos no próximo item que, em situações normais, a percepção de risco de mercado, conforme refletida nas margens soberanas, não faz parte do processo de avaliação de risco. No entanto, em momentos de instabilidade, as agências a incorporam em sua análise. A razão para tanto é que uma elevação significativa da margem pode, por si só, deflagrar a suspensão do serviço da dívida pela restrição que cria de acesso ao mercado financeiro. As classificações, a princípio, devem ser estáveis, baseando-se nos fundamentos de médio e longo-prazos do credor. Os investidores esperam que essas características sejam preservadas e argumentam que o uso de um indicador volátil como a margem soberana pode reduzir a estabilidade das classificações. Por outro lado, a decisão de uma redução na classificação pode, de fato, ter um efeito pró-cíclico durante crises de confiança, contribuindo para agravá-las (Moody's, 2002a).[19]

Uma hipótese a ser considerada, adicionalmente, é a de existirem fatores comuns subjacentes a ambos os *ratings* e as tendências nos prêmios de risco nos mercados, com a aparente pró-ciclicalidade dos anteriores manifestando apenas o caráter mais lento de seus reflexos, em comparação com o imediatismo dos prêmios de risco no mercado. Neste sentido, mesmo quando o movimento de mercado é introjetado nas decisões das agências e os *ratings* acentuam as direções de mercado, o balizamento em última instância de ambos estaria nesse terceiro conjunto de fatores.

A hipótese de um tertius, ou seja, da existência de determinantes que antecedem e explicam o co-movimento de *ratings* e prêmios, será visitada no item 4. O próximo item abordará os processos de classificação adotados pelas agências. Notar-se-á, então, a consideração de certo conjunto básico de variáveis macroeconômicas, ao qual nos reportaremos no quarto item.

19. Analistas da Fitch, durante reunião na Secretaria de Assuntos Internacionais do Ministério da Fazenda, em maio de 2003, admitiram o uso, em momentos de instabilidade, de indicadores de percepção de risco de mercado em seu processo de classificação.

O PROCESSO DE CLASSIFICAÇÃO DE RISCO-SOBERANO

A avaliação de risco-soberano deve julgar não apenas a capacidade de pagar dos governos, mas principalmente sua disposição a pagar.[20] Isso inevitavelmente introduz certo grau de subjetividade na análise, tornando-a mais complexa e difícil do que a avaliação de risco das empresas. A disposição a pagar pode ser bastante reduzida devido à falta de um mecanismo explícito para garantir o cumprimento integral dos termos acordados quando contratada a dívida. Não há, por exemplo, uma entidade supranacional capaz de resolver, em tempo razoável, os contenciosos entre governos e credores e há uma grande dificuldade para credores imporem sanções diretas no caso de inadimplência. Isto decorre do princípio do direito internacional da imunidade dos estados soberanos, segundo o qual as propriedades, tanto físicas quanto financeiras, dos governos não estão sujeitas a jurisdição de um segundo governo estrangeiro.[21] Além disso, as decisões governamentais são tomadas levando-se em consideração não apenas aspectos econômicos e financeiros, mas também sociais e políticos, que podem exercer influencia decisiva sobre a disposição a pagar dos soberanos. A sanção mais efetiva que os credores podem impor é o fechamento do mercado internacional de crédito para os governos inadimplentes e a exigência de um maior prêmio de risco (maior taxa de juros) quando estes voltam a captar recursos no exterior. Em parte por isso, a maioria dos eventos de moratória soberana é parcial, em vez de total. Tipicamente, os governos em dificuldades estabelecem um tipo de hierarquia entre seus credores e evitam tornarem-se inadimplentes com as instituições multilaterais de crédito. Um governo pode permanecer em moratória por um longo período, mas, cedo ou tarde, necessita retomar as captações externas, chegando a algum tipo de acordo com os credores quanto aos créditos pendentes.

20. Há uma extensa literatura teórica sobre risco-soberano. Para uma resenha desta literatura até 1986 ver Eaton, Gersovitz e Stiglitz (1986); para uma resenha mais recente ver Araújo (2002).

21. Mais recentemente, tem prevalecido o princípio da imunidade soberana restrita, que limita a imunidade soberana a atividades tipicamente de Estado, como no caso das embaixadas e consulados, e não se aplica a atos de gestão, ou seja, aqueles que também podem ser executados pelo setor privado. No entanto, essa distinção teve até o momento pouco efeito prático. Raros são os casos de credores que obtêm decisões favoráveis a penhora de ativos estatais face ao não pagamento de uma dívida. Por outro lado, o valor dos ativos penhoráveis de governos no exterior é, na maioria dos casos, significativamente inferior ao total devido. Este tema é mais complexo e polêmico do que descrito aqui e foge do objetivo deste trabalho. Para um resumo dessa discussão nos EUA e Reino Unido, ver Obstfeld e Rogoff (1996); para um debate sob a perspectiva do direito brasileiro ver Azevedo e Júnior (2001).

Uma pesquisa conduzida pelo FMI mostra que as classificações não são o resultado de algum modelo estatístico específico que determine quantitativamente a probabilidade de moratória (FMI, 1999). A avaliação sobre a disposição a pagar introduz um elemento de subjetividade que torna esses modelos pouco eficazes para a avaliação de risco-soberano.

A classificação é o resultado de um trabalho interdisciplinar que combina a análise por meio de métodos quantitativos com a sensibilidade dos analistas a parâmetros qualitativos (Moody's, 2003), sendo dada grande ênfase a esse segundo aspecto. Normalmente, o processo de classificação é composto por três etapas: i) avaliação de conjuntura, ii) quantificação dos fatores avaliados, mesmo que qualitativos, por meio de um "modelo de pontuação" e iii) decisão da classificação por votação em um comitê com base na análise das informações levantadas em (i) e (ii).[22] A análise de conjuntura geralmente se inicia com uma visita de pelo menos dois analistas ao país em avaliação. Na oportunidade, são realizadas reuniões com os principais funcionários do governo, com analistas do setor privado, jornalistas, pesquisadores universitários e membros da oposição política. Os encontros com funcionários do governo servem, entre outras coisas, para pedir informações mais detalhadas sobre dados oficiais e são fundamentais para aprofundar o entendimento acerca da condução das políticas fiscal e monetária. As agências dão grande importância à clareza e consistência dessas políticas, pois a experiência mostra que sua condução tem grande influência sobre o balanço de pagamentos e a sustentabilidade da dívida pública. Os contatos com os demais setores servem de contraponto à visão oficial. Após a visita, é elaborado um relatório, distribuído antecipadamente aos membros do comitê, com tabelas de dados macroeconômicos, projeções e a recomendação de classificação.

O comitê é a principal instância do processo de classificação. O modelo de pontuação disciplina suas reuniões, servindo de guia para as discussões e o estabelecimento final das classificações. Cada parâmetro é discutido e avaliado abertamente por seus membros, sendo posteriormente pontuado por votação. Um fator central nessas discussões é a ênfase no exercício comparativo entre países de classificação similar, independentemente de sua região, no intuito de evitar inconsistências. Por esse motivo, a composição do comitê é bastante heterogênea, contendo, além dos analistas especializados no país avaliado, analistas dos setores privados

22. As informações sobre o processo de classificação foram obtidas em Bhatia (2002) e FMI (1999) e complementadas com textos das próprias agências (Fitch, 1998, Standard and Poor's, 1998 e 2002b e Moody's, 1999a, 1999b, 2002a, 2002b e 2003b).

relevantes e especialistas em soberanos de diversas regiões e classificações. O modelo de pontuação da S&P possui 10 categorias e o da Fitch 14,[23] mas ambos podem ser consolidados em 5 categorias gerais: risco político, civil e institucional; setor real; setor monetário e financeiro; setor externo; e setor fiscal (ver Quadro I, adiante). No caso da S&P, a cada categoria é atribuída uma nota de 1 (melhor) a 6 (pior). Os valores das categorias são ponderados e somados para a obtenção da pontuação total. Os fatores qualitativos – como, por exemplo, a probabilidade de um golpe de Estado – são avaliados com base na experiência e entendimento subjetivos dos membros do comitê; para as variáveis quantificáveis são estabelecidos níveis correspondentes a cada nota. A avaliação das categorias não é independente, pois os fatores políticos e institucionais influenciam a dinâmica dos demais setores e vice-versa.

Dado que as classificações são opiniões sobre a probabilidade futura de inadimplência, as projeções de vários indicadores macroeconômicos têm um peso importante no modelo de pontuação. No caso da S&P, as principais projeções consideradas são: PIB nominal per capita (em dólares), crescimento real do PIB per capita, resultado nominal do governo geral / PIB,[24] dívida líquida geral ou consolidada do governo /PIB, despesas brutas com juros / receitas brutas, inflação medida pelo índice de preços ao consumidor, necessidade bruta de financiamento externo / reservas internacionais, dívida externa líquida do setor público / receitas de conta corrente do balanço de pagamentos e dívida externa líquida do setor privado não-financeiro / receitas de conta corrente do balanço de pagamentos (Bhatia, 2002).

Para construir as projeções do setor real e monetário, utilizam-se extensivamente os cenários de médio-prazo do FMI e do Consensus Forecast, da Consensus Economics. As agências dão grande importância às projeções para a dívida pública interna e externa total, que são o resultado final de exercícios de sustentabilidade da dívida. O cenário básico para as simulações de sustentabilidade é construído levando-se em conta a avaliação subjetiva dos analistas especializados, avalizadas pelos membros do comitê, e não um modelo econométrico

23. Até a conclusão deste trabalho não foi possível a obtenção de informações sobre o modelo de pontuação da Moody's. As agências publicam periodicamente compêndios estatísticos com séries históricas e projeções de diversos indicadores econômicos. O conjunto de variáveis apresentado nessas publicações, bem como nos relatórios sobre os países, é bastante similar. Isto nos leva a crer que as discussões dos comitês das três agências são baseadas em um conjunto relativamente homogêneo de variáveis e parâmetros.

24. A definição de governo geral abrange governo federal ou administração central, inclusive o sistema previdenciário, banco central e governos locais. Não inclui as empresas estatais financeiras e não financeiras.

abrangente de projeções macroeconômicas. Os pressupostos utilizados são variações mais conservadoras das projeções oficiais ou do FMI, a partir dos quais cenários alternativos são construídos (Bhatia, 2002). Algumas vezes as agências condicionam, abertamente ou de modo reservado, uma elevação na classificação à aprovação de reformas que melhoram a perspectiva de longo prazo do endividamento público. Este foi o caso da S&P, ao elevar a classificação do México em 2001 de BB+ para BBB- após a aprovação da reforma tributária, levando na ocasião o país à categoria "grau de investimento".

Apesar de incorporar projeções, os resultados do modelo de pontuação têm um viés retrospectivo e podem não refletir aspectos menos tangíveis que afetam o risco de moratória, como os fatores sociais, históricos e políticos. O comitê pode entender que a classificação indicada pelo modelo não é adequada, em decorrência, por exemplo, da condução da política econômica. Esta, por sua vez, pode estar relacionada a uma diversidade de fatores, como o caráter ideológico do governo, a austeridade das políticas fiscal e monetária, pressões sociais, popularidade do governo e base de sustentação no Congresso. Os membros do comitê avaliam como as autoridades administraram problemas econômicos no passado, quais as indicações dadas de como eventuais situações de estresse serão administradas no futuro e quais os instrumentos disponíveis para tanto. Entre os aspectos importantes nesta avaliação estão o histórico de moratória de dívida pública, o relacionamento do governo com o FMI e outras instituições multilaterais de crédito, o arcabouço institucional (por exemplo, a existência de um banco central autônomo) e a capacidade do governo para obter o apóio político necessário à gerência de eventuais crises. Como contraponto a seu processo de avaliação de risco-soberano, o comitê discute as opiniões de analistas políticos independentes, analistas de bancos e consultorias privadas e de outras agências de classificação.

Após todas essas considerações a classificação é determinada por votação. Em seguida é elaborado e divulgado um relatório que incorpora a visão majoritária do comitê. O relatório busca explicitar os principais fatores subjacentes à classificação, indicando quais são as principais preocupações da agência, porque a classificação não é maior ou menor, os fatores que podem levar a sua redução ou elevação e quais são as perspectivas para a classificação em diferentes cenários (Moody's 2002a). Além disso, os relatórios vêm acompanhados de uma seleção de indicadores macroeconômicos e projeções para, no máximo, os dois anos seguintes.

Quadro I: Principais Fatores e Variáveis Considerados na Avaliação de Risco[1]

Categoria	Fatores Avaliados	Variáveis Consideradas
Risco Político, Civil e Institucional	estabilidade e legitimidade das instituições políticas; consitituição e relacionamento entre as principais instituições; independência do judiciário; participação popular nos processos políticos; probidade da sucessão das lideranças; características dos partidos políticos e da base de apóio ao governo (estável ou instável, ampla ou estreita); grau de coesão dos principais partidos políticos em torno das diretrizes da política econômica; independência do banco central; transparência nas decisões e objetivos da política econômica histórico da reação das autoridades a situações adversas; credibilidade dos principais membros da equipe de primeiro escalão do governo; objetivos e estratégia da política externa; participação em organizações internacionais e em blocos comerciais; relacionamento com instituições multilaterais de crédito (FMI, Banco Mundial, etc); risco geopolítico (possibilidade de guerra); risco de revolução ou golpe de estado; tamanho, crescimento e importância das forças armadas; segurança pública; liberdade de imprensa; legislação e instituições direcionadas a regulação da concorrência; pressões sociais devidas ao baixo padrão de vida da população; desenvolvimento dos serviços de saúde e saneamento; a existência de conflitos étnicos e religiosos.	índice de desenvolvimento humano (Banco Mundial); índice de percepção de corrupção (*Transparency International*) ; lista das "verdadeiras democracias"(*Freedom House*); índice de direitos políticos (Freedom House); índice de liberdade civil (Freedom House).
Setor Real e Estrutura Econômica	taxa e padrão do crescimento econômico; prosperidade, diversidade e grau de orientação para a economia de mercado; existência de políticas industriais e agrícolas distorcivas; disparidade na distribuição da renda; competitividade e rentabilidade do setor privado não financeiro; eficiência do setor público; tamanho do setor público em relação ao setor privado; tamanho e importância das empresas estatais financeiras e não-financeiras e perspectivas de privatização; protecionismo e outras influências contrárias à economia de mercado; integração financeira e comercial com o exterior; volume e composição da poupança e do investimento; diversificação da estrutura produtiva e das exportações; flexibilidade e qualificação da mão-de-obra; nível educacional da população; infra-estrutura de transportes e comunicações; disponibilidade de recursos naturais, inclusive reservas comprovadas de minérios e combustíveis fósseis.	PIB (em US$ e baseado no PPC[2]); crescimento real do PIB; PIB per capta (em US$ e baseado no PPC); crescimento real do PIB per capita; investimento/PIB, com detalhamento para investimento privado e público; poupança doméstica/PIB, com detalhamento para setor público, setor privado e famílias; consumo/PIB; crescimento real do investimento; taxa de desemprego; coeficiente de Gini; crescimento populacional; crescimento da produtividade; composição do PIB por setores (agricultura, serviços e indústria); consumo de petróleo/PIB; percentagem da população matriculada em escolas de nível médio ou superior; grau de abertura (importações+exportações/PIB); tarifa média de importação; barreiras não-tarifárias; estrutura do comércio exterior por produtos e parceiros comerciais.
Setor Fiscal[3]	condução da política fiscal e seus objetivos de curto e longo prazos; receitas e despesas do governo geral; necessidades brutas e líquidas de financiamento do governo geral; fontes de financiamento do setor público (internas ou externas, monetária ou não monetária); flexibilidade na administração das receitas, que está relacionada com a capacidade do governo em aumentar a arrecadação quando necessário; flexibilidade na administração das despesas, que está relacionada com a rigidez dos gastos primários devido ao elevado percentual de despesas não vinculadas; eficiência dos gastos públicos; pressões estruturais sobre o crescimento dos gastos públicos, como pagamento futuro de aposentadorias, crescimento dos gastos com seguridade social e passivos contingenciais; receitas atuais e futuras com privatização; acumulo de pagamentos atrasados; parcela da receita comprometida com juros; composição por moeda e perfil de vencimento da dívida pública; composição da dívida pública por devedor e credor; porte e solidez das empresas não financeiras do setor público; pontualidade, abrangência e transparência dos relatórios fiscais;	receitas/PIB; despesas/PIB; despesas discricionárias/despesas totais; resultado nominal e primário/PIE; dívida bruta e líquida/receitas; dívida líquida e bruta/PIB; juros pagos/PIB; juros pagos/receitas totais; passivos contingenciais estimados (esqueletos)/PIB; dívida em moeda estrangeira ou indexada a moeda estrangeira/dívida total; dívida externa/dívida total; composição % da dívida por credor; sensibilidade da dívida a flutuações nas taxas de juros.
Setor Monetário e Finandeiro	coerência e sustentabilidade das políticas monetárias e cambiais; compatibilidade do regime cambial com objetivos monetários; comportamento dos preços nos ciclos econômicos; expansão monetária e do crédito; fatores institucionais, como o grau de independência do banco central; abrangência e eficiência das ferramentas de política monetária; grau de desenvolvimento do mercado de capitais local; efetividade do setor financeiro na intermediação de recursos; disponibilidade de crédito; solidez do setor financeiro; solidez do setor financeiro.	inflação (índice de preços ao consumidor); crédito doméstico total/PIB; crédito doméstico ao setor privado/PIB; crescimento real do crédito doméstico total; crescimento real do crédito doméstico ao setor privado; M2/PIB; crescimento nominal do M2; grau de dolarização (total de depósitos em moeda estrangeiro no sistema bancário doméstico/total de depósitos no sistema bancário doméstico);
Setor Externo	impacto das políticas monetárias sobre as contas externas; estrutura da conta corrente do balanço de pagamentos; nível e composição dos fluxos de capitais (curto ou longo prazo; investimentos estrangeiros em portfólio ou diretos); nível e perfil de vencimentos da dívida externa total (pública e privada); composição da dívida externa por moedas, por prazo (curto ou longo prazo) e sua sensibilidade a flutuações nas taxas de juros internacionais; nível e composição das reservas internacionais líquidas, buscando-se excluir o montante destinado a manutenção de um regime de câmbio fixo como o *currency board* , depósitos dos bancos domésticos em suas matrizes no exterior, operações no mercado futuro de câmbio e outras operações que reduzam o nível efetivamente utilizável das reservas internacionais.	dívida externa bruta e líquida (total, publica e privada)/receitas em conta corrente[4]; dívida externa total bruta e líquida (total, publica e privada)/PIB; serviço da dívida (total, publica e privada)/receitas em conta corrente; serviço da dívida (total, publica e privada)/PIB; dívida externa de curto prazo/dívida externa (total, pública e privada); necessidades brutas de financiamento externo (em US$); reservas internacionais líquidas (em meses de importação); reservas líquidas /dívida externa de curto prazo; reservas internacionais brutas/M2; resultado em conta corrente/PIB; crescimento nominal e real das exportações de bens e serviços; crescimento nominal e real de importações de bens e serviços; investimento direto estrangeiro (em US$ e em % do PIB)

Fontes: Standard & Poor's, Bathia (2002), Fitch e Moody's.

1. Os fatores e variáveis descritos neste quadro são levados em consideração por pelo menos uma das três agências, mas não necessariamente pelas três.
2. Paridade do poder de compra.
3. As contas fiscais referem-se ao governo geral, que abrange governo federal ou administração central, inclusive o sistema previdenciário, banco central e governos locais. Não inclui as empresas estatais financeiras e não financeiras.
4. Exportações de bens e serviços fatores e não fatores mais transferências unilaterais.

Uma vez estabelecida uma classificação, esta é revisada periodicamente. Os processos de revisão e de estabelecimento da primeira classificação são essencialmente os mesmos. Nas revisões, a freqüência das visitas varia entre 6 e 24 meses, dependendo do país. Em condições normais, os comitês são reunidos algumas semanas após as visitas. Quando surge um fato inesperado relevante, o analista-chefe responsável pelo soberano pode convocar uma reunião ad hoc do comitê, que não é precedida pelas etapas normais do processo. Os resultados das discussões podem levar ou não a uma mudança na perspectiva da classificação, à colocação do soberano na listagem de aviso ou à modificação da própria classificação.

DETERMINANTES MACROECONÔMICOS DA CLASSIFICAÇÃO DE RISCO-SOBERANO

As agências não divulgam os pesos atribuídos aos fatores considerados para a determinação das classificações, mas indicam, em artigos sobre a metodologia de classificação e nos relatórios sobre os países, quais são as variáveis mais importantes (vide Quadro 1). Embora as agências ressaltem o caráter prospectivo das classificações, estas são, em grande medida, condicionadas por fatores retrospectivos. Por mais positiva que seja a tendência de uma economia, suas condições iniciais têm grande influência sobre a capacidade e disposição a pagar dos governos.

Neste item, buscamos ilustrar como diversas daquelas variáveis indicadas pelas agências se comportam individualmente em relação à classificação de risco. Ao final, examinaremos a hipótese de que, em conjunto, tais indicadores são bons antecedentes de *ratings* e, por conseguinte, de prêmios de risco no mercado. A descrição dos processos classificatórios, no item anterior, apontou a observação conjunta daqueles parâmetros em seu desenrolar.

Tipicamente, os governos de países de renda per capita elevada possuem uma avaliação de risco baixo (gráfico II). A renda per capita é tida como bom indicador do nível geral de desenvolvimento econômico e institucional de um país. Governos de países ricos têm maior flexibilidade para a adoção de políticas austeras em períodos de adversidade (Ficth, 1998 e Bhatia, 2002). A Moody's (2003b) esclarece que a relevância de determinadas variáveis varia segundo o grau de desenvolvimento do país. As autoridades de países desenvolvidos com uma longa história de estabilidade econômica e institucional têm melhores instrumentos para administrar dívidas públicas e déficits fiscais elevados, bem como choques econômicos inesperados.

GRÁFICO II: RENDA PER CAPTA

(US$ correntes; média de 1998 a 2002)

por grupo de países, segundo classificação média **gráfico de dispersão**

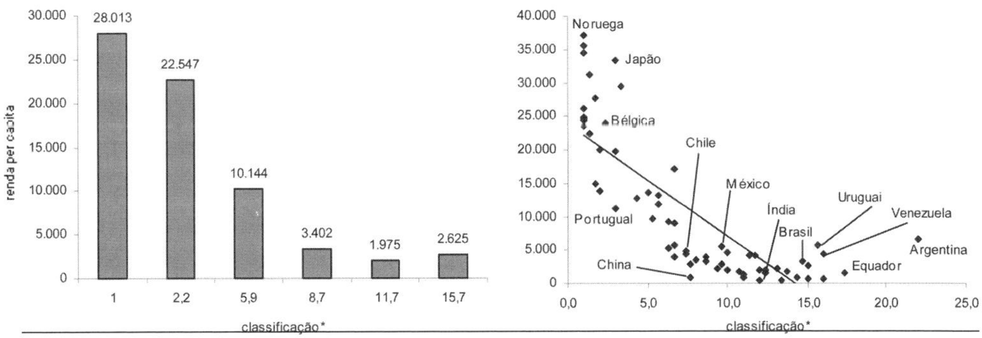

Fontes: Moody's, S&P e Fitch.
*Média das classificações em 31/12/2002 para uma amostra de 66 países segundo descrito na tabela III.

Todos os países que registraram uma renda per capita abaixo de cinco mil dólares, em 2002, fazem parte da categoria "grau de especulação". Contudo, nem sempre títulos da dívida de governos de países de renda baixa são considerados investimentos arriscados.

Um exemplo é a China, país de renda per capita abaixo de mil dólares avaliado como "grau de investimento" (tabela III). Este país beneficia-se, entre outras coisas, de uma baixa relação dívida bruta / PIB do governo geral e uma baixa dívida externa líquida total, da inflação sob controle e de um retrospecto de crescimento econômico elevado. Já o governo da Índia, que, assim, como a China, é um país de baixa renda, com uma economia dinâmica, de grande população e extensão territorial, é considerado um devedor de risco bastante elevado (tabela III). Entre outros motivos, pesa contra a avaliação de risco do governo deste país, além do baixo PIB per capita, o déficit fiscal elevado do governo geral (10,7% do PIB, em 2002), uma relação dívida pública bruta / PIB alta (77% do PIB, em 2002) e o fato da Índia ser um país fechado ao comércio internacional, com uma participação pequena das exportações no PIB e elevadas tarifas de importação.

A inflação é vista pelas agências como um dos melhores termômetros da consistência das políticas fiscal e monetária, da estabilidade financeira, política e institucional de um país.

TABELA III: CLASSIFICAÇÃO SOBERANA POR PAIS AGÊNCIA
(em 31/12/2002)

	FITCH		S&P		MOODY'S		
	Classificação	Escalas numérica de equivalência	Classificação	Escalas numérica de equivalência	Classificação	Escalas numérica de equivalência	Média das Escalas numérica de equivalência
1							**1,0**
Austria	AAA	1	AAA	1	Aaa	1	1,0
Finlândia	AAA	1	AAA	1	Aaa	1	1,0
França	AAA	1	AAA	1	Aaa	1	1,0
Alemanha	AAA	1	AAA	1	Aaa	1	1,0
Irlanda	AAA	1	AAA	1	Aaa	1	1,0
Holanda	AAA	1	AAA	1	Aaa	1	1,0
Noruega	AAA	1	AAA	1	Aaa	1	1,0
Suíça	AAA	1	AAA	1	Aaa	1	1,0
Reino Unido	AAA	1	AAA	1	Aaa	1	1,0
EUA	AAA	1	AAA	1	Aaa	1	1,0
1-4							**2,2**
Austrália	AA	3	AA+	2	Aaa	1	2,0
Canadá	AA+	2	AAA	1	Aaa	1	1,3
Dinamarca	AA+	2	AAA	1	Aaa	1	1,3
Espanha	AA+	2	AA+	2	Aaa	1	1,7
Suécia	AA+	2	AA+	2	Aaa	1	1,7
Bélgica	AA	3	AA+	2	Aa1	2	2,3
Nova Zelândia	AA	3	AA+	2	Aaa	1	2,0
Itália	AA	3	AA	3	Aa2	3	3,0
Japão	AA	3	AA-	4	Aa1	2	3,0
Portugal	AA	3	AA	3	Aa2	3	3,0
Islândia	AA-	4	A+	5	Aaa	1	3,3
4-7							**5,9**
Taiwan	A+	5	AA-	4	Aa3	4	4,3
Eslovênia	A	6	A	6	Aa3	4	5,3
Kuwait	AA-	4	A+	5	A2	6	5,0
Grécia	A	6	A	6	A1	5	5,7
Chipre	A+	5	A	6	A2	6	5,7
Estônia	A-	7	A-	7	A2	6	6,7
Hungria	A-	7	A-	7	A1	5	6,3
Malta	A	6	A	6	A3	7	6,3
Coréia	A	6	A-	7	A3	7	6,7
Israel	A-	7	A-	7	A2	6	6,7
República Tcheca	BBB+	8	A-	7	A1	5	6,7
7-10							**8,7**
Chile	A-	7	A-	7	Baa1	8	7,3
Polônia	BBB+	8	BBB+	8	A2	6	7,3
China	A-	7	BBB	9	A3	7	7,7
Letônia	BBB	9	BBB+	8	A2	6	7,7
Malásia	BBB+	8	BBB+	8	Baa1	8	8,0
Lituânia	BBB	9	BBB	9	Baa1	8	8,7
Eslováquia	BBB-	10	BBB	9	A3	7	8,7
Tunísia	BBB	9	BBB	9	Baa3	10	9,3
África do Sul	BBB-	10	BBB-	10	Baa2	9	9,7
México	BBB-	10	BBB-	10	Baa2	9	9,7

Croácia	BBB-	10	BBB-	10	Baa3	10	10,0
Tailândia	BBB-	10	BBB-	10	Baa3	10	10,0
10-13							**11,7**
El Salvador	BB+	11	BB+	11	Baa3	10	10,7
Egito	BB+	11	BB+	11	Ba1	11	11,0
Cazaquistão	BB+	11	BB	12	Baa3	10	11,0
Panamá	BB+	11	BB	12	Ba1	11	11,3
Filipinas	BB+	11	BB+	11	Ba1	11	11,0
Costa Rica	BB	12	BB	12	Ba1	11	11,7
Índia	BB	12	BB	12	Ba2	12	12,0
Rússia	BB-	13	BB	12	Ba2	12	12,3
Colômbia	BB	12	BB	12	Ba2	12	12,0
Bulgária	BB	12	BB+	11	B1	14	12,3
Peru	BB-	13	BB-	13	Ba3	13	13,0
13-22							**15,7**
Romênia	BB-	13	B+	14	B1	14	13,7
Vietnam	BB-	13	BB-	13	B1	14	13,3
Papua Nova Guiné	B+	14	B	15	B1	14	14,3
Brasil	B	15	B+	14	B2	15	14,7
Ucrânia	B	15	B	15	B2	15	15,0
Turquia	B	15	B-	16	B1	14	15,0
Indonésia	B	15	CCC+	17	B3	16	16,0
Venezuela	B	15	CCC+	17	B3	16	16,0
Equador	CCC+	17	CCC+	17	Caa2	18	17,3
Uruguai	B	15	B-	16	B3	16	15,7
Argentina	DDD	22	SD	22	Ca	22	22,0

Fontes: Moody's, S&P e Fitch.

Financiamentos expressivos e prolongados de déficits orçamentários por meio de emissão monetária invariavelmente levam à aceleração da inflação, ou mesmo à hiperinflação. Nestas circunstâncias, as autoridades geralmente adotam políticas impopulares de contenção de gastos e aperto monetário, que são mais eficientemente implementadas quando há um banco central autônomo e as autoridades desfrutam de uma base ampla e coesa de sustentação política. Caso contrário, o processo inflacionário se intensifica e pode ocasionar a perda de credibilidade do governo e de suas instituições. Este tipo de situação geralmente se faz suceder por suspensão do serviço da dívida pública (S&P, 2002).

O gráfico III mostra que a taxa média de inflação dos últimos cinco anos dos países "grau de investimento" (BBB/Baa ou acima, menor que 10 na escala numérica) é substancialmente mais baixa do que a dos "grau de especulação". Observa-se também que não há um único país, nesta primeira categoria, no qual a taxa de inflação média dos últimos cinco anos exceda 10%. Por outro lado, as maiores taxas de inflação são verificadas nos países com "grau de especulação". Entretanto, há casos em que se verificam variações dos preços ao consumidor equivalentes às dos países avançados, como é caso do Peru (3%). Neste país, a baixa taxa de inflação é reflexo da implementação de reformas estruturais na década de 90 e da condução conservadora das políticas fiscal e monetária. No entanto, sua avaliação de risco é prejudicada pela incerteza política, por um elevado nível de endividamento externo em relação às receitas em conta corrente (260%, em 2002) e por uma baixa diversificação da pauta de exportação, que é muito concentrada em produtos primários.

Equador e Turquia são os países da amostra que apresentaram as maiores variações médias do índice de preços ao consumidor, 45,4% e 55,1%, respectivamente. Apenas o primeiro entrou em moratória, em 1998, após uma crise bancária, cambial e política, que levou a dolarização da economia. A Turquia, também enfrenta problemas institucionais e políticos, mas em função de sua posição geográfica estratégica, é beneficiada pelo forte apóio financeiro do FMI.

Um outro fator relacionado ao setor monetário que as agências declaram ter peso importante em suas avaliações é o desenvolvimento do mercado financeiro. Países em que o sistema financeiro é bem desenvolvido e em que os títulos do governo são comprados por uma abrangente parcela da população, o custo de uma moratória é maior, ao contrário daqueles países onde o uso do sistema

GRÁFICO III: INFLAÇÃO (índice de preços ao consumidor)

(variação % em 12 meses; média de 1998 a 2002)

por grupo de países, segundo classificação média

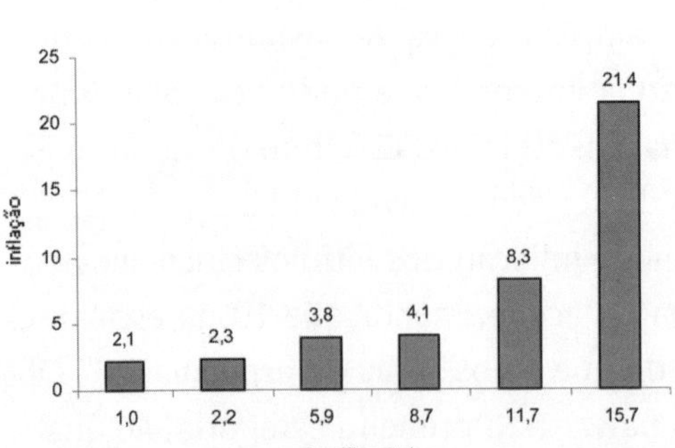

gráfico de dispersão

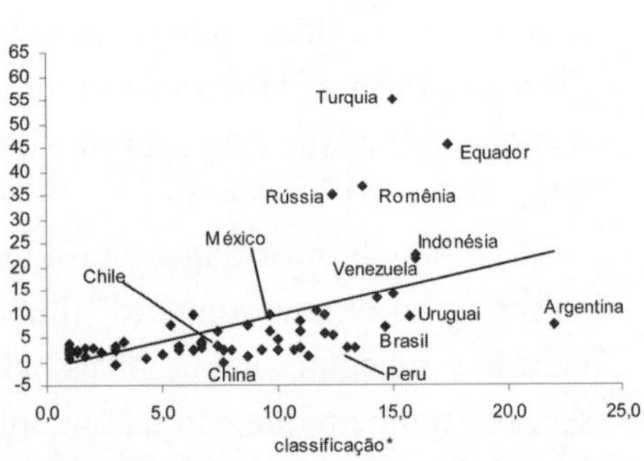

Fontes: Moody's, S&P e Fitch.

*Média das classificações em 31/12/2002 para uma amostra de 66 países segundo descrito na tabela III.

bancário é limitado e os credores do governo são um grupo pequeno de agentes financeiros (S&P, 2002).[25]

Um dos indicadores do grau de desenvolvimento financeiro é o crédito doméstico ao setor privado como proporção do PIB. No gráfico IV, observa-se que, de um modo geral, os soberanos de países onde esta variável é elevada possuem melhores classificações. Como verificado na análise das demais variáveis, há diferenças importantes em cada categoria. O México, por exemplo, tem uma das menores relações crédito ao setor privado/PIB (12,5%, em 2002), mas o governo mexicano está na categoria "grau de investimento". De acordo com a Moody's, este país beneficia-se da crescente integração econômica, comercial e financeira com a economia norte-americana. A agência avalia que, desde o início do NAFTA (North American Free Trade Agreement), em 1993, a economia mexicana tornou-se mais resistente a choques domésticos e externos e menos vulnerável ao contágio de crises financeiras de outros mercados emergentes (Moody's 2003c). Um outro aspecto é que a maioria das grandes empresas instaladas no México, com grande número de multinacionais, recorre ao mercado de capitais norte-americano para se financiar, o que reduz a relevância do crédito doméstico ao setor privado como indicador de robustez financeira.

GRÁFICO IV: CRÉDITO AO SETOR PRIVADO

(% do PIB; 2002)

por grupo de países, segundo classificação média | **gráfico de dispersão**

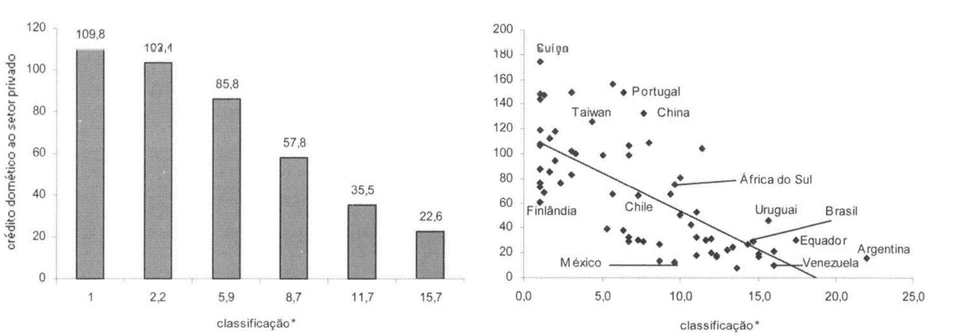

Fontes: Moody's, S&P e Fitch.
*Média das classificações em 31/12/2002 para uma amostra de 66 países segundo descrito na tabela III.

25. Esta consideração é mais pertinente para o risco dos títulos em moeda local, mas tem efeitos importantes sobre a classificação das obrigações em moeda estrangeira. A credibilidade de um governo inadimplente em sua dívida doméstica é muito menor do que a de um governo que honra todos os seus pagamentos.

O grau de abertura comercial e financeira de um país ao resto do mundo é um dos principais fatores considerados durante o processo de classificação, pois afeta diretamente a disposição a pagar dos soberanos. Os custos econômicos e financeiros de uma moratória para um país são diretamente proporcionais a seu grau de integração com o exterior (S&P, 1998). Isto porque o setor privado de uma economia aberta usa intensivamente o mercado financeiro internacional para financiar investimentos, exportações e importações.

Outro argumento, ressaltado pela Fitch (1998), é o de que, onde há uma política de abertura comercial, as indústrias são mais competitivas e voltadas para o mercado externo, enquanto que, em países protecionistas, essas indústrias tendem a ser ineficientes e a privilegiar o mercado doméstico, o que prejudica a geração de divisas, e, por conseguinte, reduz a capacidade de serviço da dívida externa. Adicionalmente, países onde a participação do comércio exterior no PIB é elevada necessitam de uma desvalorização cambial de menor proporção para promover um ajuste do balanço de pagamentos, diante de choques externos, em relação àqueles em que a participação do comércio exterior na economia é reduzida.

No gráfico V temos os graus de abertura comercial (soma de exportações mais importações de bens e serviços medida como percentagem do PIB) no eixo vertical e a classificação soberana no eixo horizontal. Verifica-se uma relação

GRÁFICO V: GRAU DE ABERTURA COMERCIAL

(exportações + importações de bens e serviços em % do PIB; média de 1998 a 2002)

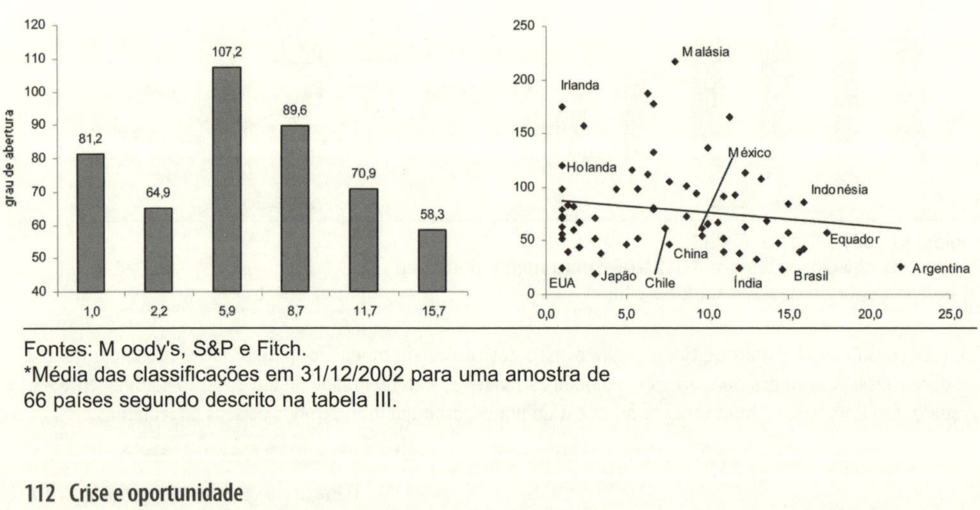

Fontes: Moody's, S&P e Fitch.
*Média das classificações em 31/12/2002 para uma amostra de 66 países segundo descrito na tabela III.

inversa entre essas duas variáveis para os soberanos de classificação "A" ou inferior. Nas classificações maiores, que englobam os países desenvolvidos, não se observa o mesmo. A proporção entre o comércio exterior e o PIB tem a vantagem de ser um indicador simples de abertura comercial; entretanto, tende a ser menor em economias "grandes" como os EUA, Japão, Brasil, México, Índia e China. Isto acontece porque o numerador (exportações mais importações de bens e serviços) é medido em dólares, enquanto o denominador (PIB) inclui um amplo setor de bens não transacionáveis, cuja importância pode ser subestimada na contabilidade nacional. Além disso, esta variável pode ser sobre-estimada em países em que o setor exportador é fortemente dependente de insumos importados, como o México e a China. Não obstante esses problemas, as agências a consideram um bom indicador do nível de integração de uma economia com a economia mundial (Moody's 2003b).

A variável mais importante na avaliação do setor externo é a dívida externa líquida total (dívida externa bruta, descontados os ativos em moeda estrangeira) em relação às receitas em conta corrente, e não em relação ao PIB, uma medida mais tradicional.[26] As razões para se avaliar tanto a dívida externa pública quanto a privada é que esta última pode pressionar as reservas internacionais do banco central e, em certas circunstâncias, os passivos externos privados podem se transformar em passivos governamentais (S&P, 2002). Governos de países onde o setor bancário promove a expansão do crédito doméstico por meio de endividamento externo ou onde a política cambial e o nível de taxa real de câmbio incentivam o crescimento excessivo do endividamento externo do setor privado não-financeiro, possuem uma classificação mais baixa (Bhatia, 2002).

Grosso modo, quanto maior a dívida externa total de um país em relação a sua capacidade de gerar divisas, mais oneroso tende a ser o serviço dessa dívida e maior é o risco de inadimplência do soberano. Contudo, isto nem sempre se verifica. Há outros fatores, considerados conjuntamente com o estoque da dívida, que aumentam o custo e afetam a capacidade de serviço da dívida externa, como o nível das reservas internacionais e a relação serviço da dívida externa/receitas em conta corrente.

No gráfico VI a seguir, observa-se que, em média, nos países com títulos soberanos na categoria de "grau de investimento" a relação dívida externa líquida total/receitas

26. Receitas em conta corrente: exportações de bens e serviços fatores e não-fatores mais transferências unilaterais.

em conta corrente é menor do que a dos países de governos classificados como "grau de especulação". Verifica-se uma dispersão acentuada entre os países AAA/Aaa e AA/Aa. Nestas classificações há exemplos tanto de países com dívida externa líquida negativa, quanto de países que apresentam uma dívida externa líquida equivalente à dos países em "grau de especulação".

Chama a atenção o nível de endividamento externo dos EUA, Austrália e Nova Zelândia, que está entre os maiores da amostra e é equivalente à dos países de classificação B e C. O fato de administrarem economias desenvolvidas, possuírem uma boa reputação de cumprimento de seus compromissos externos e, no caso dos EUA, quase a totalidade da dívida externa pública e privada ser denominada em moeda nacional, confere aos governos desses países uma classificação elevada. Em outro extremo está a Venezuela, que possui um dos mais baixos níveis de endividamento externo da categoria "grau de especulação". Uma conjuntura histórica de instabilidade econômica e política que vem prevalecendo nas últimas duas décadas tem levado seu governo a uma das classificações mais baixas da amostra. O acesso limitado ao mercado financeiro decorrente desses fatores restringe o crescimento da dívida externa venezuelana.

GRÁFICO VI: DÍVIDA EXTERNA LÍQUIDA TOTAL/ RECEITAS EM CONTA CORRENTE

por grupo de países, segundo classificação média | **gráfico de dispersão**

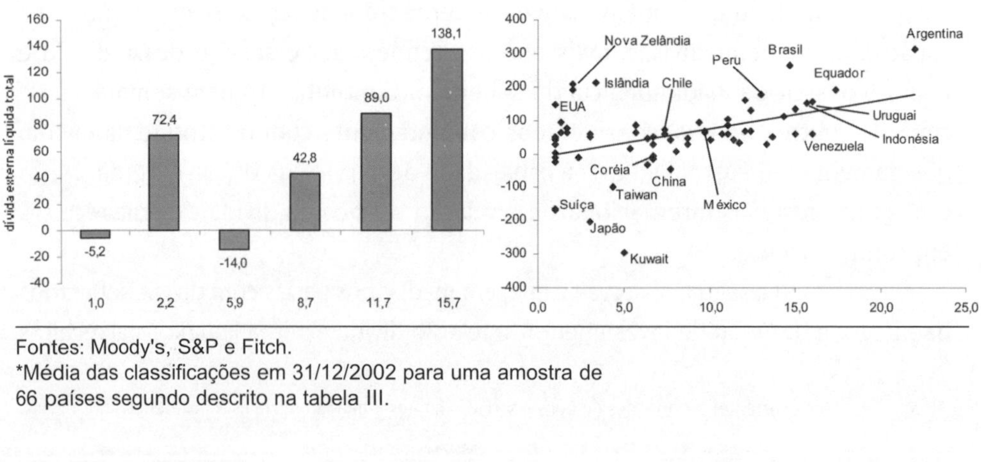

Fontes: Moody's, S&P e Fitch.
*Média das classificações em 31/12/2002 para uma amostra de 66 países segundo descrito na tabela III.

Na análise das finanças públicas duas variáveis são fundamentais: o déficit nominal do governo geral em proporção do PIB e o estoque da dívida do governo geral em relação às suas receitas totais. [27] O motivo pela preferência deste último indicador é que alguns países podem apresentar uma relação dívida pública/PIB baixa, mas, ainda assim apresentar sérios problemas de endividamento em função da sua baixa capacidade de arrecadação. Este é o caso da Turquia, da Índia e do Peru (Moody's, 2003b). Em 2002, a dívida púbica bruta peruana foi de aproximadamente 47% do PIB, nível próximo da média da América Latina. No entanto, em relação às receitas, a dívida foi de 270%, uma das maiores da região.

É de se esperar que um governo considerado de risco elevado tenha apresentado déficits nominais elevados nos últimos anos e seu estoque da dívida seja substancialmente maior do que dos governos avaliados como de risco baixo. Nos gráficos VI e VII pode-se verificar que, em média, o déficit nominal aumenta na medida em que piora a classificação de risco. Já no caso do endividamento público esta relação não é tão clara, mas, de uma maneira geral, os soberanos com "grau de investimento" possuem um estoque da dívida menor do que os soberanos com "grau de especulação".

Outros fatores considerados são a sensibilidade da dívida pública às mudanças nas taxas de juros, a sua composição por moeda, o prazo médio de vencimento e o custo do serviço da dívida. As agências observam também a capacidade do governo de aumentar receitas e cortar despesas quando necessário. Países onde a base de arrecadação é limitada ou grande parte das despesas é vinculada a gastos determinados têm dificuldade para promover um ajuste fiscal quando necessário. Japão e Itália apresentam um nível de endividamento do setor público comparável ao dos países "grau de especulação". No entanto, o custo de rolagem da dívida pública desses países é baixo, a sua maior parte é denominada em moeda nacional e vence no longo prazo. Além disso, como dissemos no início deste item, as agências entendem que as autoridades de países desenvolvidos têm melhores instrumentos para administrar dívidas públicas e déficits fiscais elevados, bem como choques econômicos inesperados.

27. As agências privilegiam a análise da evolução do estoque da dívida pública líquida. Entretanto, devido a dificuldades de obtenção desse dado para todos os países da amostra, avaliamos nesse trabalho a relação entre classificação soberana e dívida pública bruta.

GRÁFICO VII: RESULTADO NOMINAL DO GOVERNO GERAL/PIB (%)

por grupo de países, segundo classificação média | **gráfico de dispersão**

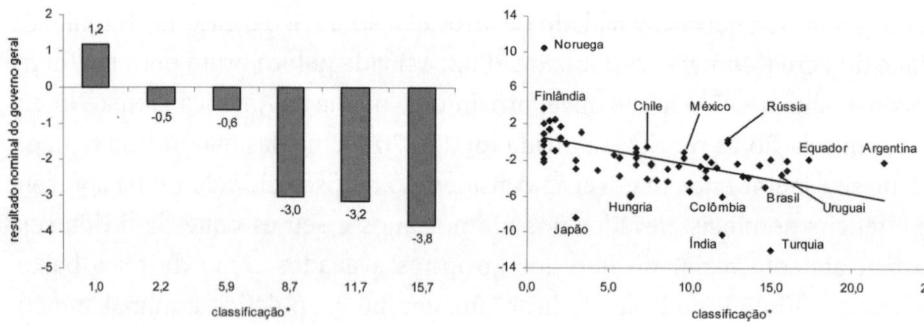

Fontes: Moody's, S&P e Fitch.
*Média das classificações em 31/12/2002 para uma amostra de 66 países segundo descrito na tabela III.

GRÁFICO VIII: DÍVIDA BRUTA DO GOVERNO GERAL RECEITAS TOTAIS (%)

por grupo de países, segundo classificação média | **gráfico de dispersão**

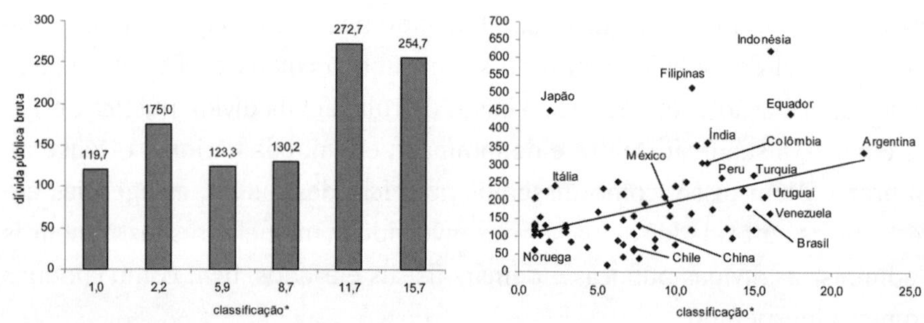

Fontes: Moody's, S&P e Fitch.
*Média das classificações em 31/12/2002 para uma amostra de 66 países segundo descrito na tabela III.

É possível, portanto, observar relações diretas entre a classificação de risco-soberano e determinadas variáveis macroeconômicas. Essas relações não são em geral perfeitas e há inúmeras exceções, o que é esperado, pois no processo de avaliação as variáveis macroeconômicas são vistas em seu conjunto. Tentaremos identificar, por meio de um modelo econométrico, se o conjunto de indicadores pode ser usado como preditor das classificações.

Um estudo pioneiro e bastante citado é de Cantor e Parker (1996), mostrando que as diferenças entre as classificações soberanas podiam ser explicadas por um conjunto relativamente pequeno de variáveis. Uma classificação alta estaria associada a um nível elevado de renda per capita em dólares, inflação baixa (medida pelo índice de preços ao consumidor), taxa elevada de crescimento econômico, uma baixa relação entre a dívida externa total e as exportações, a ausência de episódios de moratória a partir de 1970 e um alto nível de desenvolvimento econômico, segundo classificado pelo FMI. Por outro lado, o resultado fiscal do governo central e o déficit em conta corrente, ambos em proporção do PIB, apareceram como estatisticamente insignificantes.

A amostra utilizada por Cantor e Parker abrangeu 49 países. A variável dependente foi a média das classificações da Standard and Poor's e da Moody's em setembro de 1995, após sua conversão para uma escala numérica de equivalência. O período considerado para as variáveis explicativas variou substancialmente: para o crescimento real do PIB, foi considerada a média anual de 1991 a 1994; para inflação, déficit em conta corrente (em % do PIB) e resultado fiscal do governo central (em % do PIB), foi considerada a média anual de 1992 a 1994; para o PIB per capita e a dívida externa como proporção das exportações de bens, levaram em conta o resultado registrado no final de 1994. O nível de desenvolvimento econômico foi estabelecido de acordo com a classificação de economias industrializadas em setembro de 1995, segundo o FMI. Para quantificar este fator e o histórico de moratória foram utilizadas variáveis dummy (1 = industrializada / 0 = não industrializada; 1 = entrou em moratória pelo menos uma vez desde 1970 / 0 = não entrou em moratória desde 1970).

A princípio, poderíamos imaginar uma relação direta e sistemática entre déficit em conta corrente e risco soberano. No entanto, isto não é estritamente verdade. Países em moratória ou com severas restrições de acesso ao mercado internacional de crédito são compelidos a um ajuste do balanço de pagamentos que implica a geração de superávits expressivos ou drástica redução do déficit em conta corrente. Este é o caso da Argentina e de outros países de classificação soberana baixa, como Turquia e Uruguai. Em segundo lugar, países com elevada taxa de crescimento econômico tendem a conviver com déficits elevados em conta corrente por um longo período, o que não significa que necessariamente seu risco de moratória soberana é maior. Deve-se observar, entre outras coisas, se o aumento do déficit está sendo financiado por investimentos diretos em setores produtivos, que futuramente aumentarão as receitas com exportações ou reduzirão as importações, ou por formas de endividamento externo crescente que se tornarão insustentáveis a médio prazo. Por fim, há países com tendência estrutural a superávits em conta corrente, como os exportadores líquidos de petróleo. Um exemplo é a Rússia, que apresentou um superávit médio em conta corrente de 10% do PIB entre 1998 e 2002.

Uma reflexão similar pode ser estendida ao caso de fluxos fiscais. Tome-se, por exemplo, uma economia altamente endividada. Caso mantenha fortes superávits primários por um período necessário, a influência positiva destes sobre o *rating* ocorrerá via redução no estoque da dívida. Momentos isolados de fluxos, por seu turno, não são indicativos suficientes para upgradings ou downgradings na escala de riscos. A partir do modelo proposto por Cantor e Parker, e com base na importância atribuída a cada variável pelas agências, conforme sinalizado em seus relatórios, desenvolvemos outra versão, com uma amostra maior de países (66 listados na tabela III), dados mais recentes e utilizando, como variável dependente, a média das classificações das três agências, em vez de apenas S&P e Moody's. Em relação ao trabalho desses autores, substituímos a variável explicativa déficit em conta corrente/PIB por grau de abertura (exportações + importações de bens e serviços/PIB) e incluímos a variável dívida bruta do governo geral/receitas fiscais totais. No quadro II, a seguir, há uma descrição detalhada das variáveis escolhidas. No quadro III apresentamos os resultados da regressão em cross-section pelo método dos mínimos quadrados ordinários. A regressão é estatisticamente significativa e explica conjuntamente cerca de 88% da variação na classificação média. Todos os coeficientes são significativos e possuem os sinais esperados, com exceção do coeficiente do déficit do governo geral. As regressões que têm as classificações de cada agência como variável dependente apresentam resultados similares, com uma ressalva para a equação da Moody's na qual o grau de abertura apresenta um nível de significância de 10,6%. As observações já feitas sobre o déficit do governo geral explicam porque, no que tange à classificação média, pareceu haver uma relação inversa e sistemática entre ambos. Uma possível explicação para a insignificância estatística da variável é que um déficit fiscal reduzido não necessariamente reflete uma situação estável derivada de uma sólida condução da política fiscal, podendo ser simplesmente uma reação a um ambiente de incerteza por parte do mercado que obriga o governo a reduzir suas necessidades de financiamento.

QUADRO II: DESCRIÇÃO DAS VARIÁVEIS DEPENDENTES UTILIZADAS NA REGRESSÃO

variável	descrição	período	fonte
Classificação (variável dependente)	**Classificações de longo-prazo em moeda estrangeira, convertidas para uma escala numérica, conforme a tabela I.**	**31 de dezembro de 2002**	**Moody's, S&P e Fitch**
Inflação	**Variação percentual em 12 meses do índice de preços ao consumidor (fim de período).**	**média dos dados anuais de 1998 a 2002.**	**Moody's, *Moody's Statistical Handbook*, abril de 2003.**
PIB per capita	**Em mil US$.**	**média dos dados anuais de 1998 a 2002.**	**Moody's, *Moody's Statistical Handbook*, abril de 2003.**
Crescimento real do PIB	**Em %**	**média dos dados anuais de 1998 a 2002.**	**Moody's, *Moody's Statistical Handbook*, abril de 2003.**
Resultado nominal do governo geral	**Em % do PIB. Abrange governo federal ou administração central, inclusive o sistema previdenciário, banco central e governos locais. Não inclui as empresas estatais financeiras e não financeiras.**	**média dos dados anuais de 1998 a 2002.**	**Moody's, *Moody's Statistical Handbook*, abril de 2003.**
Dívida bruta do governo geral	**Em % das receitas do governo geral. Abrange governo federal ou administração central, inclusive o sistema previdenciário, banco central e governos locais. Não inclui as empresas estatais financeiras e não financeiras.**	**média dos dados anuais de 1998 a 2002.**	**Moody's, *Moody's Statistical Handbook*, abril de 2003.**
Grau de abertura	**Exportações + importações de bens e serviços em % do PIB.**	**média dos dados anuais de 1998 a 2002.**	**Moody's, *Moody's Statistical Handbook*, abril de 2003.**
Dívida externa total líquida	**Em % das receitas em conta corrente do balanço de pagamentos (exportações de bens e serviços fatores e não-fatores mais transferências unilaterais.Dívida externa bruta deduzidos ativos brutos no exterior. No caso de países emergentes os ativos externos brutos incluem somente depósitos à vista, reservas internacionais, inclusive ouro, e fundos governamentais depositados no exterior. Ativos do setor privado não financeiro no exterior não são contabilizados, pois são geralmente acumulados por meio de fuga de capitais e é improvável que sejam repatriados durante uma crise.**	**média dos dados anuais de 1998 a 2002.**	**Fitch, *Sovereign Data Comparator*, março de 2003.**
Grau de desenvolvimento	**1 = economia desenvolvida; 0 = economia em desenvolvimento. Segundo definido pelo FMI**	**agosto de 2003**	**FMI, *International Financial Statistics,*, agosto de 2003.**
Moratória	**1 = o governo suspendeu o pagamento de juros ou principal da dívida interna ou externa, contratada por meio títulos ou empréstimos bancários, pelo menos 1 vez desde 1975; 0 = o governo nunca suspendeu o pagamento o pagamento da dívida interna ou externa desde 1975.**	**1975 a 2002**	**S&P, *Sovereign Defaults: Moving Higher Again in 2003?*, setembro de 2002**

Verificou-se uma contribuição significativa ao RÇ ajustado após a inclusão conjunta das variáveis "grau de abertura" e "dívida bruta do governo geral". Dito de outro modo, a incorporação dessas variáveis no modelo aumenta a percentagem da variação na classificação média explicada pelas variáveis independentes. Esta contribuição é especialmente mais expressiva no caso da S&P, o que sugere que esta atribui um maior peso ao grau de abertura em relação às demais agências.

QUADRO III: RESULTADOS DA REGRESSÃO

	variável dependente*			
variáveis explicativas	classificação média	Moody's	S&P	Fitch
intercepto	**11,97043**	**11,35102**	**12,89111**	**11,66916**
estatística-t	**6,084484**	**5,028219**	**6,081150**	**6,079497**
valor p**	**0,0000**	**0,0000**	**0,0000**	**0,0000**
PIB per capita	**-0,139772**	**-0,150938**	**-0,134295**	**-0,134083**
estatística-t	**-2,986244**	**-3,041307**	**-2,689963**	**-2,796211**
valor p**	**0,0042**	**0,0036**	**0,0094**	**0,0071**
Crescimento real do PIB	**-0,357154**	**-0,407587**	**-0,347230**	**-0,316643**
estatística-t	**-2,040592**	**-2,177232**	**-1,850170**	**-1,943515**
valor p**	**0,0460**	**0,0337**	**0,0696**	**0,0570**
Inflação	**0,063151**	**0,057619**	**0,072819**	**0,059015**
estatística-t	**2,504563**	**1,954964**	**2,866802**	**2,503304**
valor p**	**0,0152**	**0,0556**	**0,0058**	**0,0152**
Resultado nominal do governo	**-0,023533**	**0,014865**	**-0,039093**	**-0,046372**
geral	**-0,388713**	**0,215850**	**-0,646943**	**-0,800004**
estatística-t	**0,6990**	**0,8299**	**0,5203**	**0,4271**
valor p**				
Dívida bruta do governo geral	**0,006455**	**0,007638**	**0,006530**	**0,005197**
estatística-t	**2,814733**	**2,884997**	**2,805077**	**2,337887**
valor p**	**0,0067**	**0,0055**	**0,0069**	**0,0230**
Grau de abertura (logaritmo	**-0,736888**	**-0,644611**	**-0,913371**	**-0,652684**
natural)	**-2,269079**	**-1,643534**	**-2,558290**	**-1,970755**
estatística-t	**0,0271**	**0,1059**	**0,0133**	**0,0537**
valor p**				
Dívida externa total líquida	**0,007807**	**0,006824**	**0,007174**	**0,009422**
estatística-t	**2,305865**	**1,963507**	**1,970324**	**2,737190**
valor p**	**0,0248**	**0,0546**	**0,0538**	**0,0083**
Grau de desenvolvimento	**-4,043825**	**-3,906897**	**-4,280330**	**-3,944248**
estatística-t	**-3,970761**	**-3,659393**	**-4,049303**	**-3,737016**
valor p**	**0,0002**	**0,0006**	**0,0002**	**0,0004**
Moratória	**1,624121**	**1,924903**	**1,413743**	**1,533717**
estatística-t	**2,085860**	**2,044157**	**1,850998**	**2,169400**
valor p**	**0,0416**	**0,0457**	**0,0694**	**0,0343**
R^2 ajustado	**0,877147**	**0,851334**	**0,872804**	**0,879611**
Desvio padrão da regressão	**1,838769**	**2,092023**	**1,890906**	**1,769279**
Estatística-F	**52,56529**	**42,35806**	**50,55783**	**53,76828**
valor p**	**0,0000**	**0,0000**	**0,0000**	**0,0000**

Notas:
Número de observações: 66.
Para remediar o problema de heterocedasticidade apresentado nas quatro regressões, utilizamos o procedimento de White, que não altera o valor dos coeficientes mas torna os seus desvios-padrão estatisticamente consistentes.
*** As classificações médias, as classificações de cada agência e os países que compõem a amostra estão listados na tabela III.**
****Nível exato de significância, ou nível mínimo de significância no qual pode-se rejeitar a hipótese nula (Ho: coeficiente = 0)**

CONCLUSÃO

As classes de riscos de crédito utilizadas pelas agências privadas de *rating* refletem as freqüências de eventos de inadimplência, tomando-se estas como indicativas das probabilidades de inadimplência para emissores ou títulos nelas localizados. No caso do risco-soberano, há algo de arbitrário na demarcação entre "grau de investimento" e "grau especulativo", numa seqüência de riscos de inadimplência que, embora aumente explosivamente nas classes de mais alto risco, sobe de modo gradual nas faixas intermediárias. De qualquer modo, dadas as restrições na auto-regulação ou nas regulações públicas presentes nas fontes de recursos para economias emergentes, faz grande diferença a posição dos títulos do país na estrutura de classes.

No que diz respeito à relação entre classes de risco-soberano e prêmios de risco cobrados sobre títulos dos países, em particular dos títulos públicos de governos centrais, observase sua tendência à convergência ao longo de horizontes de tempo mais longos. O movimento dos *ratings* soberanos é mais estável, mudando com menor intensidade, até por causa de sua perspectiva de longo prazo, ao contrário dos spreads flutuantes de mercado.

É também fato que há uma interação pró-cíclica e auto-reforçadora entre *ratings* e prêmios, na medida que alterações nos primeiros freqüentemente exacerbam direções nos segundos, bem como que, em situações de estresse, as implicações de elevações agudas nos prêmios de risco também podem ser incorporadas na classificação de riscos de crédito. Contudo, além de ser inegável a menor volatilidade de *ratings*, verifica-se ser possível rastrear alguns determinantes macroeconômicos mais estruturais que explicam, em largos períodos, tanto as mudanças significativas na classificação de risco-soberano dos países, quanto, em última instância, os patamares de prêmios de risco-país.

Com base no exame dos processos classificatórios e de documentos divulgados pelas três maiores agências privadas internacionais de *rating*, destacamos – e testamos com êxito – o peso de certo conjunto de indicadores macroeconômicos na explicação das alterações amplas de classe de risco-soberano de economias emergentes. Variáveis de alteração mais lenta e que influenciam a dinâmica de sustentabilidade da dívida pública e da dívida externa – estoque da dívida pública vis-à-vis fluxos de receitas fiscais, estoque de dívida externa vis-à-vis receitas correntes em divisas, a corrente de comércio exterior vis-à-vis fluxos de PIB, taxas médias de crescimento do PIB – apareceram com destaque.

Três implicações de política se depreendem. Antes de tudo, o melhor antídoto contra a percepção de risco-soberano elevado e seu efeito sobre as taxas reais de juros domésticas consiste em melhorar aqueles indicadores. Tal melhora, por si só, corresponde à aquisição de melhores fundamentos macroeconômicos pela economia, o que denota a consistência entre tais variáveis e os *ratings* de risco-soberano.

Em segundo lugar, cabe realçar que o poder explicativo daquelas variáveis se dá em nível do conjunto. Pouco adianta evoluir favoravelmente em apenas um ou poucos entre os indicadores, já que a melhora apenas parcial dos fundamentos macroeconômicos tende a gerar "retornos decrescentes" em termos de *ratings*. Finalmente, uma palavra sobre o Brasil. Dada a distância em relação ao "grau de investimento" em sua atual avaliação de risco-soberano, bem como o fato de que os estoques presentes nos indicadores fiscais deverão apresentar melhora gradual ao longo dos próximos anos, qualquer projeto ambicioso de upgrading na classificação de riscos terá de conter avanços também nos indicadores relativos à solvência externa, inclusive o aumento da corrente de comércio e do denominador da razão entre a dívida externa e as receitas correntes no balanço de pagamentos.

REFERÊNCIAS BIBLIOGRÁFICAS

ARAÚJO, C.H. Political Risk, Incentives and International Credit Markets Equilibrium. Brazilian Review of Econometrics, Rio de Janeiro, v. 22, n. 2, p. 299-328, nov. 2002.

AZEVEDO, D.B; JÚNIOR, N.R.P. Imunidade de Jurisdição e Imunidade de Execução de Entes de Direito Público Externo. Brasília: Câmara dos Deputados, fev. 2001 (Nota Técnica).

BHATIA, A. Sovereign Credit Ratings Methodology. Washington: Fundo Monetário Internacional, out. 2002 (IMF Working Paper n. 02/170). Disponível em: http://www.imf.org/external/pubs/ft/wp/2002/wp02170.pdf.

CANTOR, R; PARKER, F. Sovereign Credit Ratings. Federal Reserve Bank of New York Current Issues in Economics and Finance, Nova York, v.1, n.3, p.1-6, jun. 1995. Disponível em: http://www.newyorkfed.org/rmaghome/curr_iss/1995.htm.

———. Determinants and Impact of Sovereign Credit Ratings. Federal Reserve Bank of New York Economic Policy Review, Nova York, v.2, n.2, p.37-54, dez. 1996. Disponível em: http://www.newyorkfed.org/rmaghome/econ_pol/1996.htm.

CANUTO, O. Crisis y Recuperación en Asia, Momento Económico, México, n. 116, jul-ago. 2001, p. 41-66.

CANUTO, O. Risco: ajuste de portfólio? Conjuntura Econômica, FGV-RJ, jul. 2002.

CANUTO, O. & LIMA, G. T. Basle 2: From Substantive Regulation to Procedural Regulation, in Fendt, R. & Lins, M. A. T. (orgs.), Uneven Architecture: The Space of Emergimg Countries in the International Financial System. Rio de Janeiro: Fundação Konrad Adenauer, 2002, p. 209-26.

CLAESSENS, S; EMBRECHTS, G. Basel II, Sovereign Ratings and Transfer Risk: External versus Internal Ratings. In: BASEL II: AN ECONOMIC ASSESSMENT, 1, 2002, Basiléia. Anais... Basiléia: Bank for International Settlements, mai. 2002. pp.1-27. Disponível em: http://www.bis.org.

EATON, J, GERSOVITZ, M; STIGLITZ, J. The Pure Theory of Country Risk. Cambridge, MA: National Bureau of Economic Research, abr. 1986 (NBER Working Paper Series, n. 1894). Disponível em: http://papers.nber.org/papers/w1894.

EIU – ECONOMIST INTELIGENCE UNIT. Bondholders Reject Restructuring Offer. EIU Viewswire, 24 set. 2003 (Argentina: Economy: News Analysis). Disponível em: http://www.viewswire.com.

FITCH RATINGS. Sovereign Rating Methodology. Nova York: Fitch Ratings, ago. 1998. 16p. (Criteria Report). Disponível, mediante registro gratuito, em: http://www.fitchratings.com/.

FITCH RATINGS. Sovereign Distressed Debt Exchanges. Nova York: Fitch Ratings, mai. 2003a. 22p. (Criteria Report). Disponível, mediante registro gratuito, em: http://www.fitchratings.com/.

FITCH RATINGS. Fitch Corporate Finance 2002: Rating Migration and Default Study. Nova York: Fitch Ratings, abr. 2003b. 10p. (Credit Market Research). Disponível, mediante registro gratuito, em: http://www.fitchratings.com/.

FITCH RATINGS. Sovereign Data Comparator. Nova York, mar. 2003c (Special Report). Disponível, mediante registro gratuito, em: http://www.fitchratings.com/.

FMI - FUNDO MONETÁRIO INTERNACIONAL. International Capital Market: Developments, Prospects, and Key Policy Issues. Washington, set. 1999. capítulos IV e V e anexos IV, V e VI. Disponível em: http://www.imf.org/external/pubs/ft/icm/1999/index.htm.

J.P.MORGAN. Introducing the Emerging Markets Bond Index Plus (EMB+). Nova York:

J.P. Morgan Securities Inc, Emerging Markets Research., jul. 1995. 8p. (Market Brief).

MOODY'S INVESTORS SERVICE. Corporate Bond Defaults and Default Rates, 1970-1994. Nova York: Moody's Investors Services, jan. 1995. 40p. (Moody's Special Report). Disponível para assinantes em: http://www.moodys.com/.

MOODY'S INVESTORS SERVICE. The Function of Ratings In Capital Markets. Nova York: Moody's Investors Services, out. 1997. 7p. (Special Comment). Disponível para assinantes em: http://www.moodys.com/.

MOODY'S INVESTORS SERVICE. Introdução aos Ratings da Moody's. Nova York: Moody's Investors Services, mai. 1999a. 19p (Comentário Especial).

MOODY'S INVESTORS SERVICE. Opening the Black Box: The Rating Committee Process at

Moody's, jul. 1999b. 8p. (Rating Methodology). Disponível para assinantes em: http://www.moodys.com/.

MOODY'S INVESTORS SERVICE. Revisão da Política de Teto Soberano. Nova York: Moody's Investors Services, jun. 2001. 4p. (Metodologia de Rating). Disponível em: http://www.moodys.com.br.

MOODY'S INVESTORS SERVICE. The Bond Rating Process: A Progress Report. Nova York: Moody's Investors Services, fev. 2002a. 4p. (Rating Methodology). Disponível, mediante registro gratuito, em: http://www.moodys.com/.

MOODY'S INVESTORS SERVICE. Understanding Moody's Corporate Bond Ratings and Rating Process. Nova York: Moody's Investors Services, mai. 2002b. 15p. (Rating Methodology). Disponível, mediante registro gratuito, em: http://www.moodys.com/.

MOODY'S INVESTORS SERVICE. Sovereign Bond Defaults, Rating Transitions, and Recoveries (1985-2002). Nova York: Moody's Investors Services, fev. 2003a. 23p. (Moody's Special Comment). Disponível, mediante registro gratuito, em: http://www.moodys.com/.

MOODY'S INVESTORS SERVICE. Moody's Statistical Handbook. Nova York, abr. 2003b. Disponível, mediante registro gratuito, em: http://www.moodys.com/.

MOODY'S INVESTORS SERVICE. Moody's Changes Mexico Rating Outlook to Positive due to Improving Debt Management. mar. 2003c. (Rating Action: United Mexican States). Disponível, mediante registro gratuito, em: http://www.moodys.com/.

OBSTFELD, M; ROGOFF, K. Foundations of International Macroeconomics. 1.ed. Cambridge: The MIT Press, 1996. 832p.

STANDARD AND POOR'S. Sovereign Credit Ratings: A Primer. Nova York: Standard and Poor's, dez. 1998. 8p. (Criteria).

STANDARD AND POOR'S. Sovereign Defaults: Hiatus in 2000?. Londres: Standard and Poor's, Sovereign Ratings Service, dez. 1999. 12p. (Standard and Poor's Credit Week).

STANDARD AND POOR'S. Sovereign Defaults: Moving Higher Again in 2003?. Nova York: Standard and Poor's, set. 2002a. 21p. (Standard and Poor's Research). Reimpresso de Ratings Direct.

STANDARD AND POOR'S. Sovereign Credit Ratings: A Primer. Nova York: Standard and Poor's, abr. 2002b. 21p. (Standard and Poor's Research). Reimpresso de Ratings Direct.

SAIN – SECRETARIA DE ASSUNTOS INTERNACIONAIS. Ministério da Fazenda. Boletim de Economia Internacional. Brasília, fev. 2001.

SY, A. Rating the Rating Agencies: Anticipating Currency Crises or Debt Crises? Washington: Fundo Monetário Internacional, jun. 2003 (IMF Working Paper n. 03/122). Disponível em: http://www.imf.org/external/pubs/cat/longres.cfm?sk=16531.0

A assimetria dos fluxos de capitais internacionais para os países "emergentes" e a volatilidade nos fluxos para o Brasil na virada do século XXI

Marcos Antonio Macedo Cintra* e Daniela Magalhães Prates**

*Doutor em Economia pelo Instituto de Economia da Unicamp e pesquisador da Fundap.
**Professora doutora do Instituto de Economia da Unicamp e pesquisadora da Fundap e do Cecon (Centro de Estudos de Conjuntura e Política Econômica do Instituto de Economia da Unicamp).

Após discutir a dinâmica volátil dos fluxos internacionais de capitais direcionados para os países "emergentes", associada às assimetrias do sistema monetário e financeiro internacional contemporâneo, o artigo enfatiza as características do ciclo recente de liquidez internacional. Em seguida, realiza uma retrospectiva dos fluxos voluntários de capitais para o Brasil entre 1995 e o início de 2004. Procura detalhar também os indicadores de liquidez e solvência externa para o período 1999-2004, que indicam a situação de elevada vulnerabilidade externa da economia brasileira, a despeito da flutuação cambial e do aumento das exportações. Seguem-se algumas considerações finais.

INTRODUÇÃO

No início dos anos 1990, um conjunto de mudanças institucionais viabilizou uma ampliação do grau de abertura financeira da economia brasileira, permitindo a reinserção dos agentes domésticos no mercado financeiro internacional globalizado, líquido e desregulamentado[1]. Os investidores estrangeiros, por sua vez, buscavam avidamente oportunidades de ganho em praças consideradas de maior risco, principalmente após a redução da taxa de juros básica dos Estados Unidos. Dessa forma, o longo período de escassez de financiamento externo privado, característico dos anos 1980 – quando o país ainda estava sob condições de instabilidade inflacionária –, chegou ao fim.

Com a abundância de capitais líquidos foi possível implementar a reforma monetária sob a égide do Plano Real (1994). Essa foi a condição indispensável para a utilização da taxa de câmbio como âncora nominal (*crawling peg*). O país oferecia altas taxas de juros e a possibilidade de se adquirir ativos subvalorizados, sobretudo com a perspectiva de ampliação do programa de privatização. Os mercados financeiros anteciparam a estabilização e seus possíveis desdobramentos, tais como a elevada remuneração das aplicações de curto prazo e os ganhos de capital provenientes da "valorização" dos ativos – públicos e privados – adquiridos abaixo do preço, e invadiram as praças brasileiras. Entre 1995 e 1998, a entrada líquida de capitais implicou a expansão do passivo externo e das reservas internacionais, obrigando o Banco Central a implementar políticas de esterilização monetária, determinando o crescimento da dívida pública interna. A partir de janeiro de 1999, nos momentos de saída líquida de capitais, as reservas se reduziam, mas as taxas de juros não caíam, o que fez expandir o estoque de dívida pública doméstica e aumentar a proporção da dívida pública indexada à taxa de câmbio, travando o crédito privado e o crescimento econômico.

Este artigo pretende analisar a evolução dos fluxos de capitais direcionados para a economia brasileira a partir do Plano Real (1995-2004), enfatizando as características do ciclo recente de liquidez internacional e seus desdobramentos sobre o balanço de pagamentos e a vulnerabilidade externa do país. Contudo, antes de analisar essas características, apresenta-se uma síntese da dinâmica geral dos fluxos de capitais direcionados para os países "emergentes"[2], associadas às assimetrias do sistema monetário e financeiro internacional contemporâneo.

1. Para uma periodização da emergência e consolidação do mercado financeiro global, ver Chesnais (1996).

Em seguida, apresenta-se a evolução dos fluxos voluntários de capitais no período 1995-2004. Finalmente, detalha-se o comportamento dos indicadores de liquidez e solvência externa, que indicam a situação de vulnerabilidade externa da economia brasileira.

A ASSIMETRIA DOS FLUXOS INTERNACIONAIS DE CAPITAIS PARA OS PAÍSES "EMERGENTES"

Um traço de funcionamento fundamentalrelevante do mercado financeiro internacional globalizado, que se consolidou ao longo das décadas de 1980 e 90, é a natureza volátil dos fluxos de capitais, a qual decorre tanto das características do sistema monetário internacional que emergiu após o colapso de Bretton Woods (1971-1973) – ancorado no dólar "flexível e fiduciário"[3], no regime de câmbio flutuante e na livre mobilidade de capitais -, quanto da dinâmica das finanças internacionais, subordinada à lógica especulativa de valorização da riqueza. A dominância dessa lógica *vis-à-vis* a produtiva reflete a emergência de um novo padrão de gestão da riqueza nos países centrais a partir de 1982, que passou a condicionar o comportamento das famílias, das corporações e das instituições financeiras (bancos comerciais e de investimento, fundos de pensão, fundos de investimento, companhias de seguro e *hedge funds*). Essa nova forma de gestão da riqueza extravasou as fronteiras nacionais, uma vez que são esses mesmos agentes os protagonistas dos mercados financeiros internacionais e suas decisões de alocação da riqueza financeira ditam a direção e as características das diversas modalidades de fluxos de capitais (Prates, 2002).

A volatilidade inerente aos fluxos de capitais afeta, sobretudo, os países "emergentes" devido às assimetrias do sistema monetário e financeiro internacional. A assimetria monetária diz respeito à hierarquia de moedas em âmbito internacional. No sistema atual, o dólar constitui o núcleo de um sistema hierarquizado – ou seja, é a moeda-chave – a partir do qual se posicionam as outras moedas: em primeiro lugar, as conversíveis[4] , emitidas pelos demais países centrais, e em segundo

2. O termo "países emergentes" passou a ser utilizado pela imprensa especializada, organismos multilaterais e pela academia para se referir aos países periféricos capitalistas e às economias em transição do Leste europeu que receberam a maior parte dos fluxos de capitais nos anos 1990.
3. Para uma discussão do papel do dólar, ver Tavares & Melin (1997), Teixeira (2000), Serrano (2002) e Metri (2003).
4. O conceito de conversibilidade refere-se à aceitação das moedas nacionais como meio de pagamento, unidade de conta e de denominação dos contratos, e ativo de reserva no sistema monetário internacional. Uma moeda nacional é plenamente conversível se desempenha em âmbito internacional essas três funções básicas das moedas. Porém, há diferentes graus de conversibilidade.

lugar, mais distantes do núcleo, as não-conversíveis, emitidas pelos países "emergentes" (Carneiro, 1999). As principais implicações da não-conversibilidade são: a quase impossibilidade desses países de emitir dívida externa denominada na própria moeda; e a incapacidade de exercer a função reserva de valor – isto é, de cumprir o papel de "receptáculo" da incerteza em âmbito mundial –, o que se manifesta nos diferentes prêmios de risco atribuídos às moedas domésticas.

À assimetria do sistema monetário internacional sobrepõe-se a assimetria do sistema financeiro internacional. A primeira dimensão dessa assimetria diz respeito aos determinantes dos fluxos de capitais direcionados aos países "emergentes". Esses fluxos são determinados, sobretudo, por uma dinâmica exógena a esses países; especificamente, o ciclo econômico e a política monetária dos países centrais e as decisões de aplicação e resgate dos investidores globais, subordinados à lógica especulativa (realização de ganhos de capital em função da expectativa de variação do valor de mercado dos preços dos ativos no curto prazo). Nos momentos de euforia, com redução da aversão ao risco e aumento da liquidez internacional, a confirmação das expectativas otimistas leva os possuidores de riqueza a buscar apostas mais arriscadas, incorporando ativos de menor qualidade em suas carteiras. Esse é o caso, por exemplo, dos títulos de dívida – pública e privada – dos "mercados emergentes". Esses países costumam oferecer aos investidores internacionais rendimentos muito mais altos do que os apresentados por papéis de mesmo prazo, emitidos pelos governos dos países centrais (Prates, 2002). Em geral, esse movimento dos investidores em direção às regiões de riscos mais elevados costuma ser associado com uma expansão do crédito bancário. Dessa forma, os investidores podem assumir posições que são um múltiplo de seu aporte de capital próprio, na expectativa de elevações futuras nos preços dos ativos, que valorizem seus estoques de riqueza (Belluzzo, 2004a).

Nos momentos de reversão do ciclo, de mudanças na política monetária no centro ou de aumento da preferência pela liquidez, pode ocorrer uma súbita onda de vendas em massa que, aliás, começam sempre pelos ativos mais arriscados, os *high yields*. Nesse quadro, uma súbita alteração das expectativas pode induzir um comportamento de manada, que desvaloriza as moedas (e os ativos financeiros) "emergentes", as quais, por não serem detidas como reserva de valor em âmbito internacional – reflexo, por sua vez, da assimetria monetária –, são os primeiros "alvos" dos movimentos recorrentes de fuga para a qualidade (ou seja, para o dólar e/ou os títulos da dívida pública americana) empreendidos por esses investidores.

A recorrência desses movimentos está associada também à gestão da política monetária do país emissor da moeda-chave, os Estados Unidos, cuja autonomia é maior devido à natureza fiduciária do dólar no sistema monetário internacional contemporâneo. As decisões desse país afetam perversamente, sobretudo, os países "emergentes". Por um lado, os choques financeiros, associados às mudanças na gestão da política monetária americana, reverberam principalmente nesses países, pois suas moedas não-conversíveis são os primeiros alvos dos movimentos de fuga para a qualidade. Por outro lado, esses países têm menores graus de liberdade para adotar políticas anticíclicas, as quais atenuariam as variações do ciclo econômico doméstico associadas aos fluxos de capitais e, assim, a sua vulnerabilidade à reversão desses fluxos e às crises financeiras.

Já a segunda dimensão da assimetria financeira refere-se à dimensão relativa dos fluxos de capitais destinados à periferia. O fato de uma proporção marginal desses fluxos ser alocada para os países "emergentes" contribui, igualmente, para a maior incidência nesses países dos choques financeiros, intrínsecos ao sistema monetário e financeiro internacional contemporâneo. De forma geral, o grau de instabilidade das aplicações em ativos estrangeiros é relativamente maior do que em ativos nacionais. Entretanto, em relação aos ativos "emergentes" essa instabilidade é ainda maior devido aos impactos marginais de sua venda sobre a rentabilidade dos portfólios globais, dada a sua natureza residual. Essa instabilidade é reforçada pelas características dos títulos emitidos pelos países "emergentes": o seu prazo médio menor em relação àqueles emitidos pelas empresas e bancos dos países centrais, bem como as cláusulas *put option*, muito comuns nas emissões desses países, que permite ao investidor resgatar o título antes do prazo predefinido no contrato.

Todavia, a despeito da natureza residual dos fluxos de capitais direcionados para os países "emergentes", os efeitos potencialmente instabilizadores desses fluxos sobre os mercados de câmbio e de capitais domésticos são significativos, uma vez que, em relação ao tamanho desses mercados, o volume alocado pelos investidores globais não é marginal. Além dos efeitos instabilizadores sobre os mercados de câmbio, as entradas e saídas desses fluxos de recursos acentuam a volatilidade estrutural dos mercados de capitais "emergentes", associada à sua pequena dimensão, forte concentração e escassez de papéis de boa qualidade e líquidos[5].

5. Para uma análise mais detalhada das implicações das assimetrias monetária e financeira sobre os países "emergentes", ver Prates (2002, capítulo 3).

É importante mencionar que a natureza volátil dos fluxos de capitais para os países "emergentes" – e, principalmente, para aqueles definidos como "sem grau de investimento" pelas agências de classificação de risco de crédito, os quais emitem títulos de maiores rentabilidade e risco – reforçou-se nos últimos anos, devido à influência crescente das mudanças do sentimento dos investidores e das condições de liquidez globais sobre o mercado de dívida "emergente"[6]. Inclusive, o Fundo Monetário Internacional (FMI) tem utilizado em seus relatórios as expressões *on-off* nature (ver, por exemplo, Mathieson & Schinasi, 2001) e, mais recentemente, *feast or famine* ou "auge e declínio" (IMF, 2003), para caracterizar a dinâmica volátil dos fluxos de capitais direcionados para esses países.

De acordo com cálculos realizados pelo IMF (2003), essa influência transparece na elevada correlação entre a volatilidade e os prêmios de risco dos "mercados emergentes" (medidos por índices como o *Emerging Market Bonds Index*, EMBI+[7]) e o comportamento dos mercados acionários maduros e, principalmente, o desempenho "sincronizado" entre os *spreads* dos chamados *junk bonds*, os títulos de alta rentabilidade emitidos por corporações americanas, e aqueles dos títulos emitidos pelos "mercados emergentes", os quais integram o segmento *high yield* dos mercados financeiros globais. Os períodos de fechamento dos mercados primários "emergentes" tornaram-se crescentemente associados ao aumento do prêmio de risco dessa categoria de papéis[8]. Nesses períodos, os devedores de maior risco são os primeiros a serem excluídos do mercado. De forma simétrica, as reaberturas estiveram associadas à redução desse prêmio e

6. A proeminência do mercado internacional de capitais e, principalmente, do segmento de títulos de dívida *vis-à-vis* o de crédito bancário está associada ao processo de securitização das dívidas. No âmbito dos países "emergentes", os títulos de dívida consolidaram-se ao longo da década dos 90 como a principal modalidade de captação de recursos externos. No caso dos países latino-americanos, essa modalidade de endividamento predominou desde a sua reinserção no mercado financeiro internacional no início daquela década. Já no caso dos países do Leste asiático, na primeira metade dos anos 90 os empréstimos bancários de curto prazo constituíram a principal fonte de financiamento, tendo desempenhado um papel central no ciclo de endividamento externo subjacente à crise de 1997-98. Contudo, após essa crise, os empréstimos bancários líquidos para os países emergentes retraíram-se significativamente. Para maiores detalhes sobre a dinâmica recente dos fluxos de capitais para os "mercados emergentes", ver Prates (2003a) e Cintra & Farhi (2003).
7. Essa taxa, calculada pelo banco americano JP Morgan Chase, representa o diferencial de taxa de juros que um país teria de pagar em relação à taxa que o governo americano pagaria para captar recursos, pelo mesmo prazo.
8. Dados das emissões semanais dos "mercados emergentes" no período 1994-2002 sugerem que ocorreram 21 períodos de fechamento do mercado - período de mais de duas semanas durante o qual as emissões soberanas dos "mercados emergentes" são, pelo menos, 20% menores que a média -, dos quais 13 afetaram um amplo espectro de emissores emergentes e os demais principalmente emissores sub-investment graded (IMF, 2003).

caracterizam-se por um excesso de emissões lideradas exatamente por esses devedores, que podem rapidamente saturar os mercados primário e secundário.

Mudanças na estrutura do mercado de títulos de dívida "emergentes" após as crises asiática e russa contribuíram para reforçar essas correlações, dentre as quais se destacam: a importância crescente dos investidores *crossover*, que concentram suas aplicações em títulos *investment grade* dos países centrais, mas detêm marginalmente posições nos "mercados emergentes", se há expectativa de retorno elevado; o aumento da presença de fundos de investimento globais, referenciados a um *benchmark* mais amplo, que inclui títulos com e sem grau de investimento; a adoção de sistemas *Value-at-Risk*, que induz os investidores a cancelar suas posições nesses mercados para reduzir a volatilidade geral do seu portfólio, acentuando a instabilidade do acesso.

AS PRINCIPAIS CARACTERÍSTICAS DO CICLO RECENTE DE LIQUIDEZ PARA OS PAÍSES "EMERGENTES"

A redução da taxa de juros básica americana após a recessão de 2001 e sua manutenção em patamares baixos, acompanhada pelos principais bancos centrais, associada com políticas fiscais expansionistas e pelas intervenções cambiais dos bancos centrais asiáticos, constituíram os determinantes do excesso de liquidez internacional subjacente às bolhas nos mercados de ativos em 2003. A elevada liquidez internacional contaminou não somente os "mercados emergentes", mas também os mercados de títulos de alta rentabilidade emitidos por corporações americanas (*US high-yield bonds*), os chamados "*junk bonds*", o de *commodities*; e os acionários dos países centrais (também favorecidos pela melhora dos balanços das corporações, viabilizada pela lassidão das políticas monetária e fiscal). Como ressalta Silva (2004), simultaneamente à queda das taxas curtas, ocorreu uma redução das taxas longas e dos *spreads* entre elas, mas as *yield curves* permaneceram suficientemente inclinadas para induzir a multiplicação das chamadas "operações de *carry trade*", mediante as quais os agentes se endividam com taxas de juros baixas de curto prazo para adquirir diversas modalidades de ativos. Daí por que a simples ameaça de elevação desses juros, mesmo que de forma gradual, pode provocar realocações desses portfólios alavancados, com efeitos desestabilizadores nos vários mercados "capturados" pela euforia especulativa.

Todavia, não foi somente o contexto de taxas de juros nominais e reais historicamente baixas que induziu o direcionamento da liquidez para os países "emergentes". É verdade que o aumento do apetite por risco dos investidores globais – após dois trimestres consecutivos de elevada aversão ao risco[9] – esteve associado ao corte de mais 50 pontos básicos da taxa de juros americana em novembro de 2002, a partir de um patamar já bastante baixo e de desilusão com as aplicações em ações (resquício da desvalorização da bolha nos mercados de ações de empresas de tecnologia, a partir de março de 2000). Mas esse apetite também ressurgiu devido à própria dinâmica do mercado de títulos governamentais e privados de alta qualidade de crédito – e baixo risco – durante o período de maior aversão ao risco. As posições nesses papéis, num contexto de taxa de juros declinantes – e, conseqüentemente, de alta dos respectivos preços –, forneceram rendimentos excepcionalmente elevados aos investidores, os quais avaliaram que as oportunidades de ganho de capital nessa classe de ativos haviam se esgotado, dado o patamar extremamente baixo das respectivas taxas de juros, em termos nominais e reais (BIS, 2003b; IMF, 2002 e 2003).

Nesse contexto, os investidores (inclusive os mais conservadores) passaram a demandar ativos de risco mais elevado, o que resultou na queda dos *spreads* e na reabertura do mercado de crédito securitizado tanto para os tomadores *high-yield* dos países centrais quanto para os emissores dos países "emergentes" sem grau de investimento, que haviam sido excluídos desse mercado no segundo e terceiro trimestre de 2002. Ademais, as expectativas de retomada do crescimento econômico mundial, que foram se reforçando ao longo de 2003, alimentaram o período de abundância de recursos. Nesse sentido, vários indicadores do contexto de abundância de recursos externos para os países "emergentes" se sobrepuseram: o aumento das aplicações nos fundos de investimento especializados nesses mercados e dos *hedge funds*; a valorização generalizada das bolsas de valores "emergentes" (em média, 51,6% durante o ano de 2003, depois de três anos consecutivos de queda) e dos respectivos mercados de *American Depositary Receipts* (ADRs); a queda dos spreads dos *junk bonds* e dos títulos emitidos pelos

9. A frustração das expectativas de crescimento global mais intenso, a divulgação dos balanços das corporações, indicando lucros inferiores aos esperados, e, principalmente, a revisão do risco de crédito da *WorldCom*, grande firma americana de telecomunicações – num mercado já abalado pela revelação de várias irregularidades contábeis em 2001 – resultaram em perda adicional de confiança dos investidores, a qual atingiu os mercados de ações globais e de títulos corporativos. Em meados de 2002, os *spreads* de crédito nos mercados financeiros dos países centrais aumentaram numa velocidade não observada desde a crise asiática e as empresas de maior risco de crédito perderam acesso ao mercado de títulos. Simultaneamente, os investidores passaram a adquirir ativos de alta qualidade de crédito (títulos públicos e de empresas com *rating* de crédito elevado). Esse aumento da aversão ao risco nos mercados financeiros dos países centrais espraiou-se para os "mercados emergentes", resultando num declínio significativo nos preços das ações e dos títulos e num aumento da volatilidade.

países "emergentes" e, assim, dos respectivos riscos-país; e a onda de *upgradings*[10] (que foi precedida pela queda dos respectivos *spreads*, ou seja, dos riscos avaliados pelo "mercado") promovida pelas agências de classificação de risco de crédito.

Subjacente a esses indicadores desponta uma característica central desse ciclo de ativos e de crédito: a influência decisiva das condições de liquidez globais, associada às mudanças na estrutura do mercado de títulos de dívida dos "mercados emergentes", mencionada acima. O comportamento "sincronizado" entre os *spreads* dos *junk bonds* e aqueles dos títulos emitidos pelos "mercados emergentes" nesse período fica evidente no Gráfico 1. A redução dos *spreads*, impulsionada pelo crescente apetite por risco dos investidores globais (BIS, 2004 e IMF, 2004), foi sucedida pela reabertura dos mercados de alta rentabilidade. No quarto trimestre de 2002, as aplicações nos fundos americanos especializados em "mercados emergentes" atingiram o patamar mais elevado em termos trimestrais em quatro anos e as aplicações nos fundos de *high yields* cresceram significativamente. Vale mencionar que, no caso dos "mercados emergentes", a redução das incertezas políticas no Brasil e na Turquia após a realização das eleições contribuiu para a redução dos prêmios de risco. Mas, assim como no período de aumento da aversão do risco, os fatores internos tiveram um papel secundário.

O aumento do apetite pelo risco fomentou, sobretudo, o mercado de títulos de dívida. As emissões líquidas desses títulos pelos países "emergentes" atingiram US$ 35,3 bilhões em 2003, após um valor ínfimo em 2002 (ver Gráfico 2). As demais modalidades de fluxos também reagiram. As emissões líquidas de ações chegaram a US$ 28 bilhões. Os empréstimos bancários fecharam o ano com um fluxo líquido positivo, após dois anos de retração, mas concentrados em tomadores de melhor qualidade de crédito[11]. Contudo, os países

10. No mês de outubro de 2003, dez países receberam *upgrading* de pelo menos uma das três principais agências internacionais de classificação de risco de crédito, dentre os quais a Rússia – país que declarou moratória em agosto de 1998 (BIS, 2003b).

11. Esses empréstimos têm se direcionado, sobretudo, para tomadores com *rating* de crédito mais elevado. De acordo com cálculos do BIS, o *rating* médio do estoque de crédito bancário alocado nos países "emergentes" passou de B em 2000 para B+ no último trimestre de 2003. Na busca de ativos menos arriscados, os bancos também têm priorizado créditos ao setor público (BIS, 2004). Verifica-se ainda que os bancos internacionais passaram a substituir de forma progressiva os empréstimos bancários externos por créditos domésticos. Esse último tem aumentado de forma expressiva como reflexo da intensificação da presença dos bancos internacionais nos países em desenvolvimento através do estabelecimento de agências bancárias, e estaria baseado no uso de fontes domésticas de recursos, não de recursos externos. Dessa forma, procuram fugir do risco cambial (McCauley, 2003).

Gráfico 1. Mercado secundário de títulos

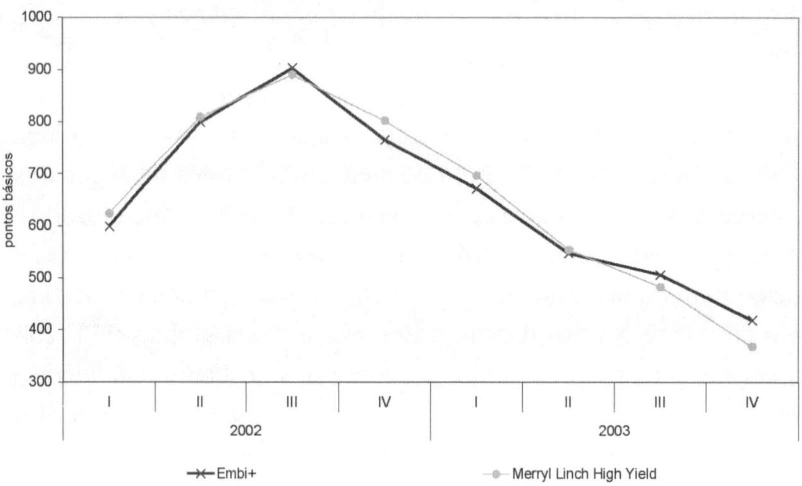

Fonte: IMF, Global Finance Stability Report (2004).

Gráfico 2. Fluxos financeiros líquidos para os países emergentes

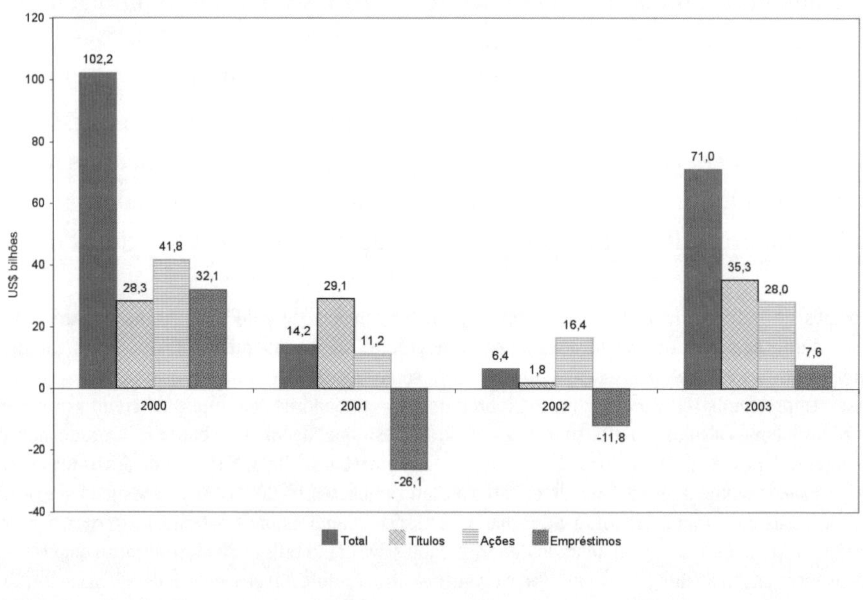

Fonte: IMF, Global Finance Stability Report (2004).

Gráfico 3. Fluxos líquidos de capitais privados para os países emergentes -US$ bilhões

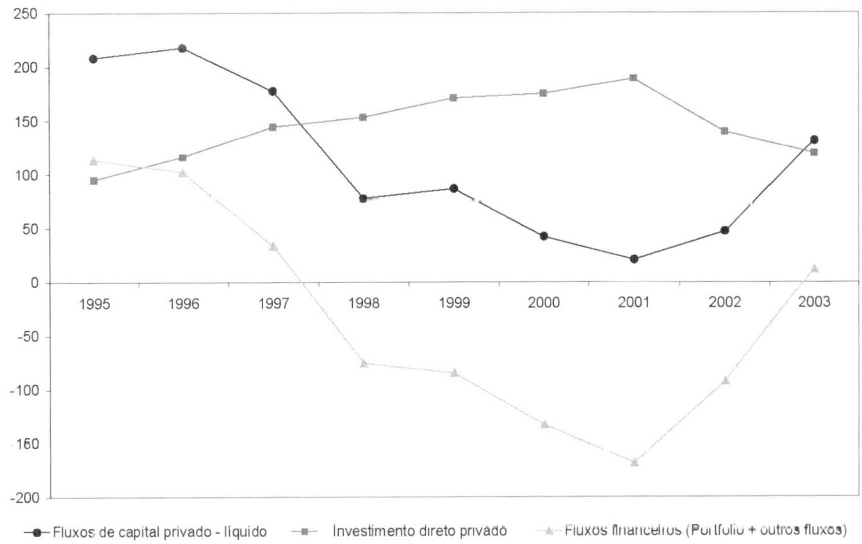

Fonte: IMF, World Economic Outlook (2004).

"emergentes" continuam credores líquidos do sistema bancário internacional: em dezembro de 2003, o total de depósitos desses países superava o estoque de crédito em US$ 194 milhões, de acordo com o BIS (2004). Essa recuperação das diversas modalidades de fluxos financeiros tem sido acompanhada por uma redução do aporte líquido de investimento estrangeiro direto para os países "emergentes". A despeito dessa redução, os investimentos estrangeiros diretos continuam superiores aos fluxos financeiros, como indica o Gráfico 3. Assim, uma das características desse novo ciclo de liquidez é a predominância dos fluxos de investimento estrangeiro direto, ao contrário da fase de auge do ciclo anterior (1995-97).

A evolução quadrimestral dos fluxos brutos de capitais revela que o apetite por risco foi se intensificando ao longo de 2003. Somente as emissões de títulos desaceleraram-se no último trimestre – mas se recuperaram em janeiro de 2004, quando atingiram US$ 19 bilhões, o volume mensal mais elevado desde junho de 1997, véspera da crise asiática, de acordo com o BIS (2004). Outra característica dessas emissões foi o aumento do percentual denominado em euro (que atingiu 25% no primeiro trimestre de 2003), associado ao retorno dos investidores europeus após o período de dezoito meses de ausência que sucedeu a crise argentina. Mas, apesar dessa retomada das emissões, a participação dos papéis dos países "emergentes" no total do estoque de títulos de dívida emitidos no mercado financeiro internacional continua marginal. Em dezembro de 2003, representava somente 5,4% do total, segundo o BIS (2004). Já as emissões de ações foram lideradas pelas colocações primárias de empresas dos países asiáticos, sobretudo da China e de Hong Kong, no último trimestre de 2003 (responsáveis por um total de US$ 8 bilhões em emissões), impulsionadas pelo crescimento da região.

A análise da composição do estoque de títulos por tipo de emissor revela outra especificidade da fase recente de excesso de liquidez *vis-à-vis* aquela dos anos 90: a predominância dos papéis soberanos em relação aos privados (instituições financeiras e empresas) (ver Gráfico 4). Essa predominância, por sua vez, reflete o estoque de títulos soberanos emitidos pelos países latino-americanos: enquanto a participação desses títulos no total da região era de 65% em dezembro de 2003, na Ásia era de apenas 20%.

Gráfico 4. Estoque de títulos por tipo de emissor - US$ bilhões

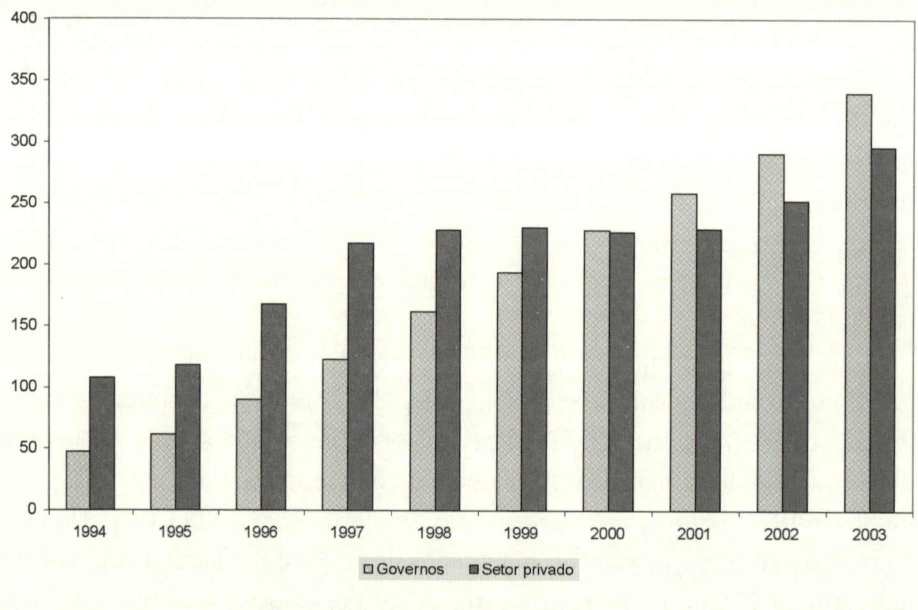

Fonte: BIS, International Securities Statistics (http://www.bis.org).

Durante 2003, destacaram-se as emissões soberanas sem grau de investimento, as quais se depararam de forma geral com uma demanda superior à oferta (*oversubscribed*), refletindo a busca de rentabilidade por parte dos investidores globais. Essa demanda foi impulsionada pelo aumento da qualidade de crédito do conjunto de governos "emergentes", associado à onda de *upgradings* que levou vários desses governos à categoria de grau de investimento, como a Rússia e o México – reduzindo, assim, a rentabilidade de seus respectivos títulos. Ademais, vários governos aproveitaram o contexto de excesso de liquidez para realizar operações de *liability management* com o objetivo de melhorar o perfil de suas dívidas externas, em termos de custo e de prazo. O México, por exemplo, resgatou todo o seu estoque de títulos Brady em troca de um novo título. Outra característica das emissões soberanas em 2003 foi a crescente participação de títulos emitidos com Cláusulas de Ações Coletivas (CACs)[12] , o que pode facilitar futuros processos de reestruturação das dívidas.

Em relação à distribuição regional dos fluxos financeiros entre os países "emergentes", o maior percentual foi direcionado para a Ásia. Fica evidente no Gráfico 5 a perda contínua de participação da América Latina a partir de 2001, ano do *default* da Argentina. Em termos de composição dos fluxos, as emissões de títulos predominaram na América Latina, enquanto o perfil dos fluxos para a Ásia foi mais diversificado e equilibrado entre as diversas modalidades: títulos de dívidas, ações e empréstimos bancários, durante o ano de 2003 (Banco Mundial, 2004).

As diferenças entre as regiões também transparecem na evolução das reservas internacionais (ver Gráfico 6). O total de reservas dos países "emergentes" tem crescido continuamente desde o final da década de 90, reflexo dos superávits em conta corrente acumulados após crises financeiras, bem como da estratégia, sobretudo dos países asiáticos, de adquirir divisas para evitar a valorização e a volatilidade de suas moedas no contexto de regimes cambiais de flutuação "suja". Segundo Belluzzo (2004b), "o montante relativamente elevado de reservas que o Banco Central deve manter para aparentar uma situação de solvência é um dos sintomas da impossibilidade de adoção da flutuaçao cambial pura". Os países latino-americanos acumularam um volume muito pequeno de reservas cambiais em 2002 e 2003, não aproveitando, como os países asiáticos, o contexto de abundante liquidez para fortalecer suas posições em divisas, mantendo-se, assim, mais vulneráveis à reversão dos fluxos.

12. De acordo com o Banco Mundial (2004) e o IMF (2004), essas cláusulas não pressionaram o custo das emissões.

Gráfico 5. Fluxos financeiros - distribuição regional

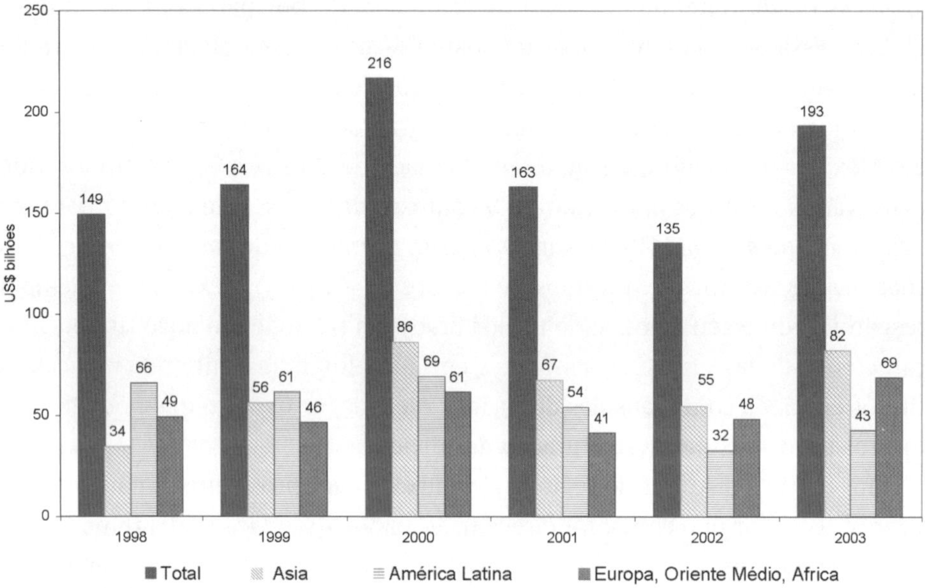

Fonte: IMF, Global Finance Stability Report (2004).

Gráfico 6. Variações de reservas dos países emergentes - US$ bilhões

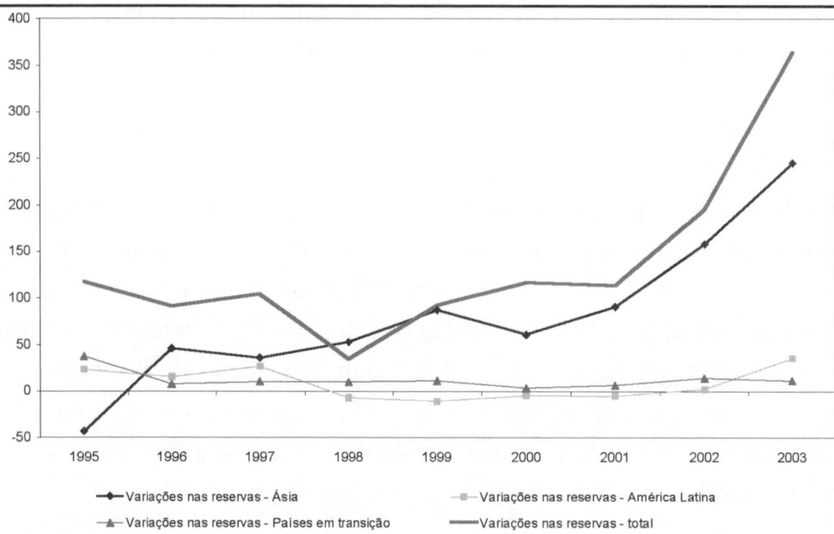

Fonte: IMF, Global Finance Stability Report (2004).

Finalmente, alguns comentários sobre a turbulência nos mercados financeiros globais, que atingiu os "mercados emergentes" a partir do final de janeiro de 2004, quando o Federal Reserve passou a sinalizar o movimento de elevação da taxa de juros básica americana (*federal funds rate*). Os investidores começaram, então, a desmontar algumas operações alavancadas e a reverter posições que se mostravam viáveis somente num contexto de taxas de juros muito baixas, uma vez que movimentos bruscos e não antecipados de preços podem obrigar a liquidação súbita de posições, sobretudo das "excessivamente alavancadas", aumentando os riscos de mercado e de liquidez. No entanto, o movimento de alta das taxas de juros básicas dos Estados Unidos deverá ocorrer de forma lenta e gradual, a fim de manter o crescimento econômico e não provocar disrupções nos mercados imobiliários, altamente endividados. Assim, essas turbulências parecem refletir mais a busca de um novo patamar de preço para os ativos (*junk bonds*, títulos de países emergentes, *commodities*, ações, moedas etc.) em um contexto de crescimento econômico global do que o fim de um ciclo de ativo e de crédito. Se essa hipótese se confirmar, pode-se configurar um ciclo curto, com reacomodações nos níveis de aversão e de apetite ao risco e, portanto, de preços, seguido por nova expansão.

Deve-se salientar, no entanto, que o risco de ruptura permanece latente. Como destaca Farhi (2004), as características do atual ciclo de crédito e de ativos o vinculam mais estreitamente à lógica especulativa dos mercados financeiros, seja em função da predominância dos títulos de dívida, seja devido ao volume de posições alavancadas. Nesse contexto, uma pequena elevação da taxa de juros pelo Federal Reserve pode implicar o seu fim, mesmo que essa taxa se mantenha em patamar inferior ao que era vigente no ciclo precedente.

Há também fatores favoráveis aos países "emergentes", o que exclui pelo menos temporariamente a possibilidade de uma crise na periferia do sistema. Além do patamar de taxas de juros historicamente baixo nas três principais áreas monetárias (dólar, euro e iene), a alta dos preços das *commodities* favoreceu o ajuste das transações correntes dos países "emergentes" e aumentou o volume de reservas. Houve ainda mudanças na qualidade dos próprios créditos aos países "emergentes" após a onda de *upgradings* de 2003, que conduziu alguns à categoria de "grau de investimento"[13]. Porém, não há dúvida de que se trata de

13. Com o *upgrading* da Rússia, a parcela *investment* grade do índice *EMBIplus* passou de 27% para 47% e do índice *EMBI Global* de 27% para 50%.

mais um ciclo de fluxos de capitais para esses países e que a fase de abundância será, em algum momento, sucedida por um período de escassez de recursos e aversão ao risco. Como os títulos emitidos pelos países "emergentes" de maior prêmio de risco, classificados como "sem grau de investimento" – dentre os quais, o Brasil –, são os mais vulneráveis a uma mudança do apetite por risco dos investidores estrangeiros, devem ser rapidamente dispensados quando a "farra" especulativa terminar.

No último período de "*famine*" (2002), ficou evidente a tendência de distinguir os créditos de diferentes qualidades e, conseqüentemente, de discriminar os ativos sem grau de investimento, a qual começou a se manifestar após as crises asiática e russa. Naquele período, essa discriminação atingiu especialmente os emissores latino-americanos sem grau de investimento[14]. De acordo com o IMF (2003), no segundo e terceiro trimestre de 2002 esses emissores foram de modo geral excluídos do mercado primário num período de 20 a 27 semanas, a partir da segunda semana de maio. Já os tomadores asiáticos e do Leste europeu com grau de investimento beneficiaram-se de *spreads* mais baixos e mantiveram o acesso ao mercado primário, sendo responsáveis por dois terços do total das emissões primárias no período.

Essas duas tendências que caracterizaram os mercados de títulos de dívida dos países "emergentes" no período de *issuance famine* de 2002 – de discriminação tanto entre os ativos de diferentes riscos de crédito quanto entre os emissores das diferentes regiões "emergentes", em detrimento da América Latina – provavelmente se manifestarão no próximo período de escassez de recursos e aversão ao risco. O baixo estoque de reservas e a maior dependência em relação aos voláteis mercados de títulos de dívida como fonte de financiamento externo ampliam a vulnerabilidade à reversão da fase de abundância dos países latino-americanos.

14. Duas mudanças na estrutura do mercado de títulos de dívida dos países emergentes após 2001, ano do *default* da Argentina, contribuíram para essa tendência: em primeiro lugar, a importância crescente dos novos fundos mútuos "dedicados" em "mercados emergentes" (*new dedicated emerging market mandates*), baseados em índices mais amplos (como o EMBI *Global* e o EMBI *Global Diversified*), nos quais o peso dos países latino-americanos, como Brasil e Argentina, é menor; em segundo lugar, o aumento da aversão ao risco dos investidores de varejo europeus e japoneses e o subseqüente fechamento dos mercados denominados em euro e iene para aqueles emissores (IMF, 2002 e 2003).

De modo geral, a abertura financeira de uma economia envolve dois processos independentes: a liberalização dos movimentos de capitais e a permissão de transações monetárias e financeiras em moeda estrangeira no espaço nacional. A abertura financeira da economia brasileira na década de 90 liberalizou de forma significativa os movimentos de capitais entre o país e o exterior, ao reduzir as barreiras aos investimentos estrangeiros de portfólio no mercado financeiro doméstico e viabilizar o acesso dos residentes às novas modalidades de financiamento externo (emissão de títulos e ações no mercado internacional de capitais)[15]. Já as transações monetárias e financeiras em moeda estrangeira permaneceram muito restritas no mercado doméstico (ver Anexo I)[16]. Deve-se salientar que o arcabouço jurídico que regulamentava o mercado de câmbio brasileiro foi desmontado de forma *ad hoc*, por meio de circulares do Banco Central. A lei mais geral que rege o ingresso de capital estrangeiro (produtivo e financeiro) no país e as remessas de rendas desses capitais (juros, lucros e dividendos) para o exterior – a Lei nº 4.131, de 1962 – permanece intacta. Portanto, a reestruturação de controles sobre o mercado cambial também pode ser realizada por procedimentos semelhantes. É nesse contexto que surgiram as discussões sobre o risco-jurídico que enfrentariam os investidores estrangeiros no Brasil[17].

De todo modo, as contas externas brasileiras sofreram profunda alteração a partir da implementação do Plano Real em junho de 1994. Nos anos iniciais da década, o país acumulava superávit em transações correntes de US$ 1,3 bilhão em termos médios (ver Tabela 1). A balança comercial era positiva em US$ 13 bilhões. Na primeira fase do Plano Real (1995-98), sob o regime de câmbio administrado, os sinais se inverteram. A balança comercial tornou-se negativa em US$ 5,6 bilhões e as transações correntes, em US$ 26,4 bilhões ou 3,4% do Produto Interno Bruto (PIB). Na segunda fase do Plano Real (1999-2002), sob o regime de câmbio flutuante, o saldo da balança comercial tornou-se positivo, com a redução nas importações em maior proporção do que a expansão nas exportações.

15. Sobre a abertura financeira do Brasil nos anos 90, ver Prates (1999) e Freitas & Prates (1999).
16. Somente são permitidas algumas transações financeiras indexadas a variações no preço da moeda estrangeira (em geral, do dólar), como a emissão de títulos públicos e operações de crédito bancário (a partir de *funding* externo) indexados à taxa de câmbio.
17. Sobre essa discussão ver, Arida, Bacha & Lara-Resende (2004) e Franco & Pinho Neto (2003).

O déficit em transações correntes diminuiu, mas o resultado médio no período ainda foi elevado (US$ 20,1 bilhões), o equivalente a 3,9% do PIB[18].

Na primeira fase, a entrada de investimentos em carteira (ações e renda fixa) foi fundamental para financiar o déficit em transações correntes. Em 1994, afluíram US$ 50,6 bilhões em investimento de portfólio, sendo US$ 6,9 bilhões direcionados ao mercado acionário e US$ 43,6 bilhões provenientes, essencialmente, da emissão de títulos de renda fixa no exterior (já que os investimentos de portfólio no mercado de renda fixa doméstico foram irrisórios). Entre 1995 e 1998, o saldo líquido anual caiu para US$ 15,4 bilhões em termos médios; o elevadíssimo diferencial das taxas de juros praticadas para defender a política de câmbio administrado contribuiu para manter a atratividade do financiamento via emissão de títulos no exterior, nesse período predominantemente de curto prazo (*notes de commercial papers*). Ademais, esse financiamento foi favorecido pela persistência da fase de alta do ciclo de liquidez internacional que se iniciou em 1991, o qual somente sofreu um "soluço" com a crise do México em dezembro de 1994.

Em 1998, a crise da Rússia e do *hedge fund* Long-Term Capital Management (LTCM) aumentou a aversão ao risco dos investidores internacionais e pôs fim ao período de *feast* do ciclo de liquidez dos anos 90, que entrou na sua fase de *famine*. Nesse contexto, o elevado déficit em conta corrente brasileiro desencadeou uma acentuada fuga de capitais, provocando forte redução das reservas internacionais do país e, finalmente, forçando a adoção do regime de taxa de câmbio flutuante, mesmo com o aporte de capitais do FMI, em outubro de 1998. Nessa segunda fase, o investimento de portfólio reduziu-se brutalmente e o investimento estrangeiro direto assumiu papel preponderante. Entre 1999 e 2002, a entrada média anual de investimento estrangeiro direto atingiu US$ 24 bilhões (ver Tabela 1). Essa entrada de investimento estrangeiro direto esteve associada tanto ao avanço do processo de desestatização nos setores de utilidade pública (com destaque para o de telecomunicações) quanto à onda global de expansão das grandes corporações produtivas e financeiras[19] , impulsionada pelas operações de fusão e aquisição e pelo longo período de crescimento econômico dos Estados Unidos (1992-2000).

18. A maior proporção em relação ao PIB se deve à queda de sua expressão em dólares, em função da desvalorização cambial.

19. Para avaliações sobre os impactos da entrada de empresas transnacionais na estrutura produtiva, ver Coutinho, Hiratuka & Sabbatini (2003); Laplane & Sarti (1999) e Furtado (1999). Sobre a entrada de bancos estrangeiros no mercado financeiro doméstico, ver Freitas (1999); Vidoto (2002); Carvalho, Studart & Alves Jr. (2002) e Boechat Filho, Melo & Carvalho (2001).

Tabela 1 - Contas externas do Brasil
Médias anuais e anos selecionados/US$ bilhões

	1991-1993	1994	1995-1998	1999-2002	2003
1. Balança comercial	13,0	10,5	-5,6	-3,5	24,8
2. Balança de serviços e rendas	-13,5	-14,7	-23,2	-25,4	-23,6
3. Transações correntes	1,3	-1,8	-26,4	-20,1	4,0
4. Investimento direto (líquido) (a)	0,9	1,5	14,6	24,0	9,9
5. Investimento em carteira (líquido)	10,2	50,6	15,4	1,4	5,3
5.1. Ações	2,8	6,9	4,1	1,5	2,7
5.2. Renda fixa	7,4	43,7	11,3	-0,02	2,6
6. Demais (líquido) (b)	-4,3	-43,5	-0,75	-7,8	-10,6
7. Reservas Internacionais	21,8	38,8	52,2	24,9	20,5
Memorandum					
Dívida externa total (c)	135,2	148,3	195,2	232,8	238,4
Transações correntes (% do PIB)	0,4	-0,3	-3,4	-3,9	0,8
Dívida externa total (% do PIB)	32,8	27,2	25,3	44,3	43,6
Inv. estrangeiro direto (% do PIB)	0,2	0,4	1,8	3,8	2,1
F. bruta de capital fixo (% do PIB) (d)	14,0	15,0	15,7	14,5	nd
Inv. estr. direto/f. bruta capital fixo	1,2	2,4	10,3	24,7	nd
Dívida líquida do setor público (%PIB)	...	28,0	35,0	51,1	58,7

Fonte: Banco Central (Séries Temporais), Brasília, D.F. (http://www.bancocentral.gov.br) a partir de (Barros, Baer, Silva & Cintra, 2002; p. 78) e Unctad (2003)

Notas:

(a) Inclui empréstimos intercompanhias.

(b) Inclui outros investimentos mais derivativos.

(c) Inclui empréstimos intercompanhias. Série revista em março de 2001, quando o Banco Central excluiu US$ 16,9 bilhões do estoque da dívida externa. Posição em outubro de 2003.

(d) A preços de 1980 (Ipeadata - http://www.ipea.gov.br).

Como resultado da emissão líquida de títulos no exterior, a dívida externa total cresceu de US$ 135,2 bilhões em 1991-93 para US$ 232,8 bilhões em 1999-2002, refletindo uma mudança no padrão de financiamento do setor privado. Entre 1990 e 1998, a captação externa líquida do setor privado foi positiva em US$ 120 bilhões. A maior parte desses recursos em moeda estrangeira, exatamente US$ 73 bilhões, foi captada durante a política de âncora cambial, no triênio 1996-98. Entre 1999 e 2002, com a adoção do regime de câmbio flutuante e a elevação do risco do país, o fluxo líquido de recursos em moeda estrangeira para o setor privado tornou-se negativo. Isto é, as empresas passaram a reduzir seu endividamento em moeda estrangeira, dado o aumento no risco cambial (Barros, Baer, Silva & Cintra, 2002).

Durante o ano de 2002, esse padrão de financiamento das contas externas brasileiras enfrentou sua crise mais profunda, resultando em fortes pressões sobre a taxa de câmbio, que se desvalorizou 53% entre janeiro e dezembro. A deterioração das expectativas foi acentuada pelas reduções nas classificações de risco promovidas pelas agências de classificações de risco de crédito e pelos analistas de bancos internacionais, a partir de meados de abril. Alguns analistas chegaram a sugerir a possibilidade de uma moratória da dívida externa e até da dívida pública interna brasileira. Em meados de outubro, diante da possibilidade concreta de Luiz Inácio Lula da Silva, do Partido dos Trabalhadores, ganhar a eleição presidencial, a taxa de câmbio atingiu R$ 3,98/US$ 1,00. Após as eleições, o compromisso do governo eleito com uma política *market friendly* resultou em uma tendência de revalorização do real; a taxa de câmbio fechou o ano em R$ 3,53/US$ 1,00[20].

A forte desvalorização cambial de 2002, combinada com o desaquecimento do mercado interno, produziu notável melhora na balança comercial e nas transações correntes do balanço de pagamentos. Em agosto de 2002, o salto em transações correntes foi superavitário em US$ 304,9 milhões, o primeiro superávit desde setembro de 1994. O resultado acumulado foi um déficit de US$ 7,7 bilhões em 2002, 66% menor do que em 2001 (US$ 23,2 bilhões).

Porém, a melhora das transações correntes foi acompanhada por uma deterioração sem precedentes da conta financeira (investimento e fluxos de capital). O saldo acumulado foi negativo em US$ 4 bilhões, se forem excluídos os recursos obtidos junto ao FMI (US$ 9,9 bilhões em junho, US$ 3 bilhões em setembro e US$ 3 bilhões em dezembro). Na realidade, a tendência de redução progressiva dos fluxos de capitais privados para o país após 1999 (associada ao fim do ciclo de liquidez, mencionado acima) se acentua a partir de meados de 2001, quando as condições econômicas e financeiras nos países centrais se deterioram (ver Gráfico 7). A partir de então, somente as operações de regularização (que correspondem, em sua maior parte, aos empréstimos concedidos pelo FMI) registram crescimento, garantindo as necessidades de financiamento externo no período.

Simultaneamente à retração dos fluxos de portfólio (fuga dos investidores em ações e títulos de renda fixa no mercado doméstico – no valor de US$ 5,1 bilhões em 2002 – e queda da captação de bônus, notas e *commercial* paper no mercado internacional), ocorreu uma forte redução das modalidades mais estáveis de financiamento: os investimentos externos diretos e os créditos comerciais. O saldo líquido

15. Para uma análise dos diversos ataques especulativos sofridos pela economia brasileira (janeiro de 1999, agosto/setembro de 2001 e abril/outubro de 2002), ver Farhi (2001).

de investimento estrangeiro direto (entrada menos saída) foi positivo em US$ 24,7 bilhões em 2001. Em 2002, caiu para US$ 14 bilhões. Ademais, seu perfil se deteriorou. Houve queda da modalidade "Participação no capital", associada tanto a fatores internos - o menor número de privatizações e a baixa taxa de crescimento doméstica – quanto a externos – a desaceleração econômica nos países centrais e, especialmente, nos Estados Unidos, principal país de origem dos investimentos diretos direcionados para o país na segunda metade dos anos 90. E aumentaram as conversões de dívida em investimento (*debt-equity swaps*) que não representam novo financiamento, mas uma reestruturação patrimonial – diante da dificuldade de rolagem de dívidas no mercado internacional de capitais no segundo e terceiro trimestres do ano.

Já as linhas de crédito interbancárias (para fins de comércio exterior, exportação e importação), que tinham alcançado US$ 16,2 bilhões em agosto de 2001, foram cortadas para US$ 9,8 bilhões em dezembro de 2002. Estima-se que pelo menos US$ 6,5 bilhões em exportações deixaram de ser financiados mediante adiantamentos de contrato de câmbio, dada a redução dessas linhas de crédito interbancárias. Isso obrigou os empresários a tomar empréstimos no mercado

Gráfico 7 - Fluxos líquidos de capitais (1995-2003) - US$ milhões

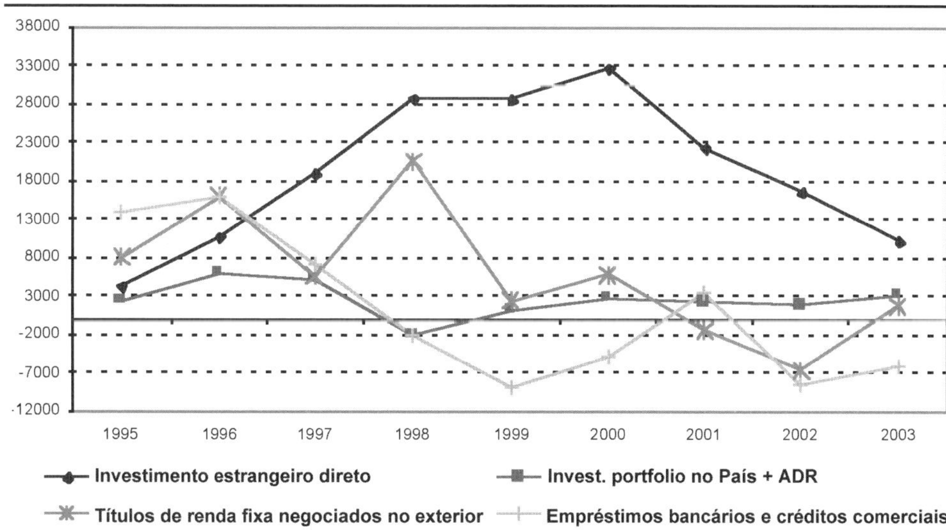

Fonte: Banco Central do Brasil (http://www.bcb.gov.br).

interno e/ou utilizar recursos próprios. O Banco Central e o Banco Nacional do Desenvolvimento Econômico e Social (BNDES) passaram a ofertar linhas de financiamento às exportações (aproximadamente US$ 2 bilhões cada um), a fim de conter o racionamento do mercado de crédito internacional.

Esses dados reforçam a hipótese de que o país enfrentou, essencialmente, uma severa restrição externa de liquidez. Os investidores internacionais decidiram reduzir suas posições em ativos brasileiros. Se não entra capital, a taxa de câmbio desvaloriza, pois as empresas precisam de recursos para pagar seus compromissos e/ou aplicar suas reservas no exterior. Em 2002, a taxa média de rolagem da dívida externa privada foi de 43%, sendo 31% para títulos de dívida e 64% para empréstimos bancários. Durante o mês de dezembro, a restrição ao mercado externo foi mais aguda. A taxa média de rolagem foi de apenas 24%, sendo 10% para títulos de dívida e 54% para empréstimos. Em 2001, o setor privado tinha conseguido rolar praticamente a totalidade de sua dívida externa: a taxa média de rolagem tinha sido de 98%.

Durante o ano de 2003, a redução das incertezas decorrentes do processo eleitoral brasileiro e, principalmente, a queda na aversão ao risco dos investidores internacionais atenuaram a forte restrição aos fluxos de capitais. Bancos e empresas brasileiras voltaram a captar recursos no mercado financeiro externo, revalorizando o real, que caiu para R$ 2,83 no final de dezembro de 2003, a despeito da elevada fragilidade das contas externas.

O Brasil foi particularmente beneficiado nesse período recente de euforia. Além da continuidade do movimento de "ajuste" do risco-Brasil, que havia atingido patamares excessivamente altos em 2002, a reavaliação dos *ratings* da Rússia e do México, que passaram para a categoria de *investment grade* em 2003, fomentou a demanda por títulos externos soberanos brasileiros, seja em função da perspectiva de que o Brasil seria o próximo país premiado com um *upgrading*[21], seja devido à demanda por rentabilidade, já que após aquelas reavaliações os papéis brasileiros (*C-bonds* e o *Global 40*, por exemplo) tornaram-se destaque no mercado de dívida dos países "emergentes" sem grau de investimento. Esses papéis foram os principais beneficiados pelo movimento de realocação do portfólio de fundos dedicados em "mercados emergentes", seguidos pelos títulos da Turquia e da Colômbia.

21. A agência de classificação de risco *Fitch Ratings* elevou o *rating* da dívida soberana brasileira em moeda estrangeira de longo prazo em uma escala de "B" para "B+" no dia 11 de novembro de 2003, um dia após o governo ter divulgado a assinatura do acordo preventivo com o FMI, no valor de US$ 14 bilhões.

Gráfico 8. Fluxos financeiros líquidos (jan-abr/2004)

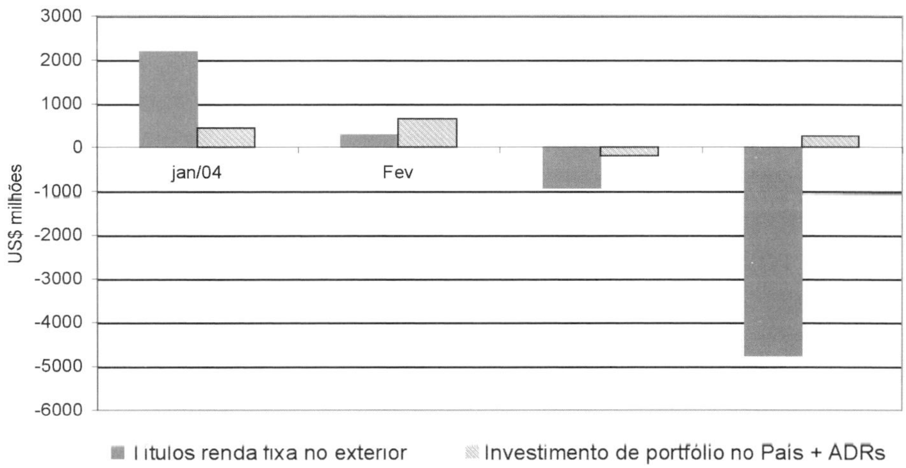

Fonte: Banco Central do Brasil (http://www.bcb.gov.br).

Porém, a partir de fevereiro de 2004, houve uma desaceleração significativa das emissões líquidas de títulos no exterior (e, conseqüentemente, queda das taxas de rolagem) e dos investimentos de portfólio no mercado financeiro doméstico (ver Gráfico 8)[22]. Essa retração decorreu principalmente da mudança do apetite dos investidores estrangeiros pelas aplicações em "mercados emergentes".

Além da perspectiva de subida da taxa de juros americana, o patamar dos *spreads* dos títulos de maior risco (seja *dos junk bonds*, seja dos títulos de "mercados emergentes" sem grau de investimento) já estaria sendo interpretado como excessivamente baixo pelos investidores, suscitando a percepção de que reduções adicionais seriam muito pouco prováveis. A revista *The Economist*, por exemplo, tem alertado para o descolamento entre os fundamentos subjacentes e o preço de mercado desses títulos *high yields* desde o final de 2003. Além disso, a elevada volatilidade nos preços dos ativos, sobretudo naqueles de maior risco, como os títulos emitidos pelo Brasil – o risco-país medido pelo EMBI+ do JP MorganChase oscilou entre 662 e 805 pontos no mês de maio –, dificulta a definição adequada do custo de uma operação financeira, levando ao adiamento das transações.

22. Vale mencionar que o fluxo líquido negativo associado às emissões de títulos no exterior em abril está associado ao pagamento de amortizações pelo setor público no valor de US$ 3.933 milhões.

Enfim, a elevada volatilidade nos ativos brasileiros parece sinalizar mais a busca de um novo patamar de preços do que uma redução abrupta na oferta e uma subida drástica nas taxas de juros das captações internacionais de empresas e bancos brasileiros. O comportamento das linhas de comércio exterior parece confirmar essa percepção. Os recursos para financiamento à exportação e importação continuam disponíveis, com ligeiro aumento nas taxas de juros.

Finalmente, vale destacar duas implicações desses ciclos de endividamento externo. Por um lado, durante todo esse período, as relações de débito e crédito em moeda estrangeira não induziram a uma elevação relevante da formação bruta de capital fixo, que, a preços de 1980, cresceu para 15,7% do PIB entre 1995-98 e caiu para 14,5% do PIB em 1999-2002, a despeito do aumento no investimento estrangeiro direto (ver Tabela 1). A dívida externa cresceu aceleradamente, passando de US$ 159,3 bilhões no final de 1995 para US$ 241,7 bilhões em dezembro de 1998. O principal responsável por esse crescimento foi, sobretudo, o setor privado. Confiantes na política cambial de minibandas e lentas desvalorizações do real, empresas brasileiras e subsidiárias de multinacionais aumentaram seus níveis de endividamento no exterior. No final de 1998, o setor privado acumulava US$ 146,2 bilhões em dívidas externas, enquanto o setor público acumulava US$ 95,5 bilhões. Após a desvalorização cambial, o setor privado procurou reduzir seu nível de endividamento e o setor público foi assumindo cada vez mais compromissos externos, mediante aportes do FMI e novas captações. Em dezembro de 2003, o setor privado acumulava US$ 115,6 bilhões em dívidas externas e o setor público, US$ 119,8 bilhões.

O endividamento externo e a venda de empresas públicas e privadas para investidores estrangeiros acarretaram mudanças patrimoniais desfavoráveis para o país. O passivo externo bruto pulou de US$ 239,4 bilhões (o equivalente a 44,1% do PIB) em dezembro de 1994 para US$ 343,4 bilhões (70% do PIB) em dezembro de 2002, que, descontados os ativos brasileiros no exterior - US$ 112,9 bilhões -, resultaram em um passivo externo líquido de US$ 230,5 bilhões[23]. No primeiro ano do governo Lula, o passivo externo bruto voltou a crescer, alcançou US$ 390 bilhões (78% do PIB) em setembro de 2003 (último dado disponível), aumentando o passivo externo líquido para US$ 259,8 bilhões.

23. O Passivo Externo Bruto (PEB) do país inclui o estoque de dívida externa, de investimento de portfólio e de estrangeiro direto. O passivo externo líquido equivale ao PEB menos os ativos externos (reservas internacionais líquidas ajustadas, ativos dos bancos brasileiros no exterior e créditos brasileiros no exterior).

Por outro lado, o aumento do endividamento externo ocasionou uma pesada dívida pública interna, fruto, num primeiro momento, da necessidade de captar recursos estrangeiros para financiar os déficits em transações correntes e acumular reservas internacionais que eram esterilizadas mediante a emissão de títulos públicos e, num segundo momento, dos juros estratosféricos para defender a política cambial, dificultando a elevação do investimento do setor privado nacional[24]. Entre 1995 e 1998, as taxas de juros nominais ficaram na média em torno dos 33% a.a. Foram esses fatores que alimentaram continuamente a dívida pública mobiliária e não os gastos excessivos do governo. A evolução da dívida pública interna inclui, portanto, um fenômeno de natureza monetária e financeira, certamente com graves implicações de ordem fiscal.

O encilhamento financeiro do setor público se deteriorou progressivamente. Em 1998, o peso dos juros tinha se tornado claramente dominante na composição do déficit público, e nesse ano as despesas com juros nominais da dívida atingiram cerca de 8% do PIB. Esse caráter financeiro do déficit público continuou a se agravar, a despeito de superávits primários crescentes. Em dezembro de 2002, o déficit nominal do setor público atingiu R$ 61,6 bilhões (4,6% do PIB), sendo que o volume de juros de todas as esferas de governo – União, Estados e Municípios – e empresas estatais somou R$ 114 bilhões (8,5% do PIB). Em dezembro de 2003, o déficit nominal do setor público alcançou R$ 79 bilhões (5,2% do PIB), sendo o volume de juros de R$ 145,2 bilhões (9,6% do PIB).

Deve-se salientar que, no momento inicial do Plano Real, a situação financeira do setor público brasileiro era bastante confortável. O governo anterior havia realizado um ajuste fiscal e do endividamento público de grandes proporções. Em 1993, o governo apresentava um superávit primário de 2,6% do PIB e a dívida líquida do setor público (governo federal, Banco Central, governos estaduais, municipais e estatais) era relativamente reduzida como proporção do PIB. Entretanto, com a expansão da dívida pública mobiliária, a dívida líquida do setor público saltou de R$ 153,2 bilhões em dezembro de 1994, o equivalente a 28% do PIB, para R$ 881,1 bilhões em dezembro de 2002 (ou 55,5% do PIB) e continuou sua trajetória ascendente. Atingiu R$ 913,1 bilhões em dezembro de 2003 (ou 58,7% do PIB).

24. Nos países em desenvolvimento, as taxas de juros reais internas e os rendimentos sobre a dívida externa soberana, dependentes dos estados de expectativas prevalecentes nos mercados internacionais de crédito, tendem a convergir. A arbitragem das taxas de juros torna a taxa de juro real interna equivalente ao rendimento sobre a dívida soberana acrescido da taxa esperada de variação na taxa de câmbio real (Rojas-Soares, 2003: p. 114).

OS INDICADORES DE VULNERABILIDADE EXTERNA DA ECONOMIA BRASILEIRA

A abertura financeira facilitou a estabilização dos preços, mas aumentou a vulnerabilidade do balanço de pagamentos e deteriorou as contas públicas. A combinação de câmbio valorizado e juros elevados prevalecente durante a estabilização do real desestimulou os projetos voltados para a diversificação da pauta de exportações, que se especializou em produtos menos nobres, quer de origem agrícola, quer industrial; promoveu importações "predatórias" e aumentou a participação da propriedade estrangeira no estoque de capital doméstico. Uma das principais fontes de pressões sobre as transações correntes tornou-se rígida (remessa de juros e lucros em torno de US$ 18 bilhões anuais), em função do serviço de um passivo externo elevado. Essa dinâmica pôs em evidência a vulnerabilidade do balanço de pagamentos.

Alguns indicadores dessa vulnerabilidade tanto no curto prazo – conhecidos como "indicadores de liquidez externa" – quanto no médio e longo prazo - denominados "indicadores de solvência externa" – são apresentados a seguir. Três indicadores de liquidez externa foram calculados. O primeiro é de um indicador tradicional, chamado "Passivo externo de curto prazo/reservas líquidas ajustadas". O segundo refere-se ao indicador utilizado pela agência de classificação de risco de crédito *Standard & Poors*, que equivale à razão entre a chamada "Necessidade Bruta de Financiamento Externo" (NBFE)[25] e as reservas líquidas ajustadas (sendo que os países com um indicador superior a 1 são classificados com grau especulativo). O terceiro indicador soma as NBFE ao estoque de investimento de portfólio no Brasil. Esse último indicador procura "medir" a pressão potencial sobre as reservas internacionais no país.

Como mostra o Gráfico 9, os três indicadores deterioram-se continuamente entre janeiro de 2001 e março de 2003, devido à situação de restrição externa enfrentada pela economia brasileira nesse período, que resulta tanto em queda das nossas reservas líquidas quanto em dificuldade de renovar os compromissos externos, de curto, médio e longo prazo. Entre abril e dezembro de 2003, a situação de liquidez externa melhorou ligeiramente, tanto em função do novo ciclo de ativos e de crédito internacional – que possibilitou a

25. As NBFE equivalem à soma do saldo em transações correntes, com o principal vencível da dívida externa de médio e longo prazo e o estoque da dívida de curto prazo.

Gráfico 9 - Indicadores de liquidez externa (2001-fevereiro de 2004)

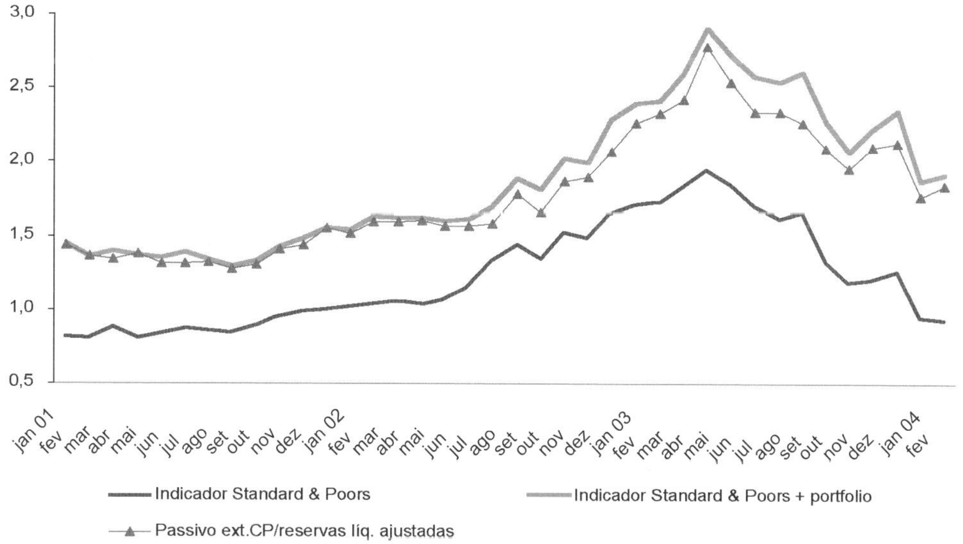

Gráfico 9 - Indicadores de liquidez externa (2001-fevereiro de 2004)

interrupção da tendência de queda das reservas líquidas ajustadas[26] – quanto dos superávits em transações correntes obtidos a partir de agosto. Dado que os indicadores *Standand & Poors* e *Standards & Poors* + Portfólio consideram, no numerador, as necessidades brutas de financiamento externo (NBFE) – que incluem o saldo em transações correntes –, o superávit em transações correntes contribuiu para a redução dessas necessidades. Houve ainda uma redução conjuntural da dívida de curto prazo e das amortizações de médio e longo prazo entre julho e novembro. Mas o indicador *Standard & Poors* continuou superior a 1, mantendo o Brasil na categoria *non-investment* grade.

No início de 2004, os três indicadores de liquidez voltaram a apresentar sinais de elevação, resultado das diferenças nas taxas de crescimento do passivo externo de curto prazo (associado aos investimentos de portfólio na Bovespa) e

26. Salienta-se que ao longo de 2003 e primeiro trimestre de 2004 o Tesouro, por intermédio do Banco do Brasil, adquiriu divisas no mercado à vista no valor de US$ 6,64 bilhões, dos quais US$ 6,47 já foram utilizados para o pagamento do serviço (principal e juros) da dívida externa soberana (*Brady bonds*, outros títulos e Clube de Paris). Essas aquisições não foram contabilizadas nas reservas líquidas ajustadas, mas resultaram em menores pressões sobre o estoque de reservas internacionais (US$ 21,4 bilhões em março de 2004). O Tesouro anunciou que não deverá voltar ao mercado para adquirir os recursos que faltam para o pagamento da dívida externa pública que vence entre maio e dezembro, no valor de US$ 5,73 bilhões.

das reservas líquidas ajustadas. O aumento nas reservas internacionais em janeiro, em torno de US$ 4 bilhões – associado à decisão do BCB de intervir diretamente no mercado de câmbio (US$ 2,4 bilhões) e à emissão de títulos (US$ 1,5 bilhão) -, além de insuficiente, foi interrompido em fevereiro, em função da redução dos fluxos líquidos de capitais, associada a fatores externos (aumento da probabilidade de elevação dos juros nos Estados Unidos, após a reunião do *Federal Reserve* de janeiro) e internos (crise política e baixo crescimento).

Já os indicadores de solvência externa representam estimativas da vulnerabilidade externa do país no médio e longo prazo. Nesse caso, a questão essencial é a capacidade de geração de divisas da economia, associada, no caso dos países periféricos como o Brasil, ao desempenho das exportações, dado o saldo negativo ou equilibrado das demais subcontas das transações correntes (ver Gráfico 10). O indicador mais amplo, "Passivo externo líquido/exportações", manteve-se em patamar elevado, mas apresentou redução após 1999, devido à queda do passivo externo e, num segundo momento – após 2001 –, ao crescimento das exportações. A redução desse passivo, por sua vez, esteve associada, principalmente, a um efeito contábil: a queda dos estoques de investimento estrangeiro direto e de portfólio no país, medidos em dólar (US$), em decorrência da desvalorização do real no período[27]. No caso dos fluxos de portfólio, a maior instabilidade cambial após a adoção do regime de câmbio flutuante e a retração dos fluxos de ca-pitais também contribuíram para a sua redução.

Adicionalmente, a dívida externa – terceiro componente do passivo externo, que não está sujeita a esse efeito contábil, já que é denominada em moeda estrangeira – diminuiu ligeiramente no período em função da escassez de financiamento externo voluntário até o início de 2003. Essa escassez explica a redução do indicador "Dívida externa privada/exportação". Já o indicador "Dívida externa

27. O estoque de investimento externo direto no país, avaliado pelo BCB de cinco em cinco anos a partir do Censo de Capital Estrangeiro (o último foi realizado em 2000), é calculado em reais (R$). Assim, quando ocorre uma desvalorização da moeda nacional, o valor desse estoque em dólar diminui. O mesmo efeito contábil ocorre na contabilização dos fluxos anuais de Investimento Estrangeiro Direto (IED), utilizados para estimar o estoque de IED entre os anos dos censos: os fluxos líquidos mensais de IED, contabilizados em dólar (US$) no balanço de pagamentos, são convertidos em reais (R$) à taxa de câmbio média do período; a soma desses fluxos corresponde ao fluxo total no ano, que é convertido à taxa de câmbio de final de período; em seguida, o valor em US$ do ano é somado ao estoque de IED em US$ do ano anterior. Utilizou-se essa metodologia para estimar o estoque de IED para os anos de 1998 e 1999, já que o BCB somente divulga esses dados para os anos posteriores ao último censo.

Gráfico 10. Indicadores de solvência externa

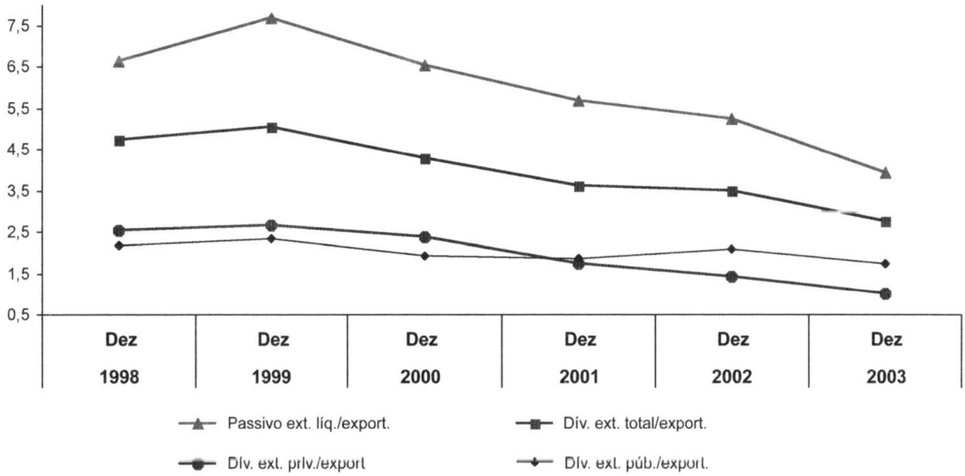

Fonte: Banco Central do Brasil (http://www.bcb.gov.br).

total/exportação" permaneceu em patamar praticamente estável após 2000, refletindo o aumento da dívida pública externa – associada às operações de regularização e às emissões soberanas – que contrabalançou a retração do endividamento privado naquele período.

Já o crescimento expressivo das exportações pode enfrentar obstáculos crescentes. Isso porque a alta taxa de crescimento das vendas externas durante o ano de 2003 esteve associada a uma conjunção de fatores excepcionais, tanto externos – valorização cíclica dos preços internacionais das *commodities* e altas taxas de crescimento das economias americana, argentina e chinesa – quanto internos – retração do mercado doméstico e expressiva desvalorização do real em 2002. Esses fatores, sobretudo os externos, contribuíram para reforçar o perfil pouco dinâmico da balança comercial, qual seja, superávits nos segmentos de *commodities* primárias e setores intensivos em trabalho e recursos naturais e déficits naqueles intensivos em tecnologia[28] . Em 2003, a participação dessas commodities

28. De acordo com o estudo da Unctad (2002), enquanto a taxa média de crescimento do comércio mundial no período 1908-1998 foi de 8% a.a., a maioria das *commodities* primárias (ao lado de algumas manufaturas de baixa intensidade tecnológica) apresentou taxas de crescimento negativas e, conseqüentemente, baixo dinamismo no comércio mundial. As maiores taxas de crescimento (acima da média mundial) foram registradas, exatamente, pelas manufaturas com média e alta intensidade tecnológica, segmento no qual o Brasil é deficitário.

no superávit comercial aumentou em relação aos anos anteriores, atingindo 40% do total. Pode-se afirmar, então, que a pauta de exportações brasileira, pouco dinâmica e concentrada em *commodities* agrícolas e industriais, revelou-se conjunturalmente "funcional", dadas as características da expansão econômica da China e o patamar dos preços das *commodities*.

Uma redução sustentável dos indicadores de solvência externa requer que a taxa de crescimento das exportações seja superior à taxa de juros que incide sobre a dívida externa (em média, 10% a.a.) - o que é pouco provável, dado o perfil da pauta de exportações. Requer ainda que a taxa de crescimento das exportações seja superior à das importações a fim de ampliar o saldo comercial para garantir superávits crescentes em transações correntes e reduzir o endividamento adicional. Vale ressaltar que o movimento recente de endividamento externo securitizado deverá pressionar o esquema de amortização nos próximos anos[29].

CONSIDERAÇÕES FINAIS

Espera-se ter mostrado que o modelo de estabilização com abertura financeira e liberalização do mercado cambial foi acompanhado de um rápido crescimento do passivo externo da economia. O ciclo de endividamento externo, associado à expansão do crédito internacional nos anos 90, ou melhor, a nova etapa de dependência do financiamento externo aumentou consideravelmente a vulnerabilidade da economia brasileira a choques externos. E, nem bem o país emergia da crise da dívida dos anos 1980, já estava mergulhado em uma nova crise cambial e, por conseguinte, sob um novo programa de ajustamento do FMI (outubro de 1998) (Resende, 2003). A despeito disso, durante o ano de 2003, o país entrou em novo ciclo de endividamento internacional.

Entretanto, parece evidente que os mercados financeiros internacionais malograram em fornecer um fluxo de capital estável para os países "emergentes". Como já havia destacado Keynes, nos debates que precederam a conferência de Bretton Woods, a reciclagem estável e anticíclica da liquidez internacional é um elemento fundamental para o funcionamento harmonioso do sistema monetário e financeiro internacional. Todavia, o estabelecimento de um emprestador de última instância para os países em desenvolvimento, no contexto de uma nova

29. Em sentido contrário, o novo acordo com o FMI alterou o cronograma de amortizações da dívida com esta instituição para o período 2005-07, o que poderá aliviar os pagamentos de 2005 e 2006.

arquitetura financeira internacional, destinada a atuar de forma anticíclica, parece remoto[30]. Vai sendo reposta, então, a necessidade de uma alternativa para o financiamento de longo prazo, sobretudo mediante o aprofundamento dos mercados financeiros domésticos, tornando o processo de investimento menos dependente do financiamento externo. Isso requer também a ampliação da participação das exportações líquidas no PIB de forma a gerar um volume considerável de divisas, como tem ocorrido nos países "emergentes" da Ásia.

Recolocou-se, assim, a velha e eterna questão brasileira e latino americana: a tradicional incapacidade do sistema financeiro doméstico de prover crédito de longo prazo. A integração aos fluxos financeiros internacionais privados induziu à entrada de capitais de curto prazo, atraídos pela elevada rentabilidade dos ativos financeiros domésticos (privatização e empresas subvalorizadas); o aumento do endividamento privado no exterior (bônus, notas, *commercial papers*, empréstimos sindicalizados etc.) e a entrada de bancos estrangeiros. O resultado foi um ciclo de endividamento externo com elevados custos e reduzidos prazos. Ao invés de favorecer uma formulação mais adequada das políticas de financiamento e assegurar o desenvolvimento de fontes de financiamento de médio e longo prazo, destinadas à acumulação produtiva, desorganizou-se ainda mais o sistema de financiamento doméstico (Tavares & Belluzzo, 2002: pp. 159-169).

O problema do financiamento da acumulação produtiva e da construção de uma intermediação eficiente e menos vulnerável à especulação financeira interna e externa persiste intacto. A recuperação da capacidade de financiamento da economia brasileira, essencial à retomada do crescimento, não pode ser solucionada exclusivamente pelo setor externo, por causa da grande volatilidade dos movimentos de capitais de curto prazo. Provavelmente, eles serviriam para esse propósito se o país utilizasse alguns mecanismos de controles de capital para monitorar o volume e a maturidade dos fluxos em face das necessidades econômicas domésticas (Carneiro, 2003). Esses instrumentos poderiam possibilitar a retomada do controle sobre o dinheiro e o crédito doméstico (sobretudo dos bancos públicos) uma vez que a conta de capitais seja mantida relativamente

30. Barry Eichengreen sugeriu, naquilo que está sendo chamado de "Consenso de Copenhague", uma iniciativa do "Instituto Dinamarquês para a Avaliação Ambiental" em cooperação com a revista britânica The Economist: a criação de uma moeda mundial, utilizada por países ricos e pobres; ou inventar um mercado internacional de bônus ou de empréstimos em uma unidade de conta virtual, formada por uma cesta de moedas dos países emergentes (disponível na página eletrônica de The Economist, http://www.economist.com).

aberta, a taxa de câmbio continuará extremamente volátil e a taxa de juro interna apresentará limites à redução.

Vale lembrar que a incerteza em relação à trajetória desses preços-chave desestimula as decisões de investimento. Para reduzir essa incerteza, é essencial a adoção de uma política cambial mais intervencionista (flutuação suja), que também teria o efeito benéfico de aumentar o estoque de divisas, outro elemento importante para atenuar a vulnerabilidade de uma economia periférica, como a brasileira, que não emite moeda conversível internacionalmente.

Mas o equacionamento da estrutura de financiamento doméstico não pode ser executado de forma independente pelo setor financeiro privado, devido a sua tendência de operar no curto prazo, em condições de instabilidade e incerteza (Hermann, 2003). Por conseguinte, uma vez mais esse equacionamento deve passar pelo Estado, sem o que os investimentos de reconversão produtiva ocorrerão apenas nas empresas mais bem situadas no mercado e com maior capacidade de autofinanciamento. Noutras palavras, o desenvolvimento econômico requer a definição de políticas financeira e creditícia para alavancar as empresas produtivas, de forma articulada com uma política industrial e de desenvolvimento social. Desse ponto de vista, uma política de financiamento, estimulando os setores prioritários (novas tecnologias, exportação, agricultura, pequena e média empresa etc.), conectada a um planejamento de médio e longo prazo, deve ser reposta pelo governo brasileiro. Nesse sentido, o Banco Interamericano de Desenvolvimento (BID) e o Banco Mundial poderiam desempenhar um papel catalisador no desenvolvimento de mercados de títulos de dívida em moeda local, para promover novos instrumentos de financiamento e diminuir o risco do endividamento em moeda forte[31]. Na Europa Oriental, o Banco Europeu para a Reconstrução e o Desenvolvimento já está emitindo papéis nas moedas locais (na Polônia e na República Tcheca).

31. Para uma discussão sobre os mercados asiáticos em moeda doméstica, ver (McCauley, 2003). O autor mostra que as captações em moeda estrangeira dos países asiáticos pagam juros 3%-4% acima daqueles recebidos pelos estoques de reservas (aplicados em bônus dos Tesouros ou das corporações dos países desenvolvidos), dada a assimetria de risco.

Quadro 1. A abertura financeira da economia brasileira na gestão Armínio Fraga Neto

Eixo da abertura	Abertura financeira nos anos 1990	Mudanças na gestão Armínio Fraga
Investimento estrangeiro de portfólio no mercado financeiro local	- 1991: Anexo IV à Resolução nº 1.289/87. Ao contrário dos demais Anexos dessa Resolução, permitia a entrada direta de investidores institucionais estrangeiros no mercado acionário doméstico (segmentos primário e secundário) e não estava sujeito a critérios de composição, capital mínimo inicial e período de permanência. - Aquisição de cotas de fundos de investimento, que se diferenciavam em relação às modalidades de aplicação permitidas: Fundos de Privatização-Capital Estrangeiro, instituídos em 1991; Fundos de Renda Fixa Capital Estrangeiro, criados em 1993; e dois fundos de investimento constituídos no país, que foram abertos à participação estrangeira em 1996 (Fundos de Investimento em Empresas Emergentes e Fundos de Investimento Imobiliário). - Contas de não-residentes do mercado de câmbio flutuante (contas CC-5): única modalidade de aplicação que não estava sujeita a restrições quanto ao tipo de aplicação. Mediante a conta específica "De Instituição Financeira", as instituições credenciadas pelo Banco Central podem negociar moeda estrangeira com instituições financeiras do exterior, em quantidade ilimitada. Em contrapartida, as aplicações através das CC-5 incorriam em um maior risco cambial - já que as cotações dos mercados comercial e flutuante não eram unificadas - e recebiam o mesmo tratamento fiscal concedido aos residentes no país.	- Resolução nº 2.689, de 26/1/2000: extinguiu as diferentes modalidades de aplicação mediante o mercado de câmbio comercial (com exceção do Anexo III, que regulamenta os investimentos estrangeiros de portfólio em fundos fechados, negociados em bolsas de valores estrangeiras) e instituiu uma nova modalidade de investimento no mercado financeiro, pela qual os investidores não-residentes têm acesso às mesmas aplicações disponíveis aos investidores residentes. Os investidores, tanto em renda fixa quanto em variável, precisam constituir um representante no país (e um co-representante, se este não for instituição financeira), responsável pela efetivação e atualização do registro, bem como pelo fornecimento de informações ao Banco Central e à CVM. O representante também precisa efetuar o cadastramento ou re cadastramento, no caso dos investidores dos Anexos I, II e IV, que concede um código CVM individual para cada investidor. Somente após a posse desse código, os investidores podem aplicar dinheiro novo e realizar as transferências de recursos dos antigos instrumentos para a nova modalidade de aplicação.
Emissão de títulos no exterior	- Além dos eurobônus e euronotas, foi autorizada a emissão de novos títulos de dívida direta - Commercial Papers, Export Securities, Títulos e Debêntures Conversíveis em ações pelas empresas, e Certificados de Depósitos pelas dependências externas dos bancos - e de Recibos de Depósitos ou Depositary Receipt (DR), que constitui um certificado representativo de ações de empresas estrangeiras emitidos e negociados nos mercados de capitais dos Estados Unidos (ADR) ou em diferentes mercados simultaneamente (Global Depositary Receipt, GDR). Os investimentos estrangeiros através de DRs constituíam o Anexo V à Resolução no 1.289/87. - Permissão, em 1991, da emissão de títulos de dívida pelos bancos nos termos e nos fins previstos pela Resolução 63/1967. As modalidades de repasse desses recursos também foram ampliadas. Além dos empréstimos para a indústria, comércio e serviços, foram autorizados créditos com funding externo para os setores imobiliário e rural (em 1995) e para empresas exportadoras (em 1996).	O Conselho Monetário Nacional (CMN), através da Resolução nº 2.770, de 30 de agosto de 2000, revogou 237 normativos que disciplinavam as operações de emissão de títulos de renda fixa no exterior. Foram eliminados a exigência de autorização do BCB para qualquer tipo de captação de recursos - assim, o regime passou de autorizativo para declaratório - e o direcionamento compulsório dos repasses de recursos externos pelos bancos. A única restrição mantida foi a cobrança de IOF de 5% sobre as operações com prazo inferior a 90 dias.

Fonte: Freitas e Prates (2002)

REFERÊNCIAS BIBLIOGRÁFICAS

ADAMS, C.; MATHIENSON, D. & SHINASI, G. (1999). *International Capital Markets: developments, prospects and key policy issues*. Washington, D.C.: International Monetary Fund, September.

ARIDA, Pérsio; BACHA, Edmar Lisboa & LARA-RESENDE, André (2004) *High interest rates in Brazil:* conjectures on the jurisdictional uncertainty. Rio de Janeiro: Núcleo de Estudos de Política Econômica, Casa das Garças (NUPE/CdG), mimeo.

BANK for International Settlements. *Quarterly Review*, March 2004. Basle: BIS. Disponível na internet http://www.bis.org.

BANK for International Settlements. *Quarterly Review*, December 2003. Basle: BIS. Disponível na Internet http://www.bis.org.

BANK for International Settlements. 74st *Annual Report*, June 2003. Basle: BIS. Disponível na Internet http://www.bis.org.

BARROS, José Roberto Mendonça de; BAER, Mônica; SILVA, Tereza Maria Fernandez Dias da & CINTRA, Marcos Antonio Macedo (2002). *Negociações internacionais em serviços financeiros*. São Paulo: Bolsa de Valores de São Paulo e Companhia Brasileira de Liquidação e Custódia (http://www.bovespa.com.br).

BELLUZZO, Luiz Gonzaga de Mello (2004a). "As máscaras da vulnerabilidade externa", em *Folha de S.Paulo*, São Paulo, 11 de abril, Caderno Dinheiro, p. B4.

BELLUZZO, Luiz Gonzaga de Mello (2004b). "Mercados financeiros e políticas monetárias", em *Valor Econômico*, São Paulo, 1º de junho, p. A11.

BOECHAT Filho, Dalton; MELO, Enilce Leite & CARVALHO, Fernando José Cardim de (2001). *O novo perfil do sistema financeiro*. Rio de Janeiro: Associação Nacional das Instituições do Mercado Aberto (Relatório Econômico).

CARNEIRO, Ricardo (2003). "A política macroeconômica da era FHC ao governo Lula: da trindade impossível à autonomia necessária", em VELLOSO, João Paulo dos Reis (coor.) *Governo Lula*: novas prioridades e desenvolvimento sustentado. Rio de Janeiro: José Olympio Editora e Instituto Nacional de Altos Estudos (Fórum Nacional).

CARNEIRO, Ricardo (1999). "Globalização financeira e inserção periférica", em *Revista Economia e Sociedade*, n. 13. Campinas: IE/Unicamp, pp. 58-92.

CARVALHO, Carlos Eduardo; STUDART, Rogério & ALVES Jr., Antônio José (2002). *Desnacionalização do setor bancário e financiamento das empresas: a experiência brasileira recente*. Brasília, D.F.: Cepal/Ipea (Texto para Discussão, n. 882).

CHESNAIS, F. (1996b). "Introduction générale", em *La mondialisation financière: Genèse, coût et enjeux*, François Chesnais (coord.), Paris: Syros.

CINTRA, Marcos Antonio Macedo & FARHI, Maryse (2003). "Os limites da inserção internacional dos países emergentes no limiar do século XXI", em *Ensaios FEE*, Vol. 24, n. 2. Porto Alegre: Fundação de Economia e Estatística Siegfried Emanuel Heuser, pp. 351-402.

COUTINHO, Luciano G. & BELLUZZO, Luiz Gonzaga de Mello (1996). "Desenvolvimento e estabilização sob finanças globalizadas", em *Revista Economia e Sociedade*, n. 7. Campinas: Instituto de Economia/Unicamp, pp. 129-154.

COUTINHO, Luciano; HIRATUKA, Célio & SABBATINI, Rodrigo (2003). "O desafio da construção de uma inserção externa dinamizadora". Texto produzido para o *Seminário Brasil em Desenvolvimento*, UFRJ, Rio de Janeiro, setembro.

FARHI, Maryse (2004). "As economias emergentes e os ciclos de liquidez", em *Política Econômica em Foco* n. 3 (Boletim Quadrimestral do Centro de Conjuntura e Política Econômica do Instituto de Economia da Unicamp). Disponível na internet http://www.eco.unicamp.br.

FARHI, Maryse (2001). "Dinâmica dos ataques especulativos e regime cambial", em *Revista Economia e Sociedade*, n. 17. Campinas: IE/Unicamp, pp. 55-79.

FRANCO, Gustavo H. B. & PINHO Neto, Demosthenes M. (2003). *A desregulamentação da conta de capitais:* limitações macroeconômicas e regulatórias", artigo preparado para o seminário "Aprimorando o mercado de câmbio brasileiro", promovido pela Bolsa de Mercadorias & Futuros (BM&F), São Paulo, 4 de dezembro (mimeo).

FRANCO, Gustavo H. B. (1998). "A inserção externa e o desenvolvimento", em *Revista de Economia Política*, Vol. 18, n. 3. São Paulo: Centro de Economia Política/Editora 34, pp. 121-147.

FREITAS, M. Cristina Penido de (1999). "Abertura do sistema financeiro brasileiro ao capital estrangeiro", em FREITAS, Maria Cristina Penido de (org.), *Abertura do sistema financeiro brasileiro nos anos 90*. São Paulo: Edições Fundap e Fapesp/Brasília: IPEA/Seplan, 1999, pp. 101-173.

FURTADO, João (1999). "Mundialização, reestruturação e competitividade: a emergência de um novo regime econômico e as barreiras às economias periféricas", em *Revista Novos Estudos*, n. 53. São Paulo: Cebrap, pp. 97-118.

HERMANN, Jennifer (2003). "Financiamento de longo prazo: revisão do debate e propostas para o Brasil", em SICSÚ, João; OREIRO, José Luís & PAULA, Luiz Fernando de (org.) *Agenda Brasil*: políticas econômicas para o crescimento com estabilidade de preços. Barueri, SP: Editora Manolo e Fundação Konrad Adenauer, pp. 241-293.

IMF (2004). *Global financial stability report*: market developments and issues. Washington, D.C.: International Monetary Fund, April (World Economic and Financial Surveys).

IMF (2003). *Global financial stability report*: market developments and issues. Washington, D.C.: International Monetary Fund, April (World Economic and Financial Surveys).

IMF (2002). *Global financial stability report*: market developments and issues. Washington, D.C.: International Monetary Fund, September (World Economic and Financial Surveys).

LAPLANE, Mariano F. & SARTI, Fernando (1999). "Investimento direto estrangeiro e o impacto na balança comercial nos anos 90", em *Texto para Discussão*, n. 629. Brasília, DF: Ipea.

MATHIESON, D. J.; SCHINASI, G. (2001). *International capital markets*: developments, prospects and key policy issues. Washington, D.C.: International Monetary Fund, July.

McCAULEY, Robert N. (2003). "Capital flows in East Asia since the 1997 crisis", em BIS *Quarterly Review*, June. Basle: BIS, pp. 41-55. Disponível na Internet http://www.bis.org.

PRATES, Daniela Magalhães (2004). "O ciclo recente de fluxos de capitais para os países emergentes", em *Indicadores n. 99*. São Paulo: Fundap, pp. 3-9.

PRATES, Daniela Magalhães (2003a). "A permanência da vulnerabilidade externa", em *Boletim Política Econômica em Foco*, n. 1 (Seção III - Balanço de Pagamentos). Campinas: IE/Unicamp (Boletim Quadrimestral do Centro de Conjuntura e Política Econômica), maio/agosto, pp. 31-52. Disponível na Internet http://www.eco.unicamp.br.

PRATES, Daniela Magalhães (2003b). "A insustentabilidade do ajuste externo", em *Boletim Política Econômica em Foco* n. 2 (Seção III - Balanço de Pagamentos). Campinas: IE/Unicamp (Boletim Quadrimestral do Centro de Conjuntura e Política Econômica), setembro/dezembro, pp. 22-39. Disponível na Internet http://www.eco.unicamp.br.

PRATES, Daniela Magalhães (2002). *Crises financeiras nos países "emergentes"*: uma interpretação heterodoxa. Campinas: Instituto de Economia, Universidade de Campinas (Tese doutoramento em Economia), dezembro.

PRATES, Daniela Magalhães (1999). "Investimento de portfólio no mercado financeiro doméstico", em FREITAS, Maria Cristina Penido de (org.), *Abertura do sistema financeiro brasileiro nos anos 90*. São Paulo: Edições Fundap e Fapesp/Brasília: IPEA/Seplan, 1999, pp. 17-60.

ROJAS-SOARES, Liliana (2003). "Política monetária e taxa de câmbio: diretrizes para um regime sustentável", em WILLIAMSON, John & KUCZYNSKI, Pedro-Paulo (orgs.) *Depois do consenso de Washington:* retomando o crescimento e a reforma na América Latina. São Paulo: Ed. Saraiva, pp. 106-134.

RESENDE, Marco Flávio da Cunha (2003). *Inserção internacional, arranjos financeiros e crescimento na economia brasileira*. Brasília, DF: UnB (tese de doutoramento).

SERRANO, Franklin (2002). "Do ouro imóvel ao dólar flexível", em *Revista Economia e Sociedade*, Vol. 11, n. 2 (19). Campinas: Instituto de Economia da Unicamp, pp. 237-253.

SILVA, Antônio Carlos Macedo e (2004). "A caravana e a bolha: um espetáculo pós-moderno", em *Política Econômica em Foco* n. 3 (Seção I - Economia Internacional). Campinas: IE/Unicamp

(Boletim Quadrimestral do Centro de Conjuntura e Política Econômica), janeiro/abril, pp. 10-24. Disponível na Internet http://www.eco.unicamp.br.

TAVARES, Maria da Conceição & BELLUZZO, Luiz Gonzaga de Mello (2002). "Desenvolvimento no Brasil: relembrando um velho tema", em BIELSCHOWSKY, Ricardo & MUSSI, Carlos (2002). *Políticas para a retomada do crescimento:* reflexões de economistas brasileiros. Brasília, DF: Ipea/Cepal, pp. 149-184.

TEIXEIRA, Aloísio (2000). "O império contra-ataca: notas sobre os fundamentos da atual dominação norte-americana", em *Revista Economia e Sociedade*, n. 15. Campinas: IE/Unicamp, pp. 1-13.

UNCTAD (2003). *World Investment Report* 2003, FDI policies for development: national and international perspectives. Genebra: United Nations Conference on Trade and Development. Disponível na Internet http://www.unctad.org/wir.

UNCTAD (2002). *Trade and Development Report.* Genebra: United Nations Conference on Trade and Development. Disponível na Internet http://www.unctad.org/tdr.

VIDOTO, Carlos Augusto (2002). *O sistema financeiro brasileiro nos anos noventa:* um balanço das mudanças estruturais. Campinas: Instituto de Economia (tese de doutoramento).

WORLD BANK (Banco Mundial) (2004). *Global Development Finance*, April. Washington, D.C.

Brasil: grau investimento?

Adriana Beltrão Dupita*

Carlos Kawall Leal Ferreira**

*Mestre em Economia pela London School of Economics (Reino Unido) e professora da Universidade Paulista (UNIP). Economista do Citigroup, Brasil.

**Doutor em Economia pela Universidade de Campinas (Unicamp). Professor titular do Programa de Pós-Graduação em Economia Política da Pontifícia Universidade Católica de São Paulo (PUC-SP). Foi Economista-chefe do Citigroup Global Markets no Brasil e é Diretor Financeiro do BNDS.

O objetivo deste artigo é analisar as condições necessárias para que o Brasil obtenha uma classificação de risco de grau investimento (investment grade) *junto às principais agências internacionais de classificação de risco (ou agências de* rating*). A partir da análise de indicadores macroeconômicos selecionados - notadamente aqueles que aferem a solvência externa de créditos soberanos - faz-se uma análise comparada com dois países (México e Rússia) que adquiriram em anos recentes a classificação de nível investimento. Parte-se então para projetar as variáveis de solvência externa dentro de hipóteses consistentes com a trajetória econômica recente, de modo a avaliar qual o prazo necessário para que o Brasil alcance valores para tais indicadores compatíveis com o grau investimento de classificação de risco. Por último, fazem-se considerações sobre políticas macroeconômicas e estruturais compatíveis com a melhoria dos indicadores de solvência externa.*

GLOBALIZAÇÃO FINANCEIRA: RISCOS E OPORTUNIDADES

A notável ampliação dos fluxos internacionais de capitais a partir dos anos 1990 - envolvendo tanto capitais de portfólio como fluxos de investimento direto estrangeiro - conduziu a uma nova fase da integração dos mercados financeiros internacionais, rotulada genericamente *globalização financeira*. De forma mais específica, esse processo representaria um passo além da internacionalização financeira experimentada nas duas décadas precedentes, quando o surgimento do euromercado era ainda acompanhado por sistemas financeiros nacionais fortemente regulados e funcionando de forma estanque frente ao circuito financeiro internacional. Com a globalização financeira, as fronteiras entre os sistemas financeiros nacionais e os mercados financeiros mundiais tornaram-se mais tênues, levando ao surgimento de mercados verdadeiramente globais[1].

A maior integração financeira global, contudo, foi acompanhada por períodos de forte instabilidade financeira, envolvendo notadamente economias em desenvolvimento (ou "emergentes") que experimentaram processos de abertura financeira em graus e formatos variados nas últimas duas décadas. As crises cambiais e de solvência externa experimentadas pelo México (1994-95), países asiáticos (1997), Rússia (1998), Brasil (1999) e Argentina (2001) acirraram o debate sobre políticas de abertura financeira[2]. Ainda, o episódio da crise do LTCM (*Long Term Capital Management*, um fundo de investimento especulativo nos EUA) em 1998 chamou a atenção para os riscos envolvidos em novas práticas financeiras em um ambiente globalizado[3]

No caso do Brasil, a maior integração com os mercados financeiros e de capitais internacionais implicou um aumento significativo dos fluxos de capitais em carteira na primeira metade dos anos 1990, seguido de forte alta no ingresso de investimento direto estrangeiro a partir da segunda metade da década. Entretanto, a expressiva deterioração do saldo em transações correntes a partir do início do Plano Real implicou elevação da vulnerabilidade externa da economia, traduzida em forte aumento nas necessidades financeiras externas no período 1995-2001. As elevadas necessidades de financiamento externo, conjugadas com uma trajetória fiscal de contínuo crescimento da relação entre a dívida

1. Ver, a respeito, Ferreira (1995), cap. 1.
2. Para dois pontos de vista opostos quanto ao tema, ver Stiglitz (2002) e Fischer (2003).
3. Para uma análise da crise asiática, ver Goldstein (1998). Uma análise instigante sobre a quebra do LTCM pode ser encontrada em Edwards (1999).

líquida do setor público e o PIB, levaram a períodos de perda de confiança por parte dos investidores internacionais[4]. Como conseqüência, o Brasil viu-se diante da necessidade de sucessivos acordos com o Fundo Monetário Internacional de 1998 a 2003.

A instabilidade macroeconômica e o baixo crescimento da economia nos últimos anos incentivaram propostas no sentido de se buscar reverter o grau de abertura externa da balança de capitais brasileira, voltando-se à introdução de controles na entrada e/ou saída de capitais[5]. A restrição seletiva ao fluxo de capitais estrangeiros seria, de acordo com tais propostas, um elemento importante para o resgate da autonomia das políticas macroeconômicas nacionais, reduzindo a responsividade da economia doméstica aos humores dos mercados financeiros internacionais.

Há, contudo, farta bibliografia internacional que permite questionar propostas de controle de capitais[6] como propícias ao momento vivido pela economia brasileira. Políticas de controle de capitais experimentadas em diversos países mostraram-se, na maior parte dos casos, inócuas para restringir fluxos de capitais de curto prazo ou para resgatar maior grau de autonomia sobre a política monetária. A literatura especializada reconhece méritos na política de controle à entrada de capitais adotada na Malásia (1998) durante a crise asiática, em um contexto de forte restrição cambial. Contudo, tal política foi acompanhada de significativa retração no investimento estrangeiro direto, tendo sido abandonada cerca de um ano após sua implementação.

A perspectiva adotada neste artigo é de que, não obstante os riscos envolvidos, o Brasil não pode prescindir da contribuição do mercado de capitais internacional como fonte de recursos de longo prazo, com políticas de isolamento financeiro ou de controles de capitais sendo, nesse sentido, contraproducentes. Ao mesmo tempo, contudo, é necessário que o país trilhe um caminho de redução de sua vulnerabilidade externa que se expresse na melhoria de seus indicadores de solvência externa. A obtenção da classificação de grau de investimento junto às agências de classificação de risco seria emblemática a este respeito, a exemplo do verificado no período recente para México e Rússia, também países que experimentaram crises cambiais e de solvência externa nos anos 1990.

4. Sobre a trajetória da política fiscal no período 1995-2002, ver Giambiagi (2002).
5. Para uma proposta de adoção de controles de capitais no Brasil, ver Paula et alli (2004).
6. Ver, a respeito: Aryoshi (2000); Edwards (2000); Johnson, S. & Mitton (2001). Uma análise das experiências de controle de capitais no período recente no Chile, Malásia e Brasil encontra-se em Andrade (2002).

RISCO-SOBERANO, RISCO-PAÍS E PRÊMIO DE RISCO

O processo de globalização financeira tem sido marcado, ao longo dos últimos vinte anos, pelo crescimento do mercado internacional de capitais, representado pela emissão de títulos negociáveis (*securities*). Esse crescimento tem acompanhado o aumento do peso dos investidores institucionais nos fluxos financeiros internacionais, em que se destacam fundos de pensão e seguradoras, mas também envolvendo ampla gama de fundos mútuos.

A maior presença de investidores institucionais criou a necessidade de mecanismos padronizados para mensuração do risco/retorno envolvido na emissão de títulos de renda fixa, levando à disseminação de medidas de classificação de risco de crédito (*rating*). Com a globalização, ainda, cresceu em importância a classificação do risco-soberano, que passou a ser um serviço financeiro executado por agências especializadas (que anteriormente se dedicavam predominantemente à análise de risco corporativo), coexistindo com critérios de análise de risco adotados internamente por bancos e investidores. As agências de classificação de risco mais conhecidas e com atuação global são a Fitch, a Moody's e a Standard & Poors.

A classificação de risco feita por essas agências é uma "estimativa prospectiva da probabilidade de *défault*" (Standard & Poors, 2002:1) de um determinado crédito, referindo-se, portanto, ao *risco de crédito* envolvido na aquisição de um determinado título. Assim, a classificação de risco não se confunde com o *risco de mercado*, ou seja, o risco ligado à variação de preço do título (embora o risco de crédito certamente tenha influência sobre o risco de mercado).

O risco-soberano refere-se ao risco de crédito de governos nacionais e difere, portanto, do risco de outros emissores residentes do país (empresas privadas, estatais, governos subnacionais). As agências de risco normalmente fazem a classificação de risco em categorias que vão do nível investimento ao nível de *défault* (ver quadro 1), passando pelos créditos de nível especulativo (categoria em que o Brasil sempre se classificou).

Por sua vez, o crescimento das transações com papéis de diversos países em escala global levou à necessidade de se mensurar o "risco-país" de países individuais, a partir dos preços dos títulos soberanos por ele emitidos. O risco-país busca quantificar qual é o prêmio de risco (ou *spread*) médio pago pelos títulos de um determinado país em relação aos juros dos títulos do Tesouro norte-americano (sendo estes últimos considerados ativos sem risco de crédito). No caso

Quadro 1. Escala de classificação de risco-soberano das principais agências

	Moody's	S&P	Fitch
Nível Investimento	Aaa	AAA	AAA
	Aa1	AA+	AA+
	Aa2	AA	AA
	Aa3	AA-	AA-
	A1	A+	A+
	A2	A	A
	A3	A-	A-
	Baa1	BBB+	BBB+
	Baa2	BBB	BBB
	Baa3	BBB-	BBB-
Nível Especulativo	Ba1	BB+	BB+
	Ba2	BB	BB
	Ba3	BB-	BB-
	B1	B+	B+
	B2	B	B
	B3	B-	B-
	Caa1	CCC+	CCC+
	Caa2	CCC	CCC
	Caa3	CCC-	CCC-
	-	CC	CC
	-	C	C
Default	Ca	SD	DDD
	C	D	DD
	-	-	D

Adaptado de Canuto e Santos (2003: 11).

dos países emergentes, o índice mais conhecido que mede o prêmio de risco é o EMBI+, divulgado pelo banco de investimentos JP Morgan. O EMBI+ é uma média ponderada dos prêmios de risco praticados pelos principais mercados emergentes. É divulgado tanto para o conjunto dos países como para países individuais.

É freqüente e esperado que haja oscilações no prêmio de risco dos títulos sem que haja mudança na classificação de risco do emissor. No caso do risco-soberano brasileiro, isso é claramente ilustrado no Gráfico 1: enquanto a classificação de risco soberano, feita pela Standard & Poors, manteve-se contida no intervalo de apenas dois níveis (BB- e B+), o prêmio de risco oscilou em certa de 2.000 pontos-base (ou 20 pontos percentuais) nos últimos cinco anos, medido pelo EMBI+. Isso decorre de o prêmio de risco refletir movimentos de mais curto prazo do próprio mercado financeiro, envolvendo considerações, sobretudo,

Gráfico 1. Brasil: risco-país e risco soberano

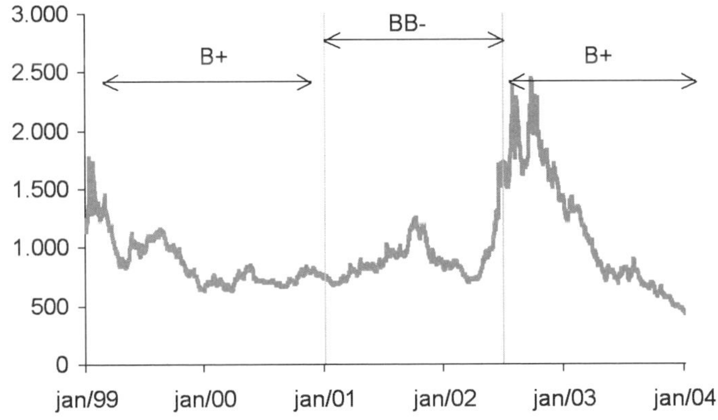

Fontes: Bloomberg e Standard & Poor's.

quanto ao risco de mercado e não quanto ao risco de crédito. Mas, se é verdade que o prêmio de risco soberano de um dado país pode oscilar sem que haja mudança de seu *rating*, também é verdadeiro que o prêmio de risco - que baliza o custo das captações externas - tende a ser mais baixo quanto menor for o *rating* soberano do país.

A METODOLOGIA DE CLASSIFICAÇÃO DE RISCOS

Enquanto as oscilações dos prêmios de risco de títulos soberanos ligam-se a múltiplos fatores além dos aspectos macroeconômicos (estado das expectativas, situação da liquidez internacional, movimentos de realização de lucros), os *ratings* soberanos são atribuídos com base em uma análise técnica e comparativa entre países, com base em indicadores econômicos, sociais e políticos padronizados. O Quadro 2 a seguir apresenta os indicadores analisados no caso da Standard & Poor's.

O processo de pontuação dos diversos critérios em uma escala ordenada, de modo a se chegar a uma classificação em um determinado ponto da escala de classificação de risco, envolve algum grau de subjetividade. Nesse sentido, o processo de atribuição do *rating* passa em sua etapa final por um comitê de crédito composto por analistas soberanos e de empresas privadas das agências de classificação de risco. Não apenas é necessário levar em conta os níveis correntes das variáveis utilizadas na análise da pontuação, mas também é importante o uso de cenários que projetem essas variáveis no futuro (ver Canuto e Santos, 2003:21-22).

Quadro 2. Standard & Poor's: fatores considerados na atribuição de rating soberano

Risco político
Estabilidade e legitimidade das instituições políticas
Participação popular no processo político
Organização na sucessão de lideranças
Transparência nas decisões e objetivos de política econômica
Segurança pública
Risco geopolítico

Estrutura econômica e de renda
Prosperidade, diversidade e grau de orientação a mercado da economia
Disparidades de renda
Eficiência do setor financeiro na intermediação de fundos; disponibilidade de crédito
Competitividade e lucratividade do setor privado não-financeiro
Eficiência do setor público
Protecionismo e outras influências extramercado
Flexibilidade do mercado de trabalho

Perspectivas de crescimento econômico
Magnitude e composição de poupança e investimento
Taxa e padrão de crescimento econômico

Flexibilidade fiscal
Receitas, despesas e tendências de superávit/déficit do governo geral
Flexibilidade e eficiência na geração de receitas
Pressões e eficácia das despesas
Defasagem, cobertura e transparência nos relatórios fiscais
Despesas de pensões

Encargos da dívida do governo geral
Dívida bruta e líquida do governo geral em relação ao PIB
Parcela das receitas destinada a pagamento de juros
Perfil da dívida por moeda e prazo de vencimentos
Profundidade e amplitude dos mercados locais de capitais

Offshore and contingent liabilities
Porte e robustez das empresas estatais não-financeiras
Robustez do setor financeiro

Estabilidade monetária
Comportamento dos preços em ciclos econômicos
Expansão da moeda e do crédito
Compatibilidade dos objetivos da política monetária e do regime de câmbio
Fatores institucionais, como independência do Banco Central
Alcance e eficiência dos instrumentos de política monetária

Liquidez internacional Impacto das políticas fiscal e monetária nas contas externas Estrutura do balanço de transações correntes Composição dos fluxos de capitais Adequação do nível de reservas
Encargos da dívida externa Dívida externa bruta e líquida, como porcentagem das receitas em conta corrente Perfil de vencimentos, composição por moedas e sensibilidade a taxas de juros Acesso a fundos de organismos oficiais Carga de serviço da dívida

Fonte: Standard & Poor's (2002:3), adaptado pelos autores

Dentre o conjunto de indicadores apontados acima, interessa destacar os que dizem respeito à solvência externa do país, que medem de modo geral a capacidade de pagamento da dívida externa frente à capacidade de geração de divisas por parte do país. Desde logo, as agências de classificação de risco tendem a atribuir uma importância maior a este conjunto de indicadores: "Ao avaliar o risco de *défault* em dívida em moeda estrangeira, a Standard & Poor's atribui mais peso ao impacto destes mesmos fatores [políticas macro e microeconômicas] sobre o balanço de pagamentos, liquidez externa, e a magnitude e características do ônus representado pela dívida externa" (Standard & Poor's, 2002:4).

A importância dos indicadores de solvência externa na análise do risco-soberano não deve ser, contudo, exagerada em detrimento dos demais indicadores envolvidos, notadamente aqueles que dizem respeito à sustentabilidade da dívida pública consolidada, incluindo a parcela da dívida colocada junto a credores internos. A própria análise das crises cambiais recentes (Rússia, 1998; Brasil, 1999 e Argentina, 2001) chama a atenção para determinantes fiscais.

Mas, frente aos progressos institucionais mostrados pelo Brasil no período recente quanto à austeridade fiscal, concordamos com a posição expressada por Canuto e Santos (2003):

> *Dada a distância em relação ao "grau de investimento" em sua atual avaliação de risco-soberano, bem como o fato de que os estoques presentes nos indicadores fiscais deverão apresentar melhora gradual ao longo dos próximos anos, qualquer projeto ambicioso de* upgrading *na classificação de riscos terá de conter avanços também nos indicadores relativos à solvência externa, inclusive o aumento da corrente de comércio e do denominador da razão entre a dívida externa e as receitas correntes no balanço de pagamentos (Canuto e Santos, 2003:39).*

A idéia de privilegiar a análise dos indicadores de solvência externa da economia brasileira mostra-se também consistente com os estudos que focam a sustentabilidade do endividamento público. No caso de países que contam com acesso aos mercados internacionais de capitais e que possuem dívida externa predominantemente contratada junto a credores privados, a ênfase da análise fica nos indicadores ligados ao balanço de pagamentos, tais como termos de troca, balança de transações correntes, serviço da dívida externa como proporção das exportações, dentre outros[7].

A TRAJETÓRIA DOS INDICADORES DE SOLVÊNCIA EXTERNA: BRASIL, MÉXICO E RÚSSIA

Na tarefa de avaliar a solvência externa dos países, as agências de *rating* utilizam diversos indicadores (Quadro 3), a maioria deles se referindo a fatores que determinam a dinâmica da dívida externa desses países (ou seja, qual o seu perfil em termos de prazo, exposição a variáveis como juros e moedas internacionais, distribuição entre credores oficiais e privados, fatores que alimentam seu crescimento) e à capacidade de pagamento desses países, frente à magnitude de suas dívidas. Nesse último aspecto, as medidas costumam ser dadas em termos relativos: compara-se o tamanho da dívida externa de um determinado país com o tamanho de sua própria economia (PIB) e com o montante de receitas geradas pelo país em suas transações correntes (as quais incluem não apenas as exportações de bens, que são computadas na balança comercial, mas também todas as receitas externas relativas a serviços e renda). Outro indicador importante da capacidade de pagamento da dívida externa refere-se ao serviço da dívida (definido como os pagamentos de amortizações e juros sobre a dívida externa devidos no curso de um ano), que costuma ser comparado também com as exportações de bens, serviços e renda.

Note-se que quando se compara a dívida ou o seu serviço às exportações de bens, serviços e renda do país (ou seja, ao fluxo de receitas correntes que sua economia é capaz de gerar no decorrer de um ano), chega-se à solvência da dívida externa do país no *curto prazo*. Já no caso do indicador de dívida externa como proporção do PIB, busca-se medir a capacidade de pagamento da dívida

7. Há ampla bibliografia que trata da questão da sustentabilidade da dívida pública, em particular tratando do universo de países emergentes. Ver, a respeito, Loser (2003), Williamson (1999) e Cohen (1985).

Quadro 3. Principais variáveis consideradas pelas agências de rating na avaliação do risco externo

Indicadores de magnitude, capacidade de pagamento e liquidez
Dívida externa bruta e líquida (total, pública e privada)/receitas em conta corrente (%)
Dívida externa bruta e líquida (total, pública e privada)/PIB (%)
Serviço da dívida (total, pública e privada)/receitas em conta corrente (%)
Necessidades brutas de financiamento externo (em US$)
Reservas internacionais líquidas (em meses de importação)
Reservas internacionais líquidas/ dívida externa de curto prazo (%)
Reservas internacionais brutas/M2 (%)
Perfil da dívida e determinantes de seu crescimento
Dívida externa de curto prazo/dívida externa total (%)
Resultado em conta corrente/PIB (%)
Crescimento nominal e real das exportações de bens e serviços (%)
Crescimento nominal e real das importações de bens e serviços (%)
Investimento estrangeiro direto (em US$ e % do PIB)

Fonte: Canuto e Santos (2003:24), adaptado pelos autores

externa no *longo prazo* - ou seja, considerando que o país terá tempo de ajustar a estrutura da sua economia para voltar-se à produção de bens comercializáveis (*tradables*), que em algum momento contribuirão no esforço de geração de divisas.

Para países que exportam mais de 20% do seu PIB, esses indicadores tendem a apontar na mesma direção. Porém, economias relativamente fechadas como a brasileira podem apresentar um desempenho razoável no indicador de dívida externa/PIB, ainda que exibam números mais preocupantes nos indicadores de dívida externa e serviço da dívida em comparação com as exportações de bens, serviços e renda. Em casos em que um grau limitado de abertura da economia leve a esse tipo de discrepância, uma abordagem conservadora na avaliação da sustentabilidade da dívida externa seria focar no indicador com pior desempenho (Williamson, 1999:2).

Uma análise comparativa do desempenho do Brasil e de outros países nos indicadores de solvência externa ajuda a compreender a distância que nos separa dos demais na avaliação de risco-soberano pelas agências, bem como fornece alguns *insights* sobre objetivos e medidas de política econômica consistentes com uma melhora gradual nessa avaliação. Em particular, é interessante comparar os resultados do Brasil com os exibidos pelo México e pela Rússia, duas economias emergentes de tamanho comparável ao do Brasil, que passaram por crises cambiais e enfrentaram problemas com suas dívidas na história recente, e que hoje são classificadas com o grau investimento pelas agências de rating[8].

Com relação aos indicadores de solvência externa, a análise se concentra nos três principais (dívida externa/PIB, dívida externa/exportações e serviço da dívida/exportações), já que ao longo do tempo esses indicadores tendem a incorporar

Quadro 4. Indicadores de solvência externa no Brasil, México e Rússia: 1993-2002

Brasil	1993	1994	1995	1996	1997	1998	1999	2000	2001	2002
PIB (em US$ bilhões)	439	548	704	775	808	788	537	602	509	452
Dívida externa (em US$ bilhões)	169	174	180	198	211	243	243	238	227	229
Exportações de bens/PIB (%)	9%	8%	7%	6%	7%	6%	9%	9%	11%	13%
Indicadores de solvência										
Dívida externa/PIB (%)	39%	32%	26%	26%	26%	31%	45%	40%	45%	51%
Dívida externa/exportações (%)	387%	348%	326%	342%	327%	382%	411%	349%	321%	312%
Serviço da dívida/exportações (%)	40%	41%	61%	60%	65%	87%	124%	103%	91%	64%
Classificação de risco (final do ano)										
Moody's	B2	B2 (+)	B1	B1	B1	B2	B2	B2 (+)	B1	B2
Standard & Poor's	-	B	B+	B+	BB-	BB-	B+	B+	BB-	B+
Fitch	-	B+	B+	B+	B+	B+	B	BB-	BB-	B
México	**1993**	**1994**	**1995**	**1996**	**1997**	**1998**	**1999**	**2000**	**2001**	**2002**
PIB (em US$ bilhões)	403	422	286	332	401	421	480	581	624	637
Dívida externa (em US$ bilhões)	153	163	173	161	152	165	167	159	159	162
Exportações de bens/PIB (%)	13%	14%	28%	29%	28%	28%	28%	29%	25%	25%
Indicadores de solvência										
Dívida externa/PIB (%)	38%	39%	60%	48%	38%	39%	35%	27%	26%	25%
Dívida externa/exportações (%)	239%	218%	185%	145%	121%	123%	110%	86%	90%	91%
Serviço da dívida/exportações (%)	28%	31%	26%	30%	22%	25%	24%	21%	17%	14%
Classificação de risco (final do ano)										
Moody's	Ba2	Ba2	Ba2	Ba2	Ba2	Ba2 (-)	Ba1	Baa3	Baa3	Baa2
Standard & Poor's	BB+	BB+	BB	BB	BB	BB	BB	BB+	BB+	BBB-
Fitch	-	-	BB	BB	BB	BB	BB	BB+	BB+	BBB-
Rússia	**1993**	**1994**	**1995**	**1996**	**1997**	**1998**	**1999**	**2000**	**2001**	**2002**
PIB (em US$ bilhões)	184	277	356	441	444	272	191	259	310	346
Dívida externa (em US$ bilhões)	88	99	114	135	163	171	159	140	131	146
Exportações de bens/PIB (%)	21%	19%	18%	16%	16%	22%	33%	35%	28%	26%
Indicadores de solvência										
Dívida externa/PIB (%)	48%	36%	32%	31%	37%	63%	83%	54%	42%	42%
Dívida externa/exportações (%)	194%	163%	154%	165%	200%	241%	222%	139%	133%	140%
Serviço da dívida/exportações (%)	12%	11%	13%	14%	16%	29%	27%	22%	20%	19%
Classificação de risco (final do ano)										
Moody's	-	-	-	Ba2	Ba2	B3	B3	B3	Ba3	Ba2
Standard & Poor's	-	-	-	BB+	BB+	CCC	SD	B-	B+	BB
Fitch	-	-	-	BB+	BB+	CCC	CCC	B	B+	BB-

Nota: Embora os dados finais para 2003 não estivessem disponíveis à época da realização deste estudo, o upgrade dado pela Moody's à dívida russa, que passou a ser classificada com grau investimento, sugere melhora nos indicadores desse país.
Sinais entre ( ) indicam perspectiva apontada pela agência para o rating.
Fontes: Institute of International Finance (IIF) e Bloomberg.

8. As três principais agências atribuem atualmente a dívida soberana do México o grau investimento; no caso da Rússia, em dezembro de 2003, apenas a Moody's já classificava o risco soberano como grau investimento, enquanto a Standard & Poor's passou a atribuir à dívida soberana russa um nível abaixo do grau do investimento no início de 2004. Em um artigo interessante publicado no início de 2003, a Standard & Poor's aponta fatores qualitativos, principalmente relacionados com o ambiente político e a estrutura da economia, como empecilhos à classificação do risco-soberano russo como grau investimento.

as informações das demais variáveis mencionadas[9]. O período de tempo usado na análise (1993 a 2002, último ano com informações oficiais disponíveis neste momento para todos os países) cobre dez anos, que englobam as crises e ataques especulativos mais significativos vivenciados por essas economias (inclusive a crise mexicana de 1994-95, a crise russa de 1998 e as crises brasileiras de 1999 e 2002).

O Quadro 4 sumariza a trajetória dos indicadores de solvência desses países, bem como a evolução da classificação de risco pelas três principais agências no período considerado. Comparando o desempenho do Brasil ao dos dois outros países, é possível notar alguns aspectos interessantes.

Em primeiro lugar, a questão levantada anteriormente sobre a discrepância entre os resultados dos indicadores calculados sobre exportações e sobre PIB fica evidente na análise do desempenho do Brasil, em que as exportações – mesmo depois do grande salto a partir de 2002 - ainda representam bem menos que 20% do PIB. No Brasil, o indicador dívida externa/PIB sempre teve um comportamento razoável. Ao mesmo tempo, tanto dívida externa como serviço da dívida, em comparação com as exportações, sempre apresentaram (e ainda apresentam) resultados bastante desfavoráveis, superando por ampla margem os patamares que a literatura costuma tratar como limites aceitáveis para garantir a própria sustentabilidade da dívida externa[10] .

Enquanto a razão dívida externa/PIB sempre se manteve abaixo ou razoavelmente próxima do limite teórico de 40%[11] , o resultado da razão dívida externa/exportações se manteve consistentemente acima de 300% até 2002 (contra os 200% propostos pela literatura). No caso da razão do serviço da dívida/exportações, a distância é ainda maior: em 1999, o Brasil chegou a ter um resultado quase cinco

9. Por exemplo: déficits em conta corrente muito elevados e volumes baixos de investimento estrangeiro direto tendem a pressionar por uma elevação da dívida externa ao longo do tempo, além de conduzirem a necessidades de financiamento externo elevadas e conseqüente incremento no custo da dívida, piorando o indicador relativo ao seu serviço.

10. De maneira geral, considera se sustentável uma dívida externa que não exceda 40% do PIB ou 200% das exportações de bens, serviços e renda, e cujo serviço não represente mais que 25% das exportações (ver Williamson (1999:2)). Existe uma discussão teórica sobre a adequação desses valores como indicadores de insolvência, dadas as diferentes características de cada país. Ver, por exemplo, Cohen (1985 e 1996) e Miller e Zhang (2000); para um sumário dessas visões, ver Dupita (2001).

11. O desempenho do indicador de dívida externa/PIB no Brasil foi melhor até 1998, piorando sensivelmente desde então, refletindo o efeito da sobrevalorização e depois do patamar depreciado do real na mensuração do próprio PIB em dólares. Essa seria mais uma razão para atribuir um maior peso aos indicadores medidos como razão das exportações, já que estas, por serem auferidas diretamente em dólares, levam a menos distorções dessa natureza, apresentando um padrão mais consistente.

vezes superior aos 25% considerados sustentáveis. Note-se que, apesar de também terem apresentado flutuações importantes no período considerado, os indicadores para México e Rússia - duas economias consideravelmente mais abertas que a nossa - tiveram um comportamento muito mais consistente.

Um segundo ponto levantado pela análise do Quadro 4 diz respeito ao desempenho do Brasil em cada indicador, comparado com os dois outros países. Embora na maior parte do período considerado o Brasil tenha apresentado uma relação dívida externa/PIB comparável ou até mesmo inferior à do México e da Rússia, a classificação de risco do Brasil pelas agências de *rating* sempre foi pelo menos dois níveis inferior à de ambos os países, com a distância se acentuando ao longo do tempo até chegar aos atuais seis graus de diferença em relação à classificação mexicana (considerando a escala da Moody's, segundo a qual o México já se encontra no segundo nível do grau de investimento, enquanto o Brasil continua classificado como B2).

A distância no *ranking* de risco entre os países parece ser explicada pelos resultados dos outros dois indicadores: tanto na relação dívida externa/exportações como no serviço da dívida como razão das exportações, os números apresentados por México e Rússia são consistentemente mais robustos que os do Brasil, situando-se em níveis substancialmente inferiores aos "limites" de 200% e 25% respectivamente, e com uma tendência de melhora. Essa comparação sugere que aparentemente esses indicadores têm maior peso na avaliação de risco que o indicador de dívida/PIB, o que faz sentido dado o seu papel de aferir a

Gráfico 2. Ratings e indicadores de solvência externa: correlações

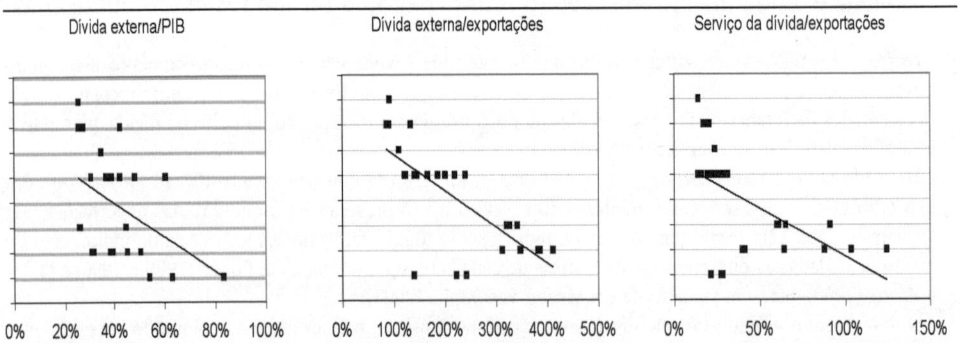

Os valores nos gráficos (R2) representam o poder explicativo da regressão entre uma representação numérica para o rating como variável dependente e cada um dos respectivos indicadores de solvência, aparecendo isoladamente como variável explicativa.
Fontes: IIF e Bloomberg. Cálculos dos autores.

capacidade de pagamento no curto prazo, uma variável crítica para avaliar as chances de *défault* de uma economia.

De fato, um exercício comparando o grau de risco atribuído a cada país dados aos seus resultados em cada um dos três indicadores sugere que, para esses países e dentro do período considerado, existe uma correlação substancialmente maior entre a avaliação de risco pelas agências e o desempenho no indicador de dívida externa/exportações, que entre a avaliação de risco e os outros dois indicadores apresentados. Considerando a escala de *rating* da Moody's e atribuindo valores de 1 (para B3) a 8 (Baa2, nível mais alto dessa amostra), do mais baixo para o mais elevado, chega-se a uma correlação de -0,74 entre o rating e os números de dívida externa/exportações - o que equivale a dizer que variações nesse indicador explicam cerca de 55% da variação nos *ratings* desses países, nesse período (Gráfico 2, à esquerda)[12] . O "poder explicativo" do serviço da dívida/exportações é menor (31%, gráfico do centro); por fim, no caso da dívida externa/PIB, a relevância parece ser ainda menor, com seu "poder explicativo" caindo a apenas 20% (gráfico à direita).

Ainda que haja uma série de restrições com relação a esses resultados, este exercício é interessante por reforçar uma conclusão já alcançada pela análise comparativa dos indicadores: a principal restrição a uma melhoria considerável na avaliação de risco brasileira encontra-se nos indicadores de solvência medidos como proporção das exportações. Portanto, avanços significativos nessa avaliação dependerão fundamentalmente de melhora substancial desses indicadores, através tanto da redução e melhora de perfil da dívida externa como da elevação das exportações brasileiras, processos que mesmo em um cenário favorável tendem a levar algum tempo para apresentar resultados, como será analisado a seguir.

BRASIL: PROJEÇÕES PARA OS INDICADORES DE SOLVÊNCIA EXTERNA

A seguir procuramos avaliar quanto tempo seria necessário para que o país alcançasse indicadores de solvência comparáveis aos do México e da Rússia, habilitando-o a receber classificação de grau de investimento como esses dois países. Para tanto, partimos dos dados disponíveis para o Brasil em 2003 e construímos um cenário com base na evolução das variáveis determinantes para estes indicadores na história recente.

12. Considerando uma regressão linear com os valores atribuídos aos ratings como variável dependente e o indicador de dívida externa/exportações como única variável explicativa; em regressões lineares simples, matematicamente o valor do poder explicativo equivale ao quadrado da correlação entre as duas variáveis.

Hipóteses do cenário básico para as projeções

As seguintes hipóteses foram feitas a respeito das variáveis-chave:

PIB em dólares:

A evolução projetada do PIB em dólares (PIBUSD) resultou das hipóteses para crescimento real do PIB (r), bem como das hipóteses sobre inflação doméstica (π_{BRA}) e taxa de câmbio (ε). Sobre a taxa de câmbio, assumiu-se por simplicidade que essa preservará a paridade do poder de compra em relação ao dólar verificada ao final de 2003[13]. Essa hipótese permite que a projeção do PIB em dólares seja feita apenas a partir das hipóteses para crescimento real do PIB brasileiro e inflação americana no longo prazo, para qualquer patamar de desvalorização do real e de inflação doméstica[14]. Assim, o crescimento anual assumido neste exercício para o PIB em dólares é de 4,9% (com crescimento real e inflação americana assumidos respectivamente em 2,3% e 2,5%, a partir de suas médias no período 1991-2003).

Receitas e despesas em conta corrente:

Receitas e despesas em conta corrente representam respectivamente os lados positivo e negativo da balança de transações correntes, e dessa forma incluem não apenas exportações e importações de bens (refletidas na balança comercial), mas também exportações e importações de serviços (transportes, seguros, viagens internacionais, serviços financeiros, computação e informações,

13. Teoricamente, o mais correto seria fazer a hipótese de manutenção da paridade do real em relação a uma cesta de moedas representando os principais parceiros comerciais do Brasil. Contudo, isso envolveria a necessidade de construir hipóteses sobre a evolução de longo prazo das demais moedas em comparação com o dólar, o que tornaria a análise mais complexa e menos robusta, fugindo ao escopo deste trabalho. É interessante notar que ao final de 2003, de acordo com nossas estimativas, as paridades real/dólar e real/euro encontravam-se em patamares semelhantes (considerando o período pós-Real). Assim, ainda que o final de 2003 tenha se caracterizado por uma apreciação do euro, não parecia haver uma distorção de patamar significativa o suficiente para prejudicar a validade da hipótese feita neste trabalho.

14. Essa propriedade decorre das definições conceituais das variáveis PIB em dólares e taxa de câmbio real efetiva, descritas nas equações abaixo:

(1)taxa de câmbio real efetiva: $REER_t = REER_{t-1} \cdot \frac{(1+\Delta\varepsilon/\varepsilon)\cdot(1+\pi_{EUA})}{(1+\pi_{BRA})}$

(2)evolução do PIB em dólares: $PIB_{USD_t} = \frac{PIB_{USD_{t-1}} \cdot (1+r)\cdot(1+\pi_{BRA})}{(1+\Delta\varepsilon/\varepsilon)}$

A combinação das equações (1) e (2), considerando a manutenção da paridade do poder de compra (isto é, REERt = REERt-1), produz $PIB_{USD_t} = PIB_{USD_{t-1}} \cdot (1+r)\cdot(1+\pi_{EUA})$.

royalties e licenças, aluguel de equipamentos, serviços governamentais e outros) e renda (salários e ordenados e rendas de investimentos, incluindo juros, lucros e dividendos), além das entradas e saídas referentes a transações unilaterais (transações que não envolvem contrapartida de bens, serviços ou fatores de produção, normalmente representada por transferências de recursos de brasileiros que vivem em outros países e doações internacionais). Tanto para as exportações como para as importações de bens, serviços e renda, adotou-se para as projeções a taxa de crescimento média exibida no período pós-Real (1995-2003, compreendendo nove anos). Esse período foi escolhido por englobar tanto o de maior abertura comercial (incluindo a implantação do Mercosul e o efeito da redução das tarifas de importação do início do Plano Real) como as recentes mudanças de trajetória em ambas as variáveis em função dos movimentos recentes de ajuste de patamar da taxa de câmbio real efetiva (1999 e 2002). Assim, assumiu-se um crescimento anual de 6,5% para as exportações e 6,3% para as importações[15].

É interessante notar que o uso dessas taxas implica uma tendência de melhora bastante gradual no saldo em transações correntes, consistente com a hipótese de manutenção da paridade de poder de compra feita para a projeção do PIB em dólares. Essa trajetória é também consistente com a expectativa de que tanto a moeda competitiva como a necessidade de servir a dívida externa levem a economia a gradualmente expandir sua produção de bens comercializáveis, resultando numa taxa de crescimento das exportações levemente superior à taxa de crescimento das importações, inclusive de serviços.

Dívida externa, serviço da dívida e seus determinantes:

Por fim, a projeção da dívida externa e do serviço da dívida exige algumas hipóteses adicionais acerca de seus principais determinantes. A dívida externa evolui conforme as necessidades de financiamento externo do país[16],

15. Exceto para o ano de 2004, conforme explicado adiante.

16. Uma maneira simplificada de projetar a dívida externa total (DET) deriva das seguintes definições:

$\Delta DET = \Delta DECP + \Delta DEMLP + \Delta FMI$ (onde DECP: curto prazo; DEMLP, médio e longo prazo; FMI: dívida com o FMI)

$\Delta DEMLP = \text{empréstimos} - \text{amortizações}$

$\text{usos} = \text{fontes} \Rightarrow -CC + \text{amortizações} = IED + IEC + \text{empréstimos} + \Delta DECP - \Delta\text{reservas} + \Delta FMI$

A combinação dessas expressões produz o seguinte resultado:

$$\Delta DET = \Delta DECP + \Delta DEMLP \xrightarrow{(2)} \Delta DET = \Delta DECP + (\text{empréstimos} - \text{amortizações}) \xrightarrow{(3)}$$
$$\Delta DET = \Delta DECP + (-CC + \text{amortizações} - IED - IEP - \Delta DECP + \Delta\text{reservas} - \Delta FMI - \text{amortizações}) + \Delta FMI \Rightarrow$$
$$\Delta DET = -CC - IED - IEC + \Delta\text{reservas}$$

enquanto o serviço da dívida depende basicamente do seu perfil (magnitude, juros e cronograma de pagamento de amortizações). Para esses determinantes, foram feitas as seguintes hipóteses:

- *Balanço em transações correntes* (CC): definido pela evolução de exportações e importações de bens, serviços e renda e transferências unilaterais líquidas, para a qual já foram feitas hipóteses anteriormente.
- *Investimento estrangeiro direto* (IED): o fluxo de investimento estrangeiro direto depende de uma série de fatores, como liquidez internacional, perspectiva de lucratividade (a qual depende das perspectivas de crescimento da economia) vis á vis a rentabilidade de outras aplicações (por exemplo, juros internacionais), preço dos ativos domésticos em dólares (no caso de aquisições de empresas domésticas), além de fatores importantes relacionados com o ambiente institucional, de difícil mensuração. Uma hipótese simplificadora seria imaginar que a taxa de crescimento do fluxo em dólares de investimento estrangeiro direto tenha uma correspondência com a taxa de crescimento real da própria economia, crescendo a essa taxa (2,3%) a partir de um patamar médio de US$ 15,9 bilhões, verificado entre os anos de 1995 e 2003 (desconsiderando privatizações)[17].
- *Investimento estrangeiro em carteira* (IEC): no caso do investimento estrangeiro em carteira, assumiu-se que seu fluxo líquido reproduza a média de US$ 2,5 bilhões ao ano verificada entre 1995 e 2003. Dada a sua natureza mais volátil, não foi associada nenhuma tendência a esse patamar.
- *Reservas internacionais e relacionamento com o FMI*: o impacto na dívida externa e nas necessidades de financiamento do país dessas duas variáveis foi estimado supondo-se não renovação do acordo com o FMI e continuidade do esforço de elevação das reservas internacionais líquidas. Assim, foram considerados todos os pagamentos previstos no acordo atual com o Fundo,

17. Essa hipótese, apesar de suas restrições, estabelece uma relação positiva entre crescimento da economia e IED (o IED cresce quando a economia se expande, porque aumenta o diferencial de retorno do investimento produtivo na economia), ao mesmo tempo que permite "ajustes automáticos" no fluxo de IED derivados de depreciação ou apreciação cambial (quando o real se desvaloriza, os ativos domésticos se tornam mais baratos em dólares e, portanto, mais atrativos; porém, como o investimento é medido em dólares e não reais, o crescimento do volume de IED por conta da maior atratividade tende a ser parcial ou integralmente compensado pelo fato de que, a uma taxa de câmbio mais depreciada, o fluxo de dólares necessário para efetuar um dado investimento declina, "neutralizando" o efeito da depreciação cambial sobre o volume de IED).

e recuperação das reservas internacionais líquidas do patamar aproximado de US$ 20,5 bilhões ao final de 2003 (correspondente a cerca de 3 meses de importações de bens, serviços e renda) para um nível equivalente a seis meses de despesas correntes em 2005, acompanhando a tendência de crescimento das despesas correntes a partir de então.

• *Amortizações de médio e longo prazo:* o volume anual de amortizações foi estimado a partir do cronograma de vencimentos da dívida externa divulgado pelo Banco Central, ao qual foram acrescidas as amortizações dos novos créditos projetados a partir das hipóteses anteriores sobre o balanço de pagamentos, considerando um prazo médio de cinco anos nos novos empréstimos e emissões.

• *Juros sobre a dívida externa:* foram estimados considerando manutenção da taxa de juros média paga sobre a dívida externa entre 1992 e 2003 (aproximadamente, 6,7%).

• *Outros fluxos de capitais:* compostos de fluxos unilaterais de capitais, variação nos ativos de brasileiros no exterior, fluxo líquido de capitais de curto prazo (incluindo amortização de dívida externa de curto prazo) e demais itens do balanço de pagamentos, esses fluxos foram estimados em 6 bilhões de dólares ao ano, com base na média vista no período 1995-2003, desconsiderando os fluxos de capital de curto prazo (extremamente voláteis no período; assume-se, para fins desse exercício, uma média nula para os fluxos de capital de curto prazo).

Trajetória dos indicadores de solvência externa

Com base nas hipóteses acima, simulamos uma trajetória para os indicadores de solvência externa até 2010 [18], ilustrada no Gráfico 3.

O Gráfico 3 ilustra o caminho que o Brasil precisa percorrer até obter um desempenho nos indicadores de solvência externa comparável àquele da Rússia (um ano antes de seu *upgrade* em nível investimento) e do México (no ano em

18. Devido ao momento particular da economia brasileira em 2004, em que se espera recuperação econômica após anos de baixo crescimento e ajuste cambial, a construção do cenário levou em consideração valores diferenciados para algumas variáveis em 2004, com base na mediana das expectativas coletadas pelo Banco Central em 30/12/2003: exportações e importações de bens (US$ 75,8 bilhões e US$ 56,1 bilhões, respectivamente) e crescimento real do PIB (3,55%). Para o pagamento de juros sobre a dívida externa em 2004, considerou-se o cronograma divulgado pelo BC. As projeções para as demais variáveis em todo o período, bem como para essas variáveis no período 2005-2010, foram construídas com base nas hipóteses do cenário básico para as projeções descritas anteriormente.

Gráfico 3. Indicadores de solvência externa - uma simulação (2001-2010)

Simulações dos indicadores brasileiros com base nas hipóteses descritas em 5.1 para 2004-2010 (para 2003, valores estimados com base nos dados do Banco Central). As linhas horizontais representam, para cada um destes indicadores, o patamar exibido pela Rússia em 2002 (linha tracejada), aproximadamente um ano antes do upgrade ao nível investimento pela Moody's (outubro de 2003), e o apresentado pelo México em 2000 (linha cheia), ano em que foi elevado à categoria investimento pela classificação da Moody's (julho de 2000; S&P e Fitch passaram a classificar México com o grau investimento no inicio de 2002, quando os indicadores encontravam-se em patamares em geral mais reduzidos).
Fontes: IIF e Banco Central. Cálculos dos autores.

que foi classificado com grau investimento pela primeira agência, a Moody's) - representados em cada gráfico pelas linhas tracejada e cheia, respectivamente.

O primeiro gráfico simula a trajetória do indicador de dívida externa como proporção do PIB. De acordo com as projeções, já em 2004 esse indicador assumiria um patamar semelhante ao da Rússia em seu período imediatamente anterior ao upgrade ao grau investimento, e dentro de 4 a 5 anos poderia se situar em um patamar equivalente ao exibido pelo México quando de sua classificação com o nível investimento pela Moody's (2000). A relativa facilidade com que o Brasil se aproxima de patamares consistentes com o grau investimento neste indicador não surpreende, pois, como visto anteriormente, o país apresentou na história recente um desempenho razoável nesse critério, por vezes até melhor que o dos outros dois países.

A grande dificuldade em se aproximar significativamente desses países quanto à classificação de risco reside nos outros dois indicadores, medidos como razão das exportações. Isso fica evidente na análise do segundo e terceiro gráficos. No segundo, que ilustra a trajetória projetada para a relação dívida externa/exportações de bens, serviços e renda, nota-se que o Brasil alcançaria o desempenho russo no período pré-grau investimento somente em 2009; a equiparação aos valores do México já em nível investimento chegaria apenas em 2012, nesse cenário. No caso do indicador de serviço da dívida como proporção das receitas correntes, a evolução é ainda mais lenta: considerando a trajetória construída com base nas hipóteses explicitadas acima, o Brasil somente alcançaria resultados semelhantes aos da Rússia e do México dentro de dez anos, em 2014.

Mesmo com todas as limitações desta análise e o potencial de desvio das hipóteses e projeções, o exercício ajuda a formar uma percepção de que, embora a manutenção da tendência recente de melhora das contas externas certamente aponte na direção correta para reduzir a avaliação de risco do país, a esse ritmo a melhora na avaliação de risco será gradual e a distância entre o Brasil e o grau investimento levará alguns anos para ser coberta – provavelmente entre 4 e 8 anos, considerando a manutenção das tendências atuais das contas externas.

CONSIDERAÇÕES FINAIS

A análise precedente buscou mostrar que, do ponto de vista dos indicadores de solvência externa, há ainda um longo caminho a ser trilhado (de 4 a 8 anos) para que o Brasil possa alcançar o grau investimento da classificação de risco das agências de *rating*. Fica mais claro, assim, o porquê de o Brasil ter uma avaliação de risco muito inferior à da média de outros países emergentes, incluindo mesmo países, como a Rússia, que recentemente passaram por episódios de *défault* da dívida pública.

Uma vez que os indicadores de solvência externa - em particular a relação entre serviço da dívida externa e exportações - aparecem como os principais limitantes para uma melhora do risco soberano no Brasil, apresentamos em seguida algumas recomendações que atuariam na direção de produzir melhora nos referidos indicadores:

- *Política cambial competitiva* - manter um patamar competitivo para a taxa de câmbio real efetiva (por exemplo, em níveis semelhantes aos verificados na média para 2003, ano de forte superávit comercial) seria indicado. Ao reduzir as necessidades de financiamento externo via balança de transações correntes, gera-se tendência de redução da dívida externa bruta e, conseqüentemente, do seu serviço.
- *Política de atração de investimento estrangeiro direto* - dado o saldo em transações correntes, o nível de endividamento externo será tanto menor quanto maior o fluxo de investimento estrangeiro direto. É desejável que o país continue a ser um pólo de atração de investimento estrangeiro direto, notadamente nos setores que produzam bens comercializáveis. A observação histórica recente, ainda, mostra que o efeito negativo que o investimento

estrangeiro direto tem sobre as transações correntes (elevação da remessa de lucros e dividendos) tem comportamento anticíclico, ou seja, as remessas tendem a cair em termos relativos quando há crescimento econômico, pela reinversão dos lucros na própria atividade local.

- *Promoção de exportações e abertura comercial* - políticas que busquem aumentar o conteúdo exportado (bens e serviços) do produto brasileiro são naturalmente críticas para a melhoria de nossa solvência externa, como mostraram as bem-sucedidas trajetórias de México e Rússia. Incluem-se aqui políticas de abertura comercial que aumentem a penetração das exportações brasileiras no resto do mundo, mesmo que acompanhadas de aumento correspondente nas importações.

É importante relembrar que esforços na direção de melhorar os indicadores de solvência externa não farão o Brasil prescindir de progressos em outras áreas, especialmente a necessidade de garantir uma trajetória estável/declinante para a dívida líquida do setor público, quando comparada com o PIB. É também indispensável manter outros pontos fortes de nossa economia, com destaque para a solidez do sistema financeiro e para sistemas de supervisão bancário adequados.

O prazo por nós apontado aqui como realista para a obtenção da classificação de grau investimento foi estimado apenas olhando-se os indicadores de solvência externa. Progressos mais rápidos nas demais variáveis analisadas poderiam evidentemente abreviar os prazos, mas não de modo muito significativo, dado o papel crucial que as contas externas têm na análise do risco-soberano.

Vale também chamar a atenção para o fato de que é possível que eventuais mudanças nos critérios que norteiam a concessão dos *ratings* pelas agências de classificação de risco venham a acelerar ou retardar prazos para que o Brasil alcance uma classificação de grau de investimento. Uma hipótese que poderia beneficiar a classificação de risco para o Brasil seria, por exemplo, que fosse conferido maior peso ao ajuste feito em 2002 e 2003 na balança de transações correntes. Os indicadores de solvência externa analisados pelas agências de *rating* atribuem pouca importância direta ao saldo em transações correntes (Standard & Poor's, 2002:11), embora ele influencie a necessidade de financiamento externo.

A esse respeito, a literatura especializada é crítica dos indicadores analisados pelas agências de classificação de risco. Estudo comparado realizado por Carmen Reinhart (Reinhart, 2001) mostrou que os indicadores utilizados pelas agências de *rating* tiveram uma fraca capacidade preditiva para antecipar crises cambiais.

"As agências de *rating* têm tendido a focar o conjunto 'errado' de fundamentos. Por exemplo, peso excessivo tem sido dado a razões de dívida/exportações - mas tais razões foram pobres em prever stress financeiro. Pouco peso é atribuído a indicadores de liquidez, desalinhamentos de paridades cambiais ou o comportamento de preços de ativos" (Reinhart, 2001:28).

Estas considerações críticas aos parâmetros utilizados pelas agências de classificação de risco em suas avaliações não invalidam, contudo, a necessidade de se privilegiar uma estratégia que busque melhorar os indicadores de solvência externa da economia brasileira, no sentido proposto acima. Vale lembrar que progressos nesses indicadores tendem a ser antecipados pelo mercado, beneficiando o país com menores custos de captação antes mesmo que haja uma reclassificação do nível de risco pelas agências. Obter a classificação como nível investimento funciona, contudo, como um selo de qualidade que tende a perenizar os progressos obtidos em termos de menores prêmios de risco para emissões soberanas e privadas.

REFERÊNCIAS BIBLIOGRÁFICAS

Andrade, E. M. (2002). *Controle de capital: uma análise do caso brasileiro de 1994 a 2000.* Dissertação de Mestrado, PUC/SP.

Ariyoshi, A. et alii (2000). *Capital Controls: Country Experiences with their Use and Liberalization.* International Monetary Fund, Occasional Paper, nº 190, May.

Canuto, O. e Santos, P.F.P (2003). *Risco soberano e prêmios de risco em economias emergentes.* Ministério da Fazenda, Secretaria de Assuntos Internacionais, Temas de Economia Internacional n°. 01/03, outubro.

Cohen, D. (1985). *How to evaluate the solvency of an indebted nation.* Economic Policy v. I, Cambridge University Press, November.

Dupita, A.B. (2001). *External Debt Sustainability in Latin America.* Extended Essay, London School of Economics and Political Science, Londres, UK, May.

Edwards, F. (1999). *"Hedge funds and the collapse of Long-Term Capital Management".* Journal of Economic Perspectives, vol. 13, n°. 2, primavera.

Edwards, S. (2000). *Exchange rate regimes, capital flows and crisis prevention.* Paper preparado para o seminário "Economic and Financial Crisis in Emerging Market Economies", promovido pelo National Bureau of Economic Research, December.

Ferreira, C.K.L. (1995). *O financiamento da indústria e da infra-estrutura no Brasil: crédito de longo prazo e mercado de capitais.* Tese de doutoramento, Instituto de Economia da Unicamp, setembro.

Fischer, S. (2003). *Globalization and its challenges.* Palestra apresentada na American Economic Association, Washington, D.C., mimeo, January.

Giambiagi, F. (2002). *Do déficit de metas às metas de déficit: a política fiscal do governo Fernando Henrique Cardoso.* BNDES, Texto para discussão n°. 93, abril.

Goldstein, M. (1998). *The Asian Financial Crisis: causes, cures and systemic implications.* Institute for International Economics, Washington, D.C., June.

Johnson, S. & Mitton (2001), *T. Cronyism and capital controls: evidence from Malaysia.* National Bureau of Economic Research, Cambridge, MA, Working Paper n°. 8521, October.

JP Morgan (1999). *Introducing the J.P. Morgan Emerging Market Bond Index Global (EMBI Global).* Methodology Brief, August.

Loser, C. M. (2003). *External debt sustainability: guidelines for low and middle income countries.* Inter-American Dialogue.

Miller, M. e Zhang, L. (2000). "Creditor Panic, Asset Bubbles and Sharks: Three Views of the

Asian Crisis" em U. Dadush et alli (eds) *Private Capital Flows in the Age of Globalization.* Cheltenham, UK: E Elgar.

Paula, L. F., Oreiro, J. L. e Silva, G.J.C. (2003). "Fluxos e controle de capitais no Brasil: avaliação e proposição de política" em Cardim, F. (org.) *Agenda Brasil - Políticas Econômicas para o Crescimento com Estabilidade de Preços.* Editora Manole, 1ª edição.

Reinhart, C. (2001). *Sovereign credit rating before and after financial crises* NYU - University of Maryland Project, February, Draft version.

Standard & Poor's (2002). *Sovereign credit ratings: a primer.* Nova York, April.

Standard & Poor's (2003). *Russia: Is the Future Investment Grade?.* Nova York, January.

Stiglitz, J.E. (2002). *Globalization and its discontents.* W.W. Norton & Co, EUA.

Williamson, J. (1999). *Implications of East Asian Crisis for Debt Management.* Conference on External Debt Management/Reserve Bank of India and Indian Ministry of Finance in Kovalam, Kerala, draft, January.

Parte III

MACROECONOMIA

O impacto macroeconômico de empresas transacionais no Brasil

Reinaldo Gonçalves

Professor titular de Economia Internacional da Universidade Federal do Rio de Janeiro (UFERJ). Conselheiro titular do Conselho Federal de Economia (2001-2003). Ph.D. em Economia pela University of Reading (Inglaterra, 1986). Mestre em Economia pela EPGE-FGV (1976). Mestrado em Engenharia da Produção na COPPE (1974) e bacharel em Economia (UFRJ, 1973). Autor de mais de duas centenas de trabalhos publicados em 19 países na Europa, Ásia, África, América do Norte e América do Sul. Dentre os seus principais trabalhos no Brasil estão os livros Empresas transnacionais e internacionalização da produção (Ed. Vozes, 1992); Ô abre-alas: a nova inserção do Brasil na economia mundial (Ed. Relume-Dumará, 1994); Globalização e desnacionalização (Ed. Paz e Terra, 1999); O Brasil e o comércio internacional (Ed. Contexto, 2000), que recebeu o Prêmio Jabuti 2001 como primeiro lugar da categoria Economia, Direito e Administração; Vagão descarrilhado (Ed. Record, 2002); O nó econômico, (Ed. Record, 2003); e A herança e a ruptura, (Ed. Garamond, 2003).

Avalia o impacto macroeconômico de empresas transnacionais (ETs) atuando na economia brasileira no período 1995-2002. O foco de análise são os efeitos sobre a renda, o emprego e o balanço de pagamentos. A avaliação toma como base um modelo desenvolvido no Netherlands Economic Institute, que consiste em analisar o efeito cumulativo da presença das ETs por meio de um sistema de equações simultâneas. Esse modelo envolve um exercício contrafatual, isto é, calcula-se a diferença entre uma situação em que a ET está presente e outra situação (hipotética) na qual se supõe a ausência da ET.

O objetivo deste artigo é avaliar o impacto macroeconômico das empresas transnacionais (ETs) que atuam na economia brasileira. O foco de análise são os efeitos sobre a renda, o balanço de pagamentos, a poupança privada e as finanças públicas no período 1995-2000. Na avaliação, toma-se por base um modelo desenvolvido no Netherlands Economic Institute, que consiste em analisar o efeito cumulativo da presença das ETs por meio de um sistema de equações simultâneas (*Bos et al*, 1974). Esse modelo envolve um exercício contrafactual, ou seja, calcula-se a diferença entre a situação em que as ETs estão presentes e outra situação (hipotética) na qual se supõe a ausência das ETs.

A literatura sobre o impacto do investimento externo direto (IED) e das ETs mostra que, mesmo que exista um conjunto de hipóteses gerais, os efeitos empíricos devem ser tomados caso a caso (Caves, 1996, capítulo 9; Hood e Young, 1979, capítulo 5; Jacquemot, 1990, capítulo 9.2). Para ilustrar, o escopo de práticas comerciais restritivas tende a ser menor na indústria de transformação, marcada por reduzidas barreiras de acesso a mercado e elevada contestabilidade, do que no setor de um monópolio natural de serviços de utilidade pública. Entretanto, esse efeito depende da institucionalidade existente, como, por exemplo, a eficácia da agência reguladora.

Ainda como exemplo, deve-se mencionar a forma de entrada das ETs em um determinado mercado. O contraste é marcante nos casos de fusões/aquisições e *greenfield investment*. O efeito sobre a acumulação de capital é significativamente distinto quando se considera, por exemplo, que a aquisição envolve a simples transferência de titularidade e que, em muitos casos, o capital correspondente à venda da empresa nacional é enviado ao exterior.

Outro exemplo importante que tem como referência a experiência brasileira recente é o do processo de privatização. Os efeitos diferem em função da situação da empresa estatal a ser privatizada e da forma do processo de aquisição. O efeito tende a ser positivo quando se trata da aquisição de empresas com defasagem tecnológica e sérios problemas de capitalização e da capacidade gerencial, organizacional e mercadológica. Por outro lado, há situações em que a empresa estatal não tem essas deficiências e, ao mesmo tempo, a sua aquisição é financiada com recursos públicos nacionais.

O impacto das ETs está, em grande medida, relacionado com o fato de que essas empresas possuem extraordinários ativos específicos de sua propriedade, como capital, tecnologia e capacidade gerencial, organizacional e mercadológica (Pitelis e Sugden, 2000, capítulo 1; Mucchielli, 1985, capítulo 2). Além desse fato e da conclusão geral acerca do impacto do IED – ou seja, cada caso é um caso –, a literatura mostra que o impacto é multidimensional tanto no âmbito da economia como fora dela (Chesnais, 1994; Dunning, 1993, capítulo 14).

No que se refere aos efeitos econômicos, há ênfase em questões tais como geração de renda e emprego, contas externas, comércio exterior, acumulação de capital, transferência de tecnologia, concorrência, distribuição de renda e riqueza e finanças públicas. A literatura também transcende a dimensão estritamente econômica para tratar do impacto do IED e da ET sobre países em desenvolvimento. O tema da desnacionalização, por exemplo, abarca questões econômicas, sociais, políticas e diplomáticas. A aquisição de ativos domésticos por não-residentes implica a transferência da tomada de decisão com relação a questões importantes, como investimento, tipos de produto, tecnologia, fluxos de capitais, etc. Tendo em vista que as ETs têm fontes externas de poder, o processo de desnacionalização tende, de modo geral, a reduzir a capacidade de resistência de um país a pressões externas (Gonçalves, 1999, capítulo 1).

Não obstante essa complexidade, o escopo deste artigo é bastante limitado. Ele trata exclusivamente do impacto macroeconômico, tendo por referência um modelo dinâmico.

O ENFOQUE

O objetivo básico do modelo é quantificar alguns efeitos macroeconômicos do IED. Trata-se de um modelo dinâmico de dois setores: o do IED e o do Resto da Economia (ROE). Ele permite, ainda, desagregações setoriais. O modelo trabalha com valores nominais.

O enfoque é o do exercício contrafactual, isto é, trabalha-se com situações alternativas. O modelo permite uma avaliação dos efeitos do IED considerando-se uma situação com o IED e outra sem ele. Podemos, então, avaliar o efeito cumulativo do IED em determinado período. Nesse período (entre os tempos -0 e t), o efeito sobre qualquer variável é a diferença entre o valor da variável levando em conta a existência do IED e esse valor na situação alternativa, isto é, quando não há investimento externo direto.

No modelo, a variável principal é o efeito sobre a renda (Y^*), definido da seguinte forma:

$$Y_t^* = Y_t(\text{com IED}) - Y_t(\text{sem IED})$$

A renda (Yt) da economia sem o IED é dada por

$$Y_t = Y_O + \frac{\sum_{i=0}^{t-1} I_i^O}{k^O} \qquad \text{(i)}$$

Sendo que o sobrescrito O refere-se ao setor Resto da Economia.

A renda da economia com o IED é dada por

$$Y_t = Y_O + \frac{\sum_{i=0}^{t-1} I_i^{O'}}{k^O} + Y_t^h \qquad \text{(ii)}$$

O sobrescrito h refere-se ao setor IED e k^O é a relação capital-produto do Resto da Economia. Destaque-se que

I_t^O em (i) é diferente de $I_t^{O'}$ em (ii).

Portanto, o impacto do IED sobre a renda pode ser definido como

$$Y_t^* = \text{(ii)} - \text{(i)} = Y_t^h + \frac{\sum_{i=0}^{t-1} I_i^{O*}}{k^O}$$

Dado que

$$I_t^O = (S_{Pt} + S_{Gt} + B_t) - F_{Dt}$$

Sendo as variáveis endógenas:

B Déficit do BOP.

F_D Investimento das ETs que não é financiado com lucros reinvestidos.

S_G Poupança do governo.

S_P Poupança privada.

Portanto,

$$Y_t^* = Y_t^h + \frac{\sum_{i=0}^{t-1} (S_{Pi}^* + S_{Gi}^* + B_i^* - F_{Di})}{k^O}$$

A representação gráfica do impacto sobre a renda é a seguinte:

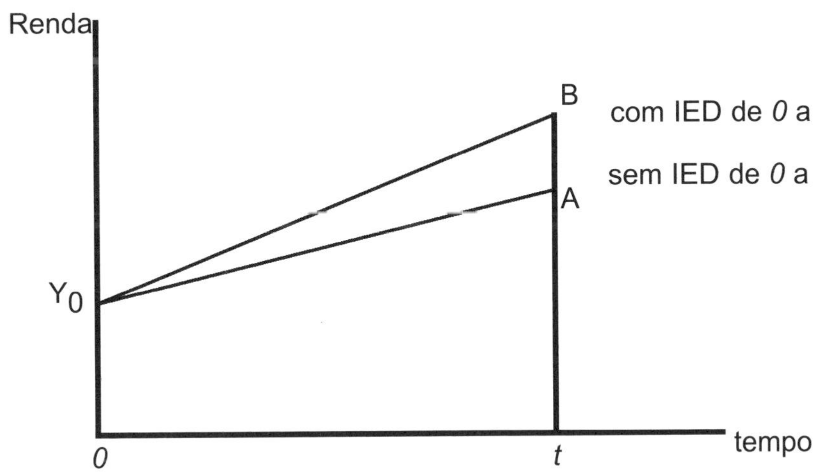

Efeito cumulativo Yt* = AB

O MODELO

Terminologia e abreviações

IED	Investimento externo direto; setor das empresas transnacionais
ET	Empresa transnacional
Estrangeiro	Refere-se ao setor de IED, isto é, o setor de empresas transnacionais
Doméstico	Refere-se ao resto da economia, isto é, ao setor de empresas nacionais (exclui o setor de empresas transnacionais)
Total	Refere-se ao conjunto da economia
BOP	Balanço de pagamentos, saldo em conta corrente
BIP	Antes do período de investimento
IP	Período de investimento
OP	Período de operações
T	Tempo; para variáveis de estoque, refere-se à situação no final do período; para variáveis de fluxo, refere-se ao período do ano t, isto é, de t-1 a t
t=0	Ano-base

h	Sobrescrito que se refere ao setor de IED; setor das ETs
0	Sobrescrito que se refere ao resto da economia, o setor de empresas nacionais
Nenhum sobrescrito	Símbolo sem sobrescrito refere-se ao conjunto da economia
*	Sobrescrito que se refere ao efeito cumulativo
Subscrito	O primeiro subscrito em letra maiúscula refere-se à especificação da variável ou parâmetro; o segundo refere-se ao tempo
Variáveis	
B	Déficit do BOP
C	Consumo privado
E	Exportação de bens e serviços
E_C	Exportação de bens
E_Z	Exportação de serviços
F_D	Investimento das ETs que não foi financiado com lucros reinvestidos
F_M	Investimento das ETs que foi financiado do exterior
G	Gasto corrente do governo
H	Dívida externa
K	Estoque de capital
I	Formação bruta de capital fixo
L	Emprego
M	Importações de bens e serviços
M_C	Importação de bens
M_Z	Importação de serviços
N	Pagamento por know-how
P	Lucro bruto total
Q	Lucro das ETs remetido para o exterior
R	Lucro das ETs reinvestido
S_G	Poupança do governo
S_P	Poupança privada
T	Receita corrente do governo
T_P	Tributação direta sobre lucros
T_W	Tributação direta sobre salários e ordenados
T_{IND}	Impostos indiretos
T_E	Tributação sobre as exportações de bens e serviços
T_M	Tributação sobre as importações de bens e serviços

W	Salários e ordenados
Y	PIB a preços correntes
T_{OTH}	Outros impostos diretos (exclusive impostos sobre salários e ordenados e sobre lucros) e outras receitas correntes do governo
J	Renda recebida do exterior

PARÂMETROS

Y_t^*	Efeito cumulativo sobre a renda
B_t^*	Efeito cumulativo sobre o balanço de pagamentos
S_{Pt}^*	Efeito cumulativo sobre a poupança privada
S_{Pt}^*	Efeito cumulativo sobre a poupança pública
á	Taxa de crescimento do estoque de IED
ã	Taxa de crescimento dos gastos públicos correntes para o resto da economia
g^h	Participação dos gastos públicos correntes no setor IE D com relação ao estoque de IED existente no começo de cada período
å	Taxa de crescimento das exportações de bens para o resto da economia
e	Participação das exportações de serviços com relação às exportações de bens
è	Taxa de juro da dívida externa
k	Relação capital - produto
u	Propensão marginal a importar bens para o resto da economia
m	Participação das importações de serviços com relação às importações de bens
ë	Coeficiente de pagamentos por tecnologia
$ç_0$	Relação trabalho - produto
$ð^0$	Taxa de lucro para o resto da economia com relação ao valor agregado
$ð^h$	Taxa de lucro do IED com relação ao estoque de IED no começo do período
ñ	Txa requerida de transferência de lucros do setor IED com relação ao estoque de IED no começo do período
ó	Propensão marginal a poupar
j_m	Coeficiente de importação de bens do setor IED no período de operação com relação ao valor agregado
j_e	Coeficiente de exportação de bens e serviços do setor IED
$ô_W$	Coeficiente de taxação direta sobre salários e ordenados
$ô_P$	Coeficiente de taxação direta sobre lucros
$ô_{IND}$	Coeficiente de taxação indreta com relação do PIB
$ô_E$	Coeficiente de taxação sobre exportações de bens e serviços
$ô_M$	Coeficiente de taxação sobre importações de bens e serviços
w^w	Participação dos salários na renda do setor IED
w^O	Participação dos salários na renda do setor ROE

Setor IED ou das empresas transnacionais

$$Y_t^h = \frac{K_{t-1}^h}{k^h}$$

$$K_t^h = (1+\alpha)^t K_0^h$$

$$I_t^h = aK_{t-1}^h$$

$$P_t^h = \pi^h K_{t-1}^h$$

$$Q_t^h = \rho K_{t-1}^h$$

$$R_t^h = P^h - Q_t^h - T_{Pt}^h$$

$$F_{Dt} = I_t^h - R_t^h$$

$$E_{Ct}^h = \varphi_e Y_t^h$$

$$E_{Zt}^h = e^h E_{Ct}^h$$

$$M_{Ct}^h = \varphi_m Y_t^h$$

$$M_{Zt}^h = m^h M_{Ct}^h$$

$$N_t^h = \lambda K_{t-1}^h$$

$$W_t^h = w^h Y_t^h$$

$$G_t^h = g^h K_{t-1}^h$$

$$T_t^h = T_{Pt}^h + T_{Wt}^h + T_{INDt}^h + T_{Et}^h + T_{Mt}^h + \overline{T}_{OTHt}^t$$

$$T_{Pt}^h = \tau_P P_t^h$$

$$T_{Wt}^h = \tau_W W_t^h$$

$$T_{INDt}^h = \tau_{IND} Y_t^h$$

$$T_{Et}^h = \tau_E (E_{Ct}^h + E_{Zt}^h)$$

$$T_{Mt}^h = \tau_M (M_{Ct}^h + M_{Zt}^h)$$

Setor Resto da Economia (ROE)

$$M^0_{Ct} = M^0_{C0} + \mu(Y_t - Y_0)$$

$$E^0_{Ct} = (1 + \varepsilon)^t E^0_{C0}$$

$$M^0_{Zt} = m^0 M^0_{Ct}$$

$$E^0_{Zt} = e^0 E^0_{Ct}$$

$$H_t = H_0 + \sum_{i=0}^{t-1} B_i$$

$$B_t = M^0_{Ct} + M^0_{Zt} - E^0_{Ct} - E^0_{Zt} + M^h_{Ct} + M^h_{Zt} - E^h_{Ct} - E^0_{Zt} + N^h_t + \theta H_t + Q^0_t - \bar{J}_t$$

$$S_{Pt} = S_{P0} + \alpha(Y_t - Y^h_t)$$

$$P^0_t = \pi^0 (Y_t - Y_0)$$

$$W^0_t = w^0 (Y_t - Y^h_t)$$

$$G^0_t = G^0_0 (1 + \gamma)^t$$

$$T^0_t = T^0_{Pt} + T^0_{Wt} + T^0_{INDt} + T^0_{Et} + T^0_{Mt} + \bar{T}^0_{OTHt}$$

$$T^0_{Pt} = \tau_P P^0_t$$

$$T^0_{Wt} = \tau_W W^0_t$$

$$T^0_{INDt} = \tau_{IND} (Y_t - Y^h_t)$$

$$T^0_{Et} = \tau_E (E^0_{Ct} + E^0_{Zt})$$

$$T^0_{Mt} = \tau_M (M^0_{Ct} + M^0_{Zt})$$

$$S_{Gt} = T^0_t + T^h_t - G^0_t - G^h_t$$

$$I^0_t = (S_{Pt} + S_{Gt} + B_t) - F_{Dt}$$

$$Y_t = Y^0_0 + \frac{\sum_{i=0}^{t-1} I^0_i}{k^0} + \frac{(1 + \alpha)^{t-1} K^h_0}{k^h}$$

$$B_t^* = \frac{\{\varphi_m(1+m^h) - \varphi_e(1+e^h) + \rho k^h + \lambda k^h\} Y_t^h + \mu(1+m^0)Y_t^*}{1-\theta\left[\frac{(1+\alpha)^t - 1}{\alpha(1+\alpha)^t}\right]}$$

$$S_{Pt}^* = \sigma Y_t^*$$

$$S_{Gt}^* = Y_t^h \; \tau_P \pi^h k^h + \tau_W w^h + \tau_{IND} + \tau_M \varphi_m (1+m^h) + \tau_E \varphi_e (1+e^h) - g^h k^h$$

$$+ (\tau_{IND} + \tau_P \pi^0 + \tau_W w^0)(Y_t^* - Y_t^h) + \tau_M \mu (1+m^0) Y_t^*$$

Esse sistema de equações que apresenta a solução do modelo tem um pressuposto básico: a igualdade das taxas de crescimento anual dos efeitos cumulativos sobre a renda e o balanço de pagamentos com a taxa de crescimento do estoque de capital do setor IED.

RESULTADOS EMPÍRICOS

O cálculo dos parâmetros

A principal fonte de dados é o Censo de Capital Estrangeiro do Banco Central do Brasil para 1995 e 2000 (www.bcb.gov.br). Dados do sistema de contas nacionais do IBGE também serviram de base para o cálculo de alguns parâmetros (www.ibge.gov.br). Os parâmetros estão na Tabela 1.

As duas principais variáveis são o valor do PIB do setor IED no ano de referência (2000) e a taxa de crescimento do estoque de capital desse setor no período em questão (1995-2000). Foram usados dois critérios distintos. O primeiro consistiu em tomar como referência o cálculo de Zockun (1999, Tabela 5) da participação das ETs no faturamento total de todas as empresas do país. Essa participação foi de 13,5% em 1995. Esse número foi usado como *proxy* para a participação das ETs no PIB brasileiro. Em seguida, a estimativa do PIB das ETs

TABELA 1

Parâmetros

Variável/ Hipótese	Hipótese 1	Hipótese 2
PIB do IED em 2000, bilhões de Reais	201,5	161,8
Taxa de crescimento do estoque de IED	0,248	0,274
Taxa de lucro do IED	0,089	0,089
Taxa de remessa de lucro do IED	0,041	0,041
Coeficiente de taxação direta sobre lucro	0,062	0,062
Relação capital-produto do IED	0,829	1,100
Relação capital-produto ROE	2,170	2,170
Coeficiente de importação, setor IED	0,261	0,346
Coeficiente de exportação, setor IED	0,283	0,375
Coeficiente de pagamento por tecnologia	0,007	0,007
Coeficiente de importação, setor ROE	0,162	0,162
Taxa de juro da dívida externa	0,069	0,069
Propensão marginal a poupar	0,142	0,142
Coeficiente de taxação direta sobre salário	0,055	0,055
Coeficiente de taxação indireta	0,094	0,094
Coeficiente de taxação sobre importações de bens e serviços	0,067	0,067
Coeficiente de taxação sobre exportações de bens e serviços	0	0
Coeficiente de gastos públicos no setor IED	0,090	0,090
Taxa de lucro ROE	0,050	0,050
Participação dos salários na renda do IED	0,336	0,336
Participação dos salários na renda do ROE	0,336	0,336

em 2000 leva em conta o crescimento da receita operacional líquida das ETs nos anos cobertos pelos Censos. Com esse procedimento chega-se à participação das ETs na renda total do Brasil, de 18,3% em 2000. Resulta assim que o PIB das ETs foi de R$ 201,5 bilhões em 2000. Essa é a Hipótese 1.

A Hipótese 2 considera a desagregação setorial, A estimativa do PIB total das ETs em 2000 é a soma das estimativas do PIB das ETs em cada setor. Essas estimativas também se baseiam nos dados de receita operacional líquida dos Censos de Capital Estrangeiro. Diferentes estimativas da renda das ETs em 2000

TABELA 2

PIB DAS EMPRESAS TRANSNACIONAIS: VALOR E PARTICIPAÇÃO, 1995 E 2000

	1995		2000	
	Valor (R$ bilhões)	Participação (%)	Valor (R$ bilhões)	Participação (%)
Brasil, total	646,2		1101,0	
PIB, ET total	60,4	9,3	161,8	14,7
Indústria de transformação	37,8	26,0	73,6	31,0
Serviços	16,6	4,3	78,3	11,9
Agricultura e pecuária	4,4	8,0	6,6	7,8
Extrativa Mineral	0,8	15,9	2,0	7,3
Construção	0,8	1,5	1,3	1,4

Fonte: Estimativas do autor.

Coluna 3: Zockun (1999), Tabela 5, para as participações setoriais.

afetam, principalmente, as taxas de crescimento do estoque de IED e os coeficientes de exportação e importação de bens e serviços. Os dados do PIB (total e setoriais) das ETs na Hipótese 2 estão na Tabela 2.

3.2. Resultados totais

Hipótese 1 os resultados estão na Tabela 3. O exercício proposto mostra que as ETs têm um impacto altamente positivo no processo de geração de renda na economia brasileira. Dependendo dos valores de parâmetros-chave, como a taxa de lucro e a relação capital-produto, o efeito sobre a renda varia de R$ 307 bilhões a R$ 359 bilhões. Esse efeito significa que, na ausência do setor IED, o PIB total do Brasil em 2000 seria cerca de 30% inferior ao PIB efetivamente observado. O efeito é significativo tendo em vista que a participação estimada das ETs no PIB do Brasil em 2000 é de 14,9%. Ou seja, há um efeito indireto adicional sobre a renda que equivale ao dobro da produção direta das ETs.

O efeito sobre o balanço de pagamentos é fortemente negativo, com o déficit estimado da ordem de R$ 70 bilhões, ou seja, aproximadamente US$ 30 bilhões. O déficit de transações correntes do Brasil em 2000 foi de US$ 25 bilhões, próximo ao valor médio observado no período 1995-2000. Esses números indicam que as ETs impõem um forte ônus sobre o balanço de pagamentos, principalmente em decorrência do seu impacto positivo sobre a renda e, portanto, sobre as importações de bens e serviços. Ademais, o efeito direto das ETs sobre o balanço de pagamentos tende a ser negativo em decorrência das despesas de importações, remessas de lucros e pagamentos por tecnologia que não são compensados pelas receitas de exportações. As ETs também têm um efeito negativo sobre o balanço de pagamentos via crescimento da dívida externa, que resulta do financiamento do déficit de transações correntes gerado pelas ETs.

Sobre a poupança privada e sobre as finanças públicas o efeito é significativamente favorável, como resultado direto do impacto positivo sobre a renda.

Menores taxas de lucro tendem a reduzir o efeito positivo das ETs sobre a economia brasileira. O modelo tem um mecanismo de financiamento por meio da variável Fd, que representa a parte do investimento das ETs que é financiada por recursos domésticos. Assim, mantidos os coeficientes de remessa de lucros e dividendos e de tributação sobre lucros, a redução da taxa de lucro das ETs implica o uso de recursos internos para financiar a acumulação de capital do setor IED. Esse uso de recursos externos diminui a disponibilidade de financiamento para o resto da economia (setor ROE, de empresas nacionais).

A maior relação capital-produto do setor IED também reduz o impacto das ETs sobre a renda. Isso ocorre na medida em que um volume maior de recursos de financiamento doméstico e externo para a acumulação de capital é necessário para gerar um mesmo nível de renda.

TABELA 3

RESULTADOS EMPÍRICOS: HIPÓTESE 1 (Y^h = R$ 201,5 BILHÕES)

Efeito/Hipótese 1	Base (π^h = 0,089) (k^h = 0,829)	Menor taxa de lucro (π^h = 0,05)	Maior relação capital-produto (k^h = 1,20)
	A	B	C
Y^*	359,1	340,7	307,2
B^*	76,0	72,3	69,9
S_p^*	51,0	48,4	43,6
S_g^*	34,1	31,8	21,2

TABELA 4

RESULTADOS EMPÍRICOS: HIPÓTESE 2 (Y^h = R$ 161,8 BILHÕES)

Efeito/Hipótese 2	Base (π^h=0,089) (k^h = 0,829)	Menor taxa de lucro (π^h=0,05)	Maior relação capital-produto (k^h = 1,30)	Menor taxa de lucro e maior relação capital-produto (π^h=0,05; k^h = 1,30)
	D	E	F	G
Y^*	232,0	211,8	174,4	200,2
B^*	50,3	46,3	39,8	46,0
S_p^*	32,9	30,1	24,8	28,4
S_g^*	17,6	14,0	7,4	10,3

A Tabela 4 mostra os resultados para a Hipótese 2 em que o PIB das ETs em 2000 é cerca de 20% inferior ao da Hipótese 1. Com essa estimativa alternativa e os novos parâmetros, o efeito sobre a renda varia de R$ 174 bilhões a R$ 232 bilhões. Essas estimativas também representam um impacto positivo sobre a renda. O valor médio das estimativas (aproximadamente R$ 200 bilhões) implica que, na ausência do setor IED, o PIB total do Brasil em 2000 seria cerca de 20% inferior ao efetivamente observado.

De modo geral, os resultados anteriores a respeito dos efeitos macroeconômicos das ETs são mantidos, somente que com menor intensidade.

O modelo também permite a desagregação setorial do impacto das ETs. O exercício proposto concentra-se na indústria de transformação e no setor de serviços. O impacto das ETs sobre a renda é positivo em ambos os setores (Tabela 5). No entanto, esse impacto é mais significativo na indústria de transformação. Na ausência do setor IED, o PIB da indústria de transformação no Brasil seria de pouco mais de um quinto do que o efetivamente observado em 2000. Esse efeito expressa, em grande medida, a elevada participação das ETs na produção industrial do Brasil (31,0% em 2000).

No caso do setor de serviços, o efeito das ETs é relativamente pouco importante, quando comparado com o da indústria de transformação. Esse resultado é explicado, em grande medida, pela menor participação das ETs no setor de serviços (11,9% em 2000). Na ausência das ETs, o PIB do setor de serviços no Brasil seria 12,7% inferior ao efetivamente verificado em 2000.

O efeito sobre o balanço de pagamentos é negativo para ambos os setores, sendo maior na indústria de transformação (cerca de US$ 20 bilhões). Deve-se notar, entretanto, que o efeito direto das ETs sobre o balanço de pagamentos é nulo, pois há um equilíbrio entre suas exportações e as despesas correspondentes a importações, remessa de lucros e pagamentos por tecnologia. O maior efeito negativo é indireto e decorre do efeito sobre o aumento da renda e, portanto, da elevação das importações totais.

Tendo em vista que o setor de serviços se constitui, em grande parte, de segmentos de *nontradeables*, o efeito negativo desse setor sobre o balanço de pagamentos é relativamente mais importante do que na indústria de transformação.

TABELA 5

RESULTADOS SETORIAIS

Efeito/Setor	**Indústria**	**Serviços**
Y^h	73,6	78,3
Y^*	186,0	83,4
B^*	39,4	28,5
S_p^*	26,4	11,8
S_g^*	15,1	1,4
Memorando		
PIB setorial total Brasil	236,7	656,2
Parâmetros setoriais		
Y^h	73,6	78,3
π^h	0,05	0,05
k^h	1,30	1,30
A	14,3	38,1
$f_m(1+m^h)$	0,534	0,169
$j_e(1+e^h)$	0,596	0,092

Nota: Com base nos parâmetros da hipótese 1.

Trata-se, aqui, tanto do efeito direto negativo (principalmente em decorrência do reduzido coeficiente de exportação) do setor terciário da economia (Lacerda, 2003, p. 106), como do efeito indireto via aumento de renda e do serviço da dívida externa.

Os efeitos sobre as poupanças privada e pública são mais significativos na indústria de transformação. No caso do setor de serviços, o efeito sobre a poupança pública é mínimo.

4. CONCLUSÃO

O exercício proposto neste trabalho mostra que as ETs tendem, de modo geral, a ter resultados positivos sobre a renda no Brasil. Esse resultado é particularmente evidente no caso das ETs que atuam na indústria de transformação.

As estimativas apresentadas indicam que as ETs também têm um efeito negativo sobre o balanço de pagamentos. Isso ocorre não somente via impacto direto sobre a renda, mas também por meio dos efeitos negativos causados pelo desequilíbrio entre, de um lado, exportações e, de outro, despesas com importações, remessas de lucros e pagamentos por tecnologia. A acumulação de capital por parte das ETs, que é financiada com recursos externos (endividamento), também afeta negativamente as contas externas do país.

O impacto negativo sobre o balanço de pagamentos é particularmente relevante no caso do setor de serviços, ou seja, a produção de *nontradeables* pelas ETs. Observou-se, ainda, que o efeito das ETs no setor de serviços sobre a poupança pública pode ser mínimo. Esse fato é relevante no contexto de uma política de estabilização macroeconômica ancorada na geração de superávits primários nas finanças públicas federais.

O modelo permite destacar, ainda, o potencial de efeitos negativos que derivam do financiamento público no setor de *nontradeables* para ETs, quando essas empresas financiam parte expressiva dos seus investimentos com recursos públicos, poupança privada doméstica e endividamento externo. Nos dois primeiros casos há redução dos recursos de financiamento para as empresas nacionais. No caso do endividamento externo pelas ETs, o efeito negativo sobre o balanço de pagamentos torna-se ainda mais relevante em uma situação de vulnerabilidade externa estrutural.

REFERÊNCIA BIBLIOGRÁFICA

BOS, H. C. *et al, Private Foreign Investment in Developing Countries. A Quantitative Study on the Evaluation of the Macroeconomic Effects,* Dordrecht, Holanda, D. Reidel Publishing Company, 1974.

CAVES, Richard E., *Multinational Enterprise and Economic Analysis,* Cambridge University Press, 1996.

CHESNAIS, François, *La Mondialisation du Capital*, Paris, Syros, 1994.

DUNNING, John Harry, *The Globalization of Business*, Londres, Routledge, 1993.

GONÇALVES, Reinaldo, *Globalização e Desnacionalização*, São Paulo, Editora Paz e Terra, 1999.

HOOD, Neil e YOUNG, Stephen, *The Economics of Multinational Enterprise,* Londres, Longman, 1979.

JACQUEMOT, Pierre, *La Firme Multinationale: Une Introduction Economique*, Paris, Economica, 1990.

LACERDA, Antônio Corrêa de, *Globalização e Investimento Estrangeiro no Brasil*, São Paulo, Editora Saraiva, 2003.

MUCCHIELLI, Jean-Louis, *Les Firmes Multinationales: Mutations e Nouvelles Perspectives,* Paris, Economica, 1985.

PITELIS, Christos e SUGDEN, Roger (orgs.), *The Nature of the Transnational Firm,* Londres, Routledge, 2000.

ZOCKUN, Maria Helena, Brasil: *O Investimento Direto Estrangeiro nos anos 90,* São Paulo, USP, mimeo, 1999.

Crises cambiais, finanças púlbicas e estabilidade financeira na América Latina: algumas lições da experiência recente

Carlos Eduardo Carvalho

Doutor em Economia pela Universidade de Campinas (Unicamp). Coordenador do Programa de Estudos Pós-Graduados em Economia Política da Pontifícia Universidade Católica de São Paulo. Professor do Departamento de Economia da Pontifícia Universidade Católica de São Paulo

Os países dependentes enfrentam fortes dificuldades para defender a estabilidade financeira interna e a moeda nacional no contexto de elevada mobilidade de capitais e de desregulamentação financeira internacional. A gestão macroeconômica em nossos países está colocada diante de desafios consideráveis nesse terreno, devido à vulnerabilidade externa que sempre caracterizou as nossas economias.

Algumas experiências recentes ressaltam o papel decisivo da flexibilidade não apenas na política cambial, mas também no manejo das finanças públicas, ao lado da capacidade de intervenção do banco central, inclusive para colocação de dívida pública no sistema financeiro doméstico. A crise do regime de conversibilidade na Argentina ressaltou mais uma vez os riscos de regimes rígidos e ancorados no financiamento externo, da mesma forma que as dificuldades enfrentadas por experiências de dolarização plena, como a do Equador.

INTRODUÇÃO

Os países dependentes enfrentam fortes dificuldades para defender a estabilidade financeira interna e a moeda nacional no contexto de elevada mobilidade de capitais e de desregulamentação financeira internacional. A gestão macroeconômica em nossos países está colocada diante de desafios consideráveis nesse terreno, diante da vulnerabilidade externa que sempre caracterizou as nossas economias.

Algumas experiências recentes ressaltam o papel decisivo da flexibilidade não apenas na política cambial, mas também no manejo das finanças públicas, ao lado da capacidade de intervenção do banco central, inclusive para colocação de dívida pública no sistema financeiro doméstico. A crise do regime de conversibilidade na Argentina ressaltou mais uma vez os riscos de regimes rígidos e ancorados no financiamento externo, da mesma forma que as dificuldades enfrentadas por experiências de dolarização plena, como a do Equador (Acosta, 2004; Calcagno *et alii*, 2002; Naranjo, 2003).

Crises cambiais e choques externos em economias dependentes tendem a provocar crises financeiras e flutuações acentuadas na produção e no emprego, como se evidenciou no Leste Asiático em 1997-98 e de forma ainda mais intensa na catástrofe argentina de 2001-02. A experiência mostra também que esses problemas na América Latina são agravados pela resposta pró-cíclica da política fiscal às crises e pelas dificuldades de intervenção do banco central para defender a solvência do sistema bancário e manter o sistema de pagamentos.

Mesmo com os resultados das contas públicas em equilíbrio, a eclosão de uma crise cambial provoca queda de receita e demandas por intervenções do setor público. A pressão pelo aumento dos gastos sociais compensatórios nesses momentos convive com a demanda de intervenções do banco central para reduzir os riscos de ocorrerem problemas financeiros graves, pelos efeitos da insolvência de empresas e consumidores ou pela forte elevação do valor das dívidas indexadas ao câmbio, com efeitos explosivos que podem conduzir a ameaças de crise bancária aberta. Em situações assim, os governos optam por elevar a receita tributária e cortar gastos correntes, medidas restritivas que agravam as tendências recessivas e as próprias dificuldades fiscais, com a redução das receitas.

A análise de alguns casos recentes ressalta o papel decisivo da capacidade de intervenção do Estado para limitar os efeitos negativos das crises cambiais e financeiras. Essa capacidade é condicionada pela natureza das receitas do setor público, em termos de tamanho, estabilidade e flexibilidade, tanto em termos de capacidade de adotar medidas fiscais anticíclicas quanto em termos de capacidade de intervenção do banco central. Boa parte dos resultados mais favoráveis do Chile na saída da crise do começo dos anos 1980 se deveu a essa capacidade, da mesma forma que o Brasil na crise cambial de 1998-99, ao contrário do exemplo negativo da Argentina nesses dois momentos.

O reconhecimento do papel estabilizador das finanças públicas tem sido obscurecido pela visão convencional que enfatiza apenas o tamanho do déficit público como indicador relevante. Esse enfoque limitador desconsidera aspectos de grande relevo, como o tamanho da receita do setor público e sua flexibilidade e estabilidade em momentos de crise. Tem sido pouco destacada também a capacidade do setor público de manter a solvência da dívida pública e colocar dívida adicional sem desestabilizar o sistema financeiro em momentos de crise cambial. Nesses casos, contudo, a necessidade de uma conduta ativa e rápida do banco central coloca em evidência a necessidade de garantir a transparência e a responsabilização dos seus diretores em iniciativas que implicam a emissão de moeda e o financiamento de instituições financeiras e de grandes empresas em condições excepcionais.

Esse conjunto de questões é analisado neste trabalho a partir de algumas experiências do Chile, Argentina e Brasil nas crises do começo dos anos 1980 e do final dos anos 1990.

FINANÇAS PÚBLICAS E ESTABILIZAÇÃO NA AMÉRICA LATINA

Na maior parte dos países latino-americanos, o déficit público se reduziu muito nos anos 1990, com a volta dos fluxos de capitais externos voluntários e o fim da inflação elevada. Esses dois processos simbolizam o fim da crise da dívida externa da década anterior, mas não de seus efeitos deletérios sobre o setor público, dadas as seqüelas que acompanham muitos países. Embora os resultados fiscais tenham melhorado, à persistente dificuldade das políticas públicas para dar conta dos desafios sociais e à disputa permanente pelos recursos públicos somaram-se os custos crescentes dos sistemas previdenciários, por conta das mudanças demográficas e dos problemas atuariais acumulados pelos sistemas mais antigos. Seja para sanear os sistemas previdenciários antigos, seja para financiar a passagem para sistemas de capitalização, seja para garantir a cobertura universal mínima, o setor público é chamado a assumir ônus substanciais na maior parte dos países latino-americanos. Esse conjunto de problemas justifica a conclusão de que a América Latina continua sob tensão fiscal crônica (Whitehead, 1997).

O comportamento dos três países aqui analisados mostra diferenças substanciais no que se refere aos indicadores fiscais. No Chile e no Brasil, a receita corrente do setor público ultrapassa a faixa de 30% do PIB, mas no Chile os números são mais estáveis e são acompanhados por resultados superavitários ou déficits muito pequenos. No Brasil são registrados déficits nominais elevados e a receita do setor público subiu muito ao longo dos últimos anos. A Argentina mostra receitas pequenas, abaixo de 20% do PIB, e déficits crescentes desde a segunda metade dos anos 1990, provocados no essencial pela reforma do sistema previdenciário e pela queda da receita tributária com a recessão que precipitou a crise dos anos 2001-02.

Apesar dessas diferenças, verificam-se déficits pequenos na maioria dos países, em números semelhantes aos dos países da OCDE (Gavin *et alii*, 1996). Esses dados são portanto insuficientes para descrever o quadro fiscal latino-americano. O entendimento predominante em nossos países nos últimos anos, contudo, reduziu a eles a discussão dos problemas fiscais. Por essa visão, os efeitos do quadro fiscal sobre o equilíbrio macroeconômico limitam-se à existência ou não de déficits e de capacidade de pagamento da dívida pública. Não se discute o papel fiscal do Estado nas crises, o que deixa sua atuação nessas ocasiões ao sabor do arbítrio do momento e de arranjos conjunturais. Além disso, a composição da receita pública é tida como impossível de reverter, em especial no que se refere aos efeitos regressivos do baixo peso da tributação direta das altas rendas e dos lucros das empresas. Admite-se apenas a necessidade de reduzir a evasão e simplificar a estrutura tributária para aumentar a competitividade das empresas.

A observação de importantes momentos de crise cambial e financeira em países grandes da América Latina nos últimos anos mostra a insuficiência dessa visão. Os melhores resultados foram conseguidos quando o setor público dispôs de capacidade de intervenção fiscal e financeira, o que supõe receitas fiscais que não sejam erodidas pela crise com rapidez e capacidade de ampliar o endividamento público e gerar superávits na escala requerida, em especial por aumento de receitas.

As dificuldades do setor público para atuar nesse sentido é uma explicação forte para a maior instabilidade das economias latino-americanas em relação às economias da OCDE, segundo o estudo de *Gavin et alii* (1996). No período de 1970 a 1994, o resultado consolidado do setor público na América Latina foi semelhante ao dos países da OCDE, quando medido como percentual do PIB. Em relação à receita fiscal e ao grau de aprofundamento financeiro, porém, os resultados de nossos países são bem piores, com déficits muito elevados. Decorre daí a necessidade de forte elevação de receitas e cortes de gastos correntes nos momentos de crise, o que se expressa na maior volatilidade dos resultados fiscais na América Latina.

O comportamento da política fiscal tende a ser pró-cíclico nas crises portanto, o que agrava os conhecidos problemas de instabilidade dos fluxos de recursos externos nesses momentos. Deve-se acrescentar que a orientação predominante na política tributária na América Latina aponta para o reforço da tributação indireta, sob o argumento de que seria mais conveniente substituir a busca de eqüidade vertical, por meio da maior tributação das rendas mais altas, pela busca da eqüidade horizontal, por meio da generalização dos impostos sobre o con sumo, cuja arrecadação seria mais fácil e menos custosa. Os objetivos de natureza distributiva deveriam ser então deslocados para o gasto. Como a arrecadação dos tributos indiretos é muito sensível ao ritmo da atividade econômica, nas situações de crise a receita pública se contrai, o que limita a capacidade de intervenção anticíclica do Estado e aumenta as pressões para cortes dos gastos sociais nos momentos em que seriam ainda mais necessários.

ARGENTINA E CHILE NA CRISE DOS ANOS 1980

A crescente divergência no desempenho econômico do Chile e da Argentina a partir do início dos anos 1980 explica-se, entre outros motivos, pelas substanciais diferenças no âmbito fiscal. Além das importantes semelhanças na trajetória dos dois países ao longo das décadas anteriores, ambos viveram nos anos 1970 uma profunda guinada em direção às políticas liberalizantes a partir de golpes militares, no Chile em 1973 e na Argentina em 1976. Após um período inicial de hesitações, os dois países enveredaram pelo modelo do chamado ajuste monetário do balanço de pagamentos, com políticas de estabilização em que se combinavam rápida e acentuada abertura externa, ampla desregulamentação financeira e prefixação da correção cambial abaixo da inflação corrente. Após um forte *boom* de crescimento, as duas economias se viram envolvidas em catastrófica crise financeira e cambial, em 1981-82.

A partir de então, as duas economias seguiram caminhos muito diferentes. Enquanto a Argentina atravessou uma sucessão de problemas cada vez mais graves nos dez anos seguintes, culminando com os surtos hiperinflacionários de

1989-90, o Chile conseguiu acomodar os efeitos da crise, definir uma trajetória de crescimento sustentado e se firmar como a economia mais dinâmica do continente desde meados da década de 1980. Na origem dessa divergência está a posição fiscal do setor público.

A Argentina foi duramente afetada pela crise da dívida externa e o quadro fiscal acompanhou de perto o cenário macroeconômico. Após atingir o pico de 17,4% do PIB em 1980, a receita tributária caiu para a média de 12% do PIB entre 1982 e 1984, retornou a 17,3% do PIB em 1986, com o Plano Austral, caiu para 14% a 15% do PIB entre 1988 e 1990 e só se recuperou após 1992. Em paralelo, a crise da dívida externa acentuou muito a tendência de desmonetização, com a fuga de capitais, a alta da inflação e a insegurança crescente. O M3 (incluindo depósitos domésticos em dólar) recuou do nível médio de 30% do PIB na década de 1950 para 20% do PIB nos dois decênios seguintes e 13% do PIB em média de 1983 a 1989 (Streb, 1990:201-2; Lauría, 1990:24-25).

Os efeitos combinados da crise fiscal e da crise cambial acentuavam a desmonetização e eram reforçados por ela. Com a dificuldade de financiamento interno ou externo, o governo recorreu aos recolhimentos compulsórios sobre reservas e depósitos dos bancos. Parcelas crescentes dos recursos captados em depósitos a prazo, em geral de sete dias, eram recolhidas ao Banco Central de la República Argentina (BCRA) e remuneradas a juros de mercado (Arce, 1993:87; Canavese, 1992:12-13), o que preservava a solvência dos bancos e reduzia a oferta de crédito, acentuando a desmonetização.

Os juros altos, utilizados como instrumento de política monetária e cambial, aumentavam a dívida pública, mas esse aumento era seguidamente corroído pelos saltos bruscos da inflação. Ainda assim, a dívida interna subiu de 6,1% do PIB em 1985 para 10,9% em 1988 (Artana *et alii*, 1991:60), mas o surto hiperinflacionário de meados de 1989 reduziu novamente o valor real da dívida. Com a queda da inflação a partir de agosto, a dívida pública voltou a crescer, retornando a níveis próximos da média de 1987, mas em condições de prazo e custo bem mais desfavoráveis ao setor público (Damill e Frenkel, 1991:31). Os picos de alta da inflação não reduziam o estoque da dívida, dado o volume crescente de títulos vinculados ao dólar, mas os momentos de queda da inflação faziam-no crescer bastante. Embora a dívida pública fosse pequena em relação ao PIB, o espaço para financiá-la era cada vez menor, alimentando as dúvidas quanto à liquidez dos papéis, o que por sua vez reforçava a desconfiança, a fuga das aplicações financeiras e a desmonetização.

O quadro do final dos anos 1980, portanto, caracterizava-se pela crescente dificuldade do governo para obter financiamento por emissão monetária ou por colocação de dívida, devido aos efeitos combinados da acentuada desmonetização e da forte insegurança quanto à posição cambial do país, diante da ausência de financiamento externo voluntário e da acentuada deterioração dos indicadores de solvência externa. A emissão de moeda, por menor que fosse, gerava pressões sobre os preços e sobre o câmbio, com novas ondas de especulação e de fuga dos títulos públicos. Crescia a percepção de que o endividamento público se tornava insustentável, pelos efeitos cada vez mais perversos da instabilidade macroeconômica.

Por trás da crise crônica da economia argentina nos anos 1980 esteve sempre a fragilidade fiscal do setor público, a qual era por sua vez sempre reiterada e agravada pela instabilidade macroeconômica reforçada pela persistente desconfiança na solvência do próprio setor público. Esse círculo vicioso conduziu aos surtos hiperinflacionários de 1989 e 1990 e à destruição ainda maior dos haveres financeiros. Como recurso desesperado após o fracasso das demais políticas, em 1991 a Argentina partiu para o regime de conversibilidade, incapaz por sua vez de resolver o problema da permanente fragilidade fiscal.

A trajetória do Chile oferece significativo contraponto aos impasses da Argentina, com base em grande medida na posição fiscal bem mais sólida, apoiado na qual o governo adotou políticas anticíclicas capazes de conter os efeitos mais devastadores da crise. O modelo chileno do final dos anos 1970 era semelhante ao da Argentina e entrou em crise na mesma época. O forte crescimento baseado no endividamento externo foi revertido em 1982, quando o PIB caiu 14%. A deterioração das contas externas e a reação lenta da política econômica (Larrañaga, 1995:9) conduziram a uma crise interna de liquidez, insolvência financeira e quebra do sistema bancário.

A saída da crise foi favorecida pelo apoio externo (Larrañaga e Marshall, 1990:19-20) e pela tradicional maleabilidade do quadro fiscal, que permitiu ao setor público um papel ativo diante da conjuntura macroeconômica adversa (Larrañaga e Marshall, 1990:11-12; Tavares, 1993:80; Carciofi *et alii*, 1994:341). Apesar do impacto da crise, o setor público teve déficits moderados e sustentou programas sociais compensatórios e amplo apoio financeiro ao setor privado. No início da recuperação, o setor público pôde sustentar altas taxas de poupança e investimento.

O desempenho fiscal positivo deveu-se em boa medida ao cobre. De 1961 a 1983, excluído o triênio 1971-73, o cobre gerou em média 13% da receita tributária

(Arellano y Marfán, 1987:138); de 1980 a 1987, as transferências e impostos das empresas estatais, com grande peso do cobre, atingiram a média anual de 8,2% do PIB. A estabilidade da receita tributária nesse período oculta intensas variações da performance de cada tributo. O coeficiente de variação da receita total, contudo, foi bem menor que para qualquer um dos impostos isoladamente, indicando certa compensação entre eles. Como nos diversos impostos as variações resultaram de decisões de política tributária, o cobre representou um fator de compensação "estrutural", permitindo às autoridades maior margem de manobra para mudanças nos diferentes tributos. Destaca-se também o elevado peso das transferências e subsídios ao setor privado, 8,5% do PIB em média em 1982-85 (Larrañaga e Marshall, 1990:31), da mesma forma que os gastos com a seguridade social.

BRASIL E ARGENTINA NA CRISE CAMBIAL DO FINAL DOS ANOS 1990

A grave crise cambial brasileira de 1998-99 destacou-se por não ter produzido as seqüelas típicas de episódios semelhantes em países dependentes. Depois da forte desvalorização do real no início de 1999, a inflação subiu muito pouco, não houve crise financeira e a recessão foi moderada. Um dos determinantes desse desfecho singular foi a capacidade do governo brasileiro de absorver antecipadamente boa parte dos efeitos negativos que a crise teria sobre as empresas e sobre o setor financeiro.

Esse desempenho contrasta nitidamente com as enormes dificuldades da Argentina para sair do regime de conversibilidade, apesar dos custos crescentes de sua manutenção e de sua evidente inviabilização a partir da desvalorização brasileira de 1999. Por trás dessa paralisia encontra-se a fragilidade fiscal que acompanha o país há décadas e não foi superada com a conversibilidade e a liberalização do período recente. O Estado argentino continuou tendo baixa capacidade fiscal e financeira para atuar de modo anticíclico nas crises e para absorver e refinanciar os passivos de grande magnitude usualmente produzidos pelas crises cambiais e pelos choques externos em economias dependentes. A receita do setor público permaneceu abaixo de 20% do PIB, com obstáculos consideráveis para aumentá-la em momentos de crise, além de predominarem de forma exagerada os impostos indiretos, cuja arrecadação cai com a atividade econômica. Além disso, e não menos importante, as dimensões reduzidas do mercado financeiro doméstico (problema que não se resolveu com a conversibilidade e a abertura externa) dificultavam a colocação de dívida adicional pelo setor público em situações adversas. Resultou daí a tendência à imobilização do setor público nos momentos em que deveria antecipar-se às crises e gerenciar seus efeitos.

A experiência brasileira recente é um importante contra-exemplo. O regime cambial estava muito abalado em meados de 1998 e a fuga generalizada a partir da crise russa ameaçava precipitar um desfecho dramático. Antes de desvalorizar, o Estado brasileiro ofereceu diversas formas de proteção aos investidores, bancos e grandes empresas. Primeiro, o Banco Central vendeu cerca de US$ 30 bilhões de suas reservas entre agosto e setembro. Segundo, o Tesouro e o BC venderam cerca de US$ 60 bilhões de títulos indexados ao câmbio (denominados em moeda brasileira e corrigidos pela variação da taxa de câmbio). Terceiro, o BC vendeu dólares no mercado futuro no auge da crise, o que transferiu mais US$ 4 bilhões para quem queria se proteger da desvalorização iminente. Quando o real caiu, a maior parte da dívida externa do setor privado estava protegida e os custos se transferiram automaticamente para o setor público.

O problema ainda não estava equacionado, contudo. A dívida líquida total do setor público saltou de 34,5% do PIB em dezembro de 1997 para 42,6% do PIB em dezembro de 1998 e para pouco mais de 50% do PIB logo após a desvalorização. Os temores de crescimento descontrolado da dívida poderiam gerar a desconfiança na solvência dos títulos públicos e, por extensão, do próprio sistema bancário, o que se evidenciou no princípio de pânico bancário na última sexta-feira de janeiro de 1999. O governo reagiu de imediato com medidas fiscais drásticas, capazes de gerar um mega-superávit primário de 3% a 3,5% do PIB, suficiente para conter o crescimento da dívida e para transferir ordenadamente os custos da desvalorização para toda a sociedade. Tudo isso foi feito sem que o governo perdesse a capacidade de se apresentar como campeão do equilíbrio fiscal, sem que o debate público relacionasse o salto vertiginoso da dívida e a necessidade de superávits primários permanentes com o enorme desequilíbrio fiscal gerado pela política econômica e pelo socorro aos detentores de passivos externos.

A capacidade de reação do governo na crise cambial confirmou a tese de que a flexibilidade do quadro fiscal foi decisiva para o sucesso do programa de estabilização, por permitir a utilização agressiva de instrumentos de política cambial e monetária e a absorção de seus custos pelo setor público (Carvalho, 2000 e 2001). Uma das singularidades do caso brasileiro é a capacidade oferecida pela estrutura tributária para aumento de receitas sem uma reforma tributária ampla, ao contrário de outros países latino-americanos. Desde a preparação do Plano Real, o governo pôde acomodar o aumento dos gastos correntes e os custos de políticas fundamentais para o êxito do programa, notadamente a valorização real do câmbio e os juros altos, acionados intensamente como instrumentos antiinflacionários e de equilíbrio das contas externas. Acrescente-se que o aumento substancial da arrecadação por meio de sucessivas medidas tópicas e emergenciais deu ao governo margem de manobra para evitar os graves conflitos de interesses que poderiam ameaçar a sustentação parlamentar da política econômica, caso tivesse insistido em cortes drásticos de despesas ou em uma ampla reforma da estrutura tributária. A contrapartida dessa flexibilidade e da trajetória de acomodação foi a permanência de elementos nocivos à eficiência e à competitividade da economia, tanto na estrutura tributária quanto na composição da despesa pública.

TRANSPARÊNCIA E CONTROLE DEMOCRÁTICO SOBRE A AÇÃO DO BC

Os episódios aqui analisados ilustram a relevância da ação do banco central, não só como emprestador de última instância na iminência da eclosão de crises financeiras graves, mas também como articulador de programas preventivos das crises e como gerenciador dos passivos resultantes das situações de desequilíbrio que a elas se sucedem. Crises cambiais associadas a crises bancárias são problemas persistentes em nossas economias e acarretam pesados ônus para o setor público, diretamente no terreno da fiscalidade, com a demanda por gastos compensatórios, e mais comumente no terreno da quase-fiscalidade, com passivos assumidos pelo banco central a serem financiados com recursos fiscais.

A recorrência destes problemas coloca um importante desafio: combinar a necessária capacidade de intervenção ágil e eficaz do banco central com a transparência desejada na ação de qualquer instituição pública, instrumento essencial para que possa haver responsabilização de seus dirigentes e controle democrático sobre as decisões adotadas.

Um dos maiores desafios nesses casos é que os problemas graves tendem a se materializar antes de vir a público, ou seja, a percepção de sua gravidade se dá quase sempre muito antes de serem objeto de discussão pública, e essa tende a ser evitada sob o justificado argumento de que a divulgação ampla poderá agravá-los de forma substantiva. Com isso, as iniciativas para equacioná-los tendem a se desenrolar em sigilo, sob coordenação do banco central. Agente regulador da estabilidade financeira, o BC está investido da faculdade de intervir, em geral com a emissão de moeda, e tem a obrigação moral de fazê-lo, dado o seu mandato de zelar pela estabilidade do sistema financeiro. Acrescenta-se a evidência de que crises dessa natureza envolvem problemas complexos e quase sempre originais, com a necessidade de soluções não previstas nas regras legais existentes, construídas sob a pressão da ameaça de agravamento explosivo da crise.

Em casos assim, como garantir a transparência e o controle da sociedade democrática? O desafio é duplo: preservar a capacidade operacional e a agilidade da atuação do BC e preservar também a transparência, o respeito aos interesses públicos e o princípio de responsabilização dos diretores do BC.

A tendência hoje predominante procura preservar o primeiro elemento à custa de afastar ou eliminar o segundo. A aceitação do princípio da independência ou da autonomia do BC implica confinar as suas intervenções a um suposto território da tecnicalidade, como se houvesse soluções neutras e consagradas para os problemas dessa natureza. Como as experiências evidenciam, cada crise é original e os bancos centrais são levados a criar soluções novas a cada situação. Não se deve impedir que seja assim, por certo, sob risco de deixar a economia à mercê dos desdobramentos de crises graves, mas em troca devem ser criadas regras claras de prestação de contas e de responsabilização de seus diretores.

No caso brasileiro de 1998-99, a insistência do BC na política cambial ampliou muito os custos da desvalorização, garantiu o patrimônio dos investidores externos, que puderam retirar seus recursos com os dólares vendidos pelo BC, e gerou lucros fantásticos para os bancos e grandes empresas que compraram títulos públicos indexados à correção cambial. O brutal aumento da dívida pública daí resultante transformou-se em forte constrangimento para a política econômica desde então. É verdade que o custo de uma crise financeira grave teria sido enorme, como na Argentina, mas o salto espetacular da dívida pública e a exigência de superávits primários para pagar seus juros é um entrave à retomada do crescimento, como está hoje evidente.

REFERÊNCIAS BIBLIOGRÁFICAS

Acosta, Alberto (2004). "Ecuador: En el atolladero de una 'panamenización' petrolera?" Quito, mimeo, 20 p.

Arce, Horacio (1993). "El bimonetarismo de la Ley de Convertibilidad argentina de 1991". Monetaria, ene./mar., pp. 79-110.

Arellano, José; Marfán, Manuel (1987). "25 años de política fiscal en Chile". Santiago, *Col. Estudios Cieplan*, 21, jun., pp. 129-162.

Artana, Daniel; Libonatti, Oscar; Rivas, Carlos (1991). "Algunas consideraciones sobre el endeudamiento y la solvencia del sector publico argentino". Buenos Aires, *Boletín Informativo Techint*, n. 266, abr./jun., pp. 53-72.

Calcagno, Alfredo; Manuelito, Sandra; Titelman, Daniel (2002). "From har-peg to hard lendings? Recent experiences of Argentina and Ecuador". Santiago do Chile, preliminary draft, 26 p.

Canavese, Alfredo J. (1992). "Hiperinflation and convertibility based stabilization in Argentina". Buenos Aires, Instituto Torcuato Di Tella, mimeo., 27 p.

Carciofi, Ricardo; Barris, Guillermo; Cetrángolo, Oscar (1994). *Reformas Tributarias en América Latina.* Santiago, CEPAL, 356 p.

Carvalho, Carlos E. (2000). *"As finanças públicas no Plano Real".* Em Carneiro, Ricardo *et alii*, Gestão Estatal no Brasil: Armadilhas da Estabilização 1995 1998. São Paulo, Fundap, pp. 196-236.

Carvalho, Carlos E. (2001). "Finanças públicas e estabilização no Plano Real: uma reinterpretação". São Paulo, PUCSP, Programa de Estudos Pós-Graduados em Economia Política, Textos para Discussão 04/01, 20 p.

Carvalho, Carlos E. (2002). "O papel decisivo das finanças públicas diante da instabilidade econômica recorrente na América Latina". Porto Alegre, Fundação de Economia e Estatística Siegfried Emanuel Heuser – FEE, *Indicadores Econômicos FEE*, v. 30, n. 1, jun., pp. 31-48.

Damill, Mario e Frenkel, Roberto (1991). "Hiperinflación y estabilización: la experiencia reciente". Em Rozenwurcel, Guillermo (comp.), *Elecciones y Politica Economica en America Latina.* Buenos Aires, Editorial Tesis e Centro de Estudios de Estado y Sociedad – CEDES, pp. 1-82.

Gavin, Michael; Hausmann, Ricardo; Perotti, Roberto; Talvi, Ernesto (1996). "Managing fiscal policy in Latin America and the Caribbean: volatility, procyclicality, and limited creditworthness". Washington, Inter-American Development Bank, Working Paper 326, 23 p.

Larrañaga J., Osvaldo (1995)."Casos de éxito de la política fiscal en Chile: 1980-1993". Santiago, CEPAL/PNUD, Serie Política Fiscal, 67, abril, 42 p.

Larrañaga J., Osvaldo e Marshall, Jorge (1990). "Ajuste macroeconómico y finanzas públicas. Chile: 1982-1988". Santiago, CEPAL/PNUD, Serie Política Fiscal, 6, jul., pp. 25-40 e 49-54.

Lauría, Jorge O. (1990). *"Despues de la hiperinflación: La experiencia del sistema financiero argentino 1989-1990"*. Bogotá, Federación Iberoamericana de Asociaciones Financieras, Conferencias y Trabajos del Sexto Congreso de FIBAFIN, pp. 15-27.

Naranjo Chiriboga, Marcos P. (2003). "La dolarización em Ecuador: Tres años después". Quito, Banco Central Del Ecuador, mimeo., 51 p.

Streb, Jorge M. (1998). "Y, si no hay más remedio... Inflación, desconfianza y la desintegración del sistema financiero en la Argentina". Buenos Aires, *Desarrollo Económico,* número especial, v. 38 (otoño), pp. 199-214.

Tavares, Maria da Conceição (1993). "As políticas de ajuste no Brasil: os limites da resistência". In: Tavares, Maria da C. e Fiori, José, (Des) *Ajuste Global e Modernização Conservadora.* Rio de Janeiro, Paz e Terra, pp. 75-126.

Whitehead, Laurence (1997). "La tensión crónica fiscal, la reprodución de la pobreza y la desigualdad en la América Latina". Em Bulmer-Thomas, Victor (comp.), *El Nuevo Modelo Económico en América Latina. Su Efecto en la Distribución del Ingreso y en la Pobreza.* México, Fondo de Cultura Económica, Serie Lecturas, 84, pp. 71-100.

Défcit em conta corrente do balanço de pagamentos, investimento e poupança no Brasil 1996-2002

Antônio Corrêa de Lacerda*
Fernando Ribeiro Leite Neto**

*Doutor em Economia pela Universidade de Campinas (Unicamp). Professor da Faculdade de Economia e Administração da Pontifícia Universidade Católica de São Paulo (PUC-SP). Ex-Presidente da Sociedade Brasileira de Estudos das Empresas Transnacionais e da Globalização Econômica (SOBEET). Autor, entre outros, do livros: Desnacionalização: mitos, riscos e desafios e de Os impactos da globalização na economia brasileira ambos pela Editora Contexto e Globalizacão Investimento Estrangeiro no Brasil, pela Saraiva.
**Mestre em Economia Política e proferssor pela Pontifícia Universidade Católica de São Paulo (PUC-SP). Professor do Departamento de Economia da Faculdade de Ciências Econômicas, Contábeis e Administrativas da Universidade Presbiteriana Mackenzie (FCECA-UPM). Ex-Economista-chefe da Sociedade Brasileira de Estudos das Empresas Transnacionais e da Globalização Econômica (SOBEET).

As relações macroeconômicas entre a ocorrência de déficits na conta corrente do balanço de pagamentos e os fluxos de investimentos privados e de poupança pública e privada no Brasil entre 1994 e 2002. Parte-se da hipótese de que, se a política monetária é utilizada para a gestão dos fluxos do balanço de pagamentos por meio dos seus efeitos sobre o nível doméstico de absorção num contexto em que a poupança do setor público é negativa e o seu resultado corrente é deficitário, os fluxos de poupança privada são capturados pelo setor público. Dessa forma, o financiamento dos fluxos de investimento privados só pode se dar mediante o endividamento externo, seja pela concentração do crédito doméstico pelo setor público, seja pelo custo de oportunidade dado pela diferença entre as taxas de juros domésticas e externas.

INTRODUÇÃO

O déficit em conta corrente do balanço de pagamentos significa: (i) a variação do estoque de passivos externos líquidos da economia frente ao resto do mundo; (ii) o financiamento de dado montante de investimentos não coberto pela poupança privada e pública, que, nesse sentido, pode ainda representar uma forma de financiamento do déficit público (gastos correntes e gastos com investimentos superiores à renda líquida do governo); e (iii) o excesso de absorção (consumo privado e público e despesas privadas e públicas em ampliação do estoque de capital) sobre o produto interno, embora, nesse caso, se deva excluir os pagamentos líquidos de serviços não-fatores do déficit em conta corrente.

Dessa forma, dado um nível de dispêndios em investimentos (formação bruta de capital) e dada a insuficiência da poupança doméstica, privada e pública para financiá-los, faz-se necessária a captação de poupança externa para a cobertura dos gastos. A partir dessa premissa, postulou-se como positiva, após 1994, a ocorrência de déficits em conta corrente ao redor dos 3% do PIB. Tal postulado, compartilhado por alguns economistas, era um dos elementos centrais da retórica econômica oficial e fundamentava-se na percepção de que a apreciação da taxa real de câmbio, bem como a estabilização monetária, implicavam uma nova configuração macroeconômica que absorveria os déficits em conta corrente (Franco, 1993 e 1998).

O argumento oficial era de que a poupança externa, especialmente a representada pelos investimentos diretos estrangeiros, financiaria um ciclo de reestruturação produtiva que, no médio prazo, seria capaz de ajustar a balança comercial à taxa real de câmbio, historicamente apreciada. Haveria também ganhos de produtividade relacionados com a presença das empresas estrangeiras na matriz produtiva do Brasil e com a expansão das importações de bens de capital, o que redundaria numa melhor inserção externa da economia brasileira do ponto de vista dos fluxos comerciais (Mendonça de Barros & Goldenstein, 1997).

Entretanto, concomitantemente à elevação e posterior estabilização do déficit em conta corrente em valores historicamente elevados (Tabela 1), não foi observada uma elevação sustentada da taxa de investimento (Formação Bruta de Capital). Embora a taxa de investimento seja especialmente ascendente entre 1995 e 1996, já vinha num movimento crescente desde o fim da recessão de 1992. Após 1997, a taxa revela uma trajetória decrescente até 2000, recuperando-se em 2001 e caindo novamente em 2002 para seu menor nível desde 1994 (Gráfico 1 a seguir).

Este artigo avalia as relações entre o déficit em conta corrente do balanço de pagamentos e os dispêndios em formação bruta de capital. Trata-se, portanto, de aquilatar o peso da poupança externa no financiamento dos gastos com investimentos, uma vez que parte da poupança nacional privada bruta foi canalizada para o financiamento do setor público. Para a apreensão desses eventos, o estudo apresenta a evolução da poupança e do investimento privados para o período 1996-2002.

Foi possível identificar que o setor privado tornou-se crescentemente responsável pelos dispêndios de capital da economia, em detrimento do setor público. Além disso, evidenciou-se que o setor privado dispôs de fluxos de poupança suficientes para financiar suas despesas de investimentos. Essa evidência, juntamente com a composição da dívida externa concentrada no setor privado, indica que esse setor não utilizou seus fundos de poupança doméstica para cobrir os gastos com investimentos. Ao contrário, captou recursos no sistema financeiro internacional. Após a análise da poupança e dos investimentos privados, o artigo analisa as contas públicas. A partir dessa avaliação identificou-se que uma das

Tabela 1 – Resultado em conta corrente do balanço de pagamentos (US$ bilhões correntes e % do PIB) períodos selecionados

Período	(US$ bilhões)	(% PIB)
1994	-1,7	-0,3
1995	-18,0	-2,6
1996	-23,1	-3,0
1997	-30,9	-3,8
1998	-33,6	-4,3
1999	-24,4	-4,4
2000	-24,7	-4,2
2001	-23,2	-4,6
2002	-7,8	-1,7
2003	4,1	0,8
1964-67	0,1	0,3
1968-73	-1,0	-1,7
1974-81	-8,2	-4,2
1982-86	-5,5	-2,2
1987-93	0,5	0,2
1994-98	-21,5	-2,8
1999-2003	-15,2	-2,8

Fonte: Elaborado a partir de Brasil (2003, 2003a e 2003b).

explicações para a captação de recursos pelo setor privado no sistema financeiro internacional foi a concentração do crédito doméstico pelo setor público.

A causa dessa concentração reside e residiu na necessidade de financiamento do setor público que, por sua vez, esteve atrelada: (i) ao fim do processo de "repressão fiscal" que garantia o equilíbrio orçamentário por meio do imposto inflacionário (Bacha, 1995); (ii) ao processo de esterilização das reservas internacionais (Baumann & Mussi, 1999); (iii) à incorporação de passivos à Dívida Pública; e (iv) à utilização da política monetária como instrumento de regulação dos fluxos do balanço de pagamentos (Sayad, 1999).

Todos esses elementos explicam a taxa de "despoupança" pública no período avaliado (1996-2002). Em paralelo, houve uma expressiva elevação da participação do Estado na economia, revelada pela evolução ascendente da carga tributária bruta em relação ao PIB. Após esses tópicos, o estudo apresenta algumas conclusões preliminares sobre o tema abordado e finaliza com o apêndice metodológico que explicita as relações da contabilidade nacional analisadas no trabalho.

POUPANÇA, INVESTIMENTO E DÉFICIT EM CONTA CORRENTE DO BALANÇO DE PAGAMENTOS

Uma vez que o déficit em conta corrente do balanço de pagamentos representa um excesso de gastos domésticos, importa avaliar a evolução da poupança privada e dos dispêndios privados em investimentos e, posteriormente, analisar a evolução das contas públicas do ponto de vista da poupança e dos gastos com investimento. Iniciemos pelo setor privado.

Poupança e investimento privado

Nesse item, conforme apontado na introdução, mostramos que os fluxos de poupança privada foram suficientes para cobrir os gastos privados com investimentos. Indicamos que, dada a conformação da dívida externa com maior participação de passivos privados em seu estoque, o setor privado não utilizou seus recursos disponíveis domesticamente para financiar a expansão do estoque de capital, tendo efetuado captações no sistema financeiro externo mesmo em 2002, apesar do superávit em conta corrente do balanço de pagamentos registrado naquele ano. Argumentamos que a utilização da taxa de juros como instrumento de política econômica voltada para a regulação dos fluxos do balanço de pagamentos (mesmo após a mudança na regra de definição da taxa nominal de câmbio no início de 1999) tornou o custo de oportunidade dos financiamentos externos mais atrativo.

A decisão de investir é um tema caro à teoria econômica. Uma forma de apropriar-se dos elementos explicativos das decisões de investir é identificar a presença de incertezas relativas ao futuro e impor a tais incertezas a impossibilidade de sua mensuração com base em uma distribuição probabilística de eventos (Keynes, 1954). Nesse caso, a decisão de se ampliar o estoque de capital passa pela descoberta de qual taxa de desconto deve incidir sobre as rendas esperadas da nova planta a fim de que o valor esperado pelo menos se iguale ao custo de produção dessa planta. Trata-se de equalizar a taxa de retorno de um determinado bem de capital com o custo de se produzir esse bem de capital. Essa relação implica a construção da curva de demanda por investimento.

Além disso, a expectativa com relação à flutuação dos salários, à oferta dos insumos necessários para a produção e ao comportamento futuro da demanda pelo produto a ser elaborado deve fazer parte da decisão sobre o novo investimento. Entretanto, mais relevante do que isso – já que as expectativas com relação àqueles eventos estão embutidas na taxa de desconto a incidir sobre as receitas esperadas –, a decisão de investir implica a comparação entre a rentabilidade esperada da nova planta e o custo de oportunidade dos valores investidos, dado pela taxa real de juros. Conforme Keynes: "Segue-se que o incentivo a investir depende, em parte, da curva de demanda por investimento e, em parte, da taxa de juros" (Keynes, 1954).

Diferentemente da escola clássica e neoclássica, essa hipótese não identifica na taxa de juros o preço a igualar as quantidades demandadas de fundos para financiar investimentos e as quantidades ofertadas desses fundos, a poupança. A taxa de juros é definida por outras relações que envolvem a quantidade de moeda disponível e a demanda por moeda para fins especulativos com títulos de renda fixa. Além disso, essa abordagem diferencia-se da escola clássica e neoclássica por entender que os fluxos de poupança são uma conseqüência das despesas em investimento. Ao expandir o nível de renda, os gastos com investimento elevam os montantes de poupança, pois essa é função da renda.

De posse desses elementos teóricos é possível apreender a evolução da taxa de investimento no Brasil após 1980 (Gráfico 1). Observa-se que a taxa de investimento global é decrescente entre 1980 e 1985, dada a recessão vinculada à crise da dívida de 1982. Recupera-se momentaneamente em 1986-87, por conta

Gráfico 1 – Taxa de investimento (formação bruta de capital como % do PIB. Base a preços de 1980). 1980-2002.

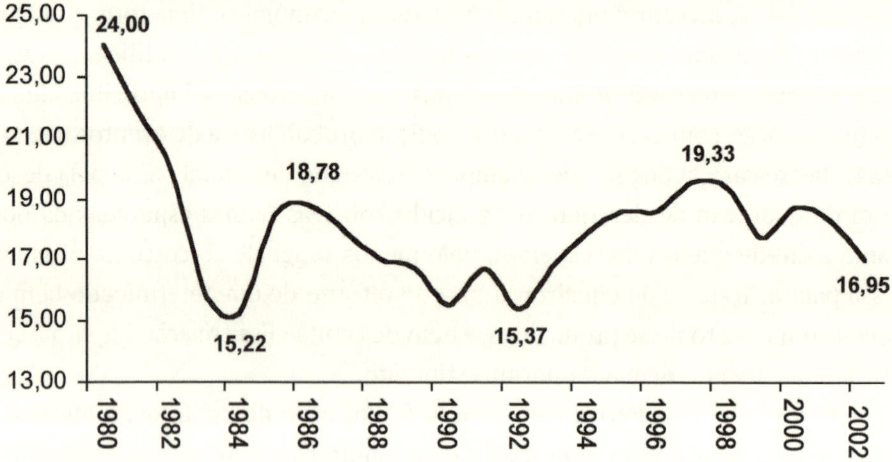

Fonte: Elaborado a partir de Brasil (2003, 2003a e 2003b).

do Plano Cruzado que operou taxas de juros reais negativas que estimularam a demanda agregada. A taxa de investimento torna a cair até 1992, quando o produto apresenta taxas negativas de crescimento em função da instabilidade política e do fracasso da estabilização monetária de 1990-91. Após 1993, a economia se aquece e a taxa de investimento mostra-se ascendente até a eclosão dos choques externos (México, Ásia e Rússia), que foram administrados pela política monetária e não pela política cambial. Vale ressaltar ainda que, ao longo dos anos1980, além da taxa de juros, a permanência da inflação crônica influenciou a taxa de investimento, a despeito dos instrumentos de indexação nos mercados de trabalho e de bens.

Uma primeira evidência indica que, ao longo da segunda metade da década de1990, o setor privado é cada vez mais responsável por parcela crescente dos dispêndios com formação bruta de capital. O setor público (que agrega a administração pública e as empresas públicas) diminui sua participação nos montantes de gastos com investimentos (Tabela 2).

Dado que parcela crescente das despesas com investimento esteve a cargo do setor privado, cabe efetuar o detalhamento da taxa de investimento entre 1996 e 2002, segundo as entidades institucionais privadas. Esse detalhamento

Tabela 2 – Formação bruta de capital – setores público e privado (R$ milhões correntes e %) 1996-2002

	R$ Milhões Correntes			Distrib. %		
Período	Setor Público	Setor Privado	Total	Setor Público	Setor Privado	Total
1996	35.870	127.084	162.954	22,0	78,0	100,0
1997	39.086	148.101	187.187	20,9	79,1	100,0
1998	40.086	152.970	193.056	20,8	79,2	100,0
1999	29.379	166.957	196.336	15,0	85,0	100,0
2000	31.894	205.361	237.255	13,4	86,6	100,0
2001	41.870	212.266	254.136	16,5	83,5	100,0
2002	51.273	214.680	265.953	19,3	80,7	100,0

Fonte: Elaborado a partir de Brasil (2003, 2003a e 2003b).

revela que as empresas não-financeiras destinam cerca de um quarto do seu valor adicionado para a expansão do seu estoque de capital. As famílias comprometem 18% do seu valor adicionado com ativos de capital.

Em relação à taxa de autofinanciamento, ou seja, de cada real gasto na formação bruta de capital fixo quando é financiado pela poupança, tem-se que o setor privado tem taxas de autofinanciamento superiores ou muito próximas a 100%, o que indica que esse setor institucional não demandaria recursos externos para financiar seus gastos com investimentos caso o crédito não estivesse concentrado para o financiamento do déficit público.

As evidências para o setor privado indicam, portanto, que as despesas privadas em investimento são plenamente financiadas pela poupança bruta privada. A Tabela 3 mostra a evolução dos gastos correntes privados com formação bruta de capital, a formação de poupança privada e a taxa de autofinanciamento. Nesse ponto, cabe levantar a hipótese de que, dada a composição da dívida externa entre setor privado e público, com a prevalência do primeiro, o setor privado não utilizou a poupança privada doméstica para financiar seus gastos com investimento. Ao invés disso, captou recursos externos, uma vez que a taxa de juros doméstica foi utilizada pela política macroeconômica como variável de ajuste dos fluxos do balanço de pagamentos. Essa mesma circunstância implicou o direcionamento da poupança privada para o financiamento do setor público.

Contas públicas

Neste tópico indicamos os fatores responsáveis pela poupança pública negativa no período. Mostramos também que a "despoupança" pública está na raiz

Tabela 3 – Despesas privadas com formação bruta de capital, poupança bruta privada (R$ milhões correntes) e taxa de autofinanciamento (%) 1996-2002

Período	Bruta de Capital	Bruta Privada	Taxa de Autofinanciamento
1996	127.084	146.298	115,1
1997	148.101	164.727	111,2
1998	152.970	189.641	124,0
1999	166.957	207.026	124,0
2000	205.361	208.831	101,7
2001	212.266	207.138	97,6
2002	214.680	259.595	120,9

Fonte: Elaborado a partir de Brasil (2003, 2003a e 2003b).

da captação de recursos externos pelo setor privado, uma vez que a poupança privada foi canalizada para financiar o setor público. A extinção da "repressão fiscal", ou seja, o fim da obtenção de equilíbrios orçamentários por meio da taxa de inflação, implicaria a ocorrência de déficits ou a diminuição dos superávits primários nas contas públicas consolidadas, como de fato veio a acontecer após 1995 (Bacha, 1995). Além disso, a ampliação do estoque de reservas internacionais, bem como a incorporação de esqueletos ao passivo público, ao aumentarem a dívida líquida do setor público em montantes superiores aos superávits primários decrescentes, implicaram a elevação e posterior manutenção do déficit nominal do setor público consolidado (Baumann & Mussi, 1999) (Gráfico 2).

A utilização da taxa de juros como instrumento de regulação dos fluxos do balanço de pagamentos via acomodação do nível doméstico de atividades, bem como a prioridade da consolidação da estabilização monetária por meio da política cambial, implicaram a elevação dos pagamentos de juros sobre o estoque da dívida mobiliária pública (Baumann & Mussi, 1999; Carvalho, 2000 e Sayad, 1999) (Gráfico 2).

Dado que a poupança pública é o saldo entre a renda primária disponível bruta (a qual inclui os pagamentos de juros sobre a dívida pública e as diversas transferências públicas) e os gastos com consumo do setor público, a poupança pública negativa aproxima-se dos fluxos de necessidades de financiamento do setor público no conceito nominal. Portanto, os elementos expostos acima explicam a evolução da poupança do setor público consolidado que se mantém negativa e declina, em valores correntes, de R$ 7,8 bilhões em 1995 para R$ 10,4

Gráfico 2 – Necessidades de financiamento do setor público consolidado (NFSP). Conceitos nominal, primário e gastos com juros nominais da dívida pública (fluxos em R$ correntes acum. em 12 meses como % do PIB). Jan/96-dez/02.

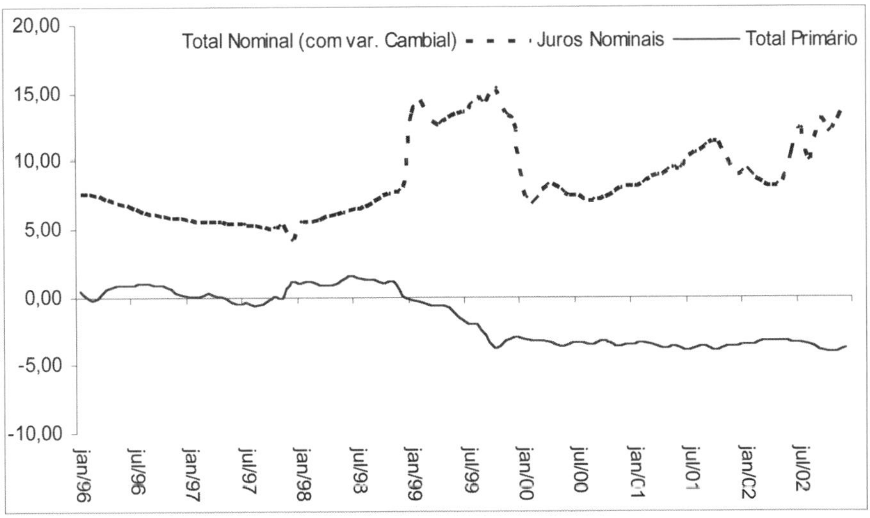

Fonte: Elaborado a partir de Brasil (2003, 2003a e 2003b).

Gráfico 3 – Poupança bruta do setor público e carga tributária bruta (% do PIB) 1996-2002

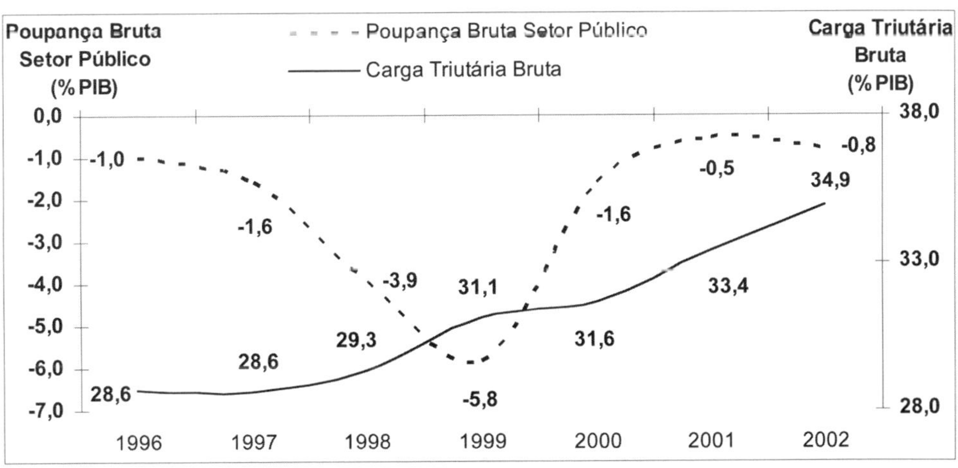

Fonte: Elaborado a partir de Brasil (2003, 2003a e 2003b).

bilhões em 2002. Esses valores incluem a poupança positiva das empresas públicas. Tal evolução da poupança pública contrasta com a evolução da carga tributária que se apresenta ascendente durante o período (Gráfico 3).

A taxa de investimento da administração pública (rubrica contida no Setor Público Consolidado), dada pela razão entre os dispêndios públicos em formação bruta de capital fixo e o valor adicionado da administração pública, mostra-se volátil entre 1996 e 2002 e provavelmente abaixo dos níveis históricos das décadas de 1950 a 1970 (Gráfico 4). Além disso, a taxa apresenta um comportamento cíclico em relação às eleições de 1998. Importa atentar que essa taxa deve ser subestimada, uma vez que não agrega os gastos das empresas estatais na expansão dos seus estoques de capital.

CONCLUSÕES

A evolução da captação da poupança externa atingindo valores historicamente elevados em meados da segunda metade da década de1990, indica, como afirmado, que os gastos domésticos com investimento superam a formação da poupança doméstica. O Gráfico 5 a seguir evidencia a evolução da poupança doméstica, da formação bruta de capital e da poupança externa.

Gráfico 4 –Taxa de investimento da administração pública (Formação bruta de capital fixo sobre valor adicionado – %) 1996-2002

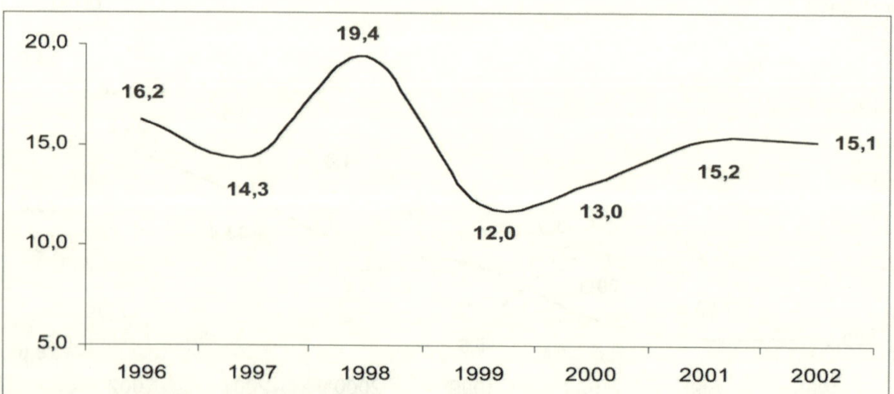

Fonte: Elaborado a partir de Brasil (2003, 2003a e 2003b).

Gráfico 5 – Poupança nacional bruta, formação bruta de capital e poupança externa (R$ milhões correntes) 1996-2002

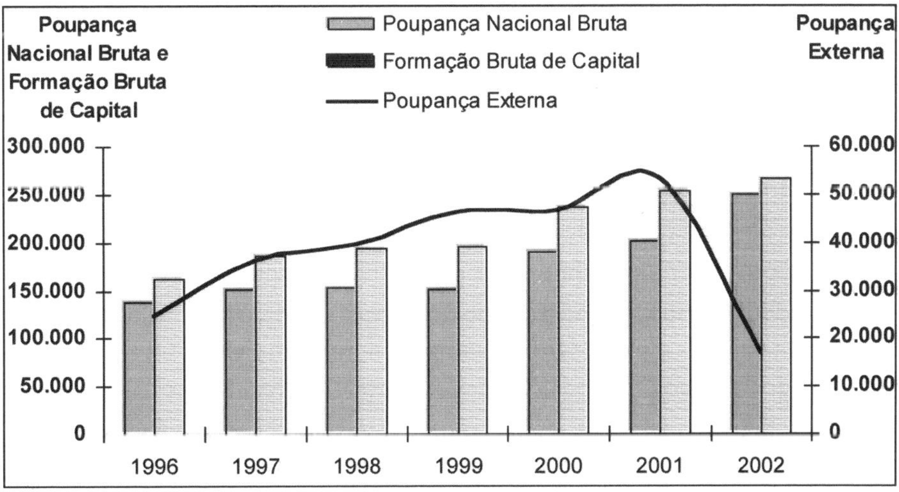

Fonte: Elaborado a partir de Brasil (2003, 2003a e 2003b).

Do exposto acima, pôde-se identificar, em primeiro lugar, que a poupança pública negativa consome parcela da poupança privada doméstica. Esse comprometimento representa a necessidade da captação de recursos externos para financiar gastos privados com investimento, os quais, como visto, são inferiores aos montantes da poupança privada. Logo, conclui-se que a captação de poupança externa (ocorrência de déficits em conta corrente do balanço de pagamentos) é uma das contrapartidas da utilização da taxa de juros como instrumento de política econômica voltado para a regulação dos fluxos do balanço de pagamentos.

Em segundo lugar, e como decorrência do argumento anterior, é possível verificar que parcela expressiva do crédito doméstico é capturada pelo setor público.

Em terceiro lugar, dado o que foi identificado acima, a volatilidade da taxa de investimento agregado pode estar vinculada a expectativas com relação à sustentabilidade da política cambial atrelada à manutenção da taxa nominal de câmbio num primeiro momento e, num segundo momento, ao nível da taxa doméstica de juros vis-à-vis a taxa de juros internacional.

Em suma, a necessidade de financiamento do setor público juntamente com a utilização da taxa nominal de juros como instrumento de controle dos fluxos do balanço de pagamentos implicaram o deslocamento da poupança doméstica privada para o setor público. A utilização da taxa de juros como variável de controle dos fluxos do balanço de pagamentos ampliou o déficit público nominal (variação positiva do estoque da dívida líquida pública) e também direcionou o setor privado para a captação de recursos no sistema financeiro internacional, o que se traduziu na ocorrência de elevados déficits em conta corrente do Balanço de Pagamentos.

APÊNDICE METODOLÓGICO

Segundo a contabilidade social, o resultado deficitário em conta corrente do balanço de pagamentos pode ser entendido como:

- a variação do estoque de passivos externos líquidos da economia frente ao resto do mundo;
- o financiamento a um dado montante de investimentos não coberto pela poupança privada e pública e, nesse sentido, representando ainda uma forma de financiamento do déficit público (gastos correntes e gastos com investimentos superiores à renda líquida do governo);
- o excesso de absorção (consumo privado e público e despesas privadas e públicas em ampliação do estoque de capital) sobre o produto interno, embora, nesse caso, devam-se excluir os pagamentos líquidos de serviços não-fatores do déficit em conta corrente.

Este estudo adota o ponto de vista de que o equilíbrio das despesas agregadas de investimento com os montantes de poupança doméstica agregada é garantido, ex-post, pelo déficit em conta corrente do balanço de pagamentos. Eventualmente, as poupanças de alguns setores institucionais (empresas não financeiras, empresas financeiras, famílias e governo) podem financiar o excesso de consumo de um setor sobre suas receitas correntes.

No que segue, pedimos a paciência do leitor, pois se faz necessária uma exata definição de alguns agregados macroeconômicos para se obter uma melhor apreensão do significado do déficit em transações correntes do balanço de pagamentos e suas relações com os montantes de poupança doméstica e de investimento agregado.

Definindo-se o Produto Interno Bruto (PIB) como o saldo residual entre o Valor Total da Produção e o Valor do Consumo Intermediário mais os pagamentos de impostos sobre produtos e tomando-o como um recurso a ser usado no pagamento aos fatores de produção e no pagamento de outros impostos sobre produtos, tem-se o Excedente Operacional Bruto (EOB).

Assim, o EOB é a diferença entre o PIB e as despesas com remunerações pagas a residentes e não-residentes (W + Wnr) e pagamentos de impostos líquidos de subsídios sobre a produção (Im – Sb). As administrações públicas têm EOB nulo.

$$EOB = PIB - (W + Wnr) + (Im - Sb)$$

A Renda Nacional Bruta (RNB) discrimina as rendas líquidas enviadas ao exterior na medida em quc contabiliza o total líquido dos recebimentos dos residentes (EOB mais remunerações dos residentes), inclusive o governo, bem como o saldo líquido das Rendas Líquidas de Propriedade (RLP), no qual se incluí a Renda Líquida.Enviada ao Exterior. Do ponto de vista das administrações públicas, a RLP inclui os pagamentos de juros sobre a dívida pública e de juros e de correções monetárias sobre os saldos do FGTS, PIS/Pasep etc.

$$RNB = EOB + (W + Wr) + (Im - Sb) + RLP$$

A redistribuição da Renda Nacional Bruta entre os setores institucionais implica o conceito de Renda Nacional Disponível Bruta (RDB). Esse agregado tem como recurso a Renda Nacional Bruta e como uso os pagamentos de impostos sobre a renda e o patrimônio (IReP), o saldo das contribuições sociais (CS), o saldo dos benefícios sociais (BS) e o saldo das transferências correntes entre os setores institucionais.

$$RDB = RNB + Tr$$
$$Tr = IReP + CS + BS$$

Tendo-se a Renda Nacional Disponível Bruta de cada setor institucional e os gastos correntes com consumo de cada setor, obtém-se a poupança de cada setor institucional. A poupança agregada (S) financiará o investimento agregado (FBCF + VE) ou o resto do mundo (déficit na conta capital e financeira do balanço de pagamentos). Além disso, poupanças negativas de alguns setores podem ser financiadas por poupanças positivas de outros setores.

$$S = RDB - C$$
$$Sext = S - (FBCF + VE)$$

No que tange ao setor público, a poupança pública pode ser insuficiente para financiar o montante de investimento público, o que resulta numa necessidade de financiamento público. Entretanto, essa circunstância não implica a ocorrência de poupança pública negativa. Caso a Renda Disponível Bruta do setor público seja superior ao consumo do setor público, a poupança pública será positiva. Uma vez que o conceito de Renda Disponível Bruta engloba as Rendas Líquidas de Propriedade (RLP) e que essas agregam os pagamentos de juros sobre a dívida pública, a Renda Disponível Bruta do Setor Público comporta o fluxo de variação da dívida mobiliária pública. Logo, a ocorrência de poupança pública negativa representa as Necessidades de Financiamento do Setor Público no conceito nominal.

A partir da definição e do detalhamento dos conceitos contábeis que efetuamos, é possível abordar a evidência empírica disponibilizada pelo IBGE (Tabela 4). Observa-se que a poupança externa (Sext) é sistematicamente utilizada para financiar o excesso de despesas em investimento sobre os saldos de poupança nacional bruta. A Tabela 4 também disponibiliza a compatibilidade entre as Contas Nacionais e o Balanço de Pagamentos ao verificar que, dada a taxa nominal média de câmbio, o excesso de investimentos sobre a poupança nacional bruta corresponde ao déficit em transações correntes.

Assim,

$$(X - M) = (S - I) + (T - G)$$

onde:

(X – M) saldo em conta corrente do Balanço de Pagamentos,

(S – I) diferença da poupança e dos gastos com formação bruta de capital fixo e com variação nos estoques e

(T – G) resultado das contas públicas, sendo que T corresponde à Renda Primária Bruta do setor público na qual se incluem as despesas com juros da dívida pública e G corresponde ao consumo corrente do governo, excluindo-se as despesas de investimento.

A identidade contábil indica que o déficit público, se houver, e o excesso de despesas na ampliação do estoque de capital sobre a poupança bruta doméstica são financiados pela poupança externa.

Tabela 4 – Agregados Macroeconômicos – Brasil (R$ Bilhões Correntes) 1995-2002

Agregados Macroeconômicos	1995	1996	1997	1998	1999	2000	2001	2002
Valor da Produção	1.113	1.323	1.479	1.555	1.722	2.002	2.224	2.543
Impostos sobre Produtos	74	84	90	93	103	119	135	147
Consumo Intermediário	542	628	699	734	851	1.020	1.160	1.344
Produto Interno Bruto	645	779	870	914	974	1.101	1.199	1.346
Excedente Operacional Bruto	260	319	372	380	395	447	490	564
Renda Nacional Bruta	636	767	853	893	940	1.069	1.153	1.294
Renda Disponível Bruta	639	769	855	895	943	1.071	1.157	1.301
Consumo Final	514	631	704	741	793	881	957	1.052
Poupança Bruta	125	138	151	154	150	191	201	249
Formação Bruta de Capital + Variação de Estoques	144	163	187	193	196	237	254	266
Poupança Externa	-19	-25	-36	-39	-46	-46	-53	-17
Défcit em Conta Corrente (US$)	-21	-25	-33	-34	-25	-25	-23	-6
Taxa nominal de câmbio (média)	0,92	1,01	1,08	1,16	1,82	1,83	2,35	2,92

Fonte: Elaborado a partir do Brasil (2003, 2003a e 2003b).

REFERÊNCIAS BIBLIOGRÁFICAS

BACHA, E. L. (1995). Plano Real: uma avaliação preliminar. Em *Revista do BNDES*. v. 2(3), jun., pp. 3-26.

BAUMANN, R. & MUSSI, C. (1999). Algunas características de la economia brasileña desde la adopción del Plan Real. Em *Temas de coyuntura* nº 5. CEPAL. Disponível em < www.eclac.org.cl >. Acesso em 12 jan. 2001.

BRASIL. BANCO CENTRAL DO BRASIL (2003). *Notas econômico-financeiras para a imprensa.* Setor Fiscal Disponível em < http://www.bcb.gov.br >. Acesso em 17 jan. 2003.

BRASIL (2003a). INSTITUTO BRASILEIRO DE GEOGRAFIA E ESTATÍSTICA. *Banco de Dados SIDRA.* Disponível em < http://www.ibge.gov.br >. Acesso em 12 jan. 2003.

BRASIL (2003b). MINISTÉRIO DO PLANEJAMENTO. INSTITUTO DE PESQUISA ECONÔMICA APLICADA. *IPEA/DATA.* Disponível em < http://www.ipea.gov.br >. Acesso em 15 jan. 2003.

CARVALHO, C. E. (2000). As finanças públicas no Plano Real. Em *Gestão estatal no Brasil. Armadilhas da estabilização, 1995-1998.* São Paulo: Edições FUNDAP, pp. 196-236.

FRANCO, G. H. B. (1993). Alternativas de estabilização: gradualismo, dolarização e populismo. *Em Revista de Economia Política,* v. 13, n. 2(71), abr/jun., pp. 28-45.

________, G. H. B. (1998). "A inserção externa e o desenvolvimento". Em *Revista de Economia Política,* v. 18, 3 (71), jul./set., pp. 121-147.

KEYNES, J. M. (1954). *Teoria geral do emprego do juro e da moeda.* Editora Fundo de Cultura Mexicano, São Paulo.

MENDONÇA DE BARROS, J. R. M. & GOLDENSTEIN, L. (1997). Avaliação do processo de reestruturação industrial brasileiro. Em *Revista de Economia Política,* v. 17, n. 2 (66), abr/jun., pp. 11-31.

SAYAD, J. (1999). A política cambial do Plano Real. Em *Economia Aplicada.* V. 3, nº. especial, mar., pp. 47-59. São Paulo: FEA-USP.

SOCIEDADE BRASILEIRA DE ESTUDOS DE EMPRESAS TRANSNACIONAIS E DA GLOBALIZAÇÃO ECONÔMICA (2001). *Carta da SOBEET.* Ano III, n. 17. São Paulo.

________________________, (2000). Carta da SOBEET. Ano II, n. 14.

Os anos 90 e o paradoxo da perspectiva de desenvolvimento

Renato Baumann

Professor do Departamento de Economia da Universidade de Brasília (UnB). Diretor do Escritório da Comissão Econômica para a América Latina e o Caribe (CEPAL) no Brasil. Flemings Visiting Professor em Economia do Centre for Brazilian Studies, Universidade de Oxford, maio-junho de 1999. Professor esporádico do Instituto Rio Branco, do Ministério das Relações Exteriores. Professor esporádico da Fundação Getúlio Vargas, em Brasília

Sugere que os países da América Latina experimentaram um paradoxo na década de 1990 e em certa medida continuam a vive-lo hoje. De um lado, a política econômica interna - refletindo o descontentamento com os resultados gerais obtidos com as reformas implementadas nos anos 1990 - tem recuperado alguns aspectos da preocupação com o desempenho de médio e longo prazos que estão mais próximos das formulações desenvolvimentistas. No entanto, o instrumental teórico disponível para orientar as medidas de política - sobretudo no curto prazo - não é totalmente compatível com as preocupações com o desenvolvimento, ao considerar de maneira uniforme os agentes econômicos.

O trabalho está dividido em cinco seções contando com a introdução. A segunda seção revê brevemente as principais características da década de 1990, a terceira mostra alguns indicadores de como foi essa década para os países da América Latina, a quarta traz considerações sobre a gradual perda de relevância do enfoque desenvolvimentista na literatura econômica e a última apresenta considerações finais.

INTRODUÇÃO

Durante algumas décadas, os países da América Latina adotaram – a partir do diagnóstico da necessidade de superar barreiras ao desenvolvimento – políticas econômicas que, se por um lado induziram taxas recordes de crescimento do produto, viabilizaram a diversificação do parque produtivo e facilitaram o processo de urbanização e consolidação do Estado em diversos países, provocaram ao mesmo tempo distorções na alocação de recursos, ineficiências produtivas, pressões inflacionárias recorrentes, desequilíbrios externos e outros custos sociais.

As condicionantes impostas por novas conjunções internas e externas, a insatisfação com diversos aspectos do quadro gerado, as pressões impostas pela conjuntura internacional e o desejo de voltar a ter acesso a um mercado internacional de capitais então em expansão intensa levaram a um gradual deslocamento do peso político atribuído, por exemplo, às agências de fomento setorial e planejamento, em prol das áreas encarregadas do ajuste de mais curto prazo – a gestão e renegociação da dívida externa, o controle da oferta monetária, a gestão das contas públicas e outras.

Desde a segunda metade da década de 1980, os países da região procuraram qualificar-se para participar dos benefícios de um mundo com relações econômicas supostamente mais fluidas. São vinte anos de mudanças nas relações com o resto do mundo, de alterações expressivas de diversas legislações nacionais, de modificações institucionais e de transformações nos processos produtivos.

Desse esforço resultou um claro ganho na maior parte dos países da região: a taxa de inflação permanece neles em níveis baixos.

No entanto, diversos resultados esperados continuam no campo das promessas. Isso frustrou as expectativas iniciais, que associavam processos de abertura com a obtenção de níveis mais elevados de desenvolvimento econômico e social, as economias da região permaneceram fortemente dependentes de financiamento externo e, se foi reduzida a distância em relação à fronteira tecnológica, representada pelas melhores práticas empregadas nos países industrializados, isso não foi suficiente para compensar o aumento da elasticidade da demanda por importações, dando origem a pronunciado desequilíbrio comercial.

Essa percepção de que nem tudo saiu conforme as expectativas iniciais motivou uma série de análises quanto ao tipo de reformas implementadas, o formato de implementação das reformas e seu grau de completude[1].

De um modo geral essas análises indicam – à diferença do argumento de que os resultados obtidos ficaram aquém do desejado porque as reformas foram insuficientes – que os processos de reforma pecaram por não levarem em consideração o papel importante desempenhado: a) pelas limitações impostas pelos traços históricos e culturais das diversas sociedades; b) pela maneira como as reformas foram definidas em cada caso; c) pela forma como cada agente econômico percebeu essas reformas; d) pelo arcabouço institucional de cada país; e) pela situação de cada país no momento inicial de implementação do processo de reforma, entre outros.

Isso tem levado a se reconsiderar algumas posições de política econômica que pareciam inquestionáveis ao longo da década de 1990, como a crença na capacidade de o mercado definir por si só o nível de câmbio de equilíbrio, a redundância de contar com política ativa de exportação, a capacidade de o mercado induzir o equilíbrio nas contas públicas, sem mecanismos disciplinadores explícitos.

Neste artigo, sugiro que os países da América Latina experimentaram um paradoxo na década de 1990 e em certa medida continuam a vive-lo hoje. De um lado, a política econômica interna – refletindo o descontentamento com os resultados gerais obtidos com as reformas implementadas nos anos 1990 – tem recuperado alguns aspectos da preocupação com o desempenho de médio a longo prazos que estão mais próximos das formulações desenvolvimentistas. No entanto, o instrumental teórico disponível para orientar as medidas de política – sobretudo no curto prazo – não é totalmente compatível com as preocupações com o desenvolvimento, ao considerar de maneira uniforme os agentes econômicos.

Ao mesmo tempo, contudo, as dificuldades que esses paises encontram no comércio internacional – chave para prover os recursos necessários para superar diversas das necessidades impostas pelo processo de crescimento – levam-nos a demandar de forma cada vez mais intensa tratamento diferenciado nos foros internacionais, dado o seu caráter de economias em desenvolvimento.

Em outras palavras, a dimensão desenvolvimentista virtualmente desapareceu como norte da política econômica interna, mas é crescentemente apregoada na frente externa. Isso implica uma conjunção peculiar, uma vez que essa dimensão envolve, por definição, uma lógica seqüencial com características distintas correspondentes a níveis diversos de renda *per capita*.

1. O próprio John Williamson, autor da sistematização das recomendações de medidas de política econômica conhecida como "Consenso de Washington" tratou de refletir sobre o tema. Ver Kuczynski/Williamson (2004). A Cepal também desenvolveu projeto de avaliação da "década das reformas" na América Latina e Caribe (ver Stallings/Peres, 2002).

O trabalho está dividido em cinco seções. Dessas, a próxima revê brevemente as principais características da década de 1990, a terceira mostra alguns indicadores de como foi essa década para os países da América Latina, a quarta traz algumas considerações sobre a gradual perda de relevância do enfoque desenvolvimentista na literatura econômica e a quinta e última apresenta considerações finais.

O CENÁRIO PÓS-DÉCADA DE 1990

As diversas revisões da "década da globalização" são convergentes em assinalar que houve um aumento da movimentação financeira superior ao crescimento da produção e mesmo do comércio, e uma crescente interação de mercados. Os agentes econômicos interagem nas órbitas financeira e comercial. O grau de interação é maior do que antes e a transmissão dos efeitos transcende a proximidade geográfica dos países, como ilustrado pelas crises a partir de 1995.

Ocorreu uma internacionalização da produção. Ela significa uma complementaridade do processo produtivo em mais de um país. Como conseqüência, reduz-se a sensibilidade a variações dos preços relativos e há menor poder por parte dos estados nacionais diante dos agentes econômicos.

Houve uma generalização de padrões de consumo, estimulada pelas facilidades de comunicação, e há a percepção de que é necessária maior disciplina macroeconômica, determinada pela convivência com esse cenário de maior fluidez de fatores de produção.

É evidente a desigualdade dos benefícios para os fatores de produção. Há uma mobilidade crescente do capital, certamente maior que a da mão-de-obra. Isso tem implicações, de um lado, em termos de geração de oportunidades e de gestão por parte das empresas internacionais ao lidar com os sindicatos em diversas economias, ao mesmo tempo que são criadas barreiras crescentes à movimentação internacional de mão-de-obra.

As novas condicionantes levaram a uma demanda crescente por reformas de diversos tipos em cada país, como parte essencial das medidas preventivas para que uma economia possa participar de modo eficiente nesse cenário.

Além desses traços gerais, um conjunto notável de aspectos caracterizou o sistema econômico mundial a partir dos anos 1990:

1) nessa década a principal economia do planeta foi beneficiada por aumentos expressivos de produtividade, superando todas as previsões tanto pela magnitude como pela permanência ao longo do tempo;

2) a diferença de produtividade entre economias tem levado a uma disparidade crescente no desempenho de grupos distintos de países;
3) a financeirização das economias supera a capacidade de qualquer emprestador de última instância existente no planeta para lidar com alguma situação de crise ou de pré-crise. Isso reforça a importância da prevenção e do combate aos mecanismos de transmissão de crise;
4) a inexistência de grandes programas indutores de gastos públicos em larga escala afastou nos anos 1990 a operação do multiplicador keynesiano, que pudesse gerar crescimento do produto e absorção de mão-de-obra;
5) permaneceu a estratégia de esforços para coordenar a política macroeconômica dos países mais ricos, com as reuniões periódicas do G-7, embora com graus mais limitados de sucesso do que na década anterior;
6) houve um aumento da importância das transações de tipo intra-setorial e intrafirma, que fazem com que fatores determinantes do desempenho comercial sejam distintos daqueles do comércio de tipo tradicional. Existem grandes atores e uma participação expressiva de transações definidas por decisões internas das grandes empresas;
7) o aumento do processo de fusões e aquisições que caracterizou essa década consolidou grandes grupos em determinados setores em escala internacional;
8) houve mudanças expressivas no cenário negociador internacional. Particularmente após a reunião da Organização Mundial do Comércio (OMC) em Seattle, observa-se crescente importância dada às preferências bilaterais ou sub-regionais, em comparação (e em alguns casos em detrimento) com os fóruns multilaterais;
9) desde 2000, o surgimento de uma nova moeda, o euro, impõe uma variável nova à análise, configurando um desenho potencial do sistema monetário internacional baseado em três moedas: dólar, euro e iene; particularmente para os países da América Latina, os primeiros anos de existência do euro foram significativos ao constituir um mercado para captação de recursos para o financiamento da atividade produtiva;
10) o crescimento excepcional da economia chinesa – associado à sua dimensão demográfica e à sua presença no mercado internacional – agrega um elemento novo no cenário internacional;
11) consolidou-se nos anos 1990 uma nova dimensão na relação centro-periferia, associada às facilidades de acesso à informática. O não-acesso a essas facilidades cria uma clivagem crescente e um distanciamento gradual entre

nações e entre grupos de indivíduos. Essa fronteira tende a se ampliar, e a superação da dificuldade criada não é trivial.

Os benefícios absorvidos durante um período significativo de tempo pela economia dos Estados Unidos motivaram uma série de inferências e recomendações de políticas, buscando reproduzir localmente algumas das peculiaridades daquela economia[2]. Por outro lado, a resistência (que sempre existiu, mas se intensificou após dez anos de tentativas frustradas de conseguir crescimento com eqüidade por via ortodoxa) a internar padrões externos motivou a associação do processo de globalização com a maior parte da culpa pelo baixo crescimento do produto e do emprego.

Por exemplo, uma linha de argumentação sustentava[3] que os efeitos da "nova economia" sobre a produtividade da economia norte-americana só puderam existir com a intensidade observada porque as relações de trabalho nos Estados Unidos são muito flexíveis, e porque nessa economia existe um ambiente favorável ao dinamismo de unidades produtivas, que permite que o espírito empreendedor dos empresários potenciais possa se manifestar. Seguiu-se daí. entre outras. a recomendação universal para flexibilizar a legislação trabalhista como condição para emular os resultados obtidos nos Estados Unidos naquele momento.

Do lado crítico, é comum encontrarem-se associações entre a adesão ao mundo global e o crescente desemprego registrado nas economias da região. Ora, o desemprego associado a estratégias microeconômicas de redução de custos é diferente do desemprego determinado por condições técnicas de processos produtivos com menor intensidade do uso da mão-de-obra. É, portanto, também importante distinguir – ao se discutir a questão do desemprego e outras questões – entre o que é efeito da globalização, o que é efeito de busca de eficiência e o que é efeito técnico derivado dos processos produtivos.

Essa caracterização da década de 1990 e de sua herança é relevante para se entenderem alguns dos resultados efetivamente obtidos pelos países latino-americanos, auto-identificados como economias em desenvolvimento: os exemplos externos estimularam tentativas de replicar experiências bem-sucedidas, enquanto a maior instabilidade no cenário internacional motivou postura de cautela e de ênfase na defesa em relação a crises externas provocadas por desequilíbrios de mercado ou induzidas pelo comportamento de outros países.

2. Ver Stiglitz (2003).

3. Ver, por exemplo, diversas matérias publicadas na revista *The Economist.*

Quanto à América Latina em seu conjunto a Cepal tem chamado a atenção para o fato de que – se os anos 1980 foram a "década perdida" em termos de crescimento do produto – o período 1990-97 apresentou taxas de crescimento médio apenas medíocres (inferiores a 4% ao ano), e desde 1998 já se acumula "meia década perdida", com crescimento do produto na média do período inferior a 1% anual. Em 2003 a região cresceu não mais do que 1,5% e para 2004 o crescimento previsto é de 3,5%[4]. A Tabela 1 ilustra o desempenho da região em comparação com outras áreas.

No período entre 1950 e 1980, a região experimentou aumento do seu nível de crescimento acima da média mundial. A década de 1980 foi, no entanto, traumática (com dois choques de preços do petróleo e a crise da dívida externa, após 1982), e nos anos 1990, se bem tenha havido recuperação, o desempenho ficou aquém do observado nos demais países em desenvolvimento[5].

O discurso que embasou boa parte das reformas implementadas nos anos 1990 esteve associado à visão de que a maior atuação do mercado num contexto de

INDICADORES DE DESEMPENHO RELATIVO DA AMÉRICA LATINA
(PIB - taxa de crescimento médio em cada período)

	Mundo	Países Desenvolvidos	Países em Desenvolvimento	América Latina
1950-1960	4,4	4,1	5,1	4,9
1960-1973	5,1	5,0	5,5	5,5
1973-1980	3,4	3,0	5,3	5,1
1980-1990	3,1	3,1	3,7	1,4
1990-1999	2,4	2,2	4,7	3,2

Fonte: CEPAL (2003), pg.29

4. A título de comparação, a Cepal estima que para gerar postos de trabalho suficientes para absorver a mão-de-obra excedente, a região em seu conjunto deveria crescer a uma taxa sustentada de 4% anuais por um período expressivo. Se, além de reequilibrar o mercado de trabalho, se quisesse reduzir a distância em relação à fronteira tecnológica, os países da região deveriam crescer em média 6% por ano.
5. Caricaturando, pode-se dizer que a Ásia já se recuperou da crise do final dos anos 1990, mas a América Latina ainda não se recuperou dos efeitos da crise asiática.

abertura comercial levaria naturalmente a níveis mais elevados de eficiência produtiva e competitividade no mercado internacional.

De fato, a década de 1990 foi notável em termos do desempenho exportador dos países da região em seu conjunto, com destaque para o caso do México. Para o conjunto da região, as exportações de mercadorias cresceram em média 9% ao ano entre 1990 e 2000, comparado com menos de 6% ao ano entre 1980 e 1990 e aproximadamente 4% ao ano entre 1950 e 1980.

No entanto, a capacidade de transmissão dos benefícios do setor exportador ao conjunto da economia foi limitada: se em 1950-80 o PIB agregado cresceu a taxas anuais de aproximadamente 6% (superando, portanto, o desempenho exportador), entre 1990 e 2000 o PIB regional cresceu apenas pouco mais de 3% anuais.

O crescimento das exportações tampouco foi suficiente para evitar o desequilíbrio comercial, como indica a Tabela 2. Isso se explica pelo crescimento das importações associado aos processos de abertura multilateral e de preferências regionais adotados pela maior parte dos países da região e – em diversos casos – pela perda de prioridade, em diversos países, das políticas de incentivo às exportações, a partir do diagnóstico de que o acesso facilitado a insumos importados naturalmente promoveria aumento de competitividade da produção nacional, com impacto positivo sobre o desempenho exportador.

A maior exposição dos produtores nacionais à oferta externa reduziu a distância em relação à fronteira tecnológica. Houve, no entanto, o que a Cepal chamou de “processos de desindustrialização precoce”, com a redução da importância do produto industrial no PIB de alguns países, sem que se tivesse – a exemplo das economias industrializadas, em que o setor serviço é crescentemente predominante – atingido um ponto de auge da produção nesse setor. Da mesma forma, observam-se “padrões produtivos adversos”, com especialização produtiva em setores de baixo dinamismo da demanda.

Tabela 2 - Crescimento (%) do comércio de mercadorias, 1990-1999

	América Latina	Mundo
Exportações		
Volume	8,5	6,4
Valor	7,9	5,8
Importações		
Volume	11,1	6,3
Valor	12,1	5,9

Fonte: Cepal (2003)

DIFERENCIAL DE PRODUTIVIDADE EM RELAÇÃO AOS ESTADOS UNIDOS PARA ALGUNS PAÍSES DA AMÉRICA LATINA
(crescimento da produtividade em cada país como percentagem do crescimento da produtividade nos Estados Unidos)

Argentina	1970-1990: 0.61	1991-2000: 1,18
Brasil	1970-1989: 0.39	1990-2000: 1,41
Chile	1970-1984: 0.71	1985-1998: 0.79
México	1970-1985: 0.53	1986-2000: 0.80

Fonte: CEPAL

Como ilustra a Tabela 3, o aumento do desequilíbrio comercial ocorreu no período recente apesar da redução do hiato de produtividade em relação à economia dos Estados Unidos nos anos 1990. Isso reflete o fato de que a elasticidade de demanda por importações elevou-se de forma importante.

Como se não fosse suficiente, depois de toda uma década de reformas permanece um quadro desolador em termos distributivos na região[6]. O número de pessoas consideradas pobres na região em seu conjunto aumentou de 200 milhões em 1990 para 211 milhões em 1999, crescentemente concentradas nos centros urbanos, apesar do aumento nos gastos públicos sociais, que passaram de 10% do PIB da região em 1990-91 para 13% em 1998-99[7].

Na área externa, as crises de 1995, 1997, 1998 e 1999 revelaram a enorme sensibilidade do desempenho produtivo das economias da América Latina aos influxos de capital, os quais têm se mostrado, por sua vez, extremamente voláteis, mais caros e com prazos mais curtos do que, por exemplo, na primeira metade dos anos 1990, como se vê nas tabelas 4 e 5[8].

A história das economias da América Latina mostra que nos momentos em que existe disponibilidade de recursos externos a atividade econômica se acelera, até

6. A maior parte (84%) da população da América Latina vive em países em que a desigualdade na distribuição de renda aumentou entre 1975 e 1995 (Cepal, 2003).
7. Ver Cepal (2003).
8. É claro que em 2003 as condições peculiares de liquidez alteraram de forma substantiva esse cenário, com redução dos custos de captação em geral para as economias em desenvolvimento. Ao invés de desqualificar o presente argumento, essa mudança de cenário apenas reforça a importância - para economias dependentes de divisas - da cautela em lidar com os momentos de auge e retração do mercado internacional de capitais.

TABELA 4 – AMÉRICA LATINA E CARIBE
EMISSÕES INTERNACIONAIS DE BÔNUS (US$ BILHÕES)

1994	1997	2002
17.9	52.0	18.2

Fonte: CEPAL (2003 a)

TABELA 5 – AMÉRICA LATINA E CARIBE
CONDIÇÕES DAS EMISSÕES INTERNACIONAIS DE BÔNUS

	Custo(a)	Prazo (anos)
1997	9%	16
2001	15%	8

Fonte: CEPAL (2003 a)

que outras dificuldades renovem o período de restrições. Em geral, na parte ascendente do ciclo de negócios, as economias da região aumentam pouco a poupança e o investimento internos (é mais freqüente, nessas oportunidades, observar aumentos no nível de consumo) e são raros os exemplos de mudanças nas estruturas produtivas. Assim, os efeitos internos dos períodos de dificuldade no acesso aos mercados internacionais de capitais são de magnitude considerável.

A alternativa natural é gerar divisas via comércio. Mas aqui também há dificuldades. No comércio com os dois maiores parceiros – os Estados Unidos e a União Européia – os países da região têm se ressentido da imposição de barreiras a boa parte de seus produtos[9].

No caso dos Estados Unidos, quase 80% das exportações latino-americanas têm acesso àquele mercado praticamente livres de imposto de importação. No entanto, a existência de "picos tarifários"[10] e sua incidência em produtos nos quais os países da região têm claras vantagens comparativas afeta de forma expressiva o dinamismo exportador. Por exemplo, apesar de a tarifa média simples aplicada pelos Estados Unidos ser da ordem de 5% em 2000, as tarifas de importação cobradas sobre alguns produtos do fumo superam os 350%. Além disso, há cobrança – para vários produtos[11] – de direitos específicos, levando o equivalente tarifário à ordem dos três dígitos.

9. As seguintes informações são de Cepal (2003b).

10. Definidos pela UNCTAD como tarifas nominais superiores a 12%.

11. Como açúcar, produtos agropecuários, frutas, produtos siderúrgicos e outros.

Algo semelhante se observa no comércio com a União Européia. A tarifa média é da ordem de 6%. No entanto, a União Européia regula as necessidades de consumo interno e com base nessas necessidades define as condições dos acordos preferenciais. Adicionalmente, a estrutura tarifária da União se caracteriza por escalonamento tarifário, sobretudo nos casos de alimentos, bebidas, fumo e produtos têxteis. Como exemplo, no grupo de produtos que inclui laticínios, ovos, mel e outros comestíveis, as tarifas variam entre um mínimo de 0% e um máximo de 210%, em função do grau de elaboração do produto.

A essas condições acrescentam-se – nos dois principais mercados – um emaranhado de barreiras não-tarifárias de tipos variados, um razoável grau de arbitrariedade na aplicação de barreiras antidumping e salvaguardas, além de subsídios maciços à produção local competidora com as importações de terceiros países, o que tem afetado fortemente o desempenho exportador latino-americano.

Esse conjunto de dificuldades no setor externo fez com que os países da região procurassem, entre outros mecanismos de defesa, enfatizar sua condição de economias em desenvolvimento. Como se verá a seguir, essa condição implica a explicitação de diferenças de atributos em comparação com outras economias industrializadas, e a exploração orientada de caminhos que levem à superação dessas diferenças. É interessante notar, contudo, que isso ocorreu no momento mesmo em que a orientação de política econômica interna adotada pelos países latino-americanos explicitamente rechaçava esse tipo de enfoque e se aproximava da ortodoxia teórica, não há lugar para que diferenças de atributos motivem formas distintas de atuação por parte das autoridades.

A DIMENSÃO DO DESENVOLVIMENTO E AS NEGOCIAÇÕES INTERNACIONAIS

A dimensão do desenvolvimento econômico – entendido como processo de modificação das configurações básicas de um sistema econômico e social, com características semelhantes em países distintos, segundo seus níveis de renda *per capita* – esteve presente no pensamento de boa parte dos economistas dos países não-industrializados (assim como de alguns acadêmicos do Primeiro Mundo), sobretudo entre os anos que se seguiram ao final da Segunda Guerra Mundial e o início da década de 1980.

Longe de ser um corpo homogêneo de visões, a literatura sobre desenvolvimento: a) trata do desenvolvimento como um processo de superação de algumas limitações, impostas pelo atraso em participar da modernidade capitalista (Myrdal, Lewis); b) vê o desenvolvimento não como uma sucessão de estágios, mas como um processo de mudança estrutural (Schumpeter); c) enfatiza as diferenças entre as economias do "centro" e as da "periferia" (Prebisch); d) ressalta a importância não da acumulação de riquezas, mas da qualidade de vida dos indivíduos (Sen), entre outras vertentes.

As preocupações dos autores envolvidos com essa dimensão incluíam temas como a estrutura produtiva e suas implicações (sobretudo em termos de desequilíbrio nas contas externas e de insuficiência de oferta para suprir a demanda interna), a escolha de tecnologia e a intensidade relativa do emprego de fatores produtivos, a coexistência entre setores produtivos modernos e tradicionais, os elementos determinantes de processos migratórios, o papel das instituições em cada país e os traços culturais de cada sociedade, entre outros.

Em qualquer das visões alternativas do processo de desenvolvimento uma tônica geral da literatura sobre desenvolvimento é a *ênfase nas diferenças* entre categorias (setor moderno x setor tradicional, "centro" x "periferia", condições encontráveis em níveis distintos de renda *per capita,* etc.) e a busca de caminhos para superar essas diferenças.

Alguns fatores determinaram uma mudança de rumos no pensamento econômico, a partir dos anos 1980, com o gradual desaparecimento das preocupações desenvolvimentistas.

Primeiro, ocorreu com a teoria econômica um fenômeno semelhante ao da medicina, em que a crescente especialização induziu mudança de um enfoque mais generalista para uma crescente excelência no domínio de aspectos específicos. Nos dois campos de conhecimento, o ganho notável em qualidade comprometeu a capacidade de visão abrangente.

Segundo, o gradual desaparecimento da literatura sobre desenvolvimento está relacionado com as próprias características dessa literatura. Ao se concentrar em grandes tendências, que ocorrem em movimentos de médio a longo prazo, a teoria do desenvolvimento sempre teve um flanco débil, de não-tratamento de políticas de curto prazo. Com isso, sua utilidade como guia para gerar soluções para os problemas com que se deparam as autoridades econômicas nas suas atividades corriqueiras sempre foi limitada.

Assim, à medida que foram sendo aprimorados os instrumentos teóricos e as ferramentas operacionais para lidar com questões como ajustes da taxa de câmbio em contexto de taxas flexíveis, critérios para definir a expansão monetária associada a metas para o nível de preços e outros, a demanda intelectual foi naturalmente se concentrando em ferramentas que não pertencem ao campo das preocupações desenvolvimentistas.

A busca por esse instrumental mais centrado na gestão de curto prazo foi até certo ponto imposta às autoridades pelas próprias contingências: ora pressões para gerir o processo de negociação da dívida externa, ora formas de lidar com picos inflacionários, ou mesmo contingências de restrição inesperada de créditos externos[12].

Terceiro, a predominância do pensamento econômico ortodoxo pressupõe a existência de comportamentos padronizados por parte de agentes econômicos representativos, e essa percepção é incompatível com a própria idéia central da teoria do desenvolvimento, que enfatiza as diferenças de comportamento e de capacidade de atuação segundo níveis distintos de desenvolvimento.

A importância crescente da teoria dos jogos no instrumental econômico ilustra essa visão. Um dos pais dessa teoria – von Neumann – ressaltou em artigo de 1928[13]: "Qualquer acontecimento [...] pode ser encarado como um jogo de estratégia, se considerarmos o efeito que tem sobre os participantes. [...] Este é o principal problema da economia clássica: como será que o *homo economicus,* absolutamente egoísta, vai agir sob determinadas condições externas". O suposto de uniformidade de reações viola a condição básica da ótica desenvolvimentista, que enfatiza precisamente as diferenças entre indivíduos em condições materiais distintas.

Durante a década de 1990 essa visão ortodoxa foi ampliada, generalizando-se a suposta padronização não apenas em termos dos agentes individuais, mas também em termos de países. O processo de globalização e as reformas propugnadas para induzir eficiência no processo de inserção internacional levaram ao tratamento não-diferenciado de realidades razoavelmente distintas. O mesmo conjunto de prescrições foi indicado e aplicado com maior ou menor intensidade em países marcantemente distintos.

De acordo com essa percepção preponderante, a adesão ao mundo globalizado seria inevitável, sendo irrealista a alternativa de nao-participação, uma vez que as oportunidades de negócios eram crescentes e os benefícios eram visíveis

12. É ilustrativo desse ponto episódio que presenciei em 1997. Bresser Pereira havia saído havia pouco do Ministério da Fazenda e o tema da dívida externa permanecia pendente. Em seminário internacional, após a exposição de Bresser Pereira, a economista Beatriz Nofal lhe perguntou quanto de seu tempo de ministro da Fazenda de um país com enorme quantidade de problemas sociais ele dedicara ao tema da dívida externa. Sua resposta: 95%.
13. *Zur Theorie der Gesellschaftspiele*, segundo citado em Nasar (2002), p. 103.

– e a criação de ambientes favoráveis permitiria aos países se beneficiarem da crescente disponibilidade de fluxos de capital, podendo com isso financiar seu processo de crescimento.

Entre outras implicações, essa visão conduz à percepção de que o mercado é mais eficiente que o Estado como orientador dos investidores, o que levou (juntamente com outros argumentos, como a carga fiscal) à redução de espaço para atuação do setor público, na linha indutora sugerida pela teoria do desenvolvimento.

Dado que a maior parte dos países adotava postura semelhante, seria necessário seguir determinadas regras, como forma de conseguir atrair recursos em forma mais expressiva do que seus concorrentes. Fazia parte da lógica do período a máxima de que a atuação das forças de mercado requer déficits públicos pequenos (para evitar-se um *crowding* out penalizador dos agentes produtivos e para o país não ser punido com ataques especulativos externos) e taxas de inflação baixas.

No entanto, ao final da década de 1990 e em alguns países nos quais a predominância do mercado foi imposta de forma abrupta observou-se de fato uma deterioração na qualidade dos empregos e uma baixa resposta por parte do parque produtivo.

A isso se somou no período a baixa coordenação das principais economias do mundo, o que provocou choques externos, ajustes fiscais crônicos e políticas recessivas em diversas economias de países não-industrializados, ao mesmo tempo que o menor poder de intervenção por parte dos Estados nacionais reduziu sua capacidade de lidar com essas adversidades.

É nesse contexto que se desenvolvem os esforços de negociação em termos multilaterais, no âmbito da Organização Mundial do Comércio, e alguns outros exercícios negociadores, como a tentativa de criação de uma Área de Livre-Comércio (Alca) nas Américas e as negociações entre grupos de países latino-americanos e a União Européia.

Nesses três foros, a dimensão dos interesses de países em desenvolvimento tem surgido com alguma nitidez e de forma enfática.

Grosso modo, é previsível que nas relações comerciais os países com menor peso econômico e político procurem segurança a partir da transparência das regras, do bom funcionamento – eficiente e transparente – das instituições disciplinadoras das relações econômicas e da eficiência dos processos de solução de controvérsia. É natural que assim seja, de modo a evitar imposições indesejadas, induzidas pela relação bilateral, sobretudo quando as duas partes interessadas são de tamanho diferenciado.

Como conseqüência, o discurso que recomenda um "nivelamento do campo de jogo" em termos das relações – e sobretudo das negociações – internacionais passou a ser crescentemente questionado. A experiência de diversas rodadas de negociações multilaterais tem mostrado que há diferenças notáveis entre os interesses de economias industrializadas e daquelas economias que têm dificuldade em, por exemplo, ter acesso a tecnologia avançada e/ou que não conseguem motivar os investidores externos a gerarem saldos positivos de divisas.

Uma lista dos interesses mais evidentes dos países em desenvolvimento nas negociações multilaterais hoje compreenderia, entre outros itens:

- as questões dos "picos tarifários"[14] e do "escalonamento tarifário"[15];
- o conjunto de temas (barreiras, subsídios, incentivos às exportações e outros) relacionados com o setor agrícola;
- liberalização do comércio de produtos têxteis e vestuário;
- regulamentação do comércio internacional de serviços;
- normas que regulamentam os incentivos aos investimentos que podem ter efeitos sobre o comércio internacional;
- disciplina dos critérios para propriedade intelectual;
- eficiência dos mecanismos de solução de controvérsias;
- normas para a concessão de subsídios à produção interna.

Em sua maior parte, essa lista pode ser aplicada igualmente às preocupações dos países da América Latina nas negociações com os parceiros mais fortes no âmbito da Alca e das negociações com a União Européia. O que é notável é que – como resultado da importância decrescente da questão da redução tarifária – a agenda é cada vez mais politicamente sensível e cada vez mais centrada em temas relacionados com a própria dimensão do desenvolvimento, como são a disciplina dos incentivos aos investimentos com efeitos sobre o comércio e a questão da propriedade intelectual, entre outros.

A definição de país em desenvolvimento não é trivial nem como conceito nem como critério homogêneo para classificação. Na própria OMC não há uma definição formal, e isso não é certamente um facilitador das negociações.

Mas o fato é que, independentemente da categorização, existe uma insatisfação crescentemente manifesta por parte dos países não-industrializados em relação ao

14. Tarifas nominais elevadas (muito acima da alíquota média) para alguns produtos específicos.

15. Para um mesmo grupo de produtos, alíquotas bem mais elevadas para os itens com maior grau de elaboração, desestimulando assim as exportações de produtos processados.

status quo das normas comerciais internacionais, como ilustram as iniciativas de articulação das posições negociadoras dos países em desenvolvimento na OMC[16].

De modo semelhante, essa mesma preocupação em diferenciar e preservar a condição de país em desenvolvimento está presente nos debates relativos às normas disciplinadoras do sistema financeiro internacional.

A condição de país em desenvolvimento implica uma série de prerrogativas. No caso da OMC, isso se traduz, entre outras coisas, em maior prazo para se adequar a eventuais liberalizações que tenham sido acordadas para facilitação do acesso ao mercado, e maior aceitação por parte dos parceiros ao se invocarem justificativas para imposição de medidas comerciais com base em dificuldades de balanço de pagamento. Nas negociações para reforma do sistema monetário internacional, espera-se que esses países possam contar com maior flexibilidade nos critérios de regulação e supervisão dos sistemas financeiros nacionais, entre outras condições.

A defesa da condição de país em desenvolvimento nos foros internacionais não é nova. O que é novo é a ênfase crescente na preservação dessa condição (desde pelo menos o final da Rodada Tóquio do GATT, em 1979, e sobretudo desde as negociações da Rodada Uruguai, iniciadas em meados dos anos 1980 e concluídas em 1994), uma vez que a redução das barreiras tarifárias traz à agenda negociadora novos temas que afetam diretamente a capacidade de os países em desenvolvimento superarem essa condição, aproximando-se dos níveis de renda *per capita* dos países industrializados – e sobretudo sua simultaneidade com a orientação de política interna que despreza a consideração das diferenças, própria da concepção desenvolvimentista.

CONSIDERAÇÕES FINAIS

Este artigo procurou chamar a atenção para a consolidação de uma situação paradoxal em que os países latino-americanos contam – para o desenho de sua política econômica interna – com instrumental econômico em que o *homo economicus* é tratado de forma homogênea; portanto, as recomendações de políticas são de tipo universal, ao mesmo tempo que nas negociações externas esses

16. Os acontecimentos na reunião ministerial realizada em Cancún, no México, no final de 2003 - quando um grupo expressivo de países em desenvolvimento se negou a aceitar os termos das propostas de negociação sobre os chamados "temas de Cingapura" apresentados por países industrializados - são talvez a melhor ilustração dessa nova postura.

países insistem em preservar os benefícios do tratamento diferenciado dispensado aos países em desenvolvimento.

Não há qualquer pretensão de sugerir aqui que os países da região deveriam passar a adotar posturas de livre-comércio nas suas relações internacionais. A teoria propõe isso. Mas ela o faz a partir de semelhanças supostas entre diversas condições que os países apresentam e da não-intervenção indireta no sistema de preços, duas circunstâncias que não são normalmente observadas na prática.

Tampouco se justifica a volta ao intervencionismo excessivo de algumas décadas atrás. O aprendizado em termos das distorções resultantes foi esclarecedor; não existe margem para a postura fiscal que alimentava essa postura e o cenário internacional não permite intervenções de política econômica no velho estilo.

O que fica é o aprendizado com as décadas de 1980 e 1990: a) há ganhos de eficiência e eficácia associados a reformas, mas b) deixado operar totalmente livre, sem regulação e fiscalização, o mercado não parece capaz de induzir o crescimento e a eqüidade desejáveis, e c) há diferenças marcantes entre as condições que cada país tem para competir no mercado internacional, sendo portanto insensato embarcar no conto da adesão cega à globalização, sem um mínimo de cautela.

Do ponto de vista de estratégia interna, os dados relativos à década de 1990 são ilustrativos da necessidade de promoção de maior interação do setor exportador com a estrutura produtiva interna, da importância de dispor de infra-estrutura – física e tecnológica – para sustentar o esforço exportador, e de ações orientadas para promover a eqüidade, entre outros diversos aspectos. São, todos, casos que demandam algum grau de iniciativa por parte do setor público, e que se aproximam da dimensão desenvolvimentista. Uma opção por levar esses temas em consideração no desenho da agenda de políticas tampouco pode prescindir do outro aprendizado com a experiência da década de 1990, que é a preservação do equilíbrio das contas públicas. O grande desafio é, portanto, a capacidade de transformar em ação concreta as lições do passado recente.

REFERÊNCIAS BIBLIOGRÁFICAS

Cepal (2002), *Globalización y Desarrollo,* Santiago, Chile.

Cepal (2003), *A Decade of Light and Shadow. Latin America and the Caribbean in the 1990s,* Santiago, Chile.

Cepal (2003a), *Indicadores Económicos de América Latina y el Caribe 2003,* documento preparado para a Oitava Reunião Ministerial de Comércio da Alca, Miami, 16-21 de novembro, Santiago, Chile.

Cepal (2003b), *Panorama de la Inserción Internacional de América Latina y el Caribe 2001-2002,* Santiago, Chile.

Sylvia Nasar (2002), *Uma mente brilhante,* Record, Rio de Janeiro.

Pedro-Pablo Kuczynski, John Williamson (2004), *Depois do consenso de Washington,* Saraiva, São Paulo.

Joseph Stiglitz (2003), *Os exuberantes anos 90 – Uma nova interpretação da década mais próspera da história,* Companhia das Letras, Rio de Janeiro.

Bárbara Stallings, Wilson Peres (2002), *Crescimento, emprego e equidade – O impacto das reformas econômicas na América Latina e Caribe,* Campus, Rio de Janeiro.

Globalização: notas sobre um conceito controverso

Luiz Carlos Delorme Prado

Professor do Instituto de Economia da Universidade Federal do Rio de Janeiro (IE-UFRJ). Ph.D em Economia pela Universidade de Londres.

A palavra globalização é atualmente usada com freqüência em meios de comunicação e pelos teóricos do fim da História nessa forma fatalista e superficial. Nessa abordagem, a mais difundida entre não-especialistas e para o grande público, o conceito nunca é definido com objetividade e normalmente se apresenta pelas suas conseqüências, terminando muitas vezes em sentenças normativas ou em afirmações genéricas. Causas e conseqüências, intenções e resultados, expectativas e interesses são apresentados de forma indistinta nesse contexto. O trabalho aqui apresentado afasta-se desse tipo de abordagem. Pretende-se tratar do problema de forma objetiva, o que não implica a ingênua pretensão de declarar-se isento. Objetiva-se, ao contrário, distinguir claramente as afirmações de caráter positivo, isto é, descritivas do fenômeno, das de caráter normativo, isto é, das conclusões ou recomendações de políticas que podem ser formuladas a partir da interpretação da realidade observada.

O ensaio discute a idéia de globalização, apresentando o contexto histórico em que surgiu essa idéia. Não pretende, como faria um bom historiador econômico, usar fontes primárias para discutir a economia mundial do pós-guerra. Nosso escopo é estudar a história de uma idéia: globalização. Pretende-se, nesse contexto, analisar a adequação desta às transformações econômicas do período, mostrando os limites do uso dessa expressão como um conceito operacional.

INTRODUÇÃO

Idéias importam, ou o poder (econômico ou político) é tudo? Idéias legitimam o poder, são sua essência, pois dão-lhe o caráter de justiça ou de inevitabilidade que permitem que seja exercido em atos rotineiros, com a assepsia da normalidade. Economia e poder são o tijolo e a argamassa das relações internacionais. Em poucos campos as idéias são tão relevantes como nas relações internacionais. Uma vez que, no mundo contemporâneo, o direito internacional tem como limite o caráter soberano dos estados nacionais, o exercício de poder nessa esfera exige um elevado grau de legitimidade para não caminhar rapidamente para conflito armado[1]. Nesse sentido, o uso popular do conceito de globalização como uma expressão de uma mudança econômica, produzido pela dinâmica das inovações tecnológicas, sendo simultaneamente um fenômeno inevitável e desejável, é um belo exemplo de conceito que, embora impreciso, cumpre seu papel de legitimar uma interpretação do mundo. Essa idéia sugere a perda de poder dos Estados Nacionais e sugere, ainda, que isso é inevitável e bem-vindo

A palavra globalização é atualmente usada com freqüência em meios de comunicação e pelos teóricos do fim da História nessa forma fatalista e superficial.[2] Nessa abordagem, a mais difundida entre não-especialistas e para o grande público, o conceito nunca é definido com objetividade e normalmente é apresentado pelas suas conseqüências, terminando muitas vezes em sentenças normativas ou em afirmações genéricas. Causas e conseqüências, intenções e resultados, expectativas e interesses são apresentados de forma indistinta nesse contexto. Este trabalho afasta-se desse tipo de abordagem. Pretende-se tratar do problema de forma objetiva, o que não implica a ingênua pretensão de declarar-se isento. Objetiva-se, ao contrário, distinguir claramente as afirmações de caráter positivo, isto é, descritivas do fenômeno, das de caráter normativo, isto é, das conclusões ou recomendações de políticas que podem ser formuladas a partir da interpretação da realidade observada.

Este ensaio discute a idéia de globalização, apresentando o contexto histórico em que surgiu a idéia. Não pretende, como faria um bom historiador econômico, usar fontes primárias para discutir a economia mundial do pós-guerra. Nosso escopo é estudar a história de uma idéia: globalização. O que se quer, nesse contexto, é analisar a adequação dessa expressão às transformações econômicas do período, mostrando os limites do seu uso como um conceito operacional.

1. Ver, para uma interessante discussão da origem do direito internacional entre estados soberanos na Europa do século XVI, Watson, 1992, cap.17.
2. Ver, e.g., Fukuyama, 1992, pp. XIV-XIX, 1992, e Huntington, 1991.

DEFININDO GLOBALIZAÇÃO

O conceito de globalização começou a ser empregado desde meados da década de 1980, em substituição a conceitos como internacionalização e transnacionalização.[3] Originalmente, essa idéia era sustentada por setores que defendiam a maior participação de países em desenvolvimento, em especial os NICs (New Industrialized Countries) latino-americanos e asiáticos em uma economia administrada internacionalmente . Somente ao fim da década de 1980 e, particularmente, na década de 1990 é que o termo globalização veio a ser empregado principalmente em dois sentidos: um positivo, descrevendo o processo de integração da economia mundial; e um normativo, prescrevendo uma estratégia de desenvolvimento baseado na rápida integração com a economia mundial.

Como todo conceito imperfeitamente definido, globalização significa coisas distintas para diferentes pessoas[5]. Pode-se, no entanto, perceber quatro linhas básicas de interpretação do fenômeno: (i) globalização como uma época histórica; (ii) globalização como um fenômeno sociológico de compressão do espaço e tempo; (iii) globalização como hegemonia dos valores liberais; (iv) globalização como fenômeno socioeconômico.

Um exemplo da primeira abordagem é a posição do influente jornalista Ignacio Ramonet, que define globalização como a característica principal do ciclo histórico em que entramos, depois da queda do muro de Berlim (1989) e do desaparecimento da União Soviética (1991)[6]. Para ele, esse processo levaria a

3. Não consegui precisar o período exato e a origem da expressão globalização. Entretanto, verifiquei a existência do termo em trabalhos publicados a partir da segunda metade da década de 1980. Uma obra de grande influência publicada na década de 1980 que trata do tema da globalização é o livro de Harvey, 1989. No livro de Gilpin, 1987, o capítulo 9 é dedicado a *"The Transformation of the Global Political Economy"*, e *Gill & Law publicam* em 1989 o livro intitulado *The Global Political Economy.* Outro autor que aponta a origem do termo para esse período é Hoogvelt,1997.
4. Ver, por exemplo, Spero, 1977, em particular o capítulo final de "conclusão".
5. Um exemplo da incrível confusão conceitual e dos diversos usos para o conceito de globalização foi dado por Simon Reich, 1998. Esse autor observou que em um congresso ocorrido na Universidade de Pittsburgh, em 1996, foram convidados cinco importantes professores para discutir os desenvolvimentos recentes em áreas que poderiam ser consideradas partes do tema de globalização. Isto é, estes viriam discutir aspectos da globalização ligados a finança, transferência de tecnologia, transnacionalismo, multilateralismo e regionalismo. Todos esses pesquisadores, segundo Reich, admitiram que podiam discutir aspectos analíticos e descrever o debate em suas áreas, embora não tivessem uma visão precisa do que significava esse conceito nem conseguiam chegar a um consenso se esse termo seria empregado como época histórica, um processo, uma teoria ou um novo paradigma.
6. Ignacio Ramonet é diretor do *Le Monde Diplomatique.* Ver Ramonet, 1998, pp.55-56.

redefinir conceitos fundamentais sobre os quais se apoiava o edifício político-democrático construído no final do século XVIII, tais como Estado-nação, soberania e cidadania. Autores que trabalham com o conceito de "sistema-mundo", como Immanuel Wallerstein (1983) e Giovanni Arrigui (1994), também consideram a globalização como um período histórico.

A idéia de globalização como compressão do espaço e do tempo foi difundida principalmente por sociólogos como David Harvey (1989) e Anthony Giddens (1990, 1999). Harvey, que se considera um geógrafo social, argumenta que a ordenação simbólica do espaço e do tempo gera o cenário para as experiências pelas quais aprendemos o que somos e onde estamos na sociedade. A organização do espaço define relações, não apenas entre atividades, coisas e conceitos, mas também entre pessoas. A organização do espaço define relações sociais. A liberdade do capital em mover-se por todo o mundo daria à burguesia internacional, sua proprietária, uma vantagem decisiva sobre a massa dos trabalhadores cujos movimentos são restritos através dos controles de migração e dos custos de mudança. Como o espaço, o tempo também representa uma fonte de valor e poder. As empresas capitalistas calculariam os custos de produção em termos do tempo necessário para fazer as coisas, e o trabalho é submetido a uma constante pressão para reduzir o tempo de realizar uma determinada tarefa. Portanto, essa compressão do espaço e do tempo, possível pelas transformações tecnológicas do mundo contemporâneo, daria um poder crescente para o capital globalizado, em oposição ao poder dos trabalhadores, com menor poder de ação global e em muitos casos aprisionados na localidade. Essa antinomia entre a ação global e a reação local pode levar a resultados inesperados: para Harvey, há indicações de que essa compressão do espaço-tempo tem estimulado o localismo e o nacionalismo mais intensamente que o internacionalismo (Agnew & Corbridge, 1995, p.217).

A idéia de globalização como hegemonia dos valores liberais pode tomar duas formas: (a) o questionamento da existência do fenômeno da globalização – o conceito nesse caso seria uma mera criação ideológica que procura legitimar a atual ordem internacional; (b) inversamente, o segundo enfoque considera que esse fenômeno é real e observável, e que se confunde com a supremacia historicamente determinada da ordem liberal.[7]

7. Esse segundo enfoque se assemelha à idéia de globalização como uma época histórica. A diferença é que, nesse caso, uma sociedade democrática, em um regime político baseado na representação parlamentar e numa ordem econômica fundada na economia de mercado e numa concepção econômica liberal, seria o últi-

Um exemplo do primeiro enfoque dessa concepção de globalização é o artigo de Paul Hirsch (1998, pp.102-103) que argumenta que não há um cenário de uma economia global recém-aparecida e virtualmente ingovernável. Segundo esse autor, a economia mundial permanece dominada pelos três maiores blocos de riqueza formados pela Europa, Japão e América do Norte. Hirsch argumenta, ainda, que o investimento direto estrangeiro está concentrado em um número limitado de países, sendo que fora da tríade esse concentra-se em alguns países em desenvolvimento e em regiões de grandes países, como na costa da China. Poucas empresas seriam transnacionais, isto é, realmente internacionalizadas, sendo que a grande maioria seriam multinacionais, isto é, empresas cultural e economicamente vinculadas ao país-sede e que operam em vários países. Finalmente, ele vê com ceticismo as grandes quantias que são diariamente negociadas nos mercados financeiros, uma vez que elas representam repetidas negociações dos mesmos capitais, em geral sem maior relação com o comércio.

Um exemplo do segundo enfoque é o livro de Francis Fukuyama (1992), que considera que a globalização representa a universalização dos valores de democracia liberal e ordem econômica baseada em princípios da economia de mercado, cujo exemplo ideal seria o modelo norte-americano. Essa concepção foi apresentada em uma forma ainda mais vulgarizada por Hamid Mowlana, que afirmou que "a globalização trouxe mais homogenização superficial que mudança fundamental", concluindo que ela oferece uma perspectiva de universalização da cultura americana a que ele chama "secularismo comercial".[8]

A idéia de globalização como fenômeno socioeconômico foi sustentada por autores como Reinaldo Gonçalves (1999), que argumentou que a globalização pode ser definida como a interação de três processos distintos que têm ocorrido ao longo dos últimos 20 anos e que afetam as dimensões financeira, produtiva-real, comercial e tecnológica das relações econômicas internacionais. Esses processos são: a expansão extraordinária dos fluxos internacionais de bens, serviços e capitais; o acirramento da concorrência nos mercados internacionais; e a maior integração dos sistemas econômicos nacionais. Em linha similar, o economista da OECD e professor de Nanterre, François Chesnais, sustenta que o termo mundialização do capital é mais adequado do que a expressão de origem inglesa "globalização". Para

mo estágio do desenvolvimento das sociedades humanas. Nesse sentido, qualquer desenvolvimento a partir da consolidação dessa ordem liberal não alteraria suas características básicas e seria, nesse sentido, pós-histórico (Fukuyama, 1992).

8. Mowlana, 1995, *apud* Reich, 1998, pp.12-13.

ele, tratando-se da produção e comercialização de mercadorias materiais e imateriais (os bens e serviços), o termo globalização traduz a capacidade estratégica do grande grupo oligopolista de adotar abordagem e conduta globais, relativas simultaneamente aos mercados compradores, às fontes de aprovisionamento, à localização da produção industrial e às estratégias dos principais concorrentes.[9] Os economistas (do Banco do Japão) Masaaki Shirakaw, Kunio Olina e Shigenori Shiratsura também procuram precisar melhor o conceito de globalização, distinguindo, na área financeira, globalização de internacionalização. Para eles, internacionalização refere-se a uma situação em que se ampliam as transações com o exterior, enquanto globalização se refere a integração progressiva de cada economia na formação de um mercado mundial.[10]

Dadas as distintas interpretações sobre o conceito e a maneira pouco precisa em que, em alguns casos, este é discutido, preferimos optar por uma definição simples e facilmente mensurável. Definimos globalização como o processo de integração de mercados domésticos na formação de um mercado mundial integrado. Em vista dessa definição, incluímo-nos, portanto, entre os defensores da idéia de globalização como fenômeno socioeconômico. Nesse sentido, pode-se dividir o fenômeno da globalização em três processos que, no entanto, estão profundamente interligados: globalização comercial, globalização financeira e globalização produtiva.

Globalização comercial é a integração dos mercados nacionais por meio do comércio internacional. Definimos globalização financeira como a integração dos mercados financeiros nacionais em um grande mercado financeiro internacional. Definimos globalização produtiva como o processo de integração das estruturas produtivas domésticas em uma estrutura produtiva internacional.

MEDINDO A GLOBALIZAÇÃO

Globalização comercial

Uma vez que definimos globalização de maneira simples, o próximo passo é enfrentar o desafio de medi-la. Como afirmamos na seção anterior, o estudo desse fenômeno só pode ser feito pela sua divisão nas dimensões comerciais, produtiva e financeira. A globalização comercial é a mais facilmente mensurável e sua discussão não é particularmente controversa: se o crescimento do comércio mundial se der a uma taxa de crescimento médio anual mais elevada do que a do PIB mundial,

9. Ver Chesnais, 1994 e 1999, p.13.
10. Shirakawa, Okina & Shiratsuka, 1997, pp.9-11.

podemos afirmar que há globalização comercial. O processo de globalização pode dar-se mundialmente ou regionalmente. Podemos, também, afirmar que uma região passa por processo de globalização comercial em determinado período se o comércio exterior regional crescer a taxa superior ao crescimento do PIB regional. Se esse fenômeno for exclusivamente regional e explicado por políticas econômicas dos países da região, o processo pode ser chamado de integração econômica. Finalmente, esse mesmo método pode ser usado para medir a velocidade de integração de um determinado país ou região ao mundo por meio do comércio internacional. Nesse caso, estamos medindo o impacto da globalização, que é por definição um processo que engloba muitos países, em apenas um deles.

Usando o método acima podemos verificar a existência de globalização comercial em um país, em uma região ou no mundo. Essa definição de globalização comercial permite também a identificação dos períodos em que pode ser observada. A Tabela I e o Gráfico I abaixo permitem algumas considerações sobre esse fenômeno.

A Tabela I, mostra que a primeira onda de globalização comercial se deu entre 1820 e 1913. Ao longo desse período, as exportações mundiais, que representavam 1,1% do PIB mundial em 1820, alcançaram 9,3% em 1913. Observe-se que nesse período, em situações de crise econômica, como a Grande Depressão do século XIX que ocorreu entre 1873 e 1896, o crescimento do PIB mundial (apenas 0,9% anual entre 1870 e 1900) foi mais afetado que o do comércio internacional.

Entre 1913 e 1929, período que engloba a Primeira Guerra Mundial, as hiperinflações do imediato pós-guerra na Europa e o período de recuperação da economia mundial em 1925-29, observamos que, embora não tenha sido interrompido, esse processo foi significativamente desacelerado.

Entre 1929 e 1950, o mundo passou por forte instabilidade política e econômica, com a Grande Depressão da década de 1930, a crise do sistema monetário internacional, o fim definitivo do Padrão Ouro em 1931, e a Segunda Guerra Mundial. Nesse período, a globalização comercial não apenas é interrompida como regride substancialmente. Em 1950, a relação exportações mundiais/PIB observada era aproximadamente a mesma de meio século atrás, isto é, de 1900. A segunda grande onda de globalização comercial iniciou-se no imediato pós-guerra, avançou em ritmo acelerado nas décadas de 1950 e 1960, desacelerando nas décadas de 1970 e 1980, para voltar a dar sinais de aceleração na década de 1990.

O Gráfico I mostra mais claramente a existência desses dois ciclos de crescimento da globalização comercial. Portanto, pode-se perceber um período

EXPORTAÇÕES E PIB MUNDIAIS: EM MILHÕES DE DÓLARES GEARY-KHOMIS DE 1990 E TAXA DE CRESCIMENTO (ANOS SELECIONADOS)

ANO	EXP	PIB	EXP/PIB	Cresc Exp	Cresc PIB
1820	7,2	635,5	1,1%	-	-
1870	56,2	1.407,6	4,0%	4,2	1,6
1900	139,7	1.849,1	7,6%	3,1	0,9
1913	236,3	2.554,1	9,3%	4,1	2,5
1929	334,4	3.450,1	9,7%	2,2	1,9
1932	244,8	3.112,6	7,9%	-9,9	-3,3
1938	303,0	3.868,9	7,8%	3,6	3,7
1950	375,8	5.015,2	7,5%	1,8	2,2
1960	701,0	7.896,1	8,9%	6,4	4,6
1970	1.446,1	12.869,8	11,2%	7,5	5,0
1980	2.291,8	18.118,2	12,6%	4,7	3,5
1990	3.432,3	25.555,3	13,4%	4,1	3,5
1999	5491,68	30.666,4	17,9%	5,4	2,0

Fonte: Esta tabela foi preparada pelo autor a partir de dados do PIB e das exportações mundiais entre os anos de 1820 e 1990 obtidos das Tabelas E22 e da Tabela I.2 de Maddison, 1997. Esses dados foram convertidos por aquele pesquisador a valor constante do dólar de 1990 pelo ïndice Geary-Khamis, baseado nos trabalhos de R.S.Geary em 1958 e desenvolvidos por S.H.Khamis a partir de 1970. Ele está baseado em conceitos de paridade de poder de compra e nos preços médios internacionais de mercadorias Observe-se que o enfoque de Geary-Khamis ponderá os países em função do tamanho do PIB, fazendo com que grandes países como os EUA tenham um peso importante nessa estimativa. Para o ano de 1999 usamos os dados da OMC, para o índice de crescimento do comércio Internacional e do PIB para o período 1990-1999. Observe-se, portanto, que os dados de PIB e das exportações mundiais para o período 1820-1990 são baseadas em estimativa de Madison, em amostra de 56 países, enquanto os dados a partir de 1990 são baseados nas taxas de crescimento da OMC das exportações e do PIB mundial para o período, aplicados aos dados de Madison para 1990.

Obs: Exp- exportações mundiais em milhões de dólares a preços constantes de 1990.

PIB- PIB mundial em milhões de dólares a preços constates de 1990

Exp/PIB- razão entre o valor das exportações e para o PIB no ano indicado.

Cres EXP e Cresc PIB- Taxa Geométrica de Crescimento anual para o período que encerra-se no ano apontado, e inicia-se no ano indicado na linha anterior. Isto é, o número 4,2 para o ano de 1870 deve ser interpretado como a taxa média de crescimento anual, entre os anos de 1820 e 1870. O número de 3,1 para 1913 deve ser interpretado como a taxa média de crescimento para o período compreendido entre 1870 e 1913, e assim respectivamente.

marcado pelo fim das guerras napoleônicas e pelo início da Grande Depressão da década de 1930 como o primeiro período de crescimento da globalização. Um período de regressão entre a Grande Depressão e a Segunda Guerra Mundial. E, finalmente, um grande ciclo expansivo a partir do período de pós-guerra. Observe-se que há uma coincidência entre o fim do primeiro ciclo de globalização comercial e a crise do sistema monetário internacional. Esses dados permitem duas conclusões: em primeiro lugar, a globalização comercial não é um fenômeno novo e, embora tenha se acelerado no pós-guerra, não há razão para supor que continuará indefinidamente; em segundo lugar, a dinâmica desse processo só é compreensível com a discussão dos outros aspectos da globalização, isto é, a sua dimensão produtiva e financeira.

Globalização produtiva

A dimensão produtiva da globalização é um de seus aspectos mais complexos e difíceis de ser tratado. Em nossa definição chamamos de globalização produtiva o processo de integração das estruturas produtivas domésticas em uma

Gráfico I -Exportações mundiais e PIB mundial a preços constantes de 1990 (anos selecionados)

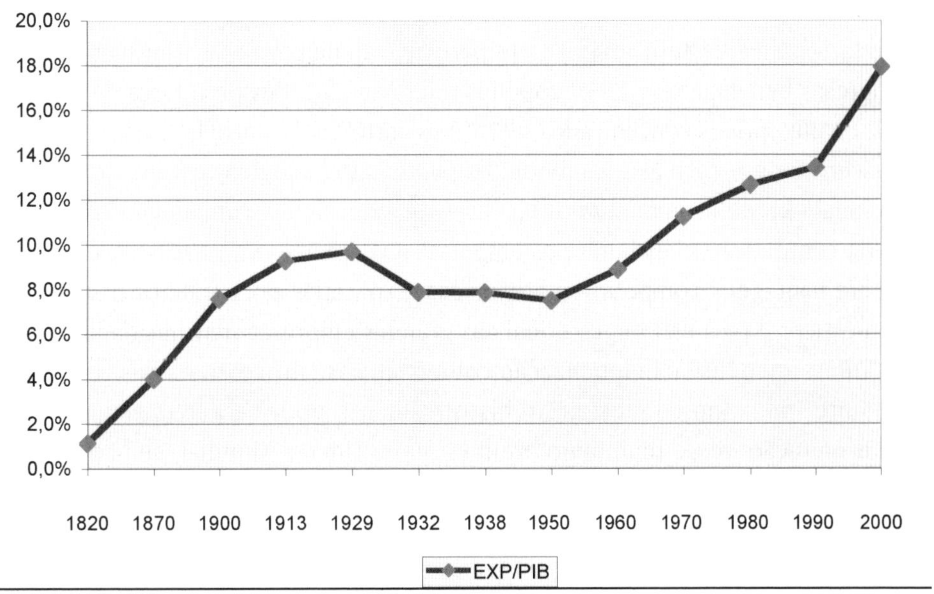

Fonte: Preparado pelo autor com base na Tabela I.

estrutura produtiva internacional. Uma outra forma de apresentar o mesmo fenômeno seria vê-lo como a relação entre a parcela da produção internacionalizada e o PIB mundial.

A partir dessa definição vemos que esse fenômeno está diretamente vinculado a questões de tecnologia, organização industrial e investimento internacional. O processo de globalização produtiva dá-se (i) pelo investimento direto internacional e a reinversão dos lucros desses investimentos, (ii) pela difusão de padrões tecnológicos e modelos de organização industrial, e (iii) pela internacionalização das estruturas de mercado e da competição empresarial. Observe-se que o que caracteriza o investimento direto é o controle. Este pode se dar por meio da aquisição de uma empresa existente, pela criação de uma companhia nova, ou por novos investimentos em empresas coligadas. Mas a essência dessas operações é o controle da gestão empresarial.[11]

Em sua forma mais simples, esse processo está associado a uma estrutura produtiva formada por empresas locais, beneficiando-se das vantagens competitivas tradicionais, usando tecnologias e técnicas gerenciais desenvolvidas a partir da realidade doméstica, com relativo isolamento da competição internacional, a não ser através do comércio exterior. Esse é um mundo descrito pelos economistas clássicos, onde as vantagens comparativas se dão por diferenças tecnológicas e aspectos da geografia física e humana nacional. Na sua forma mais complexa, esse processo está associado às economias fortemente internacionalizadas, onde as estruturas produtivas se caracterizam por forte participação de empresas transnacionais. Tais empresas beneficiam-se de oligopólios diferenciados, devido à força de suas marcas; de oligopólios concentrados, devido às barreiras de entrada; e de rendimentos crescentes de escala. Nesse mundo, os padrões tecnológicos e a estrutura organizacional têm de acompanhar os vigentes no exterior, e a competição local é reflexo da competição global entre as empresas. O comércio internacional, nesse caso, reflete vantagens competitivas adquiridas, explicadas por aspectos institucionais domésticos e pela estratégia global das grandes empresas transnacionais.

Diferentemente da globalização comercial, esse processo é mais recente. Entretanto, tal como naquele caso, historicamente pode-se perceber um período de aceleração desse fenômeno até a Primeira Guerra Mundial, sua continuação até a crise de 1929, um retrocesso a partir desse período até a Segunda Guerra Mundial e uma grande aceleração no pós-guerra. Os dados que permitiriam

11. Para uma apresentação detalhada das teorias do investimento internacional, ver Gonçalves et *allii*, 1998.

quantificá-lo, no entanto, a não ser para as últimas décadas, são precários. Entretanto, há um grande número de estudos de história empresarial e de história econômica que permitem estimar períodos de aceleração e desaceleração da globalização produtiva e as características de cada período.

Ao fim das guerras napoleônicas, a expansão do comércio internacional foi acompanhada pelo que Charles Jones (1987) chamou de "diáspora da burguesia cosmopolita". Isto é, a comunidade de homens de negócios sediada principalmente em Londres, mas também presente em Paris e em algumas outras cidades européias, começou a migrar para outras regiões do mundo, para aproveitar as oportunidades de negócios, principalmente da atividade de comércio internacional, aberta com o mundo sem grandes conflitos entre as grandes potências, e principalmente depois da década de 1850, com a crescente demanda de matérias-primas e alimentos para os novos países industrializados da Europa. Até a década de 1850 o movimento internacional de capital era associado principalmente a empréstimos, com grande participação dos bancos de negócios (*merchand banks*) britânicos, muitos direcionados para governos ou para empreendimentos financiados e avalizados pelos governos (ver Keenwood & Lougheed, 1984, cap.; Born, 1977, cap. 3).

Os primeiros investimentos diretos no século XIX destinavam-se à construção e operação de empresas de infra-estrutura e de transporte, como portos e ferrovias.[12] No entanto, mesmo nessas áreas, capitais internacionais fluíam principalmente como empréstimos ou na compra de títulos de dívida de ferrovias ou portos. Investimentos diretos na indústria manufatureira começaram a ser realizados apenas depois de 1870, sendo que estes se concentravam, quase exclusivamente, em países europeus. Por exemplo, Alemanha e França investiram em empresas industriais e de mineração na Áustria, Itália e Suécia. Mas foi particularmente a Rússia, a última potência européia a industrializar-se no século XIX, que recebeu investimentos maciços em áreas como metalurgia, têxteis, química, petróleo e em diversas áreas de mineraçao (*ibid.*, pp.51-52).

Nesse sentido, no século XIX, as estruturas produtivas eram fundamentalmente nacionais, sendo que a competição internacional se dava pelo comércio e não pela competição direta através da produção nos mercados nacionais. Observe-se, contudo, que o rápido crescimento da globalização comercial teve importantes

12. Por exemplo, 57% da dívida externa norte-americana em 1914 era de títulos de diversas denominações de ferrovias (Keenwood & Loogheed, 1984, p. 51).

conseqüências na difusão de padrões tecnológicos avançados, particularmente para as atividades voltadas para a exportação, como infra-estrutura portuária e ferroviária. Finalmente, a revolução nos meios de comunicação criou as condições tecnológicas para uma maior integração produtiva internacional. Inovações como o telégrafo, a partir de 1844, e o cabo transoceânico, a partir de 1866, ampliaram o potencial de coordenação de atividades empresariais. Entretanto, o uso generalizado e eficiente do telégrafo deu-se apenas a partir da década de 1880 e a partir de 1900 ampliou-se, também, o uso do telefone para atividades empresariais.

Mesmo assim, embora a difusão do telégrafo e do telefone até a Primeira Guerra Mundial fosse um instrumento eficiente para a realização de transações simples, como o envio de ordens de compra, confirmação de preço e entrega e instruções genéricas, faltavam ainda as condições tecnológicas de transporte e meios de comunicação com a eficiência necessária para a coordenação de uma rede de filiais sob controle centralizado. Tal controle só foi plenamente realizável no pós-Segunda Guerra Mundial, quando se articulou a rapidez das viagens aéreas, com a difusão e o aumento da eficiência nos meios de comunicação tradicionais (Parker, 1984, pp.156).

Globalização produtiva, segundo a definição empregada neste ensaio, só ocorreu depois do surgimento da moderna empresa industrial. Esta é caracterizada por sua estrutura fundada na existência de várias unidades operacionais distintas, com diferentes funções produtivas, que opera em conjunção atividades de distribuição e pesquisa, administradas por uma hierarquia de executivos assalariados em regime de tempo integral (ver Chandler, 1998, p. 304 e Williamson, 1981, *passim*). Esse tipo de empresa aparece ao fim do século XIX, formando-se entre cerca de 1880 e a Segunda Guerra Mundial. Nesse período, algumas dessas empresas ultrapassam as fronteiras nacionais. Mas, na maior parte dos casos, essas organizações, chamadas por Herman Swartz (1994, cap. 11) de Empresas Transnacionais Antigas (ETA) , buscavam no mercado internacional o controle de recursos que não podiam ser supridos domesticamente – no século XX, principalmente recursos minerais estratégicos, como petróleo. Muitas operavam em mercados ligados por relações coloniais com seus países de origem, tais como a Royal Dutch Shell e a Unilever, que atuavam principalmente nas colônias holandesas e britânicas. A estratégia dessas empresas era essencialmente multidoméstica, isto é, operavam em cada país usando tecnologias e estratégias desenvolvidas para as características do mercado de trabalho e de bens domésticos, com pouca articulação internacional a não ser os vínculos de propriedade e comerciais.

Depois da Segunda Guerra Mundial, o padrão de investimento das ETA foi rapidamente superado pela expansão das Empresas Transnacionais modernas (ET), principalmente firmas industriais norte-americanas, na economia mundial. Essa transformação na natureza do investimento direto internacional foi produto de um conjunto de circunstâncias tecnológicas, políticas e econômicas. Em primeiro lugar, o tempo e o espaço foram comprimidos pelas melhorias no sistema de transporte e de comunicação, como o transporte aéreo em jatos comerciais e a difusão da telefonia a longa distância. Em segundo lugar, a projeção do poder político e econômico norte-americano e o apoio governamental faziam as operações de empresas no exterior menos arriscadas e criavam um meio ambiente favorável nos países hospedeiros. Em terceiro lugar, nas décadas de 1950 e 1960, em um mundo em que a competição oligopolista se acirrava, as grandes empresas norte-americanas sentiam-se compelidas a ampliar o acesso aos mercados em rápido crescimento mas relativamente fechados da Europa Ocidental e aos de alguns países em desenvolvimento.[13] Finalmente, as indústrias se internacionalizavam porque mudanças em tecnologias, estrutura da demanda, política governamental, infra-estrutura nacional ou diferenças institucionais tinham influência na posição competitiva das empresas dos diversos países (ver Porter, 1990, p. 63).

Embora investimentos diretos norte-americanos à procura de petróleo e matérias-primas tenham se expandido no Oriente Médio e em outras regiões, esse tipo de investimento encontrou imensas resistências a partir da década de 1960 com o processo de descolonização. Se as ET controlavam a tecnologia e o capital não disponíveis para os novos países independentes da África e Ásia, estes controlavam o acesso às fontes de matérias-primas. Isso abriu espaço para barganha, já que, uma vez realizado o investimento e localizadas as minas ou desenvolvida a infra-estrutura para exploração comercial de uma matéria-prima, esta poderia ser apropriada pelo novo país.

Por outro lado, a força das ET era inversamente proporcional à escassez do produto e dependia das alternativas de suprimento deste e da velocidade de obsolescência dos investimentos realizados. Finalmente, empresas e países alcançaram diferentes acordos dependendo do grau de desenvolvimento do país, da natureza da matéria-prima, da importância das reservas do país e da capacidade política de negociação.

13. Para uma interessante discussão das empresas transnacionais sob o ponto de vista da economia política internacional, ver Gilpin, 1987, cap. 6.

Nessa esfera, entre os países afro-asiáticos, sem dúvida foram os grandes exportadores de petróleo do Oriente Médio aqueles que tinham maior poder de barganha, o que permitiu os imensos ganhos desses países através da formação de um cartel internacional de exportadores dessa matéria-prima, a OPEP. Na América Latina, o petróleo, em particular no caso do México e da Venezuela, e algumas atividades de extração mineral, como o cobre no Chile, permitiram um substancial poder de barganha dos governos com relação a empresas transnacionais. Tanto nos países em desenvolvimento afro-asiáticos como nos latino-americanos, algumas áreas da indústria extrativista foram estatizadas e outras foram realizadas com diferentes graus de envolvimento de empresas privadas ou estatais locais.

Mas o processo mais importante de internacionalização de empresas deu-se no setor manufatureiro, e foram países em desenvolvimento de maior mercado interno e maior dinamismo econômico que se beneficiaram desse processo. O investimento das ET nesse caso era resultado da procura de mercados (*market-seeking*), e, no pós-guerra, essas empresas vão progressivamente se transformando de multidomésticas em globais.

Contudo, o que é chamado de competição global é o resultado de como as firmas reagem aos desafios e oportunidades criadas pelas transformações na ordem econômica internacional, pela aceleração do progresso técnico e pelo processo de convergência dos níveis de renda *per capita* nas principais economias industrializadas. Nesse sentido, as oportunidades mostraram-se crescentes pelo declínio dos mecanismos de regulação do investimento internacional a partir da década de 1970, pela redução dos preços e maior eficiência dos meios de comunicação e transporte, e pelos ganhos de escala e escopo gerados com o crescimento e diversificação dos mercados. Mas as ameaças, que também forçavam as empresas a reagir, foram igualmente crescentes, na medida em que a maior competição internacional, a velocidade da introdução de novas tecnologias e rápida obsolescência e, em alguns casos, o desaparecimento de mercado para alguns produtos (como, por exemplo, as máquinas de escrever, o telex) obrigavam as empresas a manter elevado nível de eficiência e desempenho para não correr o risco do desaparecimento.

No seu processo de crescimento uma indústria pode atender ao mercado internacional a partir de três estratégias: (i) a exportação; (ii) a oferta local ou (iii) o licenciamento. Características dos produtos e dos mercados abrem espaços para estratégias diferentes. Indústrias tradicionais, caracterizadas pelo uso de tecnologias estáveis, difundidas no mercado internacional ou de fácil aquisição nesse, e que fabricam produtos relativamente simples, dependem para ser competitivas de mão-de-obra abundante e barata. Por outro lado, indústrias de alta tecnologia dependem mais de seu acesso aos recursos financeiros e humanos para P&D, da imagem de confiabilidade e qualidade de suas marcas e sua capacidade gerencial e de distribuição do que do valor de sua folha de pagamento.

Conforme os produtos amadurecem e a tecnologia se difunde, produtos de alta tecnologia se convertem em produtos tradicionais, ficando mais dependentes do custo da mão-de-obra e com menor capacidade de influenciar os preços de mercado. Esse ciclo dos produtos em três estágios (novo produto, produto maduro e produto padronizado) foi estudado pelo economista norte-americano Raymond Vernon (1966) para explicar a dinâmica do investimento das grandes empresas dos EUA no mercado internacional nas décadas de 1950 e 1960.

Para Vernon, as empresas de todos os países industriais avançados não seriam fundamentalmente diferentes na sua capacidade de obter informações sobre os conhecimentos científicos contemporâneos e de entender as implicações de seus princípios para a pesquisa tecnológica. No entanto, segundo esse autor, havia uma grande distância entre o acesso aos conhecimentos científicos contemporâneos e a transformação desses em produtos comercializáveis. Os riscos e custos envolvidos no desenvolvimento de produtos implicavam que apenas em condições muito especiais fosse interessante para as empresas realizar tais empreendimentos. Nesse sentido, as empresas norte-americanas estavam em uma posição privilegiada. Tais empresas atuavam em uma economia grande e dinâmica, com um amplo e sofisticado mercado financeiro, em que a dura concorrência estimulava atividades de P&D que permitissem ganhos maiores do que os possíveis em mercados tradicionais.

Uma vez introduzido o produto nos EUA, uma parte de sua produção alcançava outros países através das exportações. Dependendo da característica do produto, isto é, da relação entre seu preço de produção, custo do transporte e características de comercialização, em um período de tempo relativamente curto passava a ser interessante produzi-lo também em algum dos grandes mercados consumidores, isto é, em algum país europeu. Nessa fase, o produto deixava de ser uma novidade: transformava-se em um produto maduro. Na medida em que fosse padronizado, sendo produzido em grande escala, com uma tecnologia já amplamente conhecida, o principal fator que determinaria a localização da produção seria o custo dos fatores. Como o capital teria um custo similar para as grandes empresas em qualquer lugar do mundo, já que elas podem obter financiamento em seus países de origem, o principal fator a determinar seu custo seria o preço da mão-de-obra. Nessas condições, esses produtos poderiam ser fabricados eficientemente a um custo mais barato, nos países de industrialização recente latino-americanos ou europeus, como o Brasil, o México ou a Turquia.

O modelo de Ciclo do Produto, portanto, indicava que as empresas norte-americanas tendiam a investir no exterior para fabricar produtos originalmente desenvolvidos para o seu mercado interno. O produto maduro seria principalmente produzido em outros países industriais avançados, e os padronizados, em países periféricos. Enquanto os produtos menos sofisticados eram fabricados no exterior, novos produtos tomavam o lugar desses, repetindo-se o ciclo.

Um modelo similar ao de Vernon foi desenvolvido independentemente pelo economista japonês Kenem Akamatsu (1962). Este descreve o processo de realocação das indústrias do país mais avançado para outros, por meio do comércio internacional e do investimento. Esse processo se daria como resposta às mudanças de competitividade. Nesse caso, o investimento internacional levaria a uma divisão internacional do trabalho, em que a difusão da tecnologia permitiria que os países seguidores produzissem parte dos produtos desenvolvidos pelo país líder, empregando sua mão-de-obra mais barata. Esse processo se difundiria em formato de um V na posição horizontal, dando origem a seu nome: Modelo dos Gansos Voadores.

A diferença do modelo de Akamatsu para o de Vernon é que o primeiro imaginava um sistema de produção integrado com partes de um mesmo produto sendo fabricadas em países diferentes, segundo a tecnologia mais avançada, beneficiando-se de diferenciais de custos e níveis de desenvolvimento. Por outro lado, para Vernon, o investimento internacional estende a vida útil de uma tecnologia que amadurece. Portanto, no país inovador, o preço de produção é elevado, o que só é possível pelas elevadas margens permitidas pela liderança tecnológica do produto. Nos outros países, o custo de fabricação seria menor, mas a tecnologia era menos avançada.

Se na década de 1950 as empresas norte-americanas foram as que mais rapidamente se expandiram para o exterior, a partir da década de 1960 as empresas européias começaram a replicar a experiência de suas concorrentes norte-americanas. Finalmente, na década de 1970, as empresas japonesas começaram a participar ativamente do jogo da concorrência global, competindo não apenas como grandes exportadoras, mas ocupando espaços por meio do investimento direto na Ásia e em outras regiões do mundo.

TABELA II – MARKET SHARE DE EMPRESAS JAPONESAS
Produtos Selecionados, 1985

Produto	Market Share (%)
Câmaras de 35 mm	84
Vídeos	84
Relógios	82
Calculadoras	77
Fornos de microondas	71
Motocicletas	55
TV a cores	53
Pianos	> 50
Robótica	> 50

Fonte: Stopford & Strange, 1991

As empresas japonesas contribuíram para alterar as características da competição global. Em meados da década de 1980, empresas japonesas já tinham obtido elevada participação em vários mercados que havia pouco mais de uma década eram amplamente dominados por empresas ocidentais (ver Tabela 2) E esaa participação de mercado era possível porque as exportações dos produtos finais não vinham apenas do Japão, mas eram realizadas a partir de várias bases produtivas no Leste-asiático, beneficiando-se da forte integração da estrutura produtiva dessas firmas na região. O relevante para a identificação do produto deixou de ser o país em que era fabricado, mas a empresa que garantia sua qualidade. Isto é, para um produto eletrônico, não era mais relevante se foi *Made in Japan* ou *Made in Malasia,* mas se foi *Made by Sony*.

Em função desse novo estilo de concorrência global, as empresas européias e norte-americanas responderam ampliando o grau de integração e divisão de trabalho da estrutura produtiva da matriz e de suas afiliadas. Essas deixaram de ser multidomésticas, isto é, réplicas em menor escala da empresa matriz, organizando-se em cada mercado em função de seus custos locais e da estratégia global formulada no seu centro de decisão. Nessa nova situação, os diversos componentes passaram a ser fabricados diretamente, ou através de licenciamento ou terceirização em um ou mais países, segundo uma estratégia de marketing e um padrão tecnológico global. Qualquer parte da produção, ou mesmo todo o ciclo produtivo, poderia ser feito em um ou mais países em que a filial local da empresa transnacional fosse competitiva no mercado interno da empresa.

Esse modelo de integração complexa leva ao surgimento de um novo padrão de investimento internacional, que se origina principalmente da necessidade de as empresas ocuparem espaços estratégicos nos grandes mercados, beneficiando-se das vantagens locacionais para a produção e para a distribuição de seus produtos. Nesse sentido, essas empresas surgem como atores globais: fazendo alianças, entrando em disputas, pressionando governos, negociando privilégios. Portanto, realizando ações que poderiam ser caracterizadas como uma nova diplomacia, feita por empresas no seu relacionamento com outras empresas e com estados nacionais.

A globalização produtiva é uma das dimensões mais importantes do fenômeno da globalização. Por outro lado, é necessário não superestimar o poder dessas empresas globais. Em primeiro lugar, porque, embora atuando em escala mundial, não há empresas apátridas. Isto é, toda empresa está fortemente conectada a um determinado país ou pequeno conjunto de países, onde se localiza sua matriz. É nessa base que está o controle de suas ações estratégicas e onde se encontra o seu núcleo de decisão política. É dessa base que a empresa obtém apoio para suas relações com governos estrangeiros e para a projeção de seus interesses estratégicos em tratados internacionais: empresas não têm assento na OMC ou no FMI, somente países o têm. Apenas estados nacionais podem agir em organizações internacionais na defesa dos interesses de suas empresas.

Portanto, a discussão do impacto da globalização produtiva tem de ser vista não como produto de um determinismo tecnológico, mas como o resultado de transformações históricas e mercadológicas no contexto das relações econômicas e políticas do mundo contemporâneo.

Globalização financeira

A dimensão financeira é o aspecto mais importante da globalização. Para a imensa maioria de homens e mulheres no mundo contemporâneo que a observam com um misto de admiração e temor, sem compreendê-la, a crescente importância econômica e política do setor financeiro é a expressão mais óbvia desse fenômeno.

Globalização financeira é o processo de integração dos mercados financeiros locais –como os mercados de empréstimos e financiamentos, de títulos públicos e privados, monetário, cambial, seguros, etc. – aos mercados internacionais. No limite, os mercados nacionais operariam apenas como uma expressão local de um grande mercado financeiro global. Portanto, esse fenômeno não trata apenas do crescimento de transações financeiras com o exterior, mas da integração dos mercados financeiros nacionais na formação de um mercado financeiro internacional.

O crescimento de transações financeiras transfronteiras (*cross-border*) tem sido notável desde da década de 1970. Mas o fenômeno da globalização financeira é mais complexo do que o indicado por essas estatísticas[14]. Para compreender esse fenômeno é necessário distingir dois aspectos distintos dessas transações. O primeiro deles é o crescimento da mobilidade da poupança, isto é, da eficiência relativa do capital na alocação intertemporal de recursos. O segundo é o desenvolvimento de transações que implicam transferência de risco, isto é, a internacionalização dos serviços financeiros.

A função tradicional da intermediação financeira é transferir recursos de agentes econômicos superavitários para agentes econômicos deficitários. Em um mesmo mercado a eficiência marginal do capital, as expectativas dos investidores e o custo do dinheiro, isto é, a taxa de juros, determinarão o nível de investimento planejado. A existência de um fluxo internacional de capital teria no entanto um papel suplementar.

Para esta discussão vamos usar dois modelos simples e conhecidos: (i) a relação entre investimento doméstico e balanço de pagamentos do artigo de Alexander (1952), em que este introduz a idéia de "absorção" e (ii) o tratamento desenvolvido por Kindleberger (1977) para estudar o equilíbrio de longo prazo do balanço de pagamentos, considerando a existência de fluxos de capitais de longo prazo. Nesse contexto, partiremos das identidades da renda nacional e do equilíbrio do balanço de pagamentos:

$$Y = C + I + G \quad (1)$$

$$X - M - LTC - STC - R = 0 \quad (2)$$

Onde LTC= exportação de capital de longo prazo; STC= exportação de capital de curto prazo; e R= variação de reservas.

Note-se que, no longo prazo, STC +R = 0, logo, em equilíbrio

$$X - M - LTC = 0 \text{ ou } LTC = X - M \quad (3)$$

Observe-se que podemos dividir o investimento na equação (1) em duas partes, investimento doméstico e externo. Portanto,

$$I = I_d + I_f \quad (4)$$

14. Para dados e uma interessante avaliação do desenvolvimento dos mercados financeiros globais, ver Roberts, 2000, especialmente os capítulos 1 e 2.

Substituindo-se e reorganizando-se, chegamos a
$X\text{-}M = Y - (C - I_d + R)$

O que, em equilíbrio, pode ser escrito usando-se a equação (3), como
$Y\text{-} (C - I_d + R) = LTC$ (5)

Portanto, se a absorção é menor que a renda nacional, o excedente transforma-se exportação de capital de longo prazo. Considerando a relação entre poupança e investimento doméstico, temos:

$S = I_d + X - M$

Pela qual chegamos a $S - I_d = LTC$ (6).

Portanto, em uma economia aberta, a existência de déficits e superávits em transações correntes, devido a diferentes níveis de absorção, e a possibilidade de a conta de capital ser superavitária ou deficitária permitiriam uma dissociação entre o nível de poupança e o investimento doméstico dos diversos estados nacionais. Nesse caso, na ausência de barreiras aos fluxos internacionais

FLUXOX DE CAPITAL-/CC/: Y

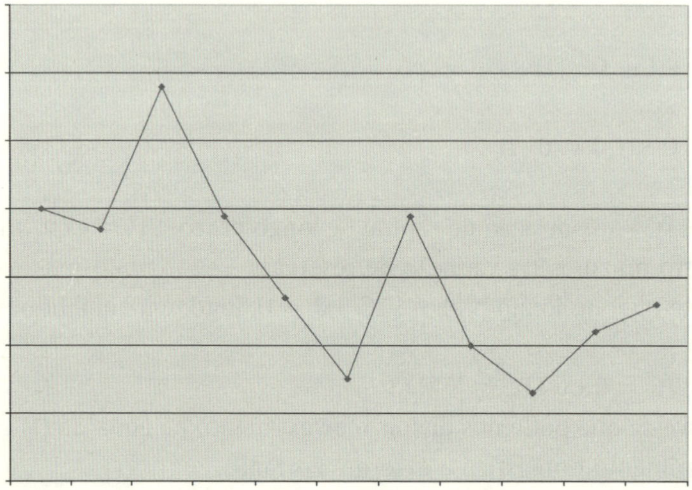

Fonte: Preparado pelo autor com base na Tabela I.

TABELA III - DIMENSÕES DOS FLUXOS DE CAPITAIS:
Razão do Valor Absoluto dos Déficits (supervátis) em Conta Corrente com referência a PIB, Total da Amostra, Anos Selecionados.

ANOS	/CC/ : Y
1870-1889	0,40
1890-1913	0,37
1914-1918	0,58
1919-1926	0,39
1927-1931	0,27
1932-1939	0,15
1940-1946	0,39
1947-1959	0,20
1960-1973	0,13
1974-1989	0,22
1989-1996	0,26

Fonte: Obstfeld & Taylor, pg.54, A amostra original engloba os seguintes países: Argentina, Austria, Canadá, Dinamarca, França, Alemanha, Itália, Japão, Holanda, Noruega, Espanha, Suécia, Reino Unido e EUA.

de capital, seria apenas a taxa de retorno esperada dos investimentos que determinaria o nível deste. A existência de uma massa de poupança gerada globalmente permitiria uma oferta de recursos que não seria limitada em qualquer mercado nacional pelo nível de poupança doméstica.

Seria fundamental para testar os efeitos da globalização financeira analisar: (i) a capacidade desse processo de aumentar o nível de financiamento dos déficits em transações correntes na economia mundial, (ii) se a globalização financeira tem reduzido a correlação entre poupança e investimento doméstico, isto é, se tem permitido que países com baixa taxa de poupança mas grandes oportunidades de investimentos possam acelerar sua taxa de crescimento econômico por meio da importação de poupança.

Podemos, para discutir o ponto (i) acima, verificar os níveis de déficits (superávits) em transações correntes que foram observados historicamente para uma amostra de países. Como déficits e superávits anulam-se mutuamente, o que nos interessa é o valor absoluto desses, desprezando-se portanto a direção do desequilíbrio da conta corrente. Tal série foi preparada por estudo de Obstfeld & Taylor, com base no qual foi possível preparar a Tabela 3 e o Gráfico 2.

Esse gráfico indica que a capacidade de financiamento de déficits em conta corrente é muito menor no período recente do que no período anterior à Primeira

Guerra Mundial. Embora haja um aumento nessa capacidade de financiamento no período de pós-guerra, sua grandeza é ainda inferior a qualquer período anterior a esse conflito, com exceção dos anos da crise final do padrão ouro na década de 1930. Esses dados sugerem, portanto, que a globalização financeira recente não contribuiu de maneira significativa para aumentar a capacidade de investimento além da poupança doméstica de economias com potencial de crescimento.

Para discutir o ponto (ii) partimos de um estudo seminal de Feldstein & Harioka, 1980, que mostrou que existe um elevado grau de correlação entre a poupança e o investimento doméstico. Os resultados desse trabalho, que passaram a ser conhecidos como Paradoxo de Feldstein-Harioka, vêm sendo confirmados por pesquisas recentes, as quais reforçam as fortes evidências de que a globalização financeira não contribuiu para aumentar a mobilidade da poupança entre países[15].

Se fosse correta a hipótese de que a globalização financeira tivesse integrado os mercados domésticos, criando um grande *pool* de poupança internacional que poderia ser usada por qualquer país com potencial de gerar taxas de retornos dos investimentos relativamente elevadas, os dados deveriam mostrar uma baixa correlação entre os níveis de poupança e de investimento domésticos. Isto é, se os mercados financeiros fossem completamente integrados, um crescimento exógeno da poupança doméstica deveria ser investido no país que oferecesse a maior taxa de retorno, não afetando necessariamente o investimento doméstico. Tal fato

TABELA IV -DIMENSÕES DOS FLUXOS DE CAPITAIS:
Razão do Valor Absoluto dos Déficits (supervátis) em Conta Corrente com referência a PIB, Total da Amostra, Anos Selecionados.

Mercado/ Peso do Portifólio	EUA	Japão	Reino Unido
EUA	93,8	1,3	5,9
Japão	3,1	98,1	4,8
Reino Unido	1,1	0,2	82,0
França	0,5	0,1	3,2
Alemanha	0,5	0,1	3,5
Canadá	1,0	0,1	0,6

Fonte: French & Porterba, 1991, *apud*, Shirakawa, OKina, & Shiratsuka, 1997
As estimativas corespondem aos portifólios de Dezembro de 1989.

15. Para a discussão desse tema, ver Shirakawa, Okina e Shiratsuka, 1997, pp. 5-7 e Obstfeld, 1994. Para uma discussão de problemas teóricos desse paradoxo, ver Rogoff & Obstfeld, 1996, cap. 3.

não ocorre: ao contrário, apesar da grande difusão entre profissionais de gestão financeira dos conceitos de portifólio eficiente e do CAPM (Capital Asset Pricing Model), os estudos disponíveis mostram que os investidores têm grande preferência por manter a maior parte de sua carteira de títulos nos mercados domésticos. Aliás, mesmo em países que são grandes investidores externos e estão altamente integrados no sistema financeiro internacional, a maior parte da riqueza financeira em carteira é mantida domesticamente (ver Tabela 4).

Então, o que é a globalização financeira? Pelas razões apresentadas acima podemos afirmar que essa é essencialmente caracterizada pelo grande crescimento e integração de serviços financeiros em escala global. Isto é, a globalização financeira tem se mostrado um processo de criação de um mercado mundial integrado de serviços financeiros, e não de capitais, com grande eficiência intertemporal na alocação de recursos. Isto é, não há – a não ser em situações muito particulares – um mercado financeiro internacional que disponha de uma oferta elástica de poupança, passível de ser usada para financiar crescimento acelerado de países em desenvolvimento onde há potencial de investimento produtivo.

Mas o que são serviços financeiros e qual a natureza de seu mercado? Um estudo recente do Grupo dos Dez definiu serviços financeiros como as atividades dos bancos comerciais, bancos de investimentos, seguro, gestão de ativos.[16] A esses podemos acrescentar as atividades do mercado financeiro internacional associadas à diversificação de risco (inclusive mercados cambial e de derivativos), desenvolvimento e vendas de produtos financeiros, garantia de transações (custódias, confirmação de contratos etc).[17] Isto é, o setor de serviços financeiros fornece serviços e produtos financeiros a consumidores, empresas e governos. Em termos econômicos, eles são intermediários financeiros que fornecem várias funções de grande importância para a economia; por isso foram historicamente regulados e controlados pelas autoridades governamentais.

Entre os serviços financeiros que têm crescido aceleradamente nas últimas décadas estão as atividades bancárias internacionais, as operações com moedas e o mercado de derivativos. Desde a crise do petróleo em 1973 observou-se um rápido crescimento da atividade bancária com euromoeda, estimulado pela grande demanda por empréstimos dos países importadores de petróleo (ver tabela 5, abaixo).

16. *Ver Group of Ten,* 2001, p.1. O Grupo dos Dez é curiosamente formado por 11 países. Esses são os membros do G7 (EUA, Reino Unido, França, Itália, Alemanha, Japão e Canadá) acrescidos de Suécia, Suíça, Holanda e Bélgica.
17. Ver, para a definição de serviços financeiros, Shirakawa, Okina e Shiratsuka, 1997, p. 13.

TABELA V - ATIVOS BANCÁRIOS INTERNACIONAIS (*)
(Bilhões de dólares)

ANO	ATIVOS
1965	18
1970	92
1975	289
1980	1.010
1985	2.511
1990	6.235
1997	8.935

Fonte: BIS, Annual Reports
*Ativos em Moeda Estrangeira dos Bancos Informantes

O número de bancos, especialmente os norte-americanos, com filiais no exterior também cresceu rapidamente desde essa década.[18]

Com a crise da dívida na década de 1980, a expansão dos bancos através da abertura de filiais no exterior desacelerou-se, para retomar um processo de crescimento acelerado na década de 1990. Esta última década foi marcada não apenas por um grande crescimento da internacionalização de empresas financeiras, mas também por um elevado nível de fusões e aquisições dessas firmas nos principais países industrializados. Nesse sentido, o número de firmas bancárias caiu em todos os países durante a década e a concentração da atividade bancária, medida como percentagem dos depósitos bancários controlados pelos grandes bancos, cresceu continuamente (ver *Group of Ten*, 2000, p. 3).

Entre os mais dinâmicos mercados internacionais da última década está o mercado de derivativos financeiros. Derivativo é um instrumento financeiro cujo valor deriva do desempenho de outro ativo financeiro, índice ou investimento. Estes são usados para *hedge* de riscos financeiros, associados a variações de preços de produtos, de moedas ou taxas de juros. Esse tipo de instrumento cresceu aceleradamente na década de 1990, sendo um dos principais focos das inovações financeiras nesse período. Relacionada com esse mercado, mas também com operações de arbitragem, há uma grande expansão do mercado de moedas.

18. Em 1970 havia 79 bancos norte-americanos com 532 filiais no exterior, com ativos que somavam US$ 145 bilhões de dólares. Dez anos depois esse número havia aumentado para 159, o número de filiais tinha crescido para 787 e os ativos alcançavam 311 bilhões de dólares (Roberts,1999, p. 69).

A globalização financeira, no entanto, tem sido fonte de grande instabilidade. O crescimento dos fluxos financeiros internacionais e a desregulamentação dos serviços financeiros internacionalmente vêm sendo acompanhados por crises cuja freqüência vem aumentando na última década. Isso não ocorre por acaso. O colapso do sistema monetário internacional criado na conferência monetária de Bretton Woods em 1944 e a ordem internacional que surgiu na década de 1970 em substituição a esse sistema explicam em grande parte a instabilidade.

O Sistema de Bretton Woods foi negociado para reorganizar as relações econômicas internacionais depois da Segunda Guerra, com o objetivo de evitar a repetição da grande instabilidade monetária que acompanhou as tentativas de recriação do padrão ouro no período entre guerras. Este baseava-se em quatro compromissos das economias industriais:

(a) o dólar seria a moeda de referência do sistema, e deveria ser trocado pelo Tesouro norte-americano à taxa de câmbio fixa de US$ 35 por onça *troy* de ouro;

(b) as outras moedas deveriam manter-se com regime de taxas de câmbio fixas, mas ajustáveis, com relação ao dólar;

(c) seriam controlados movimentos especulativos na conta de capital;

(d) o FMI seria a organização internacional responsável por supervisionar a operação do novo sistema monetário.

Esse sistema tem de ser entendido na discussão do chamado "trilema" da política macroeconômica. Isto é, por razões de consistência teórica e pela experiência histórica, não é possível a uma autoridade econômica implementar simultaneamente três políticas: (i) taxas de câmbio fixas, (ii) liberdade de movimento de capital; (iii) política monetária autônoma, isto é, voltada para fins domésticos.

É, no entanto, possível implementar duas dessas políticas simultaneamente. Isto é, pode-se manter taxas de câmbio fixas e liberdade de movimento de capital – neste caso, a estabilidade só será possível se a política monetária for o instrumento de ajuste; portanto, dependente dos efeitos provocados por essas duas políticas. Por outro lado, pode-se manter liberdade de movimento de capital e política monetária autônoma – nesse caso, será necessário manter-se taxa de câmbio flutuante. Finalmente, pode-se manter taxa de câmbio fixa e política monetária voltada para fins domésticos – nesse caso, o movimento de capital deve ser regulado pelo governo.

Nos últimos 120 anos, os países industrializados seguiram três regimes principais de política cambial. Em primeiro lugar, o padrão ouro, que funcionou entre

1880 e 1914. Em segundo, o sistema de taxa de câmbio flutuante, que operou entre 1918 e 1925 e após 1973. O terceiro sistema foi o de Bretton Woods. Esses sistemas diferiam nas suas soluções do "trilema" mencionado acima. No padrão ouro, as taxas de câmbio eram fixas, havia liberdade de movimento de capital e o ajuste era feito pela oferta monetária que regulava o nível de atividade da economia. No outro, as taxas de câmbio flutuantes e a liberdade de movimento de capital, determinadas por forças de mercado, serviam para equilibrar a oferta e demanda de moeda estrangeira. O sistema de Bretton Woods pretendia ser um modelo intermediário, beneficiando-se de características positivas dos dois sistemas e evitando alguns de seus maiores problemas. No longo prazo, o FMI, coordenando o sistema, permitiria um ajuste de taxas de câmbio que corrigisse desequilíbrios fundamentais, mas no curto prazo os participantes deveriam comprometer-se a evitar desequilíbrios mantendo taxas de câmbio fixas, com pequenas faixas de variação.

Esse sistema pretendia compatibilizar as políticas econômicas ativas, desenvolvidas como instrumentos para enfrentar a depressão da década de 1930 e a Segunda Guerra Mundial, com relações econômicas internacionais baseadas em regras estáveis. Isto é, os instrumentos de política econômica anticíclicos, formulados no campo teórico por J. M. Keynes, que passaram a ser conhecidos como políticas keynesianas, dependiam para a sua implementação de regras que impedissem o surgimento de conflitos de interesses que poderiam prejudicar as relações econômicas internacionais. Nesse sentido, investimento direto, remessas de lucros, comércio internacional, pagamento de serviço de fatores seriam exemplos de atividades que deveriam ser realizadas sem dificuldades. Entretanto, a transferência de fundos para aproveitar o diferencial de taxas de juros, ou para fugir de impostos domésticos e proteger-se de conjunturas políticas adversas, deveria ser desestimulada e eventualmente impedida. Nas palavras do secretário do Tesouro dos EUA, Henry Morguentau, em Bretton Woods, o acordo pretendia "expulsar os financistas usurários do templo das finanças internacionais".[19]

O Sistema de Bretton Woods, combinado com a política keynesiana empreendida pelos países da Europa Ocidental e os EUA, viabilizou que os países industrializados tivessem entre 1948 e 1971 as maiores taxas de crescimento econômico registradas na história econômica contemporânea.[20] Entretanto, na segunda

19. Citado em *The Economist*, 7-10-1995.
20. Ver, para dados sobre esse período, Van Der Wee, 1987, cap. II. Ver em especial Tabela 3.

metade da década de 1960, esse sistema já dava mostras de crise. Por um lado, as políticas macroeconômicas de promoção do pleno emprego começaram a pressionar o nível de preço de forma mais significativa que seus efeitos sobre a taxa de desemprego. A Curva de Phillips parecia não mais funcionar perfeitamente a partir de 1968.

Uma explicação para esse fenômeno seria a desaceleração da taxa de crescimento da produtividade, associada ao esgotamento das oportunidades abertas com a tecnologia da época, baseadas no uso intensivo de equipamentos eletromecânicos, em rendimentos crescentes de escala e na organização fordista da produção. Entretanto, tal fato, associado às políticas monetárias expansivas dos países industrializados, e em especial aos elevados déficits do balanço de pagamentos norte-americanos, pressionava não apenas a inflação mundial, mas a taxa de câmbio dólar-ouro. Finalmente, o presidente norte-americano Richard Nixon, ante a evidência da crescente sobrevalorização do dólar e dos elevados déficits do balanço de pagamentos, preferiu romper unilateralmente com o acordo de Bretton Woods e não empreender um impopular programa de ajustes domésticos recessivos.

A década de 1970 foi marcada portanto por uma crise financeira no início, pela primeira crise do petróleo em 1973 e pela crise gerada pela elevação da taxa de juros nos EUA a partir de 1979, nos governos Regan e Carter. O fim do grande *boom* do pós-guerra, a partir da crise financeira e econômica das décadas de 1970 e 1980, acarretou mudanças profundas na política econômica da maioria dos países do mundo.

Inicialmente, essas transformações ocorreram nos países desenvolvidos, com o abandono das taxas de câmbio fixas e a progressiva liberalização no movimento de capitais de curto prazo. Em um segundo momento, sob a pressão da negociação da crise da dívida externa, os países em desenvolvimento foram também obrigados a realizar profundas mudanças nas suas políticas econômicas e reavaliar suas estratégias de desenvolvimento. Em um terceiro momento, os países socialistas da Europa Oriental, em uma revolução comparável com as ocorridas após a Primeira Guerra Mundial, reverteram em poucos anos a sua economia, até então totalmente centralizada e, na maioria dos casos, completamente estatizada, transformando-a em um capitalismo desorganizado e selvagem. O quinto movimento foi a desvalorização do peso mexicano em 1994-95, que marca a primeira crise da nova geração latino-americana, isto é, a primeira crise latino-americana pós-Plano Brady. Em um sexto e dramático movimento, as economias desenvolvimentistas da Ásia oriental entraram em crise, encerrando um longo ciclo de crescimento acelerado.

Posteriormente, em maio de 1998, a Rússia, mergulhada no caos político e na corrupção crescente, desvaloriza o rublo, marcando a primeira crise financeira pós-socialista. Finalmente, a crise alcança a América Latina com a desvalorização do real e a pressão crescente sobre o regime de taxa de câmbio fixa argentina.

Com o aumento da instabilidade internacional a partir da década de 1970 nas universidades, nos governos e nas organizações internacionais, começaram a ascender, em substituição aos economistas keynesianos, partidários das novas correntes liberais que sustentavam a necessidade da redução do Estado a um nível similar ao do período anterior à Segunda Guerra Mundial, com liberdade de movimento de capitais aliada a uma rápida desregulamentação e confiança no papel do mercado, mesmo em atividades antes exclusivas do setor público. O argumento apresentado era de que os avanços tecnológicos e organizacionais, depois da difusão da microinformática na década de 1980, levaram a erosão dos obstáculos geográficos, ideológicos e políticos às transações internacionais e à ação das firmas transnacionais.

Essas novas forças, que os economistas chamavam de globalização, levariam a um crescimento mais rápido principalmente dos países mais pobres, permitindo a convergência dos níveis de renda e dos padrões de consumo no mundo todo. Nesse caso, a política econômica seria ainda relevante, mas apenas na medida em que regimes dirigistas resistiam a uma rápida e ampla liberalização e desregulamentação das atividades domésticas que lhes facultassem o aproveitamento das novas oportunidades.

Nesse contexto, a globalização financeira, que como vimos foi conseqüência de um conjunto de acontecimentos históricos, foi considerada nessa interpretação, por um lado, produto inevitável das transformações econômicas e tecnológicas recentes e, por outro lado, altamente desejável.

CONCLUSÃO

As idéias importam. Os fatos não falam por si e a interpretação da crescente instabilidade econômica e financeira, que tem sido uma das mais marcantes características da economia mundial nos últimos anos, aparece com incômoda freqüência como conseqüência inevitável de transformações tecnológicas e institucionais.

Nesse clima, o uso (e abuso) do conceito de globalização sugere que os problemas econômicos nacionais e internacionais atuais são conseqüência de alguma inevitabilidade histórica. Entretanto, a tecnologia não é uma externalidade.

Desde Schumpeter, há poucas dúvidas de que ela é um resultado da ação empresarial em um contexto competitivo. Por outro lado, as recentes pesquisas na área de história econômica e empresarial têm mostrado a importância das instituições na explicação do comportamento dos agentes econômicos. No entanto, a dinâmica das mudanças institucionais no período recente são um tema ainda pouco pesquisado. Essa é uma fronteira para a investigação do fenômeno da globalização. Como foi fartamente demonstrado neste estudo, embora a globalização não seja exclusivamente um fenômeno financeiro ou produtivo, essas são as dimensões mais importantes desse processo.

O debate recente sobre a globalização vem quase sempre acompanhado por uma discussão sobre a necessidade da reforma do sistema monetário internacional. Expressões como "volatilidade" e "contágio" têm sido usadas para discutir a frequência e intensidade das crises financeiras recentes. É fato que tal reforma teria implicações não triviais para a globalização, especialmente para as dimensões comercial e produtiva desta. Mas reformas no sistema monetário internacional não são simples de fazer. Todo sistema monetário impõe um custo diferenciado sobre diferentes grupos e diferentes países, na medida em que impõe um determinado tipo de moeda internacional, dita os tipos de instrumentos de política nacional aceitáveis para ajuste no balanço de pagamentos e legitima diferentes tipos de objetivos das políticas nacionais. Todo país deseja um sistema monetário internacional eficiente, mas também um sistema que não prejudique seus interesses. A ascensão e queda das hegemonias é sempre acompanhada por ascensão e queda de sistemas financeiros.

Neste trabalho enfatizamos a importância do sistema monetário de Bretton Woods e principalmente de sua desintegração, para o processo da globalização. Argumentamos que a globalização financeira foi mais um produto da desintegração do sistema monetário internacional do que um objetivo perseguido por ela. As transformações tecnológicas e organizacionais tiveram também um papel importante nas mudanças da ordem econômica mundial. No entanto, nada disso pode ser explicado por alguma tendência inata, por alguma teoria da história que determinou a direção dessas transformações. Foi produto da interação de um grande número de fatos históricos, decisões políticas e mudanças institucionais e tecnológicas.

Nada disso era inevitável, embora haja boas razões para que o caminho percorrido tenha sido esse. Podemos agora entender o que houve, mas não poderíamos antes, como não podemos agora, prever o futuro. A questão não é, portanto, saber se somos a favor da globalização ou contra ela – ela é um fenômeno histórico que deve ser compreendido e sobre o qual temos de atuar. Isso não quer dizer que não é possível ou necessário empreender políticas para atuar nos efeitos desse processo. Como um fenômeno histórico e social, não há por que ser contra a globalização, o que não significa que não seja necessário implementar políticas para defender-nos em um mundo com mudanças rápidas e hostis a países como o nosso.

REFERÊNCIAS BIBLIOGRÁFICAS

AGNEW, John & CORBRIDGE, Stuart. *Mastering Space: Hegemony, Territory and International Political Economy,* Routledge, Londres, 1995.

AKAMATSU, Kaname. "A Historical Pattern of Economic Growth in Developing", em *The Developing Economies,* The Institute of Asian Economic Affairs, 1962.

ALEXANDER, Sidney. "Effect of a Devaluation on a Trade Balance", IMF - *Staff Papers,* vol. 2, Abril, pp. 263-78.

ARRIGUI, Giovanni. *O longo século XX,* tradução de *The Long Twentieth Century,* Contraponto e UNESP, São Paulo, 1994.

ASHWORTH, William. *A Short History of the International Economy since 1850,* 3ª edição, Longman, Londres,1975

BORN, Karl Erich. *International Banking in the 19th and 20th Centuries,* Berg Publishers Limited, 1977.

BOYER, Robert & DRACHE, Daniel. *States Against Markets, The limits of Globalization,* Routledge, Londres e NovaYork, 1996.

CHANDLER, Alfred. "Escala, escopo e capacidade organizacional", em McCRAW, T. K.(org.) – *Alfred Chandler: ensaios para uma teoria histórica da grande empresa",* tradução de *The Essential of Alfred Chandler – essays toward a historical theory of big business,* FGV, Rio de Janeiro, 1998.

CHESNAIS, François. *A mundialização financeira,* Xamã Editora, São Paulo, 1999.

CHESNAIS, François. *La Mundialisation du Capital, Syros,* Paris, 1994.

EICHENGREEN, Barry. *Globalizing Capital: A History of the International Monetary System,* Princeton University Press, Princeton, 1996.

FIORI, José Luís et alii. *Globalização: o fato e o mito,* Eduerj, Rio de Janeiro, 1998.

FUKUYAMA, Francis. *The End of History and the Last Man,* Nova York, Free Press, 1992
GIDDENS, Anthony. Runaway World: How Globalization is reshaping our Lives, Routledge, Londres, 2000.
GIDDENS, Anthony. *The Consequences of Modernity, Polity Prees,* Cambridge, 1990.
GILL, Stephen & LAW, David. *The Global Political Economy: Perspectives, Problems and Policies,* Johns Hopkins University Press, Baltimore, 1988.
GILPIN, Robert. *The Political Economy of International Relations,* Princeton University Press, New Jersey, 1987.
GONÇALVES, BAUMAN, PRADO & CANUTO. A Nova Economia Internacional, Ed. Campus, 1999.
GONÇALVES, Reinaldo. *Globalização e Desnacionalização,* Paz e Terra, Rio de Janeiro, 1999.
GROUP OF TEN – *Report on Consolidation in Financial Sector,* disponível nos sites do BIS (www.bis.org) e do FMI (www.imf.org), janeiro 2001.
HARVEY, D. *The Condition of Postmodernity,* Basil Blackwell, Oxford,1989.
HIRST, Paul. "Globalização: mito ou realidade?" em FIORI, José Luís et alii. *Globalização: o fato e o mito,* Eduerj, Rio de Janeiro, 1998.
HOOGVELT, Ankie. *Globalisation and the Postcolonial World: The New Political Economy of Development,* MacMillan Press, Basingstoke & London, 1997.
HUNTINGTON, Samuel P. *The Third Wave: Democratization in the Late Twentieth Century,* University of Oklahoma Press, 1991.
JONES, Charles A. *International Business in the Nineteent Century: The Rise and Fall of a Cosmopolitan Bourgeoisie,* Wheatsheaf Books – Brighton, Sussex, 1987.
KEENWOOD, A. G. & LOUGHEED, A L. *The Growth of the International Economy,* 1820-1980, George Allen & Unwin, Londres, 1983.
KINDLEBERGER, Charles. *International Capital Movements,* Cambridge University Press, 1987.
MADDISON, Angus. *La Economía Mundial 1820-1992. Análisis y Estadísticas – OCDE,* Paris, tradução espanhola, 1997.
MATHIESON, Donnald & SCHINASI, Garry. "International Capital Markets: Development, Prospects and Key Policy Issues", *World Economic and Financial Survey* – FMI, Setembro 2000.
MOWLANA, Hamid. "The Communications Paradox", *The Bulletin of Atomic Scientists,* Julho/agosto, 1995.
OBSTFELD, Maurice & ROGOFF, Kenneth. *Foundations of International Macroeconomics,* MIT Press, 1996.

OBSTFELD, Maurice & TAYLOR, Alan M. *Global Capital Markets, Integration, Crisis and Growth,* Cambridge University Press.

ORTEGA y GASSET, José. *La Rebelión de las Masas,* Editorial Planeta, De Agostini, S.A., edição original: 1930, Edição atual, Barcelona, 1993.

PARKER, William N. Europe, *America, and the Wider World: Essays on the Economic History of Western Capitalism* – Cambridge University Press, 1984.

PORTER, Michael. *The Competitive Advantage of Nations,* The Free Press, Nova York, 1990.

RAMONET, Ignacio. "O pensamento único e os regimes globalitários", em FIORI, José Luís et alii. *Globalização: o fato e o mito,* Eduerj, Rio de Janeiro, 1998.

REICH, Simon. *What is Globalization? Four Possible Answers,* Working Paper 261, Kellogg Institute, 1998.

ROBERTS, Richards. *Por dentro das finanças internacionais,* tradução de *Inside International Finance: A Citizen's Guide to the World's Financial Markets, Institutions & Key Players*, Jorge Zahar Editor, 1999.

SCHWARTZ, H. M. *States versus Markets: History, Geography and The Development of the International Political Economy*- St Martin Press, Nova York, 1994.

SHIRAKAWA, Masaaki, OKINA, Kunio, & SHIRATSUKA, Shigenori. *Financial Market Globalization: Present and Future,* IMES (Institute for Monetary and Economic Studies), Discussion Paper n. 97-e-11, Bank of Japan, 1997.

SPERO, J. E. *The Politics of International Economic Relations,* Unwin Hyman Ltd., Londres, 1ª ed. 1977, 4ª ed., 1990.

STOPFORD, J. & STRANGE, Susan. *Rival States, Rival Firms: Competition for World Market Shares.* Cambridge Studies in International Relations: 18, Cambridge University Press, 1991.

VAN DER WEE, H. *Prosperity and Upheaval: The World Economy, 1945-1980,* The Pelican History of World Economy in the Twentieth Century, 1987.

VERNON, R. "International Investment and International Trade in the Product Cycle", publicado originalmente no Quarterly Journal of Economics, vol. 80, 1966, reeditado em DUNNING, John H., *International Investment,* Penguin Modern Economics Readings, 1972.

WALERSTEIN, Immanuel. *Istorical Capitalism,* Verso Edition, Londres, 1983.

WATSON, Adam. *The Evolution of International Society, Routledge,* Londres, 1992.

WILLIAMSON, Jeffrey G. "Globalisation, Convergence and History", *Journal of Economic History,* 56 (2 June 1996): 278.

WILLIAMSON, O. "The Modern Corporation: Origins, Evolution, Attributes", em *Journal of Economic Literature*, 19:1, 539-44.

WILLIAMSON, O. *Markets and Hierarchies,* MacMillan, Nova York, 1983.

Parte IV

COMPETITIVIDADE E COMÉRCIO EXTERIOR

Nova Europa e Mercosul: dissonâncias e convergências

Paulo-Edgar Almeida Resende

Coordenador do Núcleo de Análise de Conjuntura Internacional (NACI/PUCSP), diretor-presidente do Centro de Estudos Estratégicos Sul-americanos, membro titular do Grupo de Análise de Conjuntura Internacional/USP e do Instituto de Estudos de Economia Internacional (IEEI), coordenador do NACI – Pós-Graduação da pontifícia Universidade Católica de São Paulo, e membro titular do Gacint-USP e IEEI.

A melhora da inserção da economia brasileira na economia mundial só pode repousar em contínuos ganhos de competitividade. Esse processo, portanto, passa pela adoção de uma nova agenda voltada para promoção de ganhos de competitividade que frutifiquem em elevações permanentes da renda per capta e na superação da diferença entre o Brasil e os países desenvolvidos. Para contribuir com o debate, o embaixador do Brasil em Washington, Rubens A. Barbosa, apresenta um decálogo da competitividade apoiado em rigoroso e bem estruturado diagnóstico das restrições e possibilidades presentes na economia brasileira.

Quadro geral

Da solidariedade franco-alemã da pequena Europa à grande Europa dos 25: a ampliação da União Européia altera, em vários pontos, o processo de integração no continente europeu. A substituição gradual, mas efetiva, de mercados nacionais por territórios, com fronteiras redefinidas, pela livre circulação de pessoas, mercadorias, serviços, capitais, desloca o eixo básico da construção do estado na modernidade. Esboça-se desenho de democracia supranacional de natureza *sui generis*. Inscreve-se na ordem institucional, a ser referendada, a superação da ambígua e mutante lógica intergovernamental, com a afirmação de soberania partilhada dos povos europeus. Supera-se a fragmentação nacional, ao mesmo tempo em que se evita a lógica presidencialista, sugerida pelo presidente *Valéry Giscard d'Estaing*. Reatualizam-se temores gaulistas de se estar construindo o super-estado[1].

O grande desafio do alargamento com aprofundamento traz candentes problemas econômicos, sociais, políticos e culturais. Os aspectos político e social ganham relevância, lado a lado à união econômica e monetária. Vejo que a adesão de dez novos sócios tem objetivos políticos mais claros do que objetivos econômicos. Estamos diante de uma Europa díspare em desenvolvimento, uma Europa de *duas velocidades*.

A expectativa de não poucos é a da efetiva superação do diretório dos grandes, modelo bola de sinuca, fundado no *power politics*, metáfora de *John Burton*[2]. A concepção da Europa *teia de aranha (cobweb)* contempla transações que escapam à rigidez de fronteiras físicas.

A integração econômica tornará a União Européia mais heterogênea socialmente, marcada por acrescidas disparidades. Politicamente, são desafios perfilados na dimensão e na composição da Comissão Européia, na ponderação de votos no Conselho. O cenário de configuração confederada torna-se mais plausível do que o de federação.

A refundação do protagonismo europeu, no contexto da complexa cena mundial, tensiona as relações transatlânticas, no processo de correlação de forças. Não se divisa alinhamento automático com os Estados Unidos, mas tampouco qualquer veleidade de ruptura.

1. MARTINS, Guilherme d'Oliveira. Democracia européia – a audácia necessária. In: Política Externa, SP, março/abril/maio 2004, p.111-122.
2. BURTON, John. World Society. Cambridge, Camb. University Press, 1972.

Trata-se de longa história, que tem começo sob o estatuto de metrópoles e colônias. Na versão externa mais negativa, herdada do *Espírito das Leis de Montesquieu*, o continente tropical é colocado em posição de subordinação disciplinada, decorrência da legitimação climática. Com o processo de *building- state*, há o refinamento da relação pelo *controle*. O externo e o interno se entremesclam na tecitura do *capital sem pátria*, com a complexa redefinição do *império sem metrópole*. A crescente intersecção de traços para fora/para dentro, na atual cartografia mundial, as sinuosidades de interesses, as aspirações, as lealdades suscitaram importantes realinhamentos. Em meio ao debate sobre a qualidade de conhecimento apropriado à realidade latino-americana, ressalte-se a referência às avaliações por que passa a inteligibilidade de blocos em formação.Há relativização de soberanias nacionais – que no caso de países da América Latina, a rigor, jamais deixou de ocorrer – com complexas assimetrias de nichos mais e menos desenvolvidos, dentro de uma mesma nação. Como anota *Pierucci*[3], o Ocidente se defronta com seu outro cultural, em seu próprio território, dentro de suas fronteiras geográficas, contrariando a tese do *choque de civilizações*, *ersatz* da bipolaridade. Essa nova realidade tem sido amplamente descrita, e analisada de forma bastante diferenciada[4]. Há necessidade de se aprofundar o real significado do vocabulário integracionista de teorias em voga, para que o apelo à integração, em suas várias vertentes – *acordos de transição, acordos de associação* – não opere como *deus-ex-machina*. Reificado, o vocabulário integracionista se transforma em fator atuante nas análises, como se operasse, com automatismo, na direção do desenvolvimento sustentável da região, ou do seu contrário, sem que seja identificada sua natureza real. As relações internacionais de troca têm-se deteriorado para países menos desenvolvidos, cujos volumes de exportações se avolumam em relação inversamente proporcional a valores da venda no mercado internacional. Faz-se imprescindível a decodificação das relações entre projetos integracionistas e interesses em jogo, vinculações entre o econômico, o político, o social e o cultural; imbricação de instituições e valores. Na falta de controle intelectual dessas relações, a interpretação fica à deriva de procedimentos românticos, ideológicos ou de clonagem acadêmica importada, quando não de descritivismos, à base de precário processamento da pletora de dados à disposição.

3. PIERUCCI, Antônio F. Ciladas da diferença. SP, Ed. 34, 1999.
4. RESENDE, Paulo-Edgar Almeida. Comunicação e mestiçagem. In: DOWBOR, L. et allii, orgs. Desafios da Comunicação. 2ª ed, RJ, Petrópolis, 2003.

Dos acordos de transição aos acordos de associação

Aos *acordos de transição*, para dar a tônica do realismo na incorporação de dez novos membros europeus, a União Européia não se descuida de *acordos de associação*, visando à instauração de *áreas de livre comércio*. Rotinizam-se redes de fóruns políticos de diálogo, com destaque para cúpulas entre Chefes de Estado e Governo da União Européia, América Latina e Caribe. Os encontros no Rio de Janeiro (1999), (Madri (2002) e Guadalajara (2004) buscam estreitar relações políticas, econômicas, sociais e culturais entre as duas regiões. Em nível formal de declarações, habituais em tal tipo de reunião, reafirmam-se convicções compartilhadas de consolidação democrática, com base no Estado Social de Direito; de interesses econômicos comuns. Todavia esta rede bi-regional de relacionamentos regionais tem avançado pouco na realização de projetos de parcerias estratégicas, invocadas como diretriz. Não se registram compromissos significativos nos foros internacionais, em rodadas multilaterais de comércio, na efetiva cooperação técnico científica, nas propostas comuns de reforma de organizações multilaterais, no intercâmbio de experiências sobre processos de integração, no desmonte de mútuas restrições de acesso aos mercados. É sobretudo parco o consenso sobre o tema da coesão social. Levem-se em conta assimetrias existentes, perversos indicadores sociais da América Latina, suscitados em parte, ou agravados, pelo regime de trocas desiguais, protecionismo agrícola europeu e norte-americano, exatamente no setor em que a América Latina se mostra competitiva.

Admitamos, contudo, que as relações políticas entre Europa e América Latina passam por redefinição, em que pese o fato de o alargamento da Europa, não estar claro se operará como impulso ou novos freios nas relações bi-regionais.

A partir de perspectiva brasileira, foco do presente texto, datado – é importante tê-lo em mente – as primeiras impressões, diante de tal processo de alargamento da Europa, tendiam ao pessimismo. Ao impasse de truncadas negociações na *Organização Mundial do Comércio*, somava-se o fato de a Europa Centro-Oriental ter economia fortemente baseada na agricultura. Na reunião ministerial de *Cancun*, em setembro de 2003,. Estados Unidos e União Européia foram criticados pela diplomacia brasileira de intransigência com relação ao projeto que apresentaram, de comum acordo, de exacerbado protecionismo agrícola. Na resistência conjunta ao documento protecionista, formou-se o G20, em que perfilaram Índia, China, África do Sul,Brasil e outros 16 países. Supunha-se, no caso específico da UE, que a entrada de países de economia agrícola legitimaria a atual política protecionista, sob o argumento recorrente da *multifuncionalidade* da produção rural.

Passado o temor inicial, o 1º de maio de 2004, data de alargamento da União Européia, ocorre no preciso instante em que ganham fôlego negociações com o Mercosul. Nos calendários oficiais de UE/Mercosul, de maneira quase surpreendente, verifica-se, no momento em que redigimos o presente texto, relação inversamente proporcional com negociações visando a *Área de Livre Comércio das Américas*. O ex-presidente argentino, e atual chefe do *Comitê de Representantes Permanentes do Mercosul, Eduardo Duhalde*, divisa horizonte de ofertas melhoradas da União Européia. *Franz Fischler*, comissário europeu para agricultura, com a retórica de experientes negociadores, diz que a União Européia está preparada para discutir a eliminação de subsídios à exportação de todos os produtos. Tudo começou em junho de 1999 no encontro de chefes de Estado no Rio de Janeiro. Em julho de 2001, de forma unilateral, a Europa se antecipou e enviou ao Mercosul oferta, que previa a liberalização de até 90% do comércio, em período de dez anos, a partir da assinatura do acordo. A contraproposta precavida do Mercosul, prevendo igualmente abertura gradual em outubro de 2001, foi considerada tímida, com dilatação de prazos para zerar tarifas. No início de 2002, registrou-se o impasse, com priorização pelo Mercosul da discussão sobre *acesso* a mercados, com ênfase na agricultura, enquanto a União Européia colocava em primeiro plano *regras* para a integração. O consenso para avançar nas negociações foi acordado em meados do ano 2002, com fixação de cronograma abrangente até 2003. Em março de 2003, o Mercosul e UE melhoraram suas propostas, elevando o percentual oferecido de produtos com tarifas a serem zeradas. O *Programa de Bruxelas* acertou, em novembro de 2003, cronograma, cujo ponto de chegada supõe acordo em outubro de 2004. O otimismo atual baseia-se no fato de que, no mês de abril de 2004, o Mercosul ofereceu à União Européia eventual acesso privilegiado a mercado nas áreas de serviços e investimentos, em troca de oferta significativa no setor agrícola europeu.

Não obstante, é de utilidade, para melhor compreensão do duplo jogo, Mercosul-USA e Mercosul-UE que se esclareçam diferenças significativas de padrões de negociações em curso.

A estreita janela de oportunidades

Como ponto inicial de reflexão, cabe a afirmação de que, à luz da *Rodada Doha de Desenvolvimento*, a ronda de liberalização comercial, iniciada em 2001 na capital do *Qatar*, com previsão otimista de encerramento em2005, foi obstaculizada pelo sólido acordo de posições protecionistas sobre agricultura da coligação EUA/UE. Explicitada na reunião ministerial da OMC, realizada em 2003 no México, tal postura persiste, como se notou na *segunda semana da agricultura*, realizada no mês de abril de 2004. EUA e UE aderem à fórmula abrandada do antigo modelo da *Rodada do Uruguai*. O *G20* e o *Grupo de Cairns*, formado por grandes exportadores agrícolas, julgaram-se prejudicados. Saíram da reunião com enérgicas expressões de descontentamento. O próprio diretor-geral da OMC, *Supachai Panitchpakdi*, teme que se esteja fechando a janela de oportunidade para se conseguir a moldura do acordo, como passo inicial de liberalização, visando à redução tarifária e subsídios, sejam os internos, sejam os de incentivo à exportação.

A ALCA light

O ministro das Relações Exteriores do Brasil, Celso Amorim, deu, nas primeiras semanas de abril de 2004, entrevistas em que, recorrentemente, afirma prognóstico negativo quanto ao cumprimento do calendário da Área de Livre Comércio das Américas. As negociações têm sido bastante sinuosas. Na reunião da *Cúpula de Miami*, no final de 2003, foi acordado abrandamento da proposta inicial. No jargão diplomático, passou-se a falar de *ALCA light*. Questões sensíveis seriam reenviadas a negociações multilaterais no âmbito de desdobramentos da *Rodada Doha da Organização Mundial de Comércio*. Mas, as reuniões seguintes dos técnicos se mostraram frustrantes. Persistiram indefinições em áreas de impasse: agricultura, serviços, propriedade intelectual, compras governamentais, investimentos.

A integração em dois tempos Mercosul/UE – Mercosul/ALCA

O acordo de livre comércio UE-Mercosul se movimenta mais célere, pelo que revela o cronograma de reuniões do *CNB (Comitê de Negociações Birregionais)*. É bem verdade que as preliminares para o acordo apontam em direção semelhante, em um ponto, ao que se tem tentado no caso da ALCA. Em ambos processos de negociação, trata-se de *acordo light*, à base de *two-step approach*, integração em dois tempos. Há um passo inicial tímido, em dependência de desdobramentos decorrentes da *Rodada Doha*, quando questões sensíveis, elencadas por ambas as partes, seriam discutidas. De imediato, a proposta para o acesso de produtos agrícolas pelos europeus, é bastante modesta. Os produtos, definidos como sensíveis, terão de se sujeitar a cotas, manipuladas para baixo pelos países europeus. Como troco, os países do Mercosul se julgam incentivados a ceder igualmente de modo mínimo no que é de interesse da UE: serviços, e *temas de Cingapura*, investimentos, compras governamentais, políticas de concorrência e facilitação de comércio.

O jogo de esconde-esconde

De parte a parte, negocia-se com olhos atentos em alternativas. A *ALCA* é valorizada geopoliticamente pelos EUA, que acompanham de perto as negociações do *Mercosul* com a *União Européia*. Temem perder sua tradicional área de influência. Os europeus temem sobretudo o risco *ALCA*, já que empresas européias têm, a partir dos anos 90, feito investimentos no *Mercosul* em telecomunicações, bancos, indústria automobilística etc. Os países do Mercosul contam, *bon-grè-mal-grè*, com a grande vantagem de o Brasil estar na condição de *global trader*, com interesses múltiplos, direcionados seja para o grande mercado norte americano do NAFTA, seja para a *Comunidade Européia* alargada. Acresçam-se outros *trilhos*, segundo o jargão diplomático, que levam o *vagão* de negociação brasileiro para a Ásia, destacando-se aí Índia, China e Rússia, bem como para a África, leia-se África do Sul. Vale dizer, à medida que o Brasil exporta mais para a UE do que para os Estados Unidos, e que tem hoje a China como seu pólo mais dinâmico de exportações, sua margem de manobra nas relações com a UE e com os EUA é diferenciada com relação a de México, que tem no mercado americano cerca de 90% como destino de suas exportações. Tornam-se, em tal contexto, imprevistas declarações atribuídas ao Ministro das Relações Exteriores do México, Luis Derbez, e a operacionalização do engajamento do México no Mercosul, sob o estatuto de estado associado, como Chile e Bolívia; em que pese a disjunção geográfica.

Janelas de oportunidades e portas fechadas a sete chaves

Diante da complexidade de atuais processos regionais e inter-continentais de negociação, sinuosidades, expressas em noticiários contraditórios e mutantes, colocam-nos no olho do furacão de interesses, de intransigências, de assimetrias. As táticas e estratégias, diariamente, deslocam-se em imbricados fluxos de negociação na cartografia dos blocos. A visão do observador incorre freqüentemente em distorções em suas análises conjunturais e na construção da plausibilidade de cenários. Mas, segundo o dito popular, onde há fumaça há fogo.

Negativamente, pesam múltiplos fatores no atual exercício de compatibilização de ofertas, de acessos ao mercado de União Européia-Mercosul, o que nos leva ao comedimento. A atual *janela de oportunidades*, entreabertas, não escancaradas, tem de ser cotejado com portas, *trancadas a sete chaves*. A União Européia, na respeitável contabilidade do *diretor do Instituto de Estudos do Comércio e Negociações Internacionais* (ICONE), Marcos Sawaia Jank[5], é responsável por 86% do uso de subsídios à exportação de produtos agrícolas do mundo. Os subsídios à produção são cerca de três vezes mais volumosos do que os dos EUA. Em acesso a mercado, de parte dos EUA, 160 produtos têm tarifas *ad valorem* equivalentes acima de 30% (9% do total) que protegem açúcar, etanol, laticínios e fumo. No caso europeu, sobem a 640 as linhas tarifárias acima de 30% (31% do total), com proteção a grãos, carnes, laticínios, açúcar, etanol, fumo, hortigranjeiros, bananas etc. O Presidente do *Ícone* acrescenta o fato de os americanos ofertarem todo seu universo tarifário para desgravação na *ALCA*. Os europeus colocam quase todos seus produtos agrícolas, considerados sensíveis, na *lista E* de exceção, no jargão das negociações. São cerca de 958 linhas tarifárias, que, grosso modo, correspondem a produtos. Parte deles passaria, na atual negociação para a *lista D*, ou seja, a que prevê eliminação de tarifas de importação em até dez anos, com redução parcial de tarifas de importação ou com concessão de cotas. Considerem-se ainda o privilegio de *acesso* de produtos oriundos de ex-colônias da África, do Caribe e do Pacífico, e, a partir de 1º de maio, os novos membros do Leste Europeu com direitos de acesso não extensivos a terceiros, fora da zona.

A curta distância, pesam negativamente a conjuntura eleitoral dos EUA e a próxima substituição de novos membros na Comissão Européia, responsável pela negociação pelo conglomerado de países, com mandato até outubro de 2004. Portanto, no caso do Velho Mundo. Seus comissários não se encontram em condições de assumir compromissos nas vésperas de serem substituídos. No caso dos EUA, a sensibilidade dos candidatos à presidência, diante de pressões da agro-indústria do país é notória.

5. JANK, Marcos Sawaia. Jornal O Estado de São Paulo, 06/04/04.

Atratitivos da matriz de integração européia sobre o modelo centro-e-raios dos EUA

Podem ser levantados pontos positivos para desencadear expectativas de aproximação Mercosul UE:

O processo de integração européia serve de referencial constante para a integração no âmbito do Mercosul. Da experiência européia, vem para o subcontinente da América do Sul a referência de padrão ou modelo de integração mais profundo do que é plausível se esperar da ALCA: Lado a lado à área de livre comércio, perfilam temas de interesse para a América do Sul, não apenas econômicos como o são a união aduaneira, a moeda única, a livre circulação da mão de obra – válida com restrições para os novos membros – regras claras de solução de conflitos e de competências. Do ponto de vista político, enumeram-se o Parlamento Europeu, o debate de uma Constituição ou de Tratado de natureza constitucional, o debate sobre a questão das soberanias nacionais, a proposta de uma Confederação ou de uma Federação. Esta matriz de integração não deixa de ser atraente para refundar-se a América do Sul. Vejam-se obras como as de. Deyse de Freitas Lima Ventura e a de *François d'Arcky*[6]. A diferença com o modelo do NAFTA é evidente. Neste caso, não se exagera ao se afirmar o controle nacional e unilateral da economia regional pela iniciativa estadunidense. No modelo europeu, o apelo à soberania nacional se abranda de modo crescente, por exigência de critérios de convergência. Imbricam-se, de modo complexo, a intergovernabilidade e a supranacionalidade, embora, é bom dizê-lo, longe de a federação tornar-se possível a curta distância. Com efeito, o poder fiscal permanece com fortes colorações nacionais, o que, em consequência, reduz créditos sobretudo para a Europa social. Reside aí, possivelmente, o principal limite do arrojado projeto de integração alargada.

O *euro* abre opção complementar ou adicional aos países da América Latina, em geral, sujeitos à evolução autônoma do dólar.

Ficam mais à vista potencialidades de um tipo de processo de integração, no qual as decisões políticas se mostram tão importantes quanto as econômicas.O modelo arquitetônico do mundo bi-polar é substituído por nova cartografia, com a intensificação de mistura de lugares, com novas confluências.

6. VENTURA, Deyse de Freitas Lima. A ordem jurídica do Mercosul. Porto Alegre, Livraria do Advogado, 1966. D'ARCKY, François. Construção européia e a transformação dos Estados Europeus. Franca, UNESP, 1999.

Confirma-se a previsão de que o capital não tem pátria, e passa-se a ter, como referente primário, não identidades nativas, estados-nacionais, ou, no caso da América do Sul, certo sistema inter-estatal latino-americano, supervisionado unilateralmente pelo *pan-americanismo*, filho pródigo do *monroísmo, do destino manifesto*. Se antes a cobertura americana era tida como importante para a proteção do continente contra eventuais veleidades imperiais européias, na versão pragmática do *Barão do Rio Branco*, hoje, a maior aproximação com a Europa tem sinal trocado. As não dissimuladas veleidades do *Corolário Roosevelt*, mais bem percebidas pelo contemporâneo de *Rio Branco*, o ministro das Relações Exteriores da Argentina, *Drago*. Foi acrescentada à Doutrina Monroe a justificativa para intervenções nos países latino-americanos, abrangidos pela ampliação de sua área de influência[7].

A negociação Mercosul-UE é facilitada por ser inter-blocos, enquanto no caso da ALCA estão envolvidos 34 países. Os Estados Unidos optam por tomarem a iniciativa de acordos bilaterais no formato centro-e-raios.

Sem dar muito peso à personalização em ambos processos, mas dando algum valor à tônica de discursos de negociadores, a percepção de muitos dos analistas brasileiros é a de que o europeu *Michel Lamy* é portador de melhor retórica, e ela acaba contando em algum grau. O chefe da *United State Trade Representative*, Robert Zoellick é tido como inflexível, ameaçou o Brasil de ter de negociar com *pingüins*, caso não se curvasse à proposta de que era portador.

Diante do alargamento da União Européia, a expectativa é a de que os migrantes, procedentes da Europa Centro-Oriental, presentes na vida econômica e cultural do Brasil e do Cone Sul possam servir de incentivo para a Europa do Leste se tornar mais próxima do Mercosul. Há complementaridades que se revelaram, até o presente, carentes de base mais consistente de referência.

Na encruzilhada, há indicações de que as novas vias se mostram mais amplas. Os discursos apontam para a ampliação de horizontes, que ficam além da mera lógica inter-governamental, à base de uma rede constitucional de tipo novo. Mas quando interesses capitalistas estão em jogo, é quase constrangedora, mas a metáfora do Embaixador brasileiro, co-presidente de negociação da ALCA, *Adhemar Bahadian*, serve de sobre-aviso, e não só para se ir ao pote de negociações com menos sede, ou menos erotismo: *é como a odalisca de cabaré barato – à luz tênue da noite, parece uma deusa*. Quando amanhece,

7. CERVO, Amado e BUENO, Clodoaldo. História da Política Externa do Brasil. 2a. ed, Brasília,Ed. UnB, 2002, pág.178.

percebe-se que não é nada daquilo. Às vezes nem mulher é. Para o ministro das Relações Exteriores do Brasil, Celso Amorim, aturdido com a imagem inesperada de *Bahadian: as metáforas do embaixador Adhemar Bahadian são as metáforas do embaixador*.

A conclusão que se pode tirar, no momento, é que nenhuma das duas regiões é estratégica para a outra. Mas é admissível afirmar-se com *Alberto van Klaveren*[8] que a importância da Europa para a América Latina seja, em vários aspectos, maior do que a da América Latina para a Europa. Apesar disso, são importantes os laços construídos ao longo da história. Esses elementos, além de outros derivados do atual panorama internacional e da globalização econômica em marcha, aconselham a definir melhor afinidades, a fim de aproveitar potencialidades da relação entre ambas regiões.

Por realistas que sejamos, a expectativa é a de que o padrão do alargamento europeu, e as negociações UE –Mercosul, embora com previsão de piso baixo, não levem ao porão de assimetrias tradicionais.

8. KLAVEREN, Alberto van. As relações políticas entre Europa e América Latina: a necessidade de uma sintonia mais fina. In: Europa/América Latina. RJ, Fundação Konrad Adenauer Stiftung, 2004, pág. 10.

Estratégias de competitividade

Rubens Antônio Barbosa

Ex-Embaixador do Brasil em
Washington e consultor

A melhora da inserção da economia brasileira na economia mundial só pode repousar em contínuos ganhos de competitividade. Esse processo, portanto, passa pela adoção de uma nova agenda voltada para a promoção de ganhos de competitividade que frutifiquem em elevações permanentes da renda per capita e na superação da diferença entre o Brasil e os países desenvolvidos. Para contribuir com o debate, o embaixador do Brasil em Washington, Rubens A. Barbosa, apresenta um decálogo da competitividade apoiado em rigoroso e bem estruturado diagnóstico das restrições e possibilidades presentes na economia brasileira.

Quadro geral

Desde o início do capitalismo moderno, depois da Segunda Guerra Mundial, o mundo não é mais regido pelas guerras de conquista ou pela ocupação militar de territórios, e sim pela competição econômica, pela disputa de espaços de crescimento, pelo fortalecimento da base tecnológica das economias nacionais.

Esses fatores representaram, sem dúvida, acréscimos de bem-estar e de prosperidade – mas também poderio militar, vale lembrar – para aqueles países e economias que logram obter, e manter, altas taxas, sustentáveis, de crescimento econômico.

O crescimento contribui para a melhoria do desempenho econômico nacional, algo que só pode ser medido, justamente, na comparação com outras economias, que terão maior ou menor desempenho relativo.

Os processos paralelos de convergência ou de divergência na economia mundial – que explicam por que alguns países são tão ricos e outros tão pobres – são fenômenos basicamente derivados dos diferenciais de desempenho das economias nacionais.

Quando o Brasil crescia a altas taxas, nos anos 70 do século passado, nosso produto nacional e nossa renda aproximaram-se do PIB e da renda per capita dos Estados Unidos, diminuindo portanto a distância entre nós. Mas bastaram duas décadas de baixo crescimento no Brasil, ou de relativa estagnação de nossa renda per capita, ao lado de um grande dinamismo da economia americana, para que essa distância aumentasse novamente, para nossa grande frustração.

A globalização da economia e das finanças no mundo contemporâneo significa um mundo cada vez mais competitivo e cada vez mais criador de novas oportunidades, mas também destruidor de empregos em indústrias e serviços pouco competitivos.

A globalização não confronta sobretudo países, mas essencialmente empresas. São elas que competem entre si e são basicamente as empresas que são responsáveis pelo desempenho econômico dos países.

O desempenho econômico é medido essencialmente pela produtividade das economias e esta se traduz, obviamente, em competitividade no plano do comércio internacional e no do intercâmbio tecnológico.

O comércio exterior é, como todos sabem, um poderoso fator de crescimento, de modernização tecnológica, de aumento de renda e de transferência de know-how.

O Brasil, infelizmente, ainda tem uma parte muito pequena de seu produto global formada nos intercâmbios externos, de todo tipo, e ainda somos muito dependentes financeiramente do exterior, por causa de uma insuficiente poupança interna.

Temos ainda muitos outros fatores, estruturais, institucionais, políticos e sociais, como o baixo grau de educação formal da população, que afetam o nosso desempenho econômico e, portanto, a nossa competitividade internacional.

Tudo isso afeta nossa relação com o mundo, numa era em que as fronteiras se dissipam e as economias se confrontam diretamente.

No mundo globalizado, mais do que as vantagens comparativas nos fatores de produção, o que conta – como observou pioneiramente Michael Porter – é a vantagem competitiva das nações na infra-estrutura básica de serviços e condições institucionais que permitem um bom ambiente de negócios, mas, como os Estados não produzem dinheiro, só gastam, toda a fonte da competitividade depende, em primeira e em última instância, das empresas e essencialmente dos empresários.

A competitividade não é apenas um indicador, um dado estático, um retrato de uma realidade determinada. Ela é, basicamente, um processo contínuo, dinâmico, de adaptações constantes ao meio ambiente de negócios, nos planos nacional, regional e crescentemente internacional.

Sendo dinâmico, esse processo é necessariamente desigual e assimétrico. Os países não são competitivos por mérito próprio, mas podem estar competitivos pela força das suas empresas que dependem, elas, das condições infraestruturais e nas regras institucionais dadas pelos Estados.

Os fatores de competitividade

Competitividade é um conceito dinâmico. Ao alcançar um elevado nível de competitividade em um determinado momento, não significa que o país continuará competitivo em um outro momento. As vantagens competitivas são obtidas em um processo de renovação e de inovação contínuo.

A competitividade, de forma simplificada, pode ser analisada do ângulo da empresa e do ponto de vista sistêmico.

Da perspectiva empresarial, que me dispenso aqui de examinar em profundidade, a análise diz respeito aos métodos gerenciais, à reestruturação da companhia, ao aumento da produtividade, ao tamanho do negócio, ao apoio às fusões, à criação de empresas no exterior, entre outros aspectos.

Do ponto de vista sistêmico, tem de ver com as condições gerais da economia: o mercado de crédito, o mercado de trabalho, a infra-estrutura, a inovação tecnológica e as políticas industriais e de investimento.

Vou-me deter nessas questões que são afetadas diretamente pela ação do setor público.

1) Em primeiro lugar, o desempenho econômico como um todo, critério pelo qual são medidos alguns indicadores objetivos, como o tamanho da economia (o que nos beneficia), a taxa de crescimento, o comércio internacional (em ambos ficamos em posição irrelevante), os investimentos diretos estrangeiros (em que a despeito da retração, conseguimos manter o segundo lugar dentre os emergentes, depois da China), bem como emprego e preços (como mixed results em ambos os critérios).

2) O custo Brasil, cuja redução depende basicamente apenas de nós, é um dos elementos mais negativos para o aumento da competitividade. As dificuldades burocráticas, a estabilidade do marco regulatório, as sucessivas (e excessivas) mudanças nas regras, a corrupção, a lentidão da justiça, a alta carga tributária e dos encargos sociais, os entraves operacionais à exportação, especialmente nos portos e na alfândega, são alguns exemplos de uma longa lista de ineficiências que explicam a baixa posição do Brasil nos índices de competitividade.

3) A legislação envolvida na administração dos negócios é relativamente satisfatória, mas o excesso de regulação nos mercados laboral e financeiro pode prejudicar a competitividade das empresas. A lei da sociedade anônima, a lei de falência, a legislação que introduz o sistema arbitral são exemplos de aperfeiçoamentos que devem ser estimulados. A eficiência das empresas também se vê afetada pelo baixo grau de educação formal da população economicamente ativa, o que obriga muitas delas a investirem no treinamento e na capacitação de seus funcionários.

4) Como conseqüência da baixa qualificação técnica da população, a produtividade das empresas também deixa a desejar, embora a melhoria tenha sido sensível no decorrer da última década. O governo terá de investir pesadamente nessa área pelos próximos anos e décadas.

5) O setor bancário parece altamente moderno no Brasil e é relativamente eficiente, mas o mercado de capitais é insuficientemente desenvolvido, o que obriga as empresas a um maior grau de autofinanciamento. A escassez de crédito é um dos principais, senão o principal problema que as empresas privadas enfrentam.

6) Finalmente, do ponto de vista da infra-estrutura básica, o Brasil apresenta aspectos positivos e outros nitidamente negativos. Ainda que sua comunidade científica seja altamente capacitada, mantém poucos contatos institucionais com a comunidade empresarial, que por sua vez investe pouco em P&D. A infra-estrutura tecnológica e a parte física (energia, comunicações, transportes) deixam muito a desejar.

7) A revolução na tecnologia da informação coloca um desafio para a capacidade das empresas e do governo para avançar na inovação. O crescimento da economia norte-americana pode ser explicado, em grande parte, pelo extraordinário crescimento da produtividade, derivado da generalizada utilização da tecnologia da informação. A inovação, resultado de trabalho conjunto da empresa, dos institutos de pesquisa e das universidades, em muitas áreas, como a da defesa, com significativo apoio financeiro do governo, transformou-se na economia contemporânea em fator relevante para o aumento da competitividade.

DUAS PALAVRAS SOBRE INDÚSTRIA E COMPETITIVIDADE

Política comercial e competitividade industrial

Segundo um estudo efetuado por dois economistas do BID, Ernesto López-Córdova e Maurício Mesquita Moreira (Regional Integration and Productivity: The Experiences of Brazil and Mexico; BID-INTAL, Woorling Paper 14, julho de 2003), o Brasil e o México apresentam experiências diversas de aumento de produtividade, mas confirmam o papel positivo desempenhado não tanto pela integração em si como pelo processo de liberalização das importações (redução das barreiras tarifárias e não-tarifárias) que a integração (Nafta e Mercosul) permitiu em cada caso. O México, que adotou uma postura mais agressiva em relação à abertura comercial no quadro do Nafta, parece ter tido mais retornos de produtividade nos vínculos com o setor exportador, enquanto no caso do Brasil os efeitos estiveram mais ligados à abertura não preferencial, ou foram em todo caso coincidentes com o processo de reforma tarifária da primeira metade dos anos 1990, que se confunde com a conformação da TEC do Mercosul.

Deve-se considerar ainda o papel mais relevante desempenhado pelo comércio exterior na formação do PIB mexicano, bem como a maior concentração do primeiro no mercado americano, ao passo que o coeficiente de abertura externa do Brasil é bem menor e a parte do Mercosul é também reduzida em sua estrutura de comércio exterior. Mas o Mercosul constitui um mercado relativamente diminuto quando comparado às dimensões do mercado norte-americano.

A conclusão é de que, se o Brasil tivesse perseguido uma estratégia mais agressiva de integração (ou de liberalização comercial unilateral), os ganhos de produtividade seriam maiores, o que poderia eventualmente ser alcançado no quadro de uma Alca a ser negociada oportunamente.

Nem o Brasil nem o México, contudo, lograram sustentar processos contínuos e de longo prazo de aumento da competitividade, como ocorreu em diversos países da Ásia. Fatores importantes para esse aumento sustentado, além do simples recurso à liberalização no quadro de processos de integração (ou liberalização unilateral), que provocam pressões para a inovação, parecem ser a manutenção de um ambiente macroeconômico estável, grandes investimentos em educação e em ciência e tecnologia e a existência de instituições favoráveis. Desse ponto de vista, tanto o Brasil como o México ainda têm muito o que fazer.

Os exemplos contratantes da Ásia e da América Latina

Outros estudos, por sua vez, como o "Trade and Development Report 2003", da UNCTAD (Capital Accumulation, Growth and Structural Change), sugerem que os vínculos com o comércio internacional constituem um poderoso fator de mudança estrutural no setor industrial e, portanto, de aumento da competitividade geral da economia. Países como a Coréia do Sul e Taiwan conseguiram alcançar um índice maduro de industrialização, em alguns casos em níveis similares ou até superiores aos de economias avançadas. Já no caso do Brasil e da Argentina, por exemplo, dentre os mais industrializados na América Latina, o investimento industrial apresentou fraco desempenho, provavelmente devido à pequena exposição ao comércio internacional, o que talvez explique o fato de suas estruturas de exportação continuarem dominadas por produtos tradicionais ou de menor valor agregado. Segundo o relatório da UNCTAD, essa diferenciação é se deve ao "fracasso das reformas de políticas (econômicas) que criem as condições necessárias para iniciar um rápido processo de acumulação de capital e de mudança tecnológica, de modo a reestruturar essas economias para responder aos desafios colocados pela rápida integração no sistema multilateral de comércio" (p. 123).

O Brasil e a competitividade mundial

No Brasil, a realidade dos indicadores de competitividade é complexa e contraditória. Se bem que muitas empresas ostentem indicadores de competitividade iguais aos das melhores empresas do mundo globalizado, nosso posicionamento geral é muito pobre, incompatível com o dinamismo já alcançado pela economia capitalista no país.

De fato, medida pelo World Competitiveness Report 2003 (IMD, da Suíça), a posição do Brasil não é brilhante quanto ao índice geral de competitividade: o país fica em 21º lugar entre as 30 maiores economias, atrás da Índia e da África do Sul (mas acima da Argentina, que despencou para o 29º, à frente apenas da Venezuela). O Brasil também recuou, já que em 2002 ocupava o 15º lugar nessa escala (um resultado melhor do que em 1999, quando estava em 17º lugar).

O novo ranking do IMD compreende 60 economias, que estão agora distribuídas em 50 economias nacionais (isto é, países) e 10 regiões, com ambos os grupos divididos em duas categorias: de mais de 20 milhões de habitantes e de economias ou regiões menores.

Trata-se, obviamente, de uma nova dimensão na avaliação dos critérios de competitividade, legítima em seu mérito próprio, já que as pequenas economias devem ser avaliadas de forma diferente das grandes, dado que os fatores de competitividade são diferentes.

Mas, e esse é um aspecto importante e interessante para nós, se o Estado de São Paulo fosse um país independente, estaria em 13º lugar no índice geral. Com efeito, utilizando esse novo critério das 30 maiores economias com mais de 20 milhões de habitantes, o Estado de São Paulo se colocaria em 13º lugar, logo após as dez economias mais competitivas (e avançadas) do mundo. Ainda assim, São Paulo é ultrapassado pela Malásia (4º lugar), pela Tailândia (10º) e pela China (12º) na escala de competitividade.

O Estado de São Paulo também apresenta desempenho satisfatório em termos de finanças públicas e "adaptabilidade das empresas". Nessa última categoria, o Brasil sai-se bem melhor do que no índice geral de competitividade, pois alcança o 4º lugar, depois do próprio Estado de São Paulo, dos EUA e de Taiwan.

Não se pode dizer que São Paulo melhorou ou piorou em relação a 2002, porque nesse ano não houve aferição por região.

(Ver o World Competitiveness Report 2003: www02.imd.ch/wcy/ranking/)

O Brasil e a sua competitividade

No plano geral, o Brasil parece preparado para enfrentar os desafios da globalização, sobretudo do ponto de vista dos valores e receptividade aos fatores de mudança e de progresso, mas muito mais esforços serão necessários para trazer o país e sua população a níveis mais elevados de produtividade e de competitividade.

O Brasil realizou grandes avanços na última década, em termos de abertura e privatização de setores antes fechados à competição, da modernização geral da economia e, em parte, da liberalização comercial (mas ocorreram recuos na segunda metade dos anos 1990, em grande parte explicáveis pela defasagem cambial e o déficit comercial).

Ocorreu, igualmente, uma nítida melhoria da qualidade da política macroeconômica, com a estabilização da economia, sobretudo na parte fiscal e tributária (embora à custa do contribuinte e das empresas), e um menor avanço nas políticas setoriais (notadamente a industrial, já que na área agrícola e mesmo na tecnológica os progressos foram visíveis).

Por outro lado, não há como deixar de registrar os avanços insuficientes em termos de "custo Brasil" e de outros fatores microeconômicos incidindo na melhoria da competitividade das empresas (insuficiente redução do custo dos negócios para as empresas).

Dessa forma, a competitividade da economia brasileira apresenta algum avanço pela crescente importância do setor externo e pela manutenção dos estímulos vindos da câmara de competitividade e das câmaras setoriais.

Nesse contexto, quatro aspectos ainda devem ser lembrados:

Em primeiro lugar, a gradual perda de prioridade das preocupações com a melhoria da competitividade observada nos últimos anos em decorrência da prioridade absoluta para a política econômica, do ressurgimento, em alguns setores, de demandas protecionistas e de dificuldades para reduzir o custo Brasil.

Segundo, a ilusão da taxa de câmbio, já que as desvalorizações deram a ilusão passageira de um aumento artificial da competitividade.

Terceiro, a estratégia de integração regional. Com resultados muito positivos na primeira metade dos anos 1990, à luz do aumento das exportações em um mercado ampliado e com a expansão externa das empresas brasileiras, a integração regional – especialmente no Mercosul – perdeu seu dinamismo e em alguns aspectos chegou mesmo a regredir. Com a negociação da Alca e as dificuldades para retomar o dinamismo no Mercosul, o setor privado enfrenta o desafio da incerteza e do desconhecimento no tocante ao ambiente de negócios nos próximos anos.

Finalmente, no que se refere ao comércio exterior, em termos de competitividade, na última década, pode-se observar um processo contraditório: de um lado, um desenvolvimento industrial relativamente bem-sucedido e, de outro, um desempenho exportador marcado pelo baixo dinamismo. Apesar do crescimento das exportações – cerca de 25% em relação a 2002 –, o Brasil está perdendo participação relativa no mercado mundial (segundo relatório da OMC, em 2002 as exportações do Brasil representaram 0,9% do total mundial, com um crescimento de cerca de 4%) e no principal mercado comprador, os Estados Unidos – as exportações brasileiras representam menos de 1% do total das importações norte-americanas, que sobem a mais de US$ 1,5 trilhão.

O desafio atual é o de aumentar a competitividade internacional da economia e da empresa brasileira e de ampliar, com as devidas cautelas, o coeficiente da abertura externa do setor industrial, nos dois sentidos, da exportação e da importação, de acordo com políticas que permitam uma efetiva parceria entre governo e setor privado, com regras claras de política industrial, de comércio exterior e tecnológica. O recente "Roteiro para a nova agenda de desenvolvimento econômico", elaborado conjuntamente pelos ministérios da Fazenda, do Planejamento e do Desenvolvimento, aponta nessa direção, embora as iniciativas setoriais ainda aguardem definições mais claras que se espera possam estar contidas nas novas politicas para essas três áreas que estão por ser anunciadas pelo governo.

O essencial é que a futura política industrial (sem fazer distinção entre mercado interno e mercado externo) esteja intimamente associada à política de desenvolvimento tecnológico e de promoção de comércio exterior.

Quando o mundo faz a transição da era industrial para a era da informação, o Brasil – governo e setor privado – tem de trabalhar partindo da premissa de que a vantagem competitiva vai depender mais das respostas ao desafio das mudanças e da inovação na área da tecnologia e da qualificação profissional dos trabalhadores do que do baixo custo da mão-de-obra e da abundância dos recursos naturais.

Governo e setor privado, como parceiros, devem construir uma economia inovadora baseada em avanços tecnológicos; empresas que procuram fazer pesquisa e aplicar tecnologias avançadas, com potencial de crescimento, devem ser estimuladas, entre outras maneiras, ampliando seu acesso ao mercado de crédito; setor público e empresas devem contruir parcerias com centros de pesquisa e universidades, como as existentes em todos os principais países desenvolvidos.

Nosso sucesso vai depender da inovação produzida por companhias nacionais ou estrangeiras que façam pesquisa e desenvolvimento no Brasil, do avanço tecnológico, da marca e do desenho brasileiros para bens e serviços, da produção de novos bens com uma mão-de-obra continuamente reciclada para se adaptar às constantes mudanças nos novos processos e nas novas tecnologias. O Brasil tem empresas capazes de fazer isso. Muitas delas estão aqui presentes.

Essa percepção moderna e dinâmica torna hoje imperiosa a necessidade de definir uma robusta Agenda de Competitividade.

Segundo relatório da Organização Internacional do Trabalho (OIT) divulgado em setembro de 2002, para enfocar apenas um aspecto, o trabalhador brasileiro, apesar de sua criatividade e dedicação, tem baixa produtividade. Em 2001, cada brasileiro empregado produziu, em média, US$ 14.297. No mesmo ano, a produtividade de um operário norte-americano foi de US$ 59.081; do Japão, 41.420, e do Chile, US$ 28.406. A produtividade no Brasil, porém, cresceu na década: em 1990, o índice de produtividade era de 89,4 e, em 2001, de 96,4 (EUA: 114,6 – 138,7, e Chile: 98,9 – 148,1). Além da produtividade menor, o trabalhador brasileiro trabalha menos horas: enquanto um operário nos EUA e no Japão cumpriram jornadas anuais de 1.847 e 1.810 horas, o brasileiro trabalhou em média 1.689 horas em 1999, bem atrás do mexicano (1.923) e do chileno (1.902 horas).

Na área agrícola, segundo o mesmo relatório da OIT, a produtividade cresceu 70% entre 1990 e 2001, atingindo o índice de 215,7, o maior da América Latina. Apesar disso, o Brasil perde dos vizinhos quando a produtividade é medida em dólares: US$ 4.822 contra US$ 13.374 do Uruguai, para não mencionar a comparação com os EUA, onde um trabalhador agricola produz nove vezes mais (US$ 46.000) do que o brasileiro.

Diante do crescente gap, nesses e em muitos outros setores, entre o Brasil e os países desenvolvidos, reduzindo nossa competitividade, aumentando nossas vulnerabilidades externas, não resta alternativa para o setor produtivo nacional: tem de crescer com competitividade. Com isso, as empresas nacionais estarão mais habilitadas a competir no mercado interno com multinacionais estrangeiras e a aumentar sua participação no mercado externo.

Em documento preparado pela CNI em 1999 – que continua muito atual –, resultado de estreita consulta com empresários ("A indústria no Brasil: uma Agenda para o Crescimento"), são feitas propostas concretas com o objetivo principal de aperfeiçoar instituições e instrumentos de política que afetam negativamente a competitividade da empresa nacional. Os elementos que compõem essa agenda procuram focalizar diretamente a redução do custo Brasil. São políticas horizontais que impactam todo o universo da economia e cuja superação é condição importante para que se consolide o crescimento da economia.

As reformas propostas no documento incluem a tributária, o financiamento, as relações de trabalho, a infra-estrutura, o meio ambiente e a regulamentação. A essas poderiam ser acrescentadas: nova política industrial, tecnológica e de comércio exterior, na qual se explicite a parceria do governo com o setor privado; prioridade à capacitação e à escala produtiva; e focalização de algumas áreas em especial, como bens de capital, software, semicondutores, fármacos e outros setores em que a empresa nacional tenha vantagem competitiva.

Olhando para o futuro: decálogo da competitividade

Para concluir, resumindo, deixo como contribuição para o debate um decálogo que, caso seriamente considerado, terá influência direta na melhoria da competitividade brasileira:

1) prioridade absoluta para a educação em todos os níveis (inclusive técnica):

– muito já se fez e há muito por fazer: censo 1920 – 65% analfabetos com 15 anos ou mais; 2000 – 13% (inflação: 100 anos: um quintilhão por cento); 97% nas escolas;

– prioridade em todos os países: Reino Unido, EUA;

– melhorar o nível – universalizar o acesso;

– internet – computador;

– formação externa: China, países asiáticos nos EUA e Europa;

– era do conhecimento.

2) fomento e incorporação tecnológica; modernização da capacitação científica e tecnológica (agrícola e industrial – biotecnologia), inovação; necessidade de traduzir excelência na ciência básica em sucesso de negócio:

– debate ainda reduzido;

– consciência da importância da revolução do conhecimento;

– IT nos países desenvolvidos: educação e empresa;

– biotecnologia – genoma.

3) redução do viés antiexportador da economia (empresas e setor privado (certas regulamentações, contraposição mercado interno/externo):

– importância do comércio exterior;

– memórias do passado;

– dependência do governo;

– internacionalização da empresa brasileira – Grupo Brasil nos EUA.

4) política pró-ativa de captação de investimentos externos (prioridades definidas pela política industrial, redução do custo do investimento):

– nova política industrial, científica e tecnológica;

– ação pró-ativa de busca de parcerias, cooperação industrial;

– complementação poupança interna;

– software, semicondutores (componentes eletrônicos), bens de capital, química fina (fármacos e medicamentos);

– ambiente para negócios: competição externa (1997-2001 – 128 bi).

5) continuidade da reestruturação industrial e empresarial (capacitação

gerencial, outsourcing, inovação, expansão externa) – qualidade e valor agregado, não somente redução dos custos e parceria com o setor publico; trabalho produtivo em vez de trabalho barato:

– modernização do Estado e da economia nos últimos dez anos;

– ineficiências de um país em desenvolvimento;

– setor privado brasileiro: dinâmico, moderno, capaz, sem competidor na América Latina;

– grande parte das empresas já fez ou está fazendo reestruturação;

– empresa aberta, profissional, mercado capital;

– técnicas modernas, aumento produtividade (EUA: produtividade e pesquisa).

6) ampliação da coordenação interna no comércio exterior:

– criação do Ministério/Secretaria de Comércio Exterior;

– estratégia e promoção comercial;

– marca Brasil;

– standarts; certificação;

– condições fitossanitárias.

7) instituições legais e jurídicas – regulamentação:

– modernização da justiça: rapidez, simplificação;

– custo para empresas;

– obstáculo para investimento;

– insegurança regras;

– marco regulatório.

8) reformas e simplificação da legislação (lei das sociedades anônimas, lei de falência):

– ambiente favorável a transações comerciais;

– desburocratização;

– facilitar a constituição de empresas e investimento.

9) estratégia de integração mundial, regional e bilateral:

– nova visão da integração regional: EUA, Japão e China;

– América do Sul: expansão natural da empresa brasileira (22% – 80% manufaturados);

– Mercosul e Grupo Andino;
– América do Norte (EUA): 67% produtos zero tarifa – Alca: 33%.

10) visão de longo prazo: olhar para o futuro; criar benchmarks para o Brasil; competição; flexibilização; criatividade; o setor privado deve explorar a contribuição potencial que a evolução da ciência, da tecnologia e da engenharia pode trazer para o êxito dos negócios:
– estratégia empresarial para o futuro;
– dificuldades sempre haverá: no cenário internacional e doméstico;
– perspectiva de crescimento para os próximos anos: aumento poupança e investimento;
– criar benchmarks (metas) para a competitividade: como fazer;
– desenvolver produtos e marcas nacionais;
– aumentar a pesquisa e desenvolvimento nas empresas (nos EUA, mais de 80% da pesquisa é feita pelas empresas e cerca de 15-20% pelas instituições públicas; no Brasil é o inverso);
– mudar a Agenda: nova agenda para o futuro: modernização e democracia – competitividade – inovação – IT.

O contexto competitivo nacional e a relevância estratégica das subsidiárias brasileiras de corporações multinacionais

Moacir de Miranda Oliveira Junior*,
Felipe Mendes Borini e**
Arnoldo José de Hoyos Guevara***

*Professor e vice-coordenador do Programa de Estudos Pós-graduados em Administração da PUC/SP. Doutor em Administração de Empresas pela FEA-USP.
** Mestre em Administração pela PUC/SP.
*** Professor do Programa de Estudos Pós-graduados em Administração da PUC/SP. Doutor em Estatística pela Universidade da Califórnia, Berkeley.

O propósito principal do artigo é analisar a influência das condições do contexto competitivo no desenvolvimento de Subsidiárias com Relevância Estratégica (SRE) no Brasil. Para isso, uma pesquisa de caráter exploratório foi executada em uma amostra de 118 das 1.000 maiores subsidiárias de capital estrangeiro no Brasil. Os resultados mostram que as políticas do governo desempenham um papel central para o desenvolvimento das SRE no Brasil e em grandes economias em desenvolvimento. Além disso, os setores com uma orientação competitiva global, ao invés de puramente local, apresentam maior probabilidade de desenvolver SRE. Em oposição à literatura hegemônica, os fatores relacionados com o "diamante" da vantagem competitiva nacional não mostraram nenhuma correlação significativa com o desenvolvimento de SRE em uma grande economia em desenvolvimento como o Brasil.

INTRODUÇÃO

O propósito principal deste artigo é, por meio de uma pesquisa exploratória com as mil maiores subsidiárias de capital estrangeiro no Brasil, analisar como as condições do contexto competitivo nacional influenciam o desenvolvimento de Subsidiárias com Relevância Estratégica (SRE). Entendam-se por SRE aquelas empresas que criam e agregam valor para a corporação multinacional (CMN), incrementando sua competitividade global e tendo suas competências reconhecidas e utilizadas tanto pelas outras subsidiárias da corporação como pela própria matriz corporativa.

A economia brasileira está entre as doze maiores do planeta, de acordo com dados do The World Competitiveness Report (IMD, 2001). A última década foi caracterizada por um volume crescente de investimentos diretos estrangeiros (IDE) em países em desenvolvimento e mais particularmente no Brasil. Uma combinação de fatores contribuiu para essa posição do Brasil na rota dos investimentos estrangeiros, como a abertura comercial, a redução das restrições de atuação setorial, a renegociação da dívida externa, a queda da inflação, o processo de privatizações e a emergência do Mercosul (Moraes, 2003). Entre os países considerados em desenvolvimento, o Brasil, em termos de absorção de investimentos diretos estrangeiros, passou da quinta posição em 1994 para a quarta em 1995 e se estabilizou na segunda posição a partir de 1996, atrás apenas da China (Lacerda, 2004). O fluxo bruto de investimento direto estrangeiro acumulado em 1995 estava em cerca de US$ 5 bilhões. Do início de 1999 até meados de 2001, o fluxo acumulado anual de investimento direto estrangeiro esteve acima de US$ 25 bilhões (Sobeet, 2003). Já nos dois últimos anos, o investimento direto estrangeiro decaiu vertiginosamente, chegando a cerca de US$ 9 bilhões em outubro de 2003 (Sobeet, 2003). Tal fato decorre do desaquecimento da economia, da queda das bolsas americanas e dos atentados terroristas, além dos escândalos nas fraudes dos balanços contábeis das empresas (Lacerda, 2004) e da mudança de governo no país mais recentemente.

A inserção do investimento direto estrangeiro na última década implica, segundo alguns autores, uma crescente "desnacionalização" da economia brasileira. Em 2001 e 2002, as empresas de capital estrangeiro ficaram respectivamente com uma fatia de 46,4% e 43,6% das vendas entre as 500 maiores que atuam no Brasil (*Maiores e Melhores, 2003*). Trata-se de uma redução da participação das empresas privadas de capital nacional na economia, mas principalmente de uma redução das empresas estatais (Lacerda, 2004). Essa situação coloca em discussão questões básicas sobre a economia brasileira, assim como sobre o papel crescente da atuação das corporações multinacionais (CMNs) no país. É relevante entender até que ponto o IDE das multinacionais nas grandes economias em desenvolvimento, como o Brasil, ainda é predominantemente orientado para a exploração dos fatores tradicionais de internacionalização: diminuição dos custos e exploração de mercados. Ou, por outro lado, até que ponto esses investimentos no país são orientados para a exploração de vantagens competitivas mais dinâmicas e intangíveis, relacionadas com o contexto competitivo nacional e logo, tendo como resultado o desenvolvimento de SREs nessas economias.

A mudança do papel ou da relevância estratégica das subsidiárias desses países é importante tanto para as corporações multinacionais como para o país. Para a corporação, as boas condições de contexto competitivo representam oportunidades para o desenvolvimento de novos produtos, tecnologias e competências em locais diferenciados. Essa descentralização no desenvolvimento de produto, tecnologias e competências significa uma utilização mais eficiente de distribuição de recursos, assim como maior integração global. Para os países, a presença das SREs representa a evolução das firmas locais e uma inserção mais qualificada na economia global.

A literatura mais recente a respeito da atuação das multinacionais e do papel das subsidiárias apresenta três perspectivas que tentam explicar por que as subsidiárias podem desempenhar esses diferentes papéis (Birkinshaw, Hood e Jonsson, 1998). A primeira é o determinismo ambiental. A empresa multinacional opera em diferentes ambientes e, conforme as características do ambiente local, a subsidiária desempenha diferentes estratégias (Bartlett e Ghoshal, 1992). Onde mais elevado for o dinamismo da competição local, maior a probabilidade de a subsidiária desempenhar um papel de importância estratégica (Porter, 1990). A segunda perspectiva considera que a definição do papel da subsidiária é de responsabilidade da matriz. As determinações estratégicas da matriz em termos de estrutura, controle, comunicação e autonomia definem a importância da subsidiária (Bartlett e Ghoshal, 1992; Roth e Morrison, 1992). Por fim, a terceira perspectiva propõe que o papel da subsidiária é determinado por ela própria. Em relação à matriz corporativa, a subsidiária tem mais capacidade de entender a complexidade e oportunidades do local de atuação. Os recursos e capacidades da subsidiária, as aspirações dos seus executivos e a iniciativa criada nas subsidiárias determinam o papel da subsidiária (Birkinshaw, Hood e Jonsson, 1998; Birkinshaw e Hood, 1998; Roth e Morrison, 1992). Para tanto, a subsidiária precisa enfrentar as diversas barreiras que impedem a sua liberdade para a criação, implementação e disseminação das iniciativas (Birkinshaw e Fry, 1998).

O foco deste artigo é na perspectiva do determinismo ambiental e na sua relação com a relevância estratégica das subsidiárias, em que por relevância estratégica se entende até que ponto a subsidiária é responsável por atividades e competências que agregam valor para a corporação multinacional e se essas atividades e competências são utilizadas por subsidiárias da corporação multinacional localizadas em outros países. Aqui é proposto que o conceito de Subsidiárias com Relevância Estratégica (SRE) se encontra fortemente relacionado com o conceito de subsidiárias World Product Mandates (D'Cruz, 1986; Roth e Morrison, 1992), ou de Líder Estratégico (Bartlett e Ghoshal, 1992) ou em resumo as *World Mandate* (Birkinshaw e Morrison, 1995). Em suma, SRE são subsidiárias que desempenham um papel estratégico central para a corporação multinacional. Somente essas podem acrescentar valor e volume relativo a exportações nacionais e, conseqüentemente, contribuir para o desenvolvimento econômico de países como o Brasil. O objetivo aqui proposto é analisar qual é a influência, para o desenvolvimento de SRE, que exerce o contexto competitivo. Em tese, SRE serão desenvolvidas em um contexto dinamicamente competitivo, ou seja, que reúna boas condições de rivalidade de competição e intensidade da demanda, boas condições das industrias correlatas e de apoio, assim como dos fatores de produção, além de um forte apoio do governo nacional e de uma forte orientação global.

A VANTAGEM COMPETITIVA NACIONAL

O papel das subsidiárias estrangeiras, isto é, o exercício e desenvolvimento de atividades e competências corporativas cuja responsabilidade são das subsidiárias, varia de acordo com as contingências do contexto competitivo local (Ghoshal e Nohria, 1989). Quanto mais importante estrategicamente o ambiente local, maior a possibilidade da existência de subsidiárias estrategicamente importantes.

A teoria clássica explica o êxito dos países com base em fatores de produção como terra e mão-de-obra. Os países obtêm vantagem comparativa quando podem utilizar intensamente os recursos que possuem em abundância. A teoria da vantagem competitiva das nações (Porter, 1990) busca explicar por que determinado país reúne condições domésticas que garantem uma competitividade não baseada em custos, mas em qualidade, diferenciação e inovação. A inovação é que permite às empresas desenvolverem vantagens competitivas. Uma vez conquistada, a vantagem competitiva só pode ser sustentada por meio de um processo constante de inovação (Porter, 1990). Entretanto, por que certas empresas localizadas em determinados países são mais propensas a criar inovações, a melhorar constantemente as inovações e a superar as barreiras da mudança?

De acordo com Porter (1990), os países devem reunir certas condições básicas no contexto competitivo que, quando integradas, permitem a construção de uma vantagem competitiva sustentável. Essas condições são em número de quatro: condições dos fatores de produção; condições da demanda; setores correlatos e de apoio; e estratégia, estrutura e rivalidade das empresas. Tais condições constituem as quatro arestas do que Porter chama de "diamante" da vantagem nacional e devem ser consideradas condições ambientais essenciais para países que querem ser competitivos e inovadores.

Então, quando é realizada uma análise da relação entre as subsidiárias de corporações multinacionais e as condições do contexto competitivo nacional, há necessidade de se orientar pelo fato de que, uma vez fazendo parte do contexto nacional estrangeiro, as subsidiárias de uma CMN podem ter acesso às inovações, talentos e conhecimentos específicos desse local (Bartlett e Ghoshal, 1992; Porter, 1990). Assim, uma vez que a subsidiária "compartilha" das condições oferecidas pelos diamantes nacionais, pode desempenhar atividades de maior valor agregado (exemplos: P&D, centros regionais, liderança regional) nos países em que se encontra instalada. (Frost, 2001; Frost, Birkinshaw e Ensign, 2002). Em outras palavras, a matriz pode conceder responsabilidades estratégicas para a subsidiária, que será então referência para as demais subsidiárias em termos de determinadas competências. Isso significa que aqueles países com um contexto competitivo forte apresentam condições propícias para a instalação e o desenvolvimento de subsidiárias Líderes Estratégicas (Bartlett e Ghoshal, 1992), aqui chamadas de SRE. De outro lado, subsidiárias com o mesmo nível de recursos e capacidades que quaisquer outras SRE, mas localizadas em contextos competitivos com pouca importância estratégica, ou seja, que não reúnam as condições essenciais do diamante nacional, exercerão somente um papel de Contribuidora Local (Bartlett e Ghoshal, 1992; Birkinshaw e Morrison, 1995). Logo, as boas condições oferecidas pelo diamante nacional constituem um pré-requisito para o desenvolvimento de SREs. Dados o tamanho da economia brasileira e os influxos de IDE na última década, o esperado para o desenvolvimento da economia nacional era que a entrada e/ou o desenvolvimento das subsidiárias de capital estrangeiro já instaladas se desse em virtude das boas condições do contexto competitivo brasileiro, o que, por conseqüência, resultaria no desenvolvimento de SRE. Então:

Hipótese 1: As condições do contexto competitivo brasileiro relativo à intensidade da competição, à intensidade da demanda, à existência de indústrias correlatas e de apoio e às condições positivas dos fatores de produção são favoráveis ao desenvolvimento de Subsidiárias com Relevância Estratégica no país.

O AMBIENTE COMPETITIVO GLOBAL

Em oposição aos modelos e teorias de Porter (1986; 1990) e Bartlett e Ghoshal (1992), as pesquisas realizadas por Birkinshaw (1996) e Birkinshaw, Hood e Jonsson (1998) indicam que, quanto menor a competição no ambiente nacional em um determinado setor (monopólios e oligopólios), maior a relevância estratégica das subsidiárias. Essa conclusão é um resultado de pesquisas conduzidas com SRE (World Mandates) no Canadá (Birkinshaw, 1996), Suécia e Escócia (Birkinshaw, Hood e Jonson, 1998). É importante compreender a natureza dessas contradições na teoria de competitividade nacional.

Uma das razões das posições antagônicas entre as pesquisas dos autores citados acima e a teoria da vantagem competitiva nacional pode ser o fato que Porter (1990) considera o diamante nacional e as condições do contexto competitivo tendo como referência de análise agrupamentos ou setores econômicos dos quais as subsidiárias podem beneficiar-se graças às vantagens dos países estrangeiros. Outra razão pode ser explicada pelo fato de que a competitividade das subsidiárias em criar e desenvolver as competências deve ser considerada num contexto de competitividade global e não só num contexto de competitividade local, como pressupõe a teoria da vantagem competitiva das nações. O caso das World Mandates (Birkinshaw, 1996) canadenses exemplifica o fato. Tais subsidiárias são predominantemente exportadoras e não têm sua atuação pautada pelas condições de competição local (Birkinshaw, 1996).

Dunning (1993) já mencionava a necessidade de revisar o modelo de Porter (1990) para um contexto global. É fato reconhecido e indiscutível que as corporações multinacionais são a força principal por trás do comércio global e da integração das economias. No mundo globalizado, ao se lidar com o desenvolvimento econômico nacional é necessário pensar além de Estados nacionais para o considerar desenvolvimento econômico em âmbito regional, principalmente onde existem as iniciativas dos blocos econômicos, como a União Européia, o NAFTA ou o

Mercosul. Conseqüentemente, os diamantes de competitividade não deveriam ser mais considerados diamantes nacionais, mas supranacionais, em escala regional, em termos de blocos econômicos (Dunning, 1993; Doz, Santos e Willianson, 2001).

Assim, quando se pensa em indústrias mais globalmente orientadas e menos domésticas, o que parece ser um pensamento mais adequado e característico para o desenvolvimento das SRE na atualidade, espera-se que as condições determinantes para o desenvolvimento dessas subsidiárias seja a orientação global da indústria. Entende-se por setores ou indústrias de orientação global: 1) o fato de existirem competidores em todos os mercados-chave em países diferentes; 2) onde a competitividade internacional é intensa; 3) onde os competidores comercializam produtos mundialmente padronizados; 4) onde a introdução de novos produtos acontece simultaneamente nos principais mercados; 5) onde as necessidades dos consumidores e fornecedores sejam determinadas por um padrão mundial; 6) onde as atividades de negócios sejam suscetíveis às economias de escala global; 7) onde os produtos e serviços principais sejam de reconhecimento mundial; 8) onde a tecnologia de produção seja disponível mundialmente, fazendo com que os agrupamentos locais sejam menos relevantes; 9) onde os competidores comercializem produtos mundialmente padronizados; 10) onde a introdução de novos produtos aconteça simultaneamente nos principais mercados (Birkinshaw, Hood e Jonsson, 1998). Então, é de se esperar que:

Hipótese 2: A presença de SRE nas grandes economias em desenvolvimento está associada com as características de indústrias globalmente orientadas.

AS POLÍTICAS GOVERNAMENTAIS

A relação entre governo e corporação multinacional implica momentos de "amor e ódio" (Bartlett e Ghoshal, 1998). A relação de amor entre governo e empresas multinacionais pode ser explicada pelos seguintes argumentos. Para as multinacionais, o governo tem o poder de conceder o acesso da multinacional ao mercado e aos recursos do país, enquanto, para o governo, a multinacional representa uma importante fonte de fundos, tecnologia e capacidades; enfim, fatores de suma importância para o desenvolvimento regional e para incrementar a atividade da indústria nacional.

A relação de ódio advém do conflito de interesses. Enquanto os objetivos das multinacionais podem ser traduzidos em termos econômicos, os governos nacionais, além das responsabilidades de natureza econômica, têm que responder pelos interesses sociais, de seguridade, políticos, etc.

A empresa multinacional deseja ter acesso irrestrito aos recursos do país; trabalhar de forma integrada nas diversas operações, possibilitando transferências e preços intrafirma; assim como deseja ter amplo controle e coordenação das suas operações objetivando implementar as estratégias traçadas. Muitas vezes, a atuação do governo impede esses objetivos das multinacionais por meio da limitação ao acesso dos recursos e do impedimento das transferências entre países. Outras vezes, a multinacional fere os princípios do governo, uma vez que atua de modo pouco comprometido com o desenvolvimento do local onde está instalada. Essa prática é personificada na estratégia de explorar mão-de-obra e recursos baratos, na transferência de tecnologia ultrapassada e na simples exploração do mercado (Vernon, 1966).

Entretanto, para Porter (1986), o desenvolvimento dos recursos competitivos do país não deve ser uma tarefa do governo, nem deve ser deixado a cargo do livre-mercado. O governo deve possuir apenas um papel parcial na construção de condições favoráveis para os pontos do diamante. O governo tem o poder de incentivar ou impedir o desenvolvimento competitivo da empresa; entretanto, não é capaz de criar setores competitivos, tarefa exclusiva das empresas (Porter, 1990). Por outro lado, Doz (1986) já salientava que, com a globalização dos mercados e o crescimento das multinacionais, os governos têm se envolvido numa larga base de políticas e ações visando a influenciar as estruturas setoriais e conseqüentemente a causar impactos nas empresas participantes. A intervenção governamental, não exclusiva dos países não-desenvolvidos, pode ser forte o bastante para modificar as estratégias de competidores globais, assim como a evolução de determinados setores e a rivalidade entre empresas.

Ao tratar da inserção das subsidiárias no ambiente competitivo, é importante considerar o grau de respeito e reconhecimento da atuação dessas empresas no país estrangeiro. Em alguns casos, as subsidiárias podem ganhar status de "um ser estrangeiro", o que pode implicar dificuldades para uma participação junto aos atores externos e às redes de negócios do país em que está atuando. Parece existir uma correlação do volume de inovações da subsidiária com a maior probabilidade de ganhar respeito e reconhecimento de seus parceiros externos e participar da rede de conhecimentos locais (Frost, 2001). Portanto, as subsidiárias que desempenham um papel de inovação têm maior probabilidade de participar da rede local e gerar vantagens competitivas baseadas nos países estrangeiros.

As subsidiárias que participam e contribuem com inovações e constroem relações junto às instituições locais são caracterizadas simbolicamente como corporações de maior respeitabilidade no país e aceitas como participantes da comunidade técnico-científica do país estrangeiro. Tais subsidiárias têm grande probabilidade de exportar as inovações desenvolvidas em seus locais de atuação para a matriz da corporação multinacional ou para outras subsidiárias da corporação (Frost, 2001). No entanto, é essencial a presença da atuação governamental na construção e solidificação de um contexto competitivo forte atrelado ao desenvolvimento industrial. Sem essas condições, também não existe razão para a multinacional incrementar seus investimentos na subsidiária, tanto em termos de volume financeiro quanto em termos de qualidade tecnológica e responsabilidade estratégica. Se a infra-estrutura, os parceiros externos – enfim, todo o ambiente competitivo – não favorecem o desenvolvimento de inovações, não há como as subsidiárias serem impulsionadas para a criação de inovações e competências no país estrangeiro. Portanto:

Hipótese 3: As SRE dos países em desenvolvimento consideram primordial a atuação pró-ativa do governo nacional para a existência de um ambiente competitivo forte, assim como para o incentivo ao desenvolvimento industrial.

METODOLOGIA DA PESQUISA

A maior parte das pesquisas relacionadas com as estratégias de atuação das multinacionais se concentram em subsidiárias localizadas nos países desenvolvidos. Dessa forma, é cada vez mais importante obter informações sobre as condições de atuação das subsidiárias de multinacionais nos países em desenvolvimento como o Brasil, China, Índia, Rússia, México e África do Sul, que crescentemente estão ganhando reconhecimento e relevância no contexto de negócios internacionais.

Para a seleção da amostra, optou-se por fazer uma escolha pelo porte das empresas, utilizando para isso a amostra compreendida pelas mil maiores empresas de capital estrangeiro no Brasil em termos de faturamento. O universo de empresas da pesquisa foi em consulta obtido junto ao jornal *Gazeta Mercantil*, referente a 2002. Trata-se de uma amostra não-probabilística por conveniência, sendo os sujeitos escolhidos pela representatividade dentro do cenário econômico nacional.

O dados do estudo em questão foram coletados por meio de questionários enviados para o principal executivo (presidente, CEO ou vice-presidente) das mil maiores empresas multinacionais que atuam no país. Sabe-se da dificuldade de acesso a esses gestores, principalmente devido à sua posição estratégica na organização, mas este foi o caminho trilhado para a obtenção dos resultados desta pesquisa por entender-se que se trata dos indivíduos mais capazes de responder às questões propostas.

O caderno de questões, juntamente com um envelope carta-resposta, foi enviado pelo correio para as empresas do universo no final de novembro de 2002. Depois da postagem, foram realizadas ligações de *follow-up* para as empresas pesquisadas enfatizando a importância da participação e do preenchimento do caderno de questões. Os telefonemas foram realizados durante três semanas. Algumas empresas preferiram que a pesquisa fosse realizada eletronicamente. Então, para algumas foi enviada também a pesquisa via correio eletrônico. Num esforço final, 45 dias depois de enviados os questionários, esses foram reenviados por correio eletrônico para as empresas que tinham disponibilizado seus e-mails no cadastro adquirido.

Embora tenhamos enviado mil questionários para as subsidiárias, após o contato telefônico verificamos que o *mailing* continha muitos endereços para uma mesma subsidiária. Dessa forma, as subsidiárias alegavam que só responderiam a um questionário, já que se tratava de várias unidades com apenas um centro de comando. Como resultado, o número de subsidiárias de nosso universo de pesquisa foi reduzido para 890: como 37 questionários não atingiram o destinatário devido a problemas com o endereço ou à mudança de localidade das subsidiárias, o número final foi de 853 subsidiárias. O prazo de resposta dado às subsidiárias foi de 60 dias e o número de respondentes total, de 118 subsidiárias. Isso totaliza uma porcentagem de respostas de aproximadamente 14%.

CONSTRUÇÃO DAS VARIÁVEIS

Para a pesquisa foram utilizadas questões fechadas, com perguntas estruturadas escalonadas em uma escala de Likert de 1 a 7 pontos, variando de "discordo fortemente" até "concordo fortemente".

Foram elaboradas quatro variáveis, procurando verificar os atributos do ambiente competitivo brasileiro, do qual as subsidiárias fazem parte. As variáveis, em uma escala de 1 a 7 pontos, pediam que as subsidiárias expressassem a discordância ou concordância com as seguintes afirmações a respeito do ambiente competitivo no Brasil em relação ao ambiente de negócios em outras subsidiárias da corporação: a) os consumidores possuem padrões elevados de exigência; b) as capacidades e qualidades dos fornecedores são muito altas; c) a competição no país é extremamente intensa; d) a demanda de mercado está crescendo de forma intensa para seus negócios (Birkinshaw, 1996; Birkinshaw, Hood e Jonsson, 1998).

Quanto à competitividade global da indústria, as variáveis, dentro de uma escala de 1 a 7 pontos, pediam que as subsidiárias expressassem a discordância ou concordância em relação às seguintes afirmações concernentes ao seu setor de atuação: 1) se as necessidades dos compradores/consumidores são padronizadas mundialmente; 2) se existem competidores em todos os mercados-chave; 3) se a competição doméstica é intensa; 4) se a competição internacional é intensa; 5) se as atividades de negócios são suscetíveis às economias de escala global; 6) se o produto/serviço principal tem reconhecimento mundial; 7) se a tecnologia de produção é padronizada e acessível mundialmente; 8) se os custos de transporte são elementos importantes na composição do custo final; 9) se os competidores comercializam um produto padronizado mundialmente; 10) se a introdução de novos produtos ocorre simultaneamente nos principais mercados (Birkinshaw, Hood e Jonsson, 1998).

Quanto à relação entre o papel do governo e a atuação estratégica das subsidiárias, foi verificada pedindo-se a concordância ou discordância das subsidiárias no que se refere a: (1) a afirmação de que o governo é altamente pró-ativo para apoiar investimentos e o crescimento industrial, quando comparado a outros governos, e (2) se o governo brasileiro considerava a subsidiária um ator importante para o desenvolvimento da economia local (Birkinshaw, 1996).

Quatro variáveis foram selecionadas como dependentes para caracterizar as SREs (Birkinshaw, Hood e Jonsson, 1998): (1) se a subsidiária contribui para a criação de valor adicionado para a corporação; (2) se a subsidiária é globalmente competitiva em sua área de atividade; (3) se a matriz corporativa considera a subsidiária estrategicamente importante; e (4) uma variável representando a relevância estratégica formada pelas médias das outras três variáveis. Essas variáveis estão moderadamente correlacionadas (0.4<R_<0.7) e mostram uma consistência interna relativamente forte (alfa = 0.7369) (Pestana e Gageiro, 2000).

RESULTADOS E ANÁLISES

Tendo por referência as hipóteses levantadas ao longo deste texto, nesta seção o objetivo é verificar como as condições do contexto competitivo nacional,

Tabela 1. Modelo de Regressão Múltipla

Variáveis	Preditores		
(todos)	**Y = A subsidiária contribui para o valor adicionado** Y = 2.995 + 0,389 Xgov Rsq = 15.5%	**R?** 0,155	***p*** 0,05
(todos)	**Y = A subsidiária é globalmente competitiva** Y = 3,962 + 0,327 Xgov Y = 3,769 + 0,328 Xgov + 0,152 Xmundial - 0,145 Xpadron. Rsq = 14,3% 2,4% 2,7%	0,143 0,194	0,05 0,10
(todos)	**Y = A matriz corporativa reconhece as competências das sub.** Y = 4,233 + 0,370 Xgov Y = 3,557 + 0,367 Xgov + 0,127 Xmundial Rsq = 19,4% 2,6%	0,194 0,200	0,05 0,10
(todos)	**Y = Uma média da relevância estratégica** Y = 3,106 + 0,359 Xgov + 0,117 Xmundial Rsq = 24,7% 2,9%	0,276	0,05

onde Xgov = o governo brasileiro reconhece a importância estratégica da subsidiária
Xmundial = o produto principal tem conhecimento mundial
Xpadron. = as necessidades dos consumidores são padronizadas mundialmente

como a orientação global das industrias e a atuação da política governamental favorecem a presença e o desenvolvimento das SRE no Brasil e, talvez, nas outras grandes economias em desenvolvimento. Como foi mencionado antes, quatro variáveis estão representando a presença de uma SRE: a contribuição da subsidiária para a criação de valor adicionado; a competitividade global das subsidiárias; o reconhecimento da relevância estratégica pela matriz; e uma média dessas três (que corresponde basicamente ao componente principal das variáveis). Usando uma análise de regressão múltipla de modo linear, foi considerada cada uma dessas variáveis dependentes para a construção dos modelos relativos: 1) ao contexto competitivo; 2) à orientação global das indústrias; 3) às políticas do governo e 4) a todas as variáveis em conjunto. A tabela 1 apresenta uma visão sintética dos resultados dessa análise, que será comentada a seguir.

Os modelos de regressão na tabela demonstram uma forte comprovação da hipótese 3 a respeito do governo. A associação com a hipótese 2 a respeito da orientação global da indústria também aponta alguma associação com a relevância estratégica, mas em menor grau de importância que a participação do governo. Já a relevância estratégica não se demonstra associada a nenhum dos fatores do contexto competitivo nacional.

Parece que nos paises em desenvolvimento, como o Brasil, o governo é o principal agente do contexto competitivo que pode atuar como um incentivador, ou como uma forte barreira, em relação à atuação qualificada das multinacionais. Nos países em desenvolvimento a atuação do governo passa sem dúvida, preponderantemente, pela concessão de subsídios e isenções fiscais na atração da empresa estrangeira. Entretanto, além desse fator, deve ser ressaltada toda a orientação do governo direcionada para uma política industrial de crescimento e desenvolvimento, aliada às boas condições macroeconômicas e de infra-estrutura.

Embora o Brasil tenha passado por uma forte reestruturação econômica da infra-estrutura, com uma série de privatizações, além da modernização e competitividade do parque industrial, a percepção das multinacionais quanto à atuação particular do governo, tanto em relação ao apoio aos negócios das multinacionais como na condução da política industrial, recebeu uma avaliação baixa. Apenas 34% das subsidiárias consideram que desempenham um papel importante nos negócios nacionais e, ao mesmo tempo, recebem do governo o reconhecimento de sua importância estratégica. Além disso, 65% das subsidiárias pesquisadas discordam do apoio do governo aos investimentos estrangeiros e seu crescimento. Uma avaliação dura em relação à política industrial governamental.

Outro fator já esperado e que vem justificar a inserção e o desenvolvimento de SRE nos países em desenvolvimento é a competitividade global da indústria. Os resultados demonstram que, quanto maior a atuação global da multinacional e das outras empresas do setor, assim como, o reconhecimento global dos produtos da multinacional, maior é a possibilidade de as subsidiárias, principalmente aquelas em países em desenvolvimento, atuarem contribuindo para a construção de competências não locais – logo, mais fáceis de ser aproveitadas pela multinacional.

Outro ponto interessante de notar é que a padronização de produtos ou dos gostos dos consumidores é um fator negativo em relação ao desenvolvimento da responsabilidade estratégica das subsidiárias nos países em desenvolvimento. Isso fica evidente, pois, uma vez que as preferências são padronizadas mundialmente, as subsidiárias são mais propensas a atuar como simples importadoras ou implementadoras de competências desenvolvidas na matriz ou nos centros de P&D.

Finalmente, a hipótese em relação aos fatores do contexto competitivo não foi confirmada, comprovando as pesquisas de Birkinshaw (1996) e Birkinshaw, Hood e Jonsson (1998) e suscetível das mesmas explicações já citadas na revisão teórica do artigo. Esse fato confirma ainda mais a importância da competitividade e orientação global da empresa, ao contrário de uma orientação exclusivamente nacional na análise do contexto competitivo.

CONSIDERAÇÕES FINAIS

O propósito principal desta pesquisa exploratória foi analisar como as condições do contexto competitivo influenciam o desenvolvimento de Subsidiárias com Relevância Estratégica (SRE) no Brasil e por extensão em grandes economias em desenvolvimento. Os resultados mostram que as políticas governamentais desempenham um papel central. Além disso, quanto mais globalmente orientadas são as indústrias da economia nacional, maior é a possibilidade da presença de SRE em grandes economias em desenvolvimento. Em oposição à literatura hegemônica, os fatores relacionados com o "diamante" da vantagem competitiva nacional (Porter, 1990) não demonstraram correlação com o desenvolvimento das SRE no Brasil. Esse é um resultado que merece atenção também por parte de outras grandes economias em desenvolvimento.

Contrariamente ao esperado, os fatores da competitividade nacional não demonstraram associação com o desenvolvimento de SRE. Sem dúvida, a perspectiva deste artigo tratava de forma central a importância do contexto nacional, principalmente por se tratar de países em desenvolvimento, porém o nível de globalização das indústrias parece já superar essa perspectiva. Por outro lado, o não-aprofundamento em determinado setor ou cluster pode também ter amenizado o impacto dos fatores do ambiente competitivo.

Assim, a principal contribuição do artigo está em respaldar a importância dos governos nacionais para a atração e o desenvolvimento qualificado das subsidiárias estrangeiras. Portanto, para as multinacionais que procuram desenvolver SRE em países em desenvolvimento, ao analisar o ambiente externo, o principal fator a ser destacado é a atuação do governo e reflexo de suas ações no crescimento e desenvolvimento industrial. Já para os governos nacionais, a contribuição do estudo demonstra a importância das políticas públicas e desenvolvimentistas como um fator dinamizador não só das empresas nacionais, mas também para as empresas multinacionais que atuam no país. Sem o apoio do governo, as multinacionais nos países em desenvolvimento continuarão a desempenhar um papel de pouca relevância estratégica muito mais direcionada para a exploração dos recursos baratos e do mercado consumidor. O que é ruim tanto para os países receptores da multinacional como para a própria multinacional. O país estrangeiro recebe investimentos com certa defasagem tecnológica, o que não impulsiona a competitividade das empresas nacionais do setor. E a corporação multinacional não pode aproveitar sua subsidiária no país estrangeiro como uma criadora de vantagens competitivas que poderiam ser desfrutadas por outras unidades da multinacional.

REFERÊNCIAS BIBLIOGRÁFICAS

BARTLETT, C.; GHOSHAL, S. 1992. *Gerenciando empresas no exterior: a solução transnacional.* São Paulo: Makron Books.

____________________________.1998. *Transnational Management.* 2a. ed. Boston: McGraw-Hill.

BIRKINSHAW, J. M., & MORRISON, A. 1995. Configurations of strategy and structure in subsidiaries of multinational corporations. *Journal of International Business Studies,* 26: 729-754.

BIRKINSHAW, J. 1996. World Mandate Strategies for Canadian Subsidiaries. *Industry Canada: working paper, number 9,* march.

BIRKINSHAW, J.; FRY, N. 1998. Subsidiary Initiatives to Develop New Markets. In: *Sloan Management Review.* Cambridge, vol. 39, n.3, pp.51-61, spring.

BIRKINSHAW, J., HOOD, N., JONSSON, S. 1998. Building Firm-Specific Advantages in Multinational Corporations. The Role of Subsidiary Initiative. Em Strategic *Management Journal,* vol. 19, n. 3, pp. 221-241.

BIRKINSHAW, J. e HOOD, N. 2000. Characteristics of Foreign Subsidiaries in Industry Clusters. Em *Journal of International Business Studies.* Londres, vol. 34, n. 1, pp. 141-154.

DOZ, Y. 1986. Government Policies and Global Industries. Porter, M (org). *Competition in Global Industries.* Boston, MA: Harvard Business School Press.

DOZ, Y., SANTOS, J e WILLIAMSON, P. 2001. *From Global to Metational: How Companies Win in the Knowledge Economy.* Harvard Press: Boston.

DUNNING, J. H. 1993. *Multinational Enterprises and the Global Economy.* Workhingan: Addison-Wesley.

FROST, T.; BIRKINSHAW, J.; ENSIGN, P. 2002. Centers of Excellence in Multinational Corporations. Em *Strategic Management Journal,* vol. 23, pp. 997-1.018.

FROST, T. 2001. The Geografic Sources of Foreign Subsidiaries Innovations. Em *Strategic Management Journal,* vol. 22, pp. 101-123.

PESTANA, M. e GAGEIRO, J. 2000. *Análise de dados para ciências sociais,* 2o. ed. Lisboa: Silabo.

GAZETA MERCANTIL. 2002. *Balanço Anual.* São Paulo: Gazeta Mercantil, jun.

GHOSHAL, S., e NOHRIA, N. 1989. Internal differentiation within multinational corporations. *Strategic Management Journal,* 10, pp. 323-337.

IMD – Institute for Management Development. 2001. *The World Competitiveness Report Yearbook.* IMD, Lausanne, Suíça.

LACERDA, A. 2004. *Globalização e Investimento Estrangeiro no Brasil.* São Paulo: Saraiva.

MORAES, O. 2003. *Investimento direto estrangeiro.* São Paulo: Aduaneiras.

PORTER, M. 1990. *Competitive Advantage of Nations.* Nova York: Free Press.

__________. 1986. *Competition in Global Industries.* Boston, MA: Harvard Business School Press.

REVISTA EXAME. 2003. *Maiores e Melhores,* jul.

ROTH, K.; MORRISON, A. 1992. Implementing global strategy: characteristics of global subsidiary mandates. *Journal of International Business Studies,* vol. 23, n. 4, pp. 715-736.

SOBEET. 2003. Atualizações. Disponível em <www.sobeet.com.br/download/idebrasil. pdf> acesso em dezembro.

VERNON, R. 1966. International investments and international trade in the product cycle. *Quarterly Journal of Economics,* vol. 80, pp.190-207.